四柱命理學正解 Ⅳ

육친통변론 (Ⅰ)
(육친의 활용 · 변화 · 응용 · 추리)

이탁감 편저
이민지

㈜이화문화출판사

머리글

젊은 시절 내 인생의 미래가 너무 궁금하였다. 나 자신은 물론 아내, 자식들의 미래 또한 절실히 알고 싶었다. 수많은 역학자들의 간명을 통해 얻은 결과는 의외였다. 내용이 각각 다르기도 하거니와 길흉이 서로 상반되기까지 해서 궁금증은 더욱 커졌다.

내 인생의 미래라는 화두(話頭)를 잡고 구도의 길을 나선 지 오랜 세월이 지나서야 어렴풋이 보이기 시작했고, 지나온 길 또한 어렵고 험난한 길이었음을 뒤늦게 깨달았다.

학문 자체가 어렵고 난해하기도 하지만 내용도 광범위한데다, 많은 부분이 책에 따라 학자들에 따라 견해가 다르고 논리적 설명이 부족해 이해가 어려웠다. 특히 미래의 길·흉을 정확히 예지(豫知)하여 삶의 방향을 안내하는 사명이 본 학문 수학자의 핵심목적이라고 볼 때, 운세 적용과 해석에 있어 정확한 방법과 해법을 제시한 안내서나 안내자를 찾기란 쉽지 않았다.

이러한 문제는 사주명리학에 입문한 많은 사람들의 공통과제이고, 본인 또한 겪었던 문제였음을 솔직히 고백하고 있는 것이다. 따라서 일정수준의 단계에 도달하기까지는 많은 시행착오와 노력의 허비가 수반되었음을 강조하고 싶다.

따라서, 본 학문을 공부하고자 하는 사람에게 '보다 시행착오를 줄이고 지름길로 안내할 수 있는 방법은 없을까?' 하는 관점에서 그간 공부하고 노력한 결과, 충분하지는 않지만 나름의 방법을 찾았고, 이를 바탕으로 다년간 강의를 통하여 후학양성에 참여하고 있는 중이다.

그런데 많은 후학들의 좋은 평가에 작지만 자신감도 생겼고, 또 이 학문에 입문하고자 하는 분들께 지름길을 안내하는 것도 선학자로서의 작은 임무라 판단되어 자료들을 정리하고 책을 집필하기 시작한 지 어언 7년이 지나서야 어느 정도 꼴을 갖추게 되었다.

그러므로 이 책은 사주명리학에 관한 심오한 이론서가 아니라 일정 수준의 실력에 빨리 도달할 수 있는, 쉽고 빠르게 내용을 습득할 수 있는 길을 안내하기 위한 학습서이자 안내서로 이해해 주기 바란다. 그렇다고 이론을 무시하고 논리성이 배제된 채 학습을 위한 요령만 나열했다는 것은 아니다.

탄탄한 이론을 기반으로 이론마다 실전을 가미하여 응용력이 제고되도록 편집되었고, 서로 다른 견해가 있는 많은 부분들은 논리적인 설명을 통하여 교통정리를 함으로써 수학자들의 고뇌와 시간을 덜어줄 수 있도록 노력했다.

특히 격국, 용신, 통변을 삼위일체로 공부함으로써 소기의 목적을 조기에 달성할 수 있도록 심혈을 기울였음을 강조하고 싶다. 통변은 본

학문의 핵심이다. 그러나 이 문제가 만만한 게 아니다. 일백만 개가 넘는 사주가 있는데, 하나 하나 어떻게 정통할 수 있겠는가? 유사한 사주들을 묶어 유형별로 나누고, 이의 특징을 효과적으로 익히는 방법이 유일한 지름길임을 입증하고자 했다.

그러나 천학비재(淺學菲才)한 본인이 무지의 소치(所致)로 많은 수학자들께 누를 끼치고 혼란을 드리지 않을까 심히 염려된다. 또한 많은 선학들과 제현(諸賢)들께 질정(叱正)을 바라마지 않는다.

모쪼록 이 책이 많은 수학자들에게 작은 도움이라도 될 수 있다면 더 이상 바랄 것이 없다. 이 학문을 공부하는 모든 분의 건투를 빈다.

그리고 이 책이 나오기까지 따뜻한 격려와 아낌없는 정성으로 이끌어 주신 (주)이화문화출판사의 이홍연 회장님, 박수인 사장님, 원일재 사장님과 엄명호 차장님께 진심으로 감사의 말씀을 드린다.

끝으로 평생을 사랑과 헌신적인 내조로 곁을 지켜주는 아내에게 깊은 고마움과 함께 이 책을 전한다.

이 탁 감 배상(拜上)

목 차

머 리 글 · 3
일러두기 · 9

제 6 편 육친통변론(I)

一. 육친의 활용과 변화 / 14

   1. 인수 ···14
      가. 인수의 활용 • 14
      나. 인수와 다른 육친과의 변화 • 36
   2. 견겁 ···48
      가. 견겁의 활용 • 48
      나. 비견겁과 다른 육친과의 변화 • 61
   3. 상식 ···69
      가. 상식의 활용 • 69
      나. 상식과 다른 육친과의 변화 • 101
   4. 재성 ···114
      가. 재성의 활용 • 114
      나. 재성과 다른 육친과의 변화 • 141
   5. 관살 ···152

가. 관살의 활용 • 152
　　나. 관살과 다른 육친과의 변화 • 183

二. 육친에 대한 총정리 / 194

　1. 인수 ··194
　2. 견겁 ··198
　3. 상식 ··202
　4. 재성 ··207
　5. 관살 ··213

三. 용어에 따른 사주의 구성과 해설 / 219

四. 육친의 응용과 추리 / 237

　1. 성격 ··237
　2. 육친관계 ··266
　　가. 부부관계(夫婦關係) • 266
　　　① 처덕 좋다 / 272　② 본처해로 못하는 팔자 / 276
　　　③ 작첩한다 / 290　④ 국제연애 / 298
　　　⑤ 악처팔자 / 301　⑥ 남편덕, 부덕(夫德) 있다 / 305
　　　⑦ 본부 해로 못한다 / 311

　　　　⑧ 소실 또는 정통도주 / 338
　　　　⑨ 재취, 노랑 그리고 유랑 / 344
　　　　⑩ 남편의 납치, 실종 또는 무책임 / 349
　나. 자손론(子孫論) • 355
　　　　① 귀한 자식을 낳는 사주 / 360
　　　　② 무자팔자(남자 기준) / 365
　　　　③ 소실득자 / 368
　　　　④ 불구자손 / 373
　　　　⑤ 자손의 흉사 및 실종 / 379
　　　　⑥ 무자운명(여자 기준) / 385
　　　　⑦ 타자양육 / 392
　　　　⑧ 총각득자 · 처녀포태 / 397
　　　　⑨ 혼혈자손 / 402
　다. 선조관계(先祖關係) • 403
　라. 부친관계 • 418
　마. 모친관계 • 434
　바. 형제자매관계 • 453

일러두기

1. 이 책은 한글로 기술함을 원칙으로 하였으나 사주명리학의 학문적 특성상 꼭 필요한 용어의 경우는 한자를 병기하였다.
   그러나 사주명리학은 우주변화의 원리를 인간의 길흉화복과 연결시켜 해법을 찾고자 하는 학문이니 우주변화의 원리를 형상화, 부호화하는 근간들인 목(木), 화(火), 토(土), 금(金), 수(水)의 오행(五行)과 하늘의 기운인 갑(甲), 을(乙), 병(丙), 정(丁), 무(戊), 기(己), 경(庚), 신(辛), 임(壬), 계(癸)의 천간(天干) 10자와 땅의 기운인 자(子), 축(丑), 인(寅), 묘(卯), 진(辰), 사(巳), 오(午), 미(未), 신(申), 유(酉), 술(戌), 해(亥)의 지지(地支) 12자를 한자로 기술하였다.
   따라서 독자들은 이 책을 읽기 전에 우선 오행 5자, 천간지지 22자는 한자를 반드시 익혀서 책을 읽고 공부하는 데 차질이 없도록 하여야 할 것이다.
   그럼으로써 글자가 함축하고 있는 내용과 의미도 같이 이해할 수 있을 것으로 사료된다.

2. 반면에 다음의 한자는 꼭 필요한 경우 이외에는 한글로 기술하였다.
   乾(건), 坤(곤), 氣(기), 合(합), 冲(충), 生(생), 剋(극), 年(년), 月(월), 日(일), 時(시) 등이다. 그리고 숫자 一(일), 二(이), 三(삼), 四(사), 五(오), 六(육), 七(칠), 八(팔), 九(구), 十(십)은 가급적 아라비

아 숫자로 기술하였으나 꼭 필요한 경우 한자로 기술하였다.

3. 사주명리학을 제대로 이해하기 위해서는 올바른 이론과 원리를 제시하고 이 이론과 원리를 이해할 수 있도록 사주 예시를 들어 설명하는 것이 중요하다. 따라서 많은 사주 예시가 수록되어 있는데 다음과 같은 원칙하에 기록하였다.

● 사주는 년·월·일·시를 우에서 좌로 기술하였다.

예를 들면 경자(庚子)년 정해(丁亥)월 갑인(甲寅)일 경오(庚午)시 생이면 $\begin{smallmatrix}시&일&월&년\\庚&甲&丁&庚\\午&寅&亥&子\end{smallmatrix}$ 로 표기하였다.

● 그리고 평생의 운의 흐름인 대운도 1세 甲子, 11세 乙丑, 21세 丙寅, 31세 丁卯, 41세 戊辰, 51세 己巳, 61세 庚午의 운행이라면 역시 우에서 좌로

61세 51세 41세 31세 21세 11세 1세
　庚　　己　　戊　　丁　　丙　　乙　　甲　　식으로 표기하였다.
　午　　巳　　辰　　卯　　寅　　丑　　子

● 또 사주의 일간 즉 일주의 천간은 어떤 경우라도 ⑭과 같이 원(○)으로 표기하였다. 따라서 천간을 원(○)으로 표기한 것은 일간을 나타낸다.

4. 이 책은 총 6권으로 편집되어 있다.

Ⅰ권에는 사주명리학의 기본이론, 오행의 생극론, 육친론, 지지암장론, 합·충론, 십이운성법, 신살론이

Ⅱ권에는 간지의 생사체성 및 응용으로서 천간10기(氣)와 지지12

기론과 육십갑자의 내용이 기술되어 있다.

Ⅲ권에는 사주분석론으로서 일주강약구분, 오행 생극제화의 원리, 격국과 용신총론 등을 논리적으로 체계있게 논술하였고, 대운법의 계산원리를 예를 들어서 알기 쉽게 정리하였다.

Ⅳ권과 Ⅴ권에는 육친통변론으로 육친의 활용과 변화를 사주통변에 실제적으로 활용할 수 있도록 상세하게 정리 해설하였으며, 육친의 응용과 추리를 부부관계, 자손론, 선조관계, 부친관계, 모친관계, 형제·자매관계 등으로 세분하여 기술하였고, 직업관계, 건강과 질병, 재난관계 등에 대하여도 상세히 기술하였으므로 사주통변에 크게 기여할 수 있을 것으로 본다.

마지막으로 Ⅵ권에는 격국별로 격국의 특징과 용신, 그리고 통변의 실례를 삼위일체로 상세히 기술함으로써 격국, 용신, 통변을 유기적으로 이해함은 물론 사주통변에 절대적으로 도움이 될 수 있도록 하였다.

5. 사주명리학의 공부방법을 제1편 제1장 6항에 기술하였으니 이를 먼저 잘 숙독하여 주기 바란다.

6. 끝으로 이 책은 단원 이병렬(檀園 李炳烈) 선생님의『알기 쉬운 실증철학(實證哲學)』상·중·하 3권과 자강 이석영(自彊 李錫暎) 선생님의『사주첩경(四柱捷徑)』6권을 기초로 하여 일부 내용을 현재의 상황에 맞춰 수정 보완하여 재편집하였음을 밝혀 둔다.

제 6 편
육친통변론(I)

一. 육친의 활용과 변화

이 부분에서는 지금까지 공부했던 육친을 어떻게 응용하는지를 익히게 되는데 육친의 통변과 작용, 그리고 말 만들기를 공부하고자 하는 것이며, 좀 어렵겠지만 표어짓기를 잘하면 되는 것과 같다. 인수·견겁·상식·재성·관살 순으로 보자.

1. 인수

가. 인수의 활용

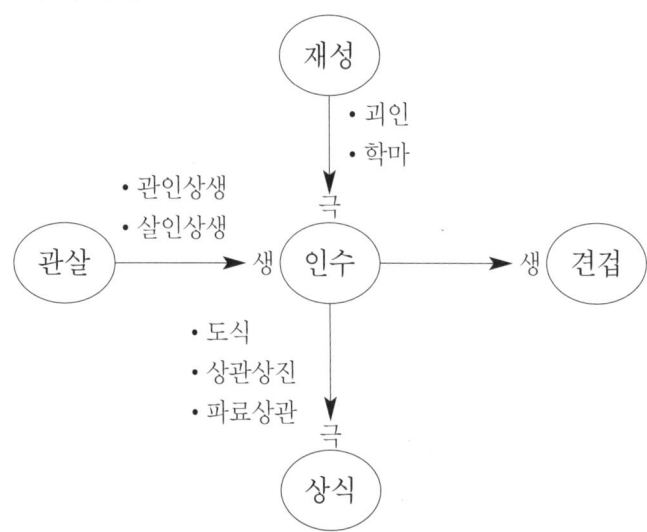

인수는 정인·편인의 총칭이며 보편적으로 응용할 때는 모두 인수로 쓴다. 정인도 태과하여 병이 되면 편인과 같고 편인도 유용하면 정인과 같은 것이다. 다시 말하면 정인은 무조건 좋고, 편인은 흉이 되는 것이 아니라 정인도 태과하면 모자멸자(母慈滅子)로 일주에 흉이 되며, 편인도 유용할 때는 일주에 없어서는 안될 보급로요 귀성(貴星)이 되기 때문이다.

 그리고 인수는 본래가 생견겁이니 일간, 일주를 생해준다. 즉 나의 원류이고 근본이고 조상이다. 그러나 신왕에는 불요(不要)하며 신약에는 일간을 도우므로 가장 필요로 한다.

 다음 상식을 극제 함은 좋으나 신왕사주에서 상식이 필요할 때는 도식(倒食)이 된다. 즉 식신이 용신이 될 때에 한해서 도식작용이 된다. 또 원래 상관은 나쁜 놈이니까 극해야 하는데, 즉 물리쳐야 하는데 너무 과다하게 상관을 죽이면 숨통을 막고 들어가니까 이때는 상관상진(傷官傷盡)이 된다. 이때도 상관이 용신일 때에 한해서 쓰는 말이다.

 이렇게 도식이나 상관상진이 되면 종내는 화(禍)를 자초하므로 숨통이 막히고 또는 부도, 도산 등 신상에 재앙이 끊일 사이 없으나 상식이 많을 때는 오히려 인수를 이용하여 상식을 제(制)하면서 일간을 도와야 한다.

 다음 관살로부터는 생조를 받으나 관살이 태왕하면 인수는 탁(濁)이 되어 부실(不實)하여지고, 반대로 인수가 태왕하면 관이 허(虛)하여 작용이 불능(不能)이요, 또 신왕에 인수와 관살이 있으면 관인상생(官印相生)이라 하고, 신약에 인수와 관살이 있을 때는 살인상생(殺印相生)이라고 한다.

 다음 재성으로부터는 극제(剋制)를 당하나 인수가 태왕할 때는 병이 되므로 오히려 재성이 필요하고, 신약에 인수가 필요할 때는 괴인(壞

印)으로 대기(大忌)하는데 또 천간에 재성이 당권하고 있을 때 운에서 인수를 만나도 원명의 재성에 방해받아 일간을 생하지 못한다. 인수가 제일 무서워하는 것이 재이다. 인수는 학문이고 공부이니 괴인을 학마(學魔)라고도 하는데 공부를 방해하는 것이다. 괴인·학마도 인수가 용신일 때 재가 있으면 괴인 되고 학마가 되는 것이다.

그리고 정인이 없을 때는 편인으로 대용하고 편인이 없으면 정인으로 대용하며 인수가 없다 하여도 주중에 관성만 잘 구비되어 있으면 관생인의 이치로 인수가 없다 할 수 없으며, 인수가 혼잡으로 태왕시는 다자무자의 법칙으로 없는 것과 같고, 인수의 득국을 제일로 하고 있으나 양일주는 편인이, 음일주는 정인이 더욱 좋으며 삼합국을 우선한다.

그 이유는 가령 甲木일주라면 壬水편인에 의하여 더욱 견고하여지나 癸水에서는 종내 썩기 때문이고, 乙木일주는 亥中壬水에 장생으로 좋은데, 子中癸水편인에는 부목에 표목되기 때문이다.

정인도 많으면 편인과 같다. $\begin{smallmatrix}○○甲癸癸\\○子亥亥\end{smallmatrix}$의 경우, 水가 정인이지만 너무 많아서 음지가 되고 부목이 되니 水가 병이 되어 정인이 아니라 모두 편인과 같은 작용을 한다. 즉 모자멸자가 된다. 요즘 말로 마마보이가 된다는 것이다. 많이 먹여서 죽이는 것과 같다. 남에게 의지만 하다가 결국은 자생의 길이 없어져 버린다.

편인도 잘만 하면 정인과 같다. $\begin{smallmatrix}○○丙○○\\○寅子子\end{smallmatrix}$은 동짓달의 丙火일주가 寅木이 있어서 살고 있으니 寅木이 편인이라도 정인과 같다. 용신이므로 설중매화(雪中梅花)다. 인수는 신약에는 길로 작용하지만 신왕에는 흉으로 작용한다.

신왕사주에서 식상이 필요할 때는 인수가 있으면 도식이다. $\begin{smallmatrix}丙甲癸癸\\寅子亥亥\end{smallmatrix}$는 丙火식신이 용신인데 水인 인수가 丙식신을 水극火로 거꾸러뜨리니 도식 작용을 한다.

丁⑧癸癸는 甲木이 丁火상관을 만났는데 많은 癸亥水가 丁癸충 水극
卯子亥亥
火로 용신인 丁을 패대기치고 있다. 고로 丁火용신을 상하고 있다는
것이다. 상관상진이다. 이런 팔자들을 손 안 대고 죽이려면 먹기 내기
하라. 水생木으로 먹으면 水극火 하니까 숨통이 막혀서 죽는다.

도식되고 상관상진 되는 인수운에 신수 보러 오면, "금년에 부도 맞
네요." "도산하는 운이네요." "살림을 엎어야 합니다." "득병하는 운이
네요." "가족이 분산되는 운이네요." 나는 나대로, 마누라는 친정으로,
애들은 애들대로 등등. "보증 잘못 서서 홀랑 망하네요." 언론인이면
필화 사건 일어나고, 즉 글 잘못 써서 망하는 것이고, 학생이면 평소에
는 1등인데 인수운 만나면 "시험운이 없네요." 水생木 받아서 식상이
있어야 환하게 답안지가 보이는데 水극火로 꺼버리니 아는 문제도 모
두 놓치어 시험운이 없다. 상식이 많으면 인수운을 만나야 길하다.

관살로부터는 생조를 받으나 관살이 태왕하면 인수는 부실해진다.
○⑧庚○은 木火운을 만나야 한다. 관살인 金이 너무 많으니 水인 인수
○子申申
가 금다수탁(金多水濁)으로 철분이 과다하여 나무를 못 키운다.

인수가 태왕하면 관이 작용을 못한다. ○⑧○○의 경우, 인수가 많으
○亥子申
니 申관은 申子水국으로 없어져 버린다. 즉 관이 작용 못한다. 여자가
너무 공부를 많이 하면 시집 갈 데가 없다. ○⑧○己은 여자의 사주다.
○寅寅亥
寅木이 인수로 亥가 관인데 寅亥합木으로 서방이 없어졌으니 독신주
의로 살다가 갔다. 미국서 공부 많이 하다보니 혼기가 늦어지고 자존
심이 강하니 아무 남자는 성에 안 차더라.

○⑧丙○의 경우는 寅木정관이 丙火인수를 木생火로, 火생土로 해서
○○寅亥
들어오니 관인상생(官印相生)이다. 己土여자 꼬시려면 丙장모에게 초
점 맞춰라. ○己丙甲도 甲木정관이 丙인수를 생해서 火생土로 들어오
니 관인상생이다. ○⑧壬壬은 살인상생(殺印相生)이다. 壬申子인 편관
○寅子申

칠살이 일지의 寅木인 인수에게 水생木, 木생火로 들어온다.

이와 같이 관인상생, 살인상생의 특징은 잘만 연결되면 국공립학교와 인연이 있고, 국비장학생이고, 잘만 연결되면 직장에서 유학 보내주고, 적이 은인이 된다. 또한 협상의 명수이다. 대치되는 상태를 인수를 이용해서 대치상태를 풀어간다. 남북정상회담에 앞장세우면 멋지게 잘 이루어낸다.

관인상생이 아주 좋게 연결되면 패인(佩印), 즉 마패 차고 암행어사 팔자가 된다. 요즘으로 비유하면 청와대 민정비서관이다.

정리하면, 신왕관왕에 인수가 가임(加臨)하면 고관이 직인을 가지고 있는 것과 같고, 또 원류 즉 뿌리가 튼튼하여 건강은 물론 명문가에 출생이요, 장차관으로 입신하며 재성과 같이 신왕하면 거부요, 상식왕이면 학자에 박사로서 이름을 빛낸다.

인수는 재성으로부터는 재극인으로 극제를 당한다. 남자가 여자·재에 미쳐놓으면 공부도 안 하고 부모도, 조상도 몰라보고 고향 떠난다. 그러나 여기서 인수가 많을 때는 오히려 재가 최고로 좋다. 가령 壬戊丙丁/子申午未의 경우, 戊일간이 火인수가 많아서 조토가 되어있다. 水인 재가 귀성이다. 인수가 병일 때는 재가 튼튼하게 작용하면 더 없이 좋다.

신약에 인수가 필요할 때 재가 있으면 괴인이 된다. ○丙辛○/寅申酉酉는 寅申충에 金극木으로 괴인이다. 金木상전이다. 그리고 재인투전이다. 재와 인수가 끝없이 싸우고 있다. 재가 이기는데 인수 엄마가 아버지인 재에게 한방 얻어맞고서 寅탕화로 인하여 자식방에 가서 신세한탄하고 있다. 寅木이 3·8木이니까, 어머니가 팔푼이로 밤낮 얻어맞고 산다. 재가 많아서 괴인이 되고, 아버지가 지나치게 엄해서 공부도 못한다. 丙인 자식이 서리 맞아서 아버지 눈치만 보고 산다. 寅木용신이 쫓기고 있다. 역마지살이 충으로 다리가 부러졌고 추생(秋生) 寅戌로 급각살이니 다리를 전다. 고로 멀쩡한 인수라도 도와주기가 힘든데 절름발이가 어떻게 도와주겠는가? 뒷집 여자는 시집 갈 생각도 않는데 김칫국부터 마신다. 꽃이 피기도 전에 서리 맞았다. 못된 송아지 엉덩이에서 뿔난 팔자다. 만약, 천간에 재성이 당권하고 있으면, 인수운에도 인수작용을 못한다. 만약 戊甲戊戊라면 癸년이 오면 戊癸합으로 水生木을 못 받아먹는다. 그런데 甲木은 水生木을 받을 줄 알고서 이미 꿔다 썼다. 그런데 안 들어오니까 연쇄반응이 생긴다. 甲木이 죽으니 甲木에게 돈 빌려준 사람도 죽고, 연쇄반응이 생기는 것이다.

사주가 도식이 되면 답답하다. 丁甲壬壬 卯子子申 "이 사주 어때요?" 水木응결로 木生火가 잘 안 되니까 "아이고 이 답답아!" 다. 저능아에 해당하고 배운 것을 하나도 못 써먹는다. 대학원 나와서 면서기 하나도 못해먹는다. 丙甲壬壬 寅子子申 의 경우, 壬申, 癸酉년이면 용신을 죽이는 운이므로 도식운이다. 부도, 득병, 필화사건 등 시작만 있고 끝이 없다.

인수가 용신인 팔자는 어머님이 귀인이고, 선생님이 귀인이고, 책 속에 길이 있고, 여자는 친정 가면 웃고 오고, 인수가 기신이면 친정 가면 울고 온다.

탐재괴인 사주가 만약 사업하면 패망한다. ○丙辛○ 寅申酉酉 의 사주가 사업하면 망한다. 이런 사주가 사업하면 金인 재를 따라간다. 그러면 용신인 寅木을 패대기치니 사업이 되겠는가? 또한 원인 분석을 해보면 욕심은 앞서고 계산만 빨랐지 되는 건 하나도 없고 일주가 약하니 돈을 관리하는 능력도 없으며 부하관리도 못한다. 또한 괴인으로 연결되니 인수가 장부이면 세금출납부 하나 제대로 관리 못하니 직원들이 모두 해먹고 망해버린다.

사주에 정인이 없으면 편인으로 대용한다. 심리학적으로 연결하면, 만약 편인만 있으면 자기 친엄마 보고도 "계모 같다"고 하고 뻑하면 자기 엄마 보고 "○○여사!"하는 말을 잘한다. 또한 어머니가 아무리 잘해줘도 가슴에 와닿지가 않는다.

 인수가 없어도 관성만 잘 구성되어 있으면 인수는 저절로 생긴다. 비견겁이 잘 구성되어 있으면 상식이 저절로 생긴다. 상식이 잘 구성되어 있으면 재가 저절로 생긴다. 재가 잘 구성되어 있으면 관이 저절로 생긴다. 관이 잘 구성되어 있으면 인수가 저절로 생긴다. 인수가 잘 구성되어 있으면 비견겁이 저절로 생긴다.

 다음은 다자무자(多者無者)를 보자. 乙甲壬壬/亥子子子는 다자무자의 사주로 음지요, 무화과(無花果)이다. 어머니가 없다. 공부도 못한다. 인수가 너무 많아서 오히려 인수가 없다는 것이다. 원 사주에서 많은 오행이 병을 이루고 있을 때가 다자무자에 해당한다. 많은 오행이 용신이면 다자무자가 아니다. 즉 내가 관리할 수 있으면 다자무자가 아닌 것이다.
 인수가 득국하면 길격인데 양일주는 양국, 음일주는 음국이 제일 좋다. 가령 ○癸○○/丑丑酉巳 라면 음일주에 음삼합국이니 서로 사이클이 잘 맞는다. ○甲○○/子辰子申도 甲木 양일주에 申子辰 양삼합국이니 좋다.
 인수가 삼합득국 하여 왕하고 있으면 좋은 가문에, 위로는 조부님이 유덕 있고 장수하셨으며, 아래로는 부모님의 덕망이 높고, 가정교육이 좋아 만인의 모범이요, 정도가 아니면 행하지를 않고 인품이 준수해 용모가 단정하며, 금전보다는 명예에 우선하고, 지구력과 인내심이 강하여 무슨 일이든 유종의 미를 거두며 수양과 덕망을 갖추고 있어 재앙이 따르지 않는다. 또 창의력이 발달해 매사 자신을 가지고 임하며 최고학부요 일류학교를 나오고 문필정확에 문교행정, 교육, 문화, 언론, 정치, 학원 등에서 득명한다.
 인수가 득국하여 있으면 위에서 얘기한 바와 같이 좋은 가문인데 가령 甲㊅辛癸 (寅亥酉丑)의 경우, 癸水의 인수는 辛酉인데 丑이 土생金 하고 酉丑으로 되니 순국이 이루어졌다.

편인이니 할아버지이고, 할아버지의 덕이 있다. 인수를 몰아서 볼 때는 부모님이니 부모님 덕이 좋고 월에 인수니 가정교육이 좋다. 선비의 집에서 태어났고 명문가에서 태어났다. 정도(正道)가 아니면 행하지 않고 인품이 맑고 깨끗하다. 돈보다 명예가 우선이다. 甲寅木으로 상식인 학생이 대들보이니 이 사람에게서 배운 학생들은 모두 한자리 한다. 칠살, 재앙이 따르지 않는다. 즉 인수가 있으면 살인상생으로 바뀌어지므로 재앙이 머물지 않는다. 인수는 기획, 창조력, 창의력이다. 고로 인수와 상식이 잘 연결돼 있으면 발명가이다. 관과 인수가 구성되어 있을 때는 인수를 옷으로 보면 제복이라고 한다. 또한 문필이 정확하다. 글씨 써 놓은 것을 보면 반듯하게 된다. 인수가 많은 여자는 글씨가 예쁘다.

신왕관왕에 인수가 있으면, 가령 甲㊅癸癸 (午寅亥亥)의 경우, 관도 왕하고, 寅亥합木에 寅午火국으로 신왕이다. 뿌리가 깊다. 보기 드문 사주이다. 고관이 직인을 가지고 있다. 이런 팔자가 직인관리니 결재자에 해당한다. 또한 패인으로 암행어사 팔자이다. 청격(淸格)이다. 장관급 사주이다. 水가 있으니 해양부요, 인수가 있으니 교육부까지도 해당된다. 사주가 좋으면 총리로도 해당되고 아주 좋은 팔자이다.

壬㊅丙丁 (子申午未)는 거부팔자이다. 그럼 여기서 돈, 사업이냐? 명예냐? 이것을 구분하기 어렵다. 이것을 구분하는 법은 월에 인수이니 선비형이고 명예이다. 기획재정부 장관, 행정안전부 장관, 한국은행 총재 등등. 그러나 월에 인수가 있지만 부모에게서 물려받은 재산이 없으면서 신왕재왕이면 그때는 사업으로 간다. 가령 壬㊅己戊 (子申未戌)라면 이런 팔자는 돈으로 간다. 사업으로 간다는 것이다. 戊戌, 己未의 년, 월에서 비겁으로 내 것을 빼앗아갔고, 배다른 형제가 있고, 부모덕 없으니 사업으로 간다. 부모자리에 비겁으로 부모덕이 없다는 것이다. 모두 신왕재왕이지만 삶이 다르다. 그 이유는 부모에서부터 시작했다.

인수와 상식이 잘 구성되어 있으면 박사에 학자로 이름을 빛낸다. 丙甲癸癸 寅寅亥亥 는 목화통명으로 학(學)으로 간다. 직업은 행(行), 관(官), 학(學)으로 나누어진다. 가령 의사라면 학은 의대교수나 연구직이고, 관은 의료원 원장이며, 행은 자기개업병원 원장이다. 법관이라면 학은 법대교수이고, 관은 현직법관이며, 행은 개업변호사가 된다.

만약 인수가 태왕하면서 혼잡하면 조부모에 이복 있고 어머니가 두 분이요, 심하면 편모슬하가 분명하며 쓸데없는 아집에 매사를 본인위주로 처리하고, 안일무사에 타인을 멸시하며, 이론이 앞서고 학업이 부진하니 이름하여 외화내곤(外華內困)이요, 기예에 흐를까 염려된다. 또 모친이 강왕하여 가권을 좌우하여 어머니 마음에 드는 신부가 없어 결혼이 늦고 모처불합에 어머님의 교사(敎唆)로 종내는 부부이별이다.

가령 壬甲己戊 辰丑未戌 의 경우 辰丑未戌에 인수가 많고, 거기에 정, 편인이 혼잡되어 있으니 할아버지 형제간에 이복형제가 있고, 어머니가 둘이요, 만약 어머니가 둘이 아니면 장인이 둘이다. 즉 장인이 많다는 것이다. 고로 어디서 걸려도 걸리더라.

배다른 형제의 경우도 "배다른 형제 있네요." 했더니 아니란다. "그러면 서방님 시댁에 배다른 형제네요." 그러자 "맞아요." 한다.

인수가 많은 팔자는 고집이 대단히 센데, 인수고집을 학자고집, 유교고집이 되어서 안 통한다. 매사를 본인 위주로 처리한다. 일주로 기가 집합하니 나만 도와주어서 자기만 위해서 살라고 한다. 때로는 인수가 용신이면 저만을 위해 달랜다. 또 안일무사하다. 시끄럽고 복잡한 것을 제일 싫어하는 것이 인수이다. 자기가 좀 배웠다고 타인을 무시한다. 또 이론만 앞세운다. 인수만 많은 마누라와 살면 피곤하다. 너무 이론만 앞세우니까 그렇다. 이런 학자나 사람들을 콧대 꺾으려면 "배울 때는 학이지만, 써먹을 때는 술(術)입니다." "학과 술이 공존해야 합니다." "학만 가지고는 안됩니다." 그래서 학술세미나이다. 배운 대로가 아니라는 것이다. 밥을 하는데 보리 50% : 쌀 50%를 하면 학으로는 보리:쌀이 똑같아야 하는데 순전히 보리밥이 되더라. 이것이 바로 술이다.

그리고 인수가 많은 팔자는 시험운이 없다. 평소에는 1등으로 공부를 잘 하는데 시험만 보면 꼴찌이다. 인수 많은 팔자는 "전생에서 너무나 많은 공부를 해서 이승에서는 공부를 안 하네요." 하라. 또 인수는 기예이다. 인수가 기술이고 인수가 예체능이다. 특히 도화인수면 예체능이 더욱 해당된다.

인수가 왕하면 어머니가 똑똑해서 어머님 눈에 드는 신부가 없다. 어머님이 간섭하는 한은 자식이 장가 못 간다. 가령 己甲癸癸／○○亥亥 는 甲己합으로 저희들끼리는 죽도록 좋은데 水인 어머니의 눈에는 안 차더라. 水4:土1 이니까 어머님이 간섭하는 한 장가 못 간다. 水인 어머니가 甲木 자식에게 "왜 너는 여자도 하나 못 사귀냐?" 한다. 그러자 甲木이 己土를 데리고 와서 "어머니, 이 여자 사귀고 있어요." 하자 水 어머니가 己土를 보자 콧방귀 뀌면서 데려다 주라고 하더라. 결과적으로 결혼하기 힘들다는 것이다. 또한 가문도 맞지가 않는데, 이런 사주 가지고 어머니가 궁합 보러 오거든 "응, 신부집의 가문과 아드님의 가문이 너무 차이가 나서 궁합 보러 오셨군요?", "그러나, 죽었다 깨어나도 댁의 아드님에게는 좋은 처갓집과 인연이 없네요. 어떡하나요?", "인정할 것은 인정해야지요." 하고 한마디 해 주어라.

여기서 잘 살던 집안이 딸이 시집가고 난 후 기울기 시작하는 경우가 있는데, 이런 경우에는 그 아버지 집안에 20년 대운이 들어왔었다고 보면 된다. 까마귀 날자 배 떨어진 것이다. 이런 사주는 결국은 어머니의 교사로 못 살고 이별한다. 水생木 해서 木극土로 결국은 뒤에서 己土를 때린다. "너의 마누라 단속 잘해라, 잘해라, 내가 내 눈으로 보았단다. 亥중甲木 하고 甲己합 하는 것을 내가 보았단다." 하더라.

이처럼 마누라가 바람피우는 것을 시어머니가 봤다고 하는 경우가 ○丁壬○/卯亥申○의 여자 사주인데 申金이 재로 시어머니이다. 壬이 남편인데, 亥 중에 壬이 있고, 申 속에 壬이 있다. 丁壬합이 음란지합인데 丁壬합이 너무 많다. 고로 해로 못한다. 둘이는 좋아서 丁壬합으로 연애하는데 申金인 어머니가 "너의 마누라 단속 잘해라." 하더라. 丁火가 申金 壬水와 丁壬합 했는데 시어머니에게 들켜버렸다. 이런 식으로 추론하고 통변하라.

인수에 도화가 있으면, 가령 ○戊○○/○午○巳의 경우, 인수에 도화이고, 일지 도화도 된다. 인수도화면, 기생오빠에 옷걸이가 좋다. 火일주가 옷걸이 좋다. 또 유흥업소와 인연이 있으며 춤선생이다. 또 애정소설을 탐독하고 선생님의 귀여움을 독차지 한다.

인수가 태왕하면 강왕한 어머님에 의하여 부친은 무력하여지고, 조부님이나 외가를 많이 닮게 되어있고, 종내는 인수가 병이 되므로 어머니 때문에 걱정은 물론 패망을 면할 길 없으니 부모를 떠나 자립하는 것이 급선이며, 처의 말을 들어야 성공의 첩경이라, 공처가(恐妻家)가 아닌 공처가(恭妻家)가 되어야 살 수 있는 길이요, 건강은 태강즉절의 이치로 오히려 잔질이 많아 약국출입이 번다하다. 가령 ○戊○○/○午未子이라면 午未火국이 어머니이고, 子가 아버지인데 子未원진에 子午충이 걸렸다. 아버지는 할아버지 방에 가 있고 나는 어머니와 같이 있다. 아버지는 일찍 죽고 어머니가 오래 산다. 가권(家權)은 어머니가 쥐고 있다.

"참 팔자도 이상하네요." "왜요?" "이 아이 낳고서 아버지와 어머니가 갈라지네요. 子수충으로 애 낳고서 부부간에 정이 멀어지네요."

월에 인수 있는 자나 인수가 많은 팔자는 어머니 닮았고 외탁이다. 인수는 할아버지이니 할아버지 닮았다. 월에 재가 있으면 아버지 닮았고 친탁이다.

인수태왕자는 부모와 같이 살지 말라. 자립하는 것이 급선무이다. 가령 甲癸○○는 酉丑金국으로 金생水 되고 섣달이니 甲寅이 용신이다. 金국이 金극木으로 용신이 죽으니 부모와 같이 살면 안되는데 이 사주는 부모와 함께 살게 되어있다. 일지로 酉金이 酉丑金국이니 부모 모시는 팔자이다. 일지로 인수와 합이 되어서 들어오니까 부모 모시고 살게 되고, 살아야 할 의무가 있다. 어느 역학자가 말했다. "어머니가 아들과 같이 살게 되면 이 자식이 잘못 돼요." 그러자 그 엄마는 걱정되어 물어본다. "내가 정말 자식과 같이 살아도 돼요?" "어디 가도 그렇게 말할 것이고 원래 그것이 원칙이지만 부모와 같이 사는 것도 팔자에 있고 또한 부모를 모시고 안 모시고 하는데 따라서 운명이 달라지는 것은 없으니 걱정 말고 가서 같이 사세요." 하고 위안해주라는 것이다. 중요한 문제이다. 만약 잘못하면 늙은 엄마는 비관해서 스스로 목숨을 끊는다.

인수가 많으면 고향 떠나야 성공한다. 또한 마누라 말을 잘 듣는 것이 성공의 지름길이다. 인수태왕이면 태강즉절의 이치로 잔병치레를 많이 한다. 단, 조후가 안 되어 있을 때로 조절이 안 되어 있을 때이다. 그리고 인수는 본래가 순수하고 청백한 중 재관과 상식이 몰함으로 빈한한 선비는 이를 두고 한 말이다. 과욕과 편법을 사용하면 반드시 패망하고 만다.

다음 여명은 인수가 많으면 재가 죽으니 시어머니를 모시지 않고, 만날 친정집만 생각한다. 남편의 명령에도 안 따르더라. 인수가 많으니까 관이 몰해서 그렇다. 그러나 재가 용신인 경우는 예외다. 관도 같이 살아 잘 섬기게 된다. 또 인수가 월에 있으면 오히려 친정의 유산을 받는다. 만약 월에 상관인데 시에 인수가 있으면 이때는 오갈 데 없는 친정부모 모셔야 한다. 왜냐하면 월에 상관이면 아버지 대에서 집안이 망했으니 두 손 들었다. 고로 친정어머니가 오갈 데가 없어서 모시게 된다. 시에 인수가 용신이면 원칙적으로 친정어머니 덕을 보아야 하는데 월에 상관이면, 즉 사주가 나쁘면 친정이 망했으니 친정어머니 모셔야 한다.

또한 친가로 인하여 걱정이 떠날 사이 없을 뿐더러 때로는 친정의 방해로 부부생활이 와해되며 자손이 없어 고민이요, 딸 부자가 되기 쉬우며, 건강은 외실내허(外實內虛)이며, 직업을 가져야 하고, 부군보다는 자손에 치우치며, 본인이 가구주를 하여야 되겠고 재·관·상식이 몰함은 남자와 같으니 한유(寒儒)는 면할 길 없음이라 차라리 독신주의나 종교에 귀의함이 정도인지도 모른다.

인수가 많으면 여자는 자식이 없어서 고민이다. 식상이 자손인데 인수가 많으면 자식인 상식이 꺼져버리니 자식이 없다. 가령 丙甲○○/子子丑子의 경우, 丙火인 아들이 있는데 자식이 없다고 한다. 왜? 丙 식신이 水인 인수가 많아서 없어져 버렸다. 또한 꽁꽁 얼어서 동결되니 씨앗이 발아되지 못해 자연으로 유산되고, 유산되니 자식이 없다. 이렇게 金水가 많으면 딸이다. 丙이 용신이니 남편보다는 자식사랑에 치우친다.

여자가 일주가 강하면 재·관이 몰해버린다. 남편도, 시댁도, 돈도 모두 몰해버리니 본인이 벌어서 남편도 먹여 살려야 하니 가구주 노릇한다. 가령 丙丁戊/巳午午戌는 득령, 득지, 득세하여 신강사주인데 서방되는 글자가 없다. 죽도록 장사해서 서방 먹여 살리고 있다. 남이 보아서는 火일주라서 훤하고 귀부인 같은데 사주 보니까 영 아니더라. "어이구, 당신도 빛 좋은 개살구네요." 하라.

庚丁庚庚 (子巳辰戌)는 남자 사주다. 악처 만나는 팔자이다. 금다화식이고 丁巳일이 고란살이니 신약하여 조루에 연결되고 戌土인 자기 고장까지 연결되니 장가는 안 가는 것이 좋다. 마누라는 괴강이 많으니 대가 센 여자이다.

다음 주중인수가 허약하면서 신약하면 일간의 뿌리가 깊지 못하여 한없이 순하기만 했지 지구력과 인내심이 부족하여 매사가 용두사미이고, 의지력이 많아 항시 남에게 기만당하기 쉽다. ○甲丁○(午午亥午)는 월에 인수인데 火가 너무 많다. 水생木 받아서 木생火로 한없이 착하고 뼈없이 착하다. 지구력, 인내심이 부족하다. 용두사미에 상식이 많으니 제꾀에 제가 빠진다. 亥인 인수가 용신이다. 자립하라고 내보내면 木생火로 까먹고 다시 들어오는 것만 반복한다.

또 일주가 약하니 결단력이 부족하다. 귀가 얇아 현혹될까 염려되며 마지막에 가서 이럴까 저럴까 망설이다가 기회를 놓치고 평생을 두고 호장(豪壯)한 일을 하여 보지 못한다. 일주가 약하면 화투할 때도 쓰리고 못한다.

金일주나 金이 많은 사람은 완벽함을 추구하다가 기회를 놓치고 후회한다. 돌다리도 두들기고 간다. 金일주에 金이 많은 여자는 100점짜리 남자는 없는데도 100점짜리 남자만 고른다.

또 부모를 떠나서는 자립하기 어려우니 이름하여 우물 안 개구리다. 가령 庚丙庚○(子辰寅子)는 월에 인수이다. 子辰水국이다. 木생火로 죽도록 받아서 밖에만 나가면 이 많은 水가 水극火로 저를 괴롭히고 왕따시킨다. 그러니까 나갔다 다시 들어오고 하면서 기를 못 편다. 우물 안 개구리이다.

종교를 갖는다고 해도 맹종하기 쉽다. 신약이면 맹신자가 되기 쉽다. 계획에 일관성이 없어 조성모파(朝成暮破)요, 인수가 있어도 일에 계획성이 없다. 건강도 부실하여 피로가 쉽게 찾아오고, 따라서 일을 무서워하므로 세인의 환대를 받기 어렵다.

　일을 무서워하니 하루 일하고 하루 쉬어야 한다. 고로 신약사주는 정재도 내 것이 아니다. 정재는 내 것이고 내 밥인데 "아이구야, 내 밥도 못 찾아 먹는 팔자네요." 일주가 약하면 마누라도 품 밖으로 돈다. ○丙辛○／卯辰酉丑의 경우, 丙辛합이 되니 내 마누라요, 내 돈이 틀림없는데 辰土가 卯辰木국보다 辰酉합金을 더욱 잘 한다. 재는 왕한테 卯는 습목이고 酉월의 나무이니 卯酉충에 金극木으로 쫓기고 있다. 木생火가 어렵다는 것이다. 또한 丙이니까 2살인데 마누라는 4살이다. 2살이 4살짜리를 안기가 어려우니까 마누라가 품 밖으로 돈다. 丙辛합, 辰酉합으로 연결되면 부모에게 물려받은 돈이 있다. 그러나 관리능력이 없으니까 모두 나갈 수밖에 없다. 돈은 많다. 관리능력은 없다. 고로 건물 사서 세라도 받아먹고 살아야 한다. 신약이니 월세 받기도 힘들다. 여러 가지로 머리를 써라.

　다음은 인수가 위치에 따라서 나타나는 특성을 살펴보자.
　인수가 생년에 있으면, 부모님의 나이가 완전히 할아버지, 할머니 같은 나이로 나이차가 많다. 인수가 생월에 있으면 제자리를 차지하고 있으므로 그의 어머니가 똑똑하며 부모의 덕이 있으며 친정의 유산도 받는다. 인수가 일지에 있으면, 남자는 어머니 모시고 살고, 여자는 친정을 끼고 산다. 처의 자리에 어머니가 있으니 모처가 불합하며 또 효신살이 되므로 유실자모(幼失慈母)가 아니면 모외유모(母外有母)가 되기 쉽고, 인수가 생시에 있으면 어머니가 자손과 같아 조그마한 일에도 토라지기가 쉬워 모시기 힘들며, 때로는 나이 어린 어머니가 있으니 부친풍류가 틀림없고, 일시에 인수는 공부가 늦게 터지며 또 늦게

까지 공부하는 운명이 된다.

가령 여자인데 己㊛癸甲/丑巳酉辰의 경우, 巳酉金국으로 똑똑하다. 아버지는 甲이고 어머니는 己丑인데, 인수가 시에 있다. 고로 어머니가 젊다. 甲이 아버지인데 己 엄마와 나이 차이가 많다. 甲木 아버지가 辰을 깔고 있고, 시에 己丑이니 두 번째 엄마이다. 월에 申子辰년에 酉가 도화이니 어머니가 재취·소실이다. 고로 이 여자는 서출 출신이니 아버지의 나이가 많다. 金일주에 金이 많으니 100점짜리 신랑만 찾으니 있겠는가? 아르헨티나로 가서 목사와 산단다.

인수를 공부로 보면 일과시에 인수가 있으면 "늦공부 터지네요." 운에서 인수가 들어와도 "공부하는 운이네요." 인수가 많고 재가 용신인 사주는 장가 가면 마누라 말만 듣더라. 또한 마누라가 똑똑하다.

다음 사주에서 재인이 투전하면 부모불합에 모처가 불화하고, 재인이 암합하면 그 모친이 재취 또는 소실 아니면 부모가 연애결혼 하였거나 어머니에게 정부(情夫)가 있다. 가령 ○㊛○○/○申寅○이면 寅申충이다. 丙에는 寅이 어머니요, 申은 아버지인데, 재인투전이니 부와 모가 밤낮으로 싸운다. 고로 부와 모가 불화면 그 여파는 다양하게 나타난다. 공부하는 데에 방해요, 장가 가서 보니 마누라와 어머니가 싸운다. 즉 모처불합이다. 인수가 강하느냐, 재가 강하느냐에 따라서 승패는 달라진다.

운에서도 재와 인이 싸우면 모처불합이요, 부모불합이다. 가령 丙寅일주가 申년이면 寅申충으로 재인투전이다. 부모가 싸우고 모처불합인데, 여기서 모처불합이냐? 부모불합이냐? 장가 갔으면 모처불합으로 보라.

재와 인이 암합하면 어머니가 재취나 소실이고, 안 그러면 어머니의 정부가 있어 연애 박사다. 가령 ○㊛○○/午申○○이면, 申속의 壬이 부요, 午속의 丁이 모다. 丁壬으로 암합한다. 여기서 부가 암장으로 있으니 어머니의 애인이라고 한다. 어머니가 연애박사다. 그런데 가령 ○戊○○／午申亥申 이면 어머니의 애인이 너무도 많다. 골치 아프다. 어머니가 날마다 남자 바꾸더라. 이럴 때 子년을 만나면 子午충 되니 어머니와 애인이 이별 수가 들어왔다.

○戊丁○／○○巳○의 경우 丁巳가 고란살이니 어머니가 혼자 살고 있는데 壬申년이나 壬子년이면 丁壬합으로 어머니가 애인이 생긴다. 즉 내 팔자에서도 어머니가 연애하는 것이 나온다.

인수가 허약하고 형·충 또는 수제 당하고, 흉살이 병림하여 있으면 인수로서의 역할과 소임을 다하지 못함은 물론 병들고 단명하며 모친을 일찍 상별할까 염려 된다. 가령 ○丙○○／○申申寅 이면 가을의 寅木이고 寅申충 당하니 寅木이 날아간다. 충거(冲去)이다. 충거는 몽둥이로 때려서 보내는 것이고, 합거(合去)는 배 맞아서 좋아서 가는 것이다. 따라서 충을 해도 가고, 합을 해도 간다는 것이다. 여기서 寅木 어머니가 세상을 떠나는 해는 申년·巳년에 寅申충, 寅巳형으로 역마지살에 해당하니 객사(客死)에 해당한다.

다음 인수에 급각살이나 단교관살은 어머니의 수족에 이상이 있거나 풍질로 고생하고, 신경통이 있다. ○丙○○／○申申寅 의 경우, 추(秋)생寅戌이 급각살이고 역마지살에 충 받고 있고 해서 신경통에 풍질로 고생인데 여기에 탕화까지 연결되면 수족에 이상 있고, 아버지에게 구박만 받으니 죽고 싶다는 생각을 하게 된다.

또 인수에 귀문관살이 연결되면 어머니가 까다로워 비위 맞추기가 힘들뿐더러 심하면 정신이상이다. ○丙○○／○申申卯 이면 卯申귀문이 둘이고 원진으로 풀이하면 어머니가 아니라 원수다. 또한 金극木으로 얻어맞고 있으니 어머니가 꺾인다. 이럴 때는 어머니의 정신관계를 검토해 보아야 한다.

인수가 탕화가 되면 비관에 음독자살, 한(恨)에 연결된다.
인수가 백호대살이면 어머니의 흉변이 두렵다.
인수가 공망이면 덕이 없고 공부도 못하고 집도 없고 부모덕도 없다. 어린 애들은 어머니의 젖이 부족하다. 이것을 놓치지 말라.
水일주에 水기태왕격은 털털하다. 안 씻으려고 하고 목욕 안 하려고 한다. 水가 많아서 항상 저는 물을 가지고 있어서 깨끗한 줄 아나 보더라.
인수가 삼합이면 어머니의 변동수, 여행수, 매매수이다. 여기서 매매는 사고 팔고 모두 다 해당한다. 역마지살에 인수면 유학, 외교관이요 양복, 양옥, 차고와 인연 있다. 壬申일주가 申子辰년에, 丙寅일주가 寅午戌년에 해외출입한다.
인수에 천월덕귀인은 소식자심(素食慈心), 즉 인정 많고 까다롭지 않고, 역마지살은 여행 좋아하고, 화개는 신앙에 독실하며, 장성은 고집이 대단하고, 망신과 도화는 모가재취(母嫁再娶)인데 도화인수는 첩모봉양(妾母奉養)이 틀림없으며 천을귀인은 선조와 부모님의 덕을 입는다.

다음 인수운에는 어떤 일이 일어나는가? 길작용시 통변내용이다.
① 새집 짓고 집 산다
　가령 庚壬丙丁 의 경우, 木火양이 많고 金水음이 조금 부족하지만 균
　　　 子申午未
형을 이룬 사주이다. 재국이 잘 짜여져 있으니 사업가이고 큰돈 번다. 庚子년에 54살이니까 집 산다고도 볼 수 있겠고 새집 짓는다고도 볼 수 있겠다.
② 매매운이다. 매입·매출이고 사고 팔고이다.
사느냐? 파느냐? 운이 좋으면 사고, 운이 나쁘면 파는 게 원칙인데 그러나 금년 인수운 이전에 몇년간의 운이 좋았나, 나빴나를 보아야 한다. 여기서 매매관계를 상담할 때 "3월, 9월에 매매수가

들어오는데 어느 때가 더욱 좋나요?" 하면 집을 팔려고 하는 동기가 어디 있는가를 알고서 그 시기를 정하라. 만약 빚 갚으려면 빨리 팔아서 갚아라. 이자가 무섭다.
③ 귀인(貴人)을 만난다.
원래 사주에서는 운이 좋을 때가 귀인이다. 이때 똑같은 귀인이라도 편인이면 생각지도 않던 귀인이 온다.
④ 직장인은 승진이다.
⑤ 건강도 좋아진다.
⑥ 부모님에 경사 있고, 어머니가 보고 싶다.
⑦ 고향, 고국을 방문하고 수입이 늘어난다. 여기서 외국 갔다 온 여자들은 액세서리를 큰 것을 차고 있다. 그것으로 외국에서 온 지 얼마 안 되었다는 것을 판단하라.
⑧ 보증 서는 일이 있다. 항상 인수운 다음에는 비겁년이 온다. 고로 항상 책임지는 해가 온다. 인수운에 보증 서주면 비겁년은 어렵지 않겠나?

※ 보증 서는 데의 유의할 점

보증 서주고 난 다음 1~2년 정도 지난 후에 내 사정이 어려우면 내용증명으로 통보하면 된다. 이러면 보증 선 것이 무효가 돼서 효력상실을 선언해버리면 그냥 빠져 나올 수가 있다. 이 방법을 상담시에 알려줘라.

똑같은 인수라도 나이에 따라서 그 용법이 다르다.
• 어렸을 때, 아기가 3일이 되어도 엄마 안 찾으면 결국 부모와 인연이 없다는 것이다.
• 학생시절에는 공부 · 책 · 선생 · 공부방 · 독서실 등이니 인수가 없

으면 자기 공부방 하나도 없이 살아왔다. 독서실도 인수니 만약 상담시에 독서실 하겠다면 위치 물어보라. 다닥다닥 붙은 서민층 동네에서 더 잘된다.
- 그 다음은 시험이다. 인수운에 자격증 따고 시험 보고 진학관계이다.
- 그 다음 나이가 취직시험 · 진급시험이다.

사주에서 인수가 없으면 내 집이 없다. 스님들도 인수가 없으면 자기 절이 없다. 암장간의 인수는 인수 나름이지만 주로 지하실의 방이다. 가령 戊戊○○ / 午申子子 는 午가 인수이지만 戊午이니까 내 집이 아니고 동생 집이다. 재다신약으로 연결되니 공동명의로도 연결된다. 단, 사주가 좋으면 내 집이고, 집 사서 동생에게 주었다고 봐도 된다.
똑같은 인수운이라도 월세에서 전세로 가는 정도도 있으니 사주구조를 잘 보라.

다음은 인수운에는 어떤 일이 일어나는가? 흉작용시 통변내용이다. 庚壬丙壬 / 子申午申 의 경우, 木火양이 부족하고 金水음이 많다. 庚子년은 인수이고 申子로 일지로 합이 되어서 들어온다. 합은 자의(自意)에 의한 변화이니, 결과가 문제이다.
① 인수운에는 새집을 짓는다. 단, 나쁘게 작용하면 준공검사가 안 떨어진다. 水기가 태왕하니 집 지으려고 하면 물이 나온다. 앞집에서 나오는데 수맥을 잘못 건드렸다. 집 짓는 데 있어서도 월이 충하면 뒷집에서 걸고 넘어진다. 시가 충하면 앞집에서 걸고 늘어진다. 이것도 모두 업(業)이다. 일주 기준해서 월과 시의 양쪽에서 충 걸리면 만날 주위 사람과 싸운다. 子는 비겁으로 친구나 형제들에게 돈 빌려서 또는 동업으로 주택을 여러 채 지었는데 분

양이 안 되더라. 운이 나쁘니까 분양이 안 되더라.

② 인수가 기신(忌神)인데, 인수운이 들어올 때의 매매운은 손해 보고 팔 수밖에 없다.

③ 투자가 무리해서 부도난다. 인수운에는 회사를 설립하는데 회사 설립 하는 것도 투자이다. 그런데 인수사업은 시작했는데 오픈하는 데까지 액수를 맞추어 놓았고 운영자금이 빠졌으니 그날부터 빚 얻어야 한다.

④ 인수를 또한 설계로도 보니, 인수가 나쁘게 작용하면 설계변경이 온다. 설계변경을 한 번 하는 데 공사비의 3분의 1 정도가 들어간다.

⑤ 귀인이 아니라 원수이다.

⑥ 소식으로 보면 답답한 소식이다. 만약 비겁으로 연결되면 돈 갚으라는 소식이다. 불리한 소식만 온다.

⑦ 수입이 아니라 숨통(상식)을 막고 들어온다.

⑧ 시험운이 없다.

⑨ 보증 서 주고 망하며 수표가 휴지로 변한다.

위의 사주 庚㊂丙壬 / 子申午申 를 분석해보면, 午월의 날씨가 곤두박질친다. 丙火 꽃이 서리 맞았으니 결실, 열매가 힘들다. 水가 많으니 범람되어 이웃까지 피해준다. 申子水국으로 조상, 자손이 모두 동했는데 나에게 이득되는 것은 없다. 庚子, 庚辰, 庚申년의 신수는? 형제들은 水인 비겁인데 水다하니 내 것만 뺏어 간다. 子가 양인이고 申子辰水국이니 감당이 안된다. 특히 辰년에는 水의 고장이니 나도 죽겠는데 형제도 신장병으로 입원해있다. 돈 가지고 문병가야 한다. 또 辰년에 자식이 辰인데 子辰水국으로 겁재로 변했으니 자식들 때문에 돈 쓸 일만 생겼다. 마누라는 火인데 金 만나니 꺼져가고 속으로 골병 든다.

甲申월이다. 水局이 더욱 가미되니 막히기 시작한다. 乙酉월까지 별 볼일 없다. 乙은 상관이니 위법행위이고, 酉가 도화니 水生木 상관에 도화로 들어왔으니 성추문을 주의하라.

丙戌월에는 숨통이 트인다. 편재에 午戌火국이고, 丙壬충이니 돈 구설에 마누라와 의견충돌이다. 丙인 돈, 재가 들어와도 년간의 壬이 역시 군침을 흘린다. 이 달에 모든 일을 추진하라.

丁亥월이다. 丁이 죽어서 들어온다. 저녁내 丁壬합으로 보듬고 잤더니 아침에 일어나서 보니 베개더라. 뜬구름 잡기다. 부재(浮財)로다. 또한 申子辰에 亥는 망신이니 여자 때문에 망신수이다.

戊子월에 편관이 겁재를 깔고 따라 들어왔다. 관에서 돈 달라고 하니 세금으로 얻어맞는다. 거기에다 연말이니 딱 걸려든다. 子午충으로 마누라도 아프단다. 양인월이고 겁재월이다. 여자라면 戊土가 서방인데, 나쁘게 연결하면 편관으로 애인인데 申子水로 돈 좀 달란단다. 없다고 하자 子午충으로 "너 돈 있는 거 안다. 내가 금고문 열까?" 하더라. 이럴 때는 돈 꿔달라는 사람도 많다. 빌려주면 못 받는다.

그리고 운에 대해서 보충설명하면, 가령 甲木일주가 癸亥운을 만난다면, 오행으로는 水이나 육친으로는 인수가 되는데 중요한 것은 공기 중에는 오행이 모두 있으나 水기가 가장 많이 지배하고 있으므로 이러한 운에는 누구를 막론하고 水기가 호흡과 동시 체내에 축적되며 또 외적으로는 피부에 접촉된 것이 인수라는 인소로 바뀌어서 작용하는 것이다. 따라서 축적된 인수에 의하여 인수라는 자장이 가장 많이 발생하여 방사되므로 그 인수에 따라 환경이 조성됨은 물론 항시 인수에 해당하는 생각이 지배하게 되어 있고, 또 만나고 헤어지며 행동으로까지 옮기게 하며 심지어는 꿈까지 꾸게 하는 것이다. 인수운에는 인수라는 안경을 쓰고서 세상을 바라보게 된다는 것이다.

나. 인수와 다른 육친과의 변화

다음은 인수가 타육친을 만나면서 변화되었을 때의 응용과 추리를 정리해서 통변과 연결해보자. '나는 어디서 와서 어디로 가는가?'의 해답을 얻는다. 변화관계는 원명에서, 그리고 운에서, 그리고 60갑자 자체로 연결되며, 길과 흉의 결과는 사주구성 자체가 운을 대조하여 결론을 내린다.

1 인수가 변해서 인수가 되는 경우(인수변인수)

- 일간 : 甲·乙   丙·丁   戊·己   庚·申   壬·癸
- 인수 : 水   木   火   土   金
- 변화 : 水   木   火   土   金
- 가부 : ○   ○   ○   ○   ○

1) 일주별 변화
- 木일주 : 乙亥일주가 亥년이면 인수가 변해서 인수가 되었다. 원사주가 ○乙○○/○亥亥○이면 같다. 또한 木일주가 癸亥년이면 천간의 癸도 인수인데 지지의 亥도 인수니 인수가 변해서 인수가 되었다. 즉 인수가 나가고 인수가 들어왔다. 인수로 시작해서 인수로 끝났다는 것이다.
- 火일주 : ○丙○○/卯寅○○와 ○丁○○/寅卯○○ 모두 인수가 변해서 인수가 되었다. 집이 寅卯로 두 채인데 寅卯木국으로 사서 한 채로 터버렸다. 만약 한 채를 세 놓고 있다면 앞 사주는 寅木이 살고 있는 집이 卯木 세 놓은 집보다 더 좋다. 뒤 사주는 살고

있는 卯木집보다 세 놓은 寅木집이 더 좋다. 甲寅년이나
乙卯년도 인수가 변해서 인수가 되었다.

- 土일주 : ○戊○○／午午○○의 경우, 인수가 변해서 인수가 되었다. 丙午, 丁
巳년을 만나도, 巳, 午년을 만나도 인수변인수가 된다.
- 金일주 : ○庚○○／戌戌○○의 경우, 인수가 변하여 인수가 되었다. 戊辰, 己
丑, 己未, 戊戌년도 인수가 변하여 인수가 된다.
- 水일주 : ○壬○○／酉申○○는 인수가 변해서 인수가 되었다. 申子辰에 酉는
도화이니, 申은 안채이고 酉가 도화로 바깥채이니, 바깥
채에서 술장사 하고 있더라. 庚申, 辛酉년에도 인수변인
수가 된다.

2) 통변응용

① 작은 집이 큰 집이 된다. 집을 늘려서 간다. 매매수 있고 이사수 있다. 인수가 집이다. 土는 부동산이고 木은 집이다. 木이 건축이니까 집이다. 집을 두고 또 집을 산다.
② 어머님이 강하여지고 분주하시다. 가령 ○癸○○／午酉午○의 경우, 酉金 어머니가 약골이신데, 申, 酉년이면 어머니가 강해지고 건강이 좋아진다.
③ 계획과 희망이 인수다. 고로 계획과 희망이 커지고 원류가 더욱 튼튼해지고 보급로가 튼튼해진다.
④ 인수는 외갓집이니 외갓집 식구가 들락날락한다.
⑤ 학교를 옮기고 과(科)를 바꾼다. 인수가 형·충을 받아도 과를 옮기는데 고3 때 걸리면 골치아프다.
⑥ 공부를 잘하며 책을 구입한다. 인수고 놓고 있는 사람이 책도 안 보면서 모든 책을 사다가 놓는다. 장서가, 고서수집 등에도 해당한다.

⑦ 문서가 동했다. 문서가 동했다는 것은 이사수 있다는 것이다. 일지와 인수가 합해서 들어오면 이사수 있다. 일지가 삼합권 내에 동해도 이사수 있다. 인수가 개입되면 똑같은 이사라도 매매해서 이사간다. 인수가 개입되지 않으면 전세 놓고서 이사간다. 집이 두 채인데 가령 화곡동과 잠실에 있는데 어느 집이 먼저 팔리겠는가? 이것은 학보다 술이 필요하다. 일지가 삼합권이면 살고 있는 집이 팔리고 년·월·시가 삼합권이면 다른 집이 팔린다.

⑧ 동서에 귀인을 많이 만난다. 인수일진에도 선물이 들어온다. 사주에 인수다(多)면 옷이 많이 들어오더라.

2 인수가 변해서 비견겁이 되는 경우(인수변견겁)

- 일간 : 甲·乙   丙·丁   戊·己   庚·申   壬·癸
- 인수 :   水   木   火   土   金
- 변화 :   木   火   土   金   水
- 가부 :   ○   ○   △   ○   ○

1) 일주별 변화

- 木일주 : ○乙○○/○亥寅○ 은 亥인수가 寅亥합목으로 비견겁이 되었다. 癸卯, 壬寅년을 만나도 천간은 인수요, 지지는 비겁이니 이때도 인수가 변해서 비겁이 되었다. 운에서 寅, 卯년을 만났을 때도 인수가 변해서 비견겁이 된다.

- 火일주 : ○丙○○/○寅午○ 은 寅인수가 午와 합하여 火가 되니 인수가 변해서 비견겁이 되었다. 甲午, 乙巳운에도 인수가 변해서 비견겁이 된다.

- 土일주 : 火인수가 변해서 土비견겁이 되는 경우는 없다. 인수는

보증인데 비견겁이 되면 빼앗기는데, 그런 일이 없도록 복을 주었다. 보증서도 잘 빠져나간다. 난, 운에서 丙辰, 丙戌, 丁丑, 丁未이면 인수가 비견겁이 된다. 즉 운에서는 가능하다.

- 金일주 : ○庚○○/○辰酉○ 은 辰인수가 변해서 辰酉합金으로 비견겁이 되었다. 戊申, 己酉년 역시 인수가 변해서 비견겁이 되었다.
- 水일주 : ○壬○○/○申子○ 은 申인수가 변해서 申子합水로 비견겁이 되었다. 壬申일주가 子년이면 인수는 어디로 가버렸고 비견겁만 남는다. 庚子, 辛亥년 역시 인수가 변해서 비견겁이 된다.

2) 통변응용

① 어머니 인수와 형제 비견겁이 결속하여 나를 골탕먹이니 그것도 샘이 나더라. ○壬○○/○子申○의 경우, 申어머니는 나보다 동생을 더욱 끼고 도니 壬水일주로 봐서는 샘이 난다.

② 어머니가 살살 꼬셔서 마누라를 고립시킨다. 비견겁은 재를 극하므로 어머니의 교사(敎唆)로 처가 고립된다는 것이다.

③ 여자면 어머니가 친구 같다. ○辛○○/○酉丑○의 경우, 丑어머니가 酉丑합金으로 비견겁 친구로 변했다.

④ 어머니로 인하여 만날 돈이 없어진다. 또 보증만 섰다 하면 물어준다. 비견겁이 많은 사람은 90%는 친구 보증 서주고 종내는 거지되고 말더라.

⑤ 매매(賣買)에 손해요, 방해 받는다. 비견겁 날에 물건 사면 비싸게 사고, 있는 것 사고, 헛것 산다. 손해보고 산다. 단, 인수・비겁이 좋게 연결되면 사기는 사되 남의 명의로 산다. 비견겁이니까.

⑥ 시작은 좋으나 결과는 부실하다. 인수는 시작이다. 그러나 결과가 비견겁이니 손해본다는 것이다. 죽 쒀서 개 준다.
⑦ 동업으로 시작한다. 인수는 문서요 시작이고, 비견겁 하나만으로도 동업수이니 동업으로 시작한다. 그 결과는 일주가 약한 사람은 이득이고, 일주가 강한 사람은 종내는 손해본다. 만약 신약사주가 동업을 해서 성공했다면 서로 갈라서고 혼자 하면 실패한다. 왜? 능력부족이니까. 여기서 동업은 인정 많은 사람에게도 동업하라고 하라. 즉 인정이 많으면 친구들이 손 벌리는 경우에는 모두 주게 되지만 동업하면 자기 것이 아니라서 못 주니까 예방할 수 있다.
⑧ 문서상의 권리가 두 사람이다. 만약 이런 경우에는 운세가 나쁘면 6개월마다 등기부등본을 열람해서 확인해봐야 한다.
⑨ 외가에서 돈 꾸러 온다.
⑩ 보증 서면 내가 물어줘야 한다.
⑪ 책을 분실한다. 인수를 비견겁으로 연결해서 책으로 보면 분실이다. 공부로 보면 동냥공부이다.
⑫ 귀금속을 잃어버린다. 인수를 귀금속으로 보니까 그렇다.
⑬ 노력은 하나 대가가 없다. 힘써 노력하나 공은 타인으로 돌아간다.

※ 이러한 육친의 변화를 응용해서 통변하는 법을 庚子년을 예로 들어보자. 다른 년도도 마찬가지로 응용하면 된다.

甲일간은 편관이 변해서 인수가 되었다.
乙일간은 정관이 변해서 편인이 되었다.
丙일간은 편재가 변해서 정관이 되었다.
丁일간은 정재가 변해서 편관이 되었다.

> 戊일간은 식신이 변해서 정재가 되었다.
> 己일간은 상관이 변해서 편재가 되었다.
> 庚일간은 비견이 변해서 상관이 되었다.
> 辛일간은 비겁이 변해서 식신이 되었다.
> 壬일간은 편인이 변해서 비겁이 되었다.
> 癸일간은 인수가 변해서 비견이 되었다.
> 천간은 시작이고 나가는 출(出)이고, 지지는 끝이고 입(入) 들어오는 것으로 보고 응용하라.

3 인수가 변해서 상식이 되는 경우(인수변상식)

- 일간 : 甲·乙   丙·丁   戊·己   庚·申   壬·癸
- 인수 : 水   木   火   土   金
- 변화 : 火   土   金   水   木
- 가부 : △   △   ○   ○   △

※ 木이 金으로, 金이 木으로, 水가 火로, 火가 水로는 절대로 안 변한다.

1) 일주별 변화

- 木일주 : 원명에서는 인수가 변해서 상식이 되는 경우가 없으나 壬午, 癸巳운에서는 가능하다. 천간은 인수요 지지는 상식이니 공부해서 써먹는다.

- 火일주 : 원명에서는 인수가 변해서 상식이 되는 경우가 없으나 甲辰, 甲戌, 乙丑, 乙未운에서는 가능하다. 배워서 써먹는 운이다.

- 土일주 : ○ⓐ○○ / 酉巳○○ 는 巳火인수가 변해서 巳酉金국으로 상식이 되었다. 배운 것은 하나인데 써먹는 것은 巳酉로 둘이니 "하나 배워서 둘을 써먹는다." 또한 배운 즉시 巳酉金으로 변

하니까, 배운 즉시 응용하고 써먹는다. 그러나 하나(巳) 들어오고 둘(巳酉)이 나가니 수입과 지출면에서는 손해이다. 丙申, 丁酉년 역시 인수가 변해서 상식이 된다. 己巳일주가 酉년 만나면 巳酉로 응용력, 추리력 생기고 이치가 터지니 써먹을 수 있게 된다.

- 金일주 : ○庚○○/子辰○○는 辰인수가 변하여 子辰水局 상식으로 되었다. 戊子, 己亥년 역시 인수가 변해서 상식이 된다.
- 水일주 : 원명에서는 인수가 변해서 상식이 되는 경우가 없으나, 庚寅, 辛卯운에서는 가능하다.

2) 통변응용

① 배운 즉시 활용한다. 인수가 변해서 상식이 되면 배운 즉시 써먹는다. 또한 배운 즉시 써먹는 것이 상식고이다. 庚辰일주는 배운 즉시 응용하는 능력이 탁월하다. 또한 상식이 없어도 잘 써먹는 것이 火일주이다. 火자체가 말이고 화술이므로 가능하다. 丙甲癸○/寅○亥○의 팔자도 배운 즉시 응용한다. 水생木, 木생火로 연결이 잘 되어 있으므로 가능하다.

② 수입과 동시에 지출이다.

가령 己酉일주에게 巳일이 되니 火생土로 巳火손님이 찾아왔다. 火니까 꽃 한 송이 사가지고 왔더라. 己일주는 말한다. "저놈이 지금 火생土 하나 해주고 巳酉金局으로 얼마나 뜯어갈는지 모르겠다." 하더라.

③ 왔다가 다시 간다.

己酉일주에게 巳일이 되니까 어머니에게서 전화가 왔는데 오셔서 이틀간 있다가 가시겠다고 하신다. 그러나 역학자는 말한다.

"어머니는 금방 가실 거야!" 하더라. 과연 오시자마자 정신이 없더라. 巳酉로 巳인 인수가 없어져 버렸으니 "일이 있는데 깜빡 잊고 왔다." 고 하면서 즉시 가버리더라.

④ 귀인이 아니라 내가 도와주어야 한다.
⑤ 어머니가 젊어진다. 상식은 아이들이니까.
⑥ 상하가 바뀐다. 나를 생해서 들어오는 인수는 선생인데 상식인 제자로 변했으니 다시 선생을 가르치더라. 즉 己土가 巳火선생을 가르치더라.
⑦ 희비(喜悲)가 쌍곡(雙曲)이다.
　나를 생하고 들어오는 것은 인수니 기쁨이요, 내가 생하는 것은 상식이니 슬픔이다. 고로 희비가 쌍곡이다. 퇴직하자마자 대기하고 있다가 그 사람을 스카웃 해가는 직업은 은행지점장이다. 대출관계로 3년 정도 써먹고서 버리더라.
⑧ 여자는 친정 다녀오거나 이사하면 잉태하게 된다. 상식이 자식이니까.
⑨ 만약 상식이 나쁘게 연결되면 자식이 속썩인다.
　○㉣○○ 는 巳酉金국이지만 巳시는 오전이니 巳火를 용신으로 쓴다. 己는 하나인데 자식은 巳酉로 크니 자식에게 꼼짝달싹 못하고 휘둘린다.
⑩ 문서가 변하여 상식이 되면 지출이다. 명예훼손, 관재, 사기, 퇴직 등이 발생한다.
⑪ 두뇌회전이 빨라진다.
⑫ 되로 받고 말로 준다.
⑬ 이것이 용신으로 작용해준다면 오히려 길하다.
　가령 ○㉣○○
酉巳午○ 의 경우, 巳午火국으로 火생土 받았는데, 신강하니

巳酉金국으로 확 뚫렸다. 사람이 얼마나 명랑하고 좋은가? 이런 경우는 火金상전이 되지 않는다. 巳火가 巳酉로 갔다가 巳午로 갔다가 중간에서 火金상전을 막고 있으니 좋다.

4 인수가 변해서 재성이 되는 경우(인수변재성)
- 일간 : 甲·乙   丙·丁   戊·己   庚·申   壬·癸
- 인수 : 水   木   火   土   金
- 변화 : 土   金   水   木   火
- 가부 : △   △   △   ○   △

※ 金은 火로 변하지 않는다. 그러나 火는 金으로 변한다.

1) 일주별 변화
- 木일주 : 壬戌, 壬辰, 癸丑, 癸未
- 火일주 : 甲申, 乙酉
- 土일주 : 丙子, 丁亥
- 金일주 : 戊寅, 己卯
- 水일주 : 庚午, 辛巳

60갑자로 연결해보면 인수가 변해서 재가 되는 해이다. 고로 공부하면서 돈 벌어야 하고 돈 벌면서 공부해야 하는 운이다.

- 金일주 : ○辛○○/卯未○○ 는 土가 卯未木재성으로 변했다. 未는 황무지인데 재고로서 언젠가는 돈 덩어리가 된다. 고로 어디 가든지 땅만 있으면 말뚝 박고서 "여긴 내 땅이오." 하면 된다. 庚辰일주는 辰습토이니 습지를 그냥 땅이라고 사서 놓았고, 辛未일주는 未가 조토이니 황무지를 사서 놓았는데 卯년이 되니 각각 卯辰, 卯未木국으로 돈 덩어리가 된다. 庚辰일주는 寅년을 만나도 寅辰木국으로 돈 덩어리가 되고 辛未일주는 亥년 만나면 亥未木국으로 돈 덩어리가 된다.

이런 식으로 인수가 변해서 재가 된 사주는 항상 어렸을 때도 엄마에게 "엄마, 이것 사서 팔면 얼마나 남아요?" 하고 묻는다.

2) 통변응용
① 무엇이든지 사 놓으면 돈 덩어리가 된다.
② 어머니의 유산을 받는다. 인수가 변해서 재가 되니 어머니가 나 돈 벌어주시고서 가시더라.
③ 돈 벌려고 공부한다고 말한다. 즉 공부의 목적이 취재(聚財)에 있다.
④ 모처가 화합한다. 단 주권은 사주에 따라 다르다.
⑤ 친정·인수와 시댁·재 사이가 좋다. 주권은 시댁·재에 연결되니까 이런 팔자는 시집가면서 복이 시댁으로 모두 와 버린다. 인수 즉 친정의 재산이 시집오자 시댁으로 따라서 와 버렸다.
⑥ 문서나 증서가 현금으로 된다. 고로 金일주에 土가 있으면 집에 가서 할아버지의 궤짝을 살펴보라. 문서가 돈이 되는 경우가 있다.
⑦ 문서가 나가고 돈이 들어온다. 즉 팔았다. 단, 여기서도 운이 좋으면 샀다고 보라. 가령 水일주가 庚午운이면 인수가 나가고 재가 들어왔다는 것이 원칙이지만 이것도 때로는 뒤집으라는 것이다. 인수가 들어오고 재가 나갔다로, 즉 운이 좋으냐 나쁘냐로 바꿀 줄 알아야 한다.
⑧ 보기에는 인수니까 순진하고 학자 같지만, 돈에 대해서는 인색하고 구두쇠고 자린고비가 되더라.
⑨ 어머니가 처의 역할까지 대신 하더라.
⑩ 공부하다 연애한다. 인수는 공부요 재는 여자니까, 고등학생이 선생님이 애인으로 보이니 짝사랑 하더라.

5 인수가 변해서 관살이 되는 경우(인수변관살)
- 일간 : 甲・乙   丙・丁   戊・己   庚・申   壬・癸
- 인수 :   水   木   火   土   金
- 변화 :   金   水   木   火   土
- 가부 :   △   △   △   ○   △

※ 인수가 변해서 정관이 되면 괜찮은데 살이 되면 좋지 않다.

1) 일주별 변화

- 木일주 : 壬申, 癸酉
- 火일주 : 甲子, 乙亥
- 土일주 : 丙寅, 丁卯
- 金일주 : 戊午, 己巳
- 水일주 : 庚辰, 庚戌, 辛丑, 辛未

⎫
⎬ 60갑자로 연결해보면, 인수가 변해서 관살이 되는 해이다.
⎭

- 金일주 : ○庚○○ (酉戌午午)의 경우, 戌인수가 火로 변해서 火극金으로 나를 잡아먹는다. 인수가 변해서 관이 된 것이 나쁜 작용을 한다. 만약 좋게 작용하려면 ○庚○○ (戌午酉丑)이면 午戌火가 명예요, 벼슬이 되니 이때는 결과가 좋게 나타난다. 戌土 따라서 午 장관벼슬 좀 하려고 공부한다.

2) 통변응용

① 어머님이 엄하다. 살이 되는 것은 편관으로 호랑이와 같으니 이유없이 어머니에게 매 많이 맞았다.
② 공부의 목적은 명예와 감투에 있다.
③ 관과 인수가 조화를 잘 이루면 공영아파트 당첨은 따 놓은 당상이다.

④ 여자는 친정과 서방님이 화합한다. 오히려 친정어머니가 서방님에게 고자질해서 나를 火극金시킨다.
⑤ 여자가 이사하면 애인 생기고, 승진한다.
⑥ 외갓집에서 컸다. 외가에서 성장하는 것도 두 가지로 나오는데, 관살이 많은 사주는 오갈 데가 없어서 외가에 얹혀 산 경우이고, 인수가 잘 구성되어있는 사주는 귀엽고 인기가 좋아서 외할머니가 데리고 간다. 관살이 외할머니다.
일주가 약하고 관살이 많으면 남에게 얹혀서 산다. 오갈 데가 없다.
⑦ 저당되어 있는(관) 집(인수)을 매입한다.
⑧ 외갓집에 갔다 오면 몸이 아프다. 일주가 약한 애들에 해당하는데 그 이유는 관살을 끼고 도니까 그렇다.
⑨ 도와주고 협박한다. 戌이 土생金으로 도와주더니 午戌火국의 火극金으로 결국은 협박하더라.
⑩ 따라가면 납치되고 몸 버린다. 土생金 해주어서 좋다고 따라갔더니, 음침한 데서 午戌火로 극하니 호랑이로 둔갑한다.
⑪ 문서(인수)로 인해서 관재가 발생한다.
⑫ 매사가 거꾸로 간다. 피가 거꾸로 간다. 인수가 관으로 변하니까 거꾸로 간다.

이외에도 길흉에 따라 얼마든지 변화시킬 수 있으나 하나의 방법만을 제시하니 수학자 여러분들의 역량을 십분 발휘하여 더 좋은 응용 있기 바란다.

2. 견겁

가. 견겁의 활용

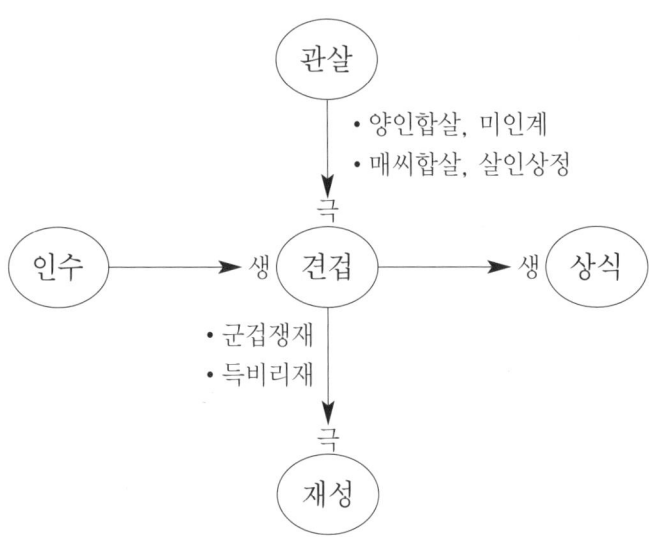

　견겁은 비견비겁을 총칭한 말이며 비겁은 겁재를 말한다. 비견은 정(正)이고 비겁은 편(偏)이며 몰아서 쓸 때는 견겁이다. 길흉을 구분하면 비견보다 비겁이 흉한 것은 사실이나 이것도 일주가 양이냐 음이냐에 따라 달라지는데 양일주는 비견보다 나으며 음일주의 비겁은 그대로 흉하게 작용되는 것이다.
　가령 큰나무 甲木 밑에 乙木 적은 나무는 못 산다. 乙이 甲을 감고서 살아간다. 그러나 甲木일주가 乙년이면 乙년의 세상으로 乙이 주인이고 군주고 태세니까 이때는 甲木도 乙木에게 진다. 항시 甲이 乙에게 이기고 사는 것은 아니다.
　乙甲○○의 경우, 甲에게 乙은 때때로 보좌관이라고 한다. 만약 庚

년을 만나면 乙이 없을 경우에는 甲은 타격이 크다. 甲乙木이 뭉쳐있으면 金이 함부로 못 쳐들어 온다. ○乙甲○은 乙木음이 甲木양을 만나니 비겁이다. 공부 잘해도 2등밖에 못하고 왕따 당하고 뺏기고 산다. 언제든지 신왕할 때의 비겁은 한신(閑神)이다. 가령 乙木이 己년이면 편재년이니 일확천금을 한다. 떼돈을 벌려고 초점 맞추고서 마지막 己土를 주머니에 넣으려고 하는데 甲木이 甲己합으로 자기 것이라고 가져가더라. 참 힘들다. 乙木은 甲木에게 치여서 종 같은 삶을 산다. 이와 같은 이유로 일간의 음양을 필히 구분하여 결론을 내릴 것이다.

또 견겁은 신왕에는 한신으로 병이 되나 신약에는 의지처요 뿌리가 됨으로 오히려 없어서는 안될 귀물이 되고 있다. 가령 辛戊癸庚/酉申未子의 경우, 신약사주. 세상 사는 것이 시작만 있고 끝이 없다. 未를 의지하고 살아야 한다. 장녀인데 동생이 더욱 잘 산다. 만날 동생에게 얻어먹고 살더라. 이처럼 신약에는 비겁이 좋다. 관이 없으니 또한 상식이 많아서 남자 무시하니 술집은 안된다. 남자의 뜻을 못 받아 주니까. 카페에서 음료장사 하는데 운이 나쁘니까 항상 뒤로 밑지더라.

火가 필요한 사람이 지하에 들어가면 망해가지고 나온다. 일조량이 부족하기 때문이다. 돈이 부족하니 지하로 들어갔다더라.

견겁은 상식을 생하고, 극처재하니 고로 비견겁이 많은 사주는 장가가기 힘들다. 또 인수로부터 생 받고 관살로부터 극을 받는다.

견겁이 태왕한 사주에 인수가 있으면 인수가 설기가 심해서 병들게 된다. 가령 ○甲乙癸/○寅卯卯의 경우, 水생木 많이 해서 癸어머니가 골병 들었다. "당신 낳고서 어머니가 골병 들었으니 효도 잘하시오." 하라. 여기서 甲寅일주는 다 컸고 乙卯木은 한참 커야 하니까 월의 乙卯형이 더욱 못 산다. 癸水 어머니는 乙卯형과 같이 사는데 癸가 甲寅木 작은 아들에게 다녀오려고 하면 된장이라도 퍼가지고 가다가 꼭 乙卯木형에게 들키더라.

"제발 어머니, 그런 것 갖다 주어도 걔네들은 안 먹어요." 하더라.

이런 팔자가 나쁘게 연결되면 비겁이 많으니까 배다른 형제가 있게 되는데, 어떤 때는 癸水인 어머니의 혼백을 가지고 싸운다. 癸水어머니가 土인 서방님이 없으니까 일찍 과부되어서 乙卯木 자식을 껴 안고서 살다가 다시 재혼해서 甲寅木을 낳았다는 것이니 서로 배다른 형제라는 것이다. 이때 癸水어머니가 죽으니 누가 어머니 혼백을 모실 것인가? 형, 동생이 서로 자기가 모시겠다고 싸운다. 원칙은 甲寅木동생 몫인데도 싸운다.

견겁이 많아서 신왕할 때는 상식이 설기구가 되니 숨통이 트여서 좋다. 이를 설정영(泄精英)이라 하며, 또 예지력, 추리력, 상상력, 응용력 등의 발달도 타인보다 앞선다. 가령 ○甲丙○/○寅寅亥의 경우, 목화통명이다. 甲일주로 보아서도 木火통명이고 비견겁인 木으로 봐서도 목화통명이다. 고로 형제가 박사이다. 이때에는 항상 일간에게 초점 맞추어서 보라.

그러나 견겁이 약한데 상식이 많으면 허탈상태가 된다. ○甲丁○/○午卯午의 甲일주도 木生火 많이 하고 있고, 卯木비겁도 木生火 많이 하고 있으니, 설기가 심해서 허탈상태이다.

다음 재성은 견겁으로부터 극을 당하므로 대기(大忌)하는데 이 또한 구분한다면 천간의 일점재성에 견겁태왕은 군겁쟁재(群劫爭財) 또는 군비쟁재(群比爭財)로 흉이 되나 주의할 것은 지지로는 군겁쟁재가 없다는 것이다.

가령 乙甲己乙/亥寅卯亥의 경우, 己土만 土이고, 나머지는 견겁으로 태왕하다. 비견겁이 무리지어서 재·己土를 가지고 서로 제 것이라고 다툰다. 군겁쟁재가 된다. 밥그릇·己土는 하나인데 밥 먹을 사람은 일곱 사람이니 밥그릇이 깨진다.

금녀(禁女)의 집에 여자가 하나 들어왔으면 나가야만 한다.

이 군겁쟁재는 천간위주이다. 천간은 자랑이고 밖으로 나갔다는 것이니 외출이다. 이런 식으로 비겁이 많은 팔자는 돈자랑만 하면 돈이 없어진다. 지지는 감추는 것이고 안방이니 지지로는 군겁쟁재가 해당이 안된다. 그러나 학술로는 그렇지만 가령 ○㊛○○ / 申卯申○ 라면 이것도 군겁쟁재이다.

비견겁이 많으면 혼자 똑똑이다. 견겁이 많으면 재관이 몰해버린다. 똑똑하지만 재·관, 즉 돈·권력·명예가 없으니 누가 알아나 주겠는가? 결국은 혼자 똑똑이다. 비견겁이 많으면 의부증, 의처증이다.

반대로 비견겁이 약하고 재성이 많으면 재성이 병이 되므로 견겁에 의지하여 재를 다스려야 하는바 이러한 때에는 득비리재(得比理財)라 하여 비견겁이 약이 되고 길작용한다. 甲㊙辛○ / 午申酉○ 는 금다화식으로 火가 죽는데 午가 있어서 火극金 할 수가 있다. 丙은 午火인 비견겁을 얻어서 왕한재를 다스릴 수가 있다는 것이다. 이것이 득비리재이다.

비유하건대 군겁쟁재는 남자는 많은데 여자가 부족하고, 또 식구가 많은데 밥은 한 그릇밖에 없으며, 처는 병약한데 부군은 너무나 건강하여 흠이 되고, 처는 집안에 있어야지 밖으로 나가면 병이 되고 있는 것과 같은 것이다.

여기서 군겁쟁재는 운에서 들어오는 경우에도 해당하는데, 가령 乙㊛己乙 / 亥寅卯亥 의 사주가 己卯년이면 군겁쟁재가 된다. 己丑이나 己亥년도 같다. 그러나 己巳년이면 천간의 재가 지지의 巳火에 통근하고서 들어오므로 이때는 군겁쟁재가 안된다. 즉 己土여자가 배운 여자이고 힘이 있고 근거지가 있어서 주관이 뚜렷하니 쟁재에 휘말리지 않는다. 즉 살아서 들어올 때는 군겁쟁재가 안되고 죽어서 들어올 때는 군겁쟁재가 된다.

다음 견겁이 관성을 만나면 극제 당하므로 대기(大忌)하나, 신왕자는 관성이 반대로 괴멸되므로 이러한 때에는 오히려 상식을 이용하여 중화를 득하여야만 비로소 빛을 볼 수 있는 것이다. 다시 말하여 견겁에 관살이 병이 됨은 견겁이 허약해서이고 견겁이 왕하여 있을 때는 관을 만나야 왕한견겁을 다스려 쟁재를 예방하여 재를 보호할 수 있고 또 견겁보다 강왕한 자를 대립시켜 방종하는 견겁을 더욱더 발전할 수 있는 기회를 만들게 되는데, 지나치게 태강한 견겁에는 관살도 자연 몰하게 되므로 이러한 때에는 상식이 필요하다는 것이다.

가령 ○甲辛○/午寅卯○의 경우, 일주는 강한데 관인 辛에게 뿌리가 없으니 목다금결로 辛·관이 날아가 버렸다. 관을 못 쓰니까 寅午火국으로 상식을 써서 甲木일주를 조절해야 한다. 견겁이 약하면 관살이 병이 되고 견겁이 왕하여 있을 때는 관이 있어야만 견겁을 눌러주어서 재를 보호하고, 견겁을 다스려서 방종을 못하게 하는데 지나치게 강한 비견겁은 관살도 몰하므로 상식이 필요하다는 것이다. 가령 ○乙辛戊/寅丑酉辰의 경우, 신약하므로 관살이 병이 된다. 寅木에 의지하고 金극木 들어 오는 것을 火상식으로 방어해야 한다.

그리고 견겁왕에 관성이 필요한 자는 직장이 제일이고, 금전관리는 처나 은행거래가 안전하며, 남자는 자손을, 여자는 부군을 만나야 비로소 안정을 찾는다. 다음 견겁이 있다 하여도 신왕재왕은 거부요, 신왕관왕은 고관이며 신왕상식왕은 형복(亨福)인데 견겁태왕은 모두 자수성가이다. 중요한 것은 신태왕이나 신태약에서 병이 발생하게 되는데 이는 중화를 실도(失道)하였기 때문이다. 가령 ○庚辛癸/卯寅酉丑는 신왕재왕으로 부자사주이다. 형제 중에서 제일 잘 산다. 이때 木이 木생火 잘하면 돈을 돈답게 쓰는데 木생火를 못하면 돈 버는 데만 집착하지 쓸 줄을 모른다. 丙庚辛癸/戌午酉丑는 신왕관왕이다. 酉丑金국으로 견겁이 많고 午戌

火국으로 관도 왕하다. 庚의 재는 木인데 火가 있어서 金극木을 못하니까 재를 보호한다. 여자로 비유하면 서방님이 잘났으면 돈이 수북이 쌓여서 들어오고, 서방님이 못났으면 돈이 동서남북으로 없어지더라. 신왕재왕은 거부사주이고 형제 중에서 제일 잘 산다.

○庚辛癸 / 亥子酉酉 는 신왕상식왕 사주이다. 년·월에 양인·비겁을 놓아서 어렸을 때 배고픈 설움을 많이 받았다. 고로 金생水로 어려운 사람을 도와주느라 정신 없더라.

견겁이 태왕한 사주의 특성은 어디 가든지 경쟁자가 많고, 자수성가 해야 하고, 손 벌리는 사람이 많다.

그러나 비겁이라고 하여 무조건 흉이 되는 것이 아니라 유용할 때가 있으니, 가령 ○甲庚乙과 같이 甲木이 庚金칠살로부터 수제를 당하고 있을 때 乙木비겁이 있으면 乙庚합에 탐이 나서 甲庚충 金극木을 잃어버리고, 또 ○丙壬丁과 같이 丙火가 약한 곳에 壬水칠살이 있으면 丙壬충 水극火로 겁이 나나 丁火비겁이 있으면 丁壬합으로 壬水를 묶어버리기 때문에 오히려 귀성으로 군림하는데 여기서도 일장일단은 있으니 남명은 본인이 출세하는데 매씨의 희생이 따르고, 여명은 탈부되는 것을 면할 길이 없다. 이러한 경우를 양인합살(羊刃合殺), 매씨합살(妹氏合殺), 권인상정(權刃相停), 살인상정(殺刃相停), 미인계(美人計)라고 한다.

다음 견겁이 태왕하고 관이나 상식이 없으면 중화를 실도한다. 즉 중화를 잃어버린다. 가령 乙甲乙戊 / 亥子卯寅 이면 월에 양인, 子卯형, 亥卯, 寅卯木국으로 비견겁이 많으면서 조후가 안되어 있다. 또 관이 없고 상식도 없다. 이런 경우의 사주는 어떤 특징이 있을까? 통변의 핵심을 정리해 보자.

우선 만용을 부린다. 독주하고 천상천하에 유아독존이다. 협동심이 없다. 어디 가도 제가 대장노릇 해야 한다. 고집부린다. 비견겁이 많은 사주이니 의심 많이 한다. 의부증, 의처증 있고 사람을 못 믿는다. 처세가 원만치 못하여 따돌림 당한다. 시기, 질투, 모략을 끼고 산다.

인덕이 없고 처세가 원만치 못하여 배신하고 배신당하며 경쟁자가 많다.

만약 ○辛○○/○酉申○의 사주가 庚, 辛년이라면, 신수 볼 때 지금까지의 비견겁이 많을 때의 이론을 종합해서 말하면 된다. 통변내용을 정리해보면, "금년에 왕따 당하네요. 의처증, 의부증 생기네요. 고집부리다가 망하네요. 시기, 질투, 배신, 모략이 도처에서 발생하네요. 경쟁하다가 망하네요. 배는 하나인데 선장은 둘이네요. 버는 놈 따로 있고 쓰는 놈 따로 있다. 죽도록 일해도 공은 타인에게 돌아간다. 지출이 많고 헛돈 많이 쓴다." 등등.

비겁겁년에는 부모 돌아가신다. 아버지가 걸리고 마누라가 걸린다. 이별수, 이혼수, 마누라가 아프다. 양인년에도 마찬가지이다. 학생은 공부가 안된다. 비견겁이 많은 팔자는 진정한 친구가 드물다. 도둑놈 옆구리에 끼고 사는 팔자이다. 탈재, 분실, 도둑이 다반사다. 비견겁이 많으면 재가 죽고, 재가 죽으니 마누라가 배고파서 못살겠다고 한다. 형제만 득실거리고, 마누라를 무시하니 마누라와 해로하기 힘들고, 비견겁이 많으면 제가 잘났다고 마누라 무시하는 데 1등이다.

그러나 견겁이 있으면서도 신약할 때는 오히려 필요하므로 친구나 형제로 인하여 입신한다. 따라서 나의 세력을 확장하는 것이 급선무며 또 매사에 용기가 필요하고 인내와 지구력으로 버텨야 유종의 미를 거두며, 항시 현실에 만족하면서 욕심을 버려야 오히려 성공의 첩경이 된다.

○戊○○/子辰午寅는 辰이 비견인데 子辰水국으로 재가 되었다. 친구, 형제가

재로 변하니 친구, 형제가 돈 벌어다 준다. 비겁이 재고면 형제 것이 내 것이고, 내 것이 내 것이다. 丁㊗丙○/酉丑午寅 는 일주가 약한데 酉丑이 통근하니 형제에게 뿌리하고 좋다. 형, 동생을 자꾸 사귀어서 내 사람을 만들어야 내가 살 수 있다. 일주가 약하면 용기가 부족하니 용기가 필요하다. 일주가 약하면 여자를, 돈을 발길로 차야만 내게로 온다.

다음 여자가 비견겁이 많은 팔자는
- 시댁이 망한다. 시부모와 맞지 않는다. 시댁은 육친으로 재이다. 재는 시어머니도 해당한다. 고로 비견겁이 많으면 시어머니와 못 산다. 단, 재가 용신이면 서방보다도 시어머니가 더욱 좋더라.
- 관이 약해지므로 남자가 해롭다.
- 동서간에도 시비와 구설이 있다. 서로 싸운다.
- 탈부, 의부증, 재취, 소실, 재가 등에 해당하는데 임자 있는 남자와 연애하는 것에도 해당한다. 심하면 상부다. 따라서 독신이 제격이다. 비겁이 많으면 차라리 혼자 살아라. 독신주의다. 독신도 불감증이라야 가능하다.
  丁㊗丁丁/未未未未 는 火土가 왕하니 스님 팔자이다. 자식이 없다. 水인 남편 되는 글자가 없어서 자식을 못 낳더라. 고아원에서 자식 데려다 키우더라.
  丙㊗戊戊/午巳午戌 는 장사해서 남편 뒷바라지하느라 정신 없다. 나이 많은 애인도 있더라. "당신은 남편이 있는 것만으로도 다행으로 생각하시오."

비겁, 비견년에 계가 빵꾸난다. 비겁이 많으면 계가 빵꾸난다. 乙亥일주 여자는 辛巳년이면 乙辛충, 巳亥충으로 이별수에다 계가 빵꾸난다. 庚辰년에는 乙庚합 辰亥 귀문으로 미쳐 돌아간다. 평생 연애할 것을 한꺼번에 모두 하나보다. 다음이 辛巳년이 되면 자연스럽게 헤어진다. 고로 생각하기를 "저걸 어디가 좋았다고 내가 그렇게 좋아했나 모르겠다."고 한다. 즉 심리의 변화가 운에서 생긴다는 것이다.

또 돈이 나가면 들어오지 않는다. 여기서 나간다는 것은 천간에 노출되어 군겁쟁재가 발생하니 누가 가져가는지 모르게 가져간다.

여자가 비견겁이 많으면 형제등쌀에 못 산다. 가령 ○癸○○/申未酉申는 비견겁이 많은 여자다. 장녀이고 형제들의 등쌀에 못 살겠다. 未중의 乙木이 아버지인데 고에 있어서 힘 못쓴다. 자기가 벌어서 동생들까지 공부시켜야 한다.

여자가 신왕하면 활동해라. 활동하면 자연적으로 기를 설하게 되어서 스트레스를 풀게 된다. 만약 활동 안하면 서방만 피곤하다.

비견겁이 많으면 배다른 형제가 있기가 쉽다. 직업으로는 스님들 팔자에 배다른 형제가 많이 나온다. 또 장남, 장녀가 아니면 형, 언니를 꺾게 된다. 남녀 모두 차녀, 차남인데도 장남, 장녀의 팔자라면 형, 언니보다 결혼을 더욱 빨리 한다. 가령 언니가 ○甲辛○/○午丑인데 실제로는 장녀지만 차녀 팔자이다. 동생이 ○甲癸○/○寅卯인데 월에 인수이니 장녀 팔자이다. 동생이 결혼을 먼저 하려고 해도 아버지가 못하게 해서 결혼 못하고 있다.

그러나 견겁이 태왕하면서도 지지가 삼합이나 육합으로 잘 구성되어 있으면 木일주는 곡직격, 火일주는 염상격, 土일주는 가색격, 金일주는 종혁격, 水일주는 윤하격으로 귀명이 되니 혼동하지 말 것이며, 단 주의할 것은 타육친이 희생함은 면할 길이 없는 것이다. 형제 중에서 제일 똑똑하니까 자신을 출세시키기 위해서 다른 육친이 희생한다는 것이다. 이와 같은 사주를 전왕격, 종왕격 사주라고 하는데 하나하나 살펴보자.

- 먼저 곡직격이다. 丙甲○○/寅寅亥卯 는 木일주가 신왕으로 잘 구성되어 있다. 亥卯木국, 寅亥木국이고 木火통명이다. ○乙○○/未卯亥未 는 亥卯未 삼합으로 잘 구성되어 있다. 대쪽같은 성격에 의학, 교육계이다.
- 다음 염상격이다. ○丙○○/戌寅午戌 는 寅午戌 삼합이 멋지게 구성되어 있다. 시각이 발달해있고 사진발 잘 받는다. 언론, 출판계에서 입신한다.
- 가색격이다. ○戊○○/辰辰辰未 의 경우다. 습土로 잘 구성되어 있다. 농사지어야 하니까 습土라야 한다. 조토는 안된다. 사업가 팔자이다.
- 종혁격은 ○辛○○/酉丑酉巳 와 같은 사주다. 金자체가 변혁이다. 지지에 金국이니 멋지다. 금속공학, 기계 등 이공분야가 적격이다. 만약 ○辛○○/申丑酉巳 와 같이 申시가 되면 사주가 버려버린다. 잘 나가다 삼천포로 빠진다. 항상 申 때문에 모든 게 엉망이 된다.
- 다음은 윤하격이다. ○壬○○/辰申子辰 의 경우다. 申子辰 삼합으로 잘 구성되어 있다. 물은 유하지성(流下之性)으로 외교분야나 법관으로 입신한다. 이상은 모두 삼합이어야 길하고 방합이면 안된다.

다음 비견겁이 년주에 있으면 나이 많은 부모같은 형제다. 여기에 충, 형 등 흉살이 임하고 있으면 흉변이 두렵고, 월지에 있으면 장남이나 장녀이다. 만약 아니라면 장남, 장녀 노릇을 해야 하고 결혼도 형이나 언니보다 먼저 간다. 일지에 있으면 형제에 동년배가 있고, 또 형제다수로 돈이 모이지를 않으며 시주에 있으면 동생이나 자식의 낭비가 심하다.

견겁이 결국(結局)하면 형제가 똑똑하나 허약에 형, 충, 공망 등 흉살이 임하고 있으면 변고가 따르며 급각살이나 단교관살이 임하면 형제 중에 수족에 이상이 있거나 풍질로 고생하고, 탕화살이 있으면 비관하거나 내지는 자살기도 있어 보인다.

○辛○辛／○○子丑 은 동(冬)丑辰 급각살이다. 년에 辛이니 형제 중에 수족에 이상이 있다. 또 백호대살이면 흉변이 두렵고, 화개가 임하면 신앙이 독실하며, 암합이나 도화가 임하면 형제가 풍류이다. ○○丙○／午○○巳 는 시에 午가 도화이니 편야도화이다. 비겁에 도화이고 형제가 도화이다. "아이구, 동생 하나 기똥찬 애 하나 두었네요." 하라. 또 역마나 지살이 있으면 형제 중에 멀리 가 있는 사람이 있다. 만약 형, 충 등이 있으면 객사나 차액이 염려되고, 수술 받아 본다. 가령 ○甲○○／○辰申寅 의 경우, 년지에 비견이 역마지살에 寅申충 맞았다. "형제 한 분이 저 멀리 가서 있네요." 하라. 죽어서 멀리 갔을 수도 있고, 외국 가서 멀리 가 있을 수도 있으니 두 가지를 포함하고 있는 말로써 통변하라. 요령이다. 寅申충, 寅巳申형이니 申년 巳년 모두 조심하라. 또 양인이 되면 고집에 군인이나 의사가 있다. 또 상식이 많으면 누이 동생이 과부이고 관살이 많으면 재가(再嫁)하게 된다. 가령 ○甲丁○／○午未午 이면 甲의 누이동생이 乙木인데 누이동생의 서방이 庚이고 사주에 火가 많으니 金이 녹아서 없어진다. 내 팔자에 누이동생이 과부되는 것이 나온다는 것이다. ○甲乙○／○申巳申 은 乙木 누이동생의 서방은 乙庚합이다. 申中庚金, 巳中庚金, 申中庚金으로 庚金이 셋이니 세 번 시집가야 한다.

다음은 신왕사주가 비견겁 운이면 어떻게 통변될까?

① 옛친구를 만나나 해롭다.

가령 甲辛己庚／午酉丑辰 이면 午火용신이다. 庚子년에 21살 학생이다. 비견겁이니 공부 못한다. 子辰, 子丑水국에 子酉귀문에 子午충이니 잡기에 몰입하고 심하면 범법행위로 신변에 안 좋은 일이 염려되고 건강까지 해칠 수 있다. 이럴 때는 군대 가는 게 최선이다. 辛丑년까지 계속 군대생활하고 壬寅, 癸卯, 甲辰까지 졸업하고 乙巳, 丙午, 丁未년에 취직해야 된다. 庚년, 辛년 계속 친구가 도움 안 된다.

② 동업수이다. 신강사주가 동업하면 친구 먹여 살리고, 결과는 친구 잃고 돈 잃고 안 되더라.

③ 동창회, 계조직도 방해받는다.

④ 장사하면 다른 집으로 손님 가고 우리집에는 안 온다.

⑤ 보증 서면 빵꾸난다.

⑥ 내 돈 쓰고 욕 먹는다. 운이 나쁘니까.

⑦ 도둑 맞는다. 천간의 비겁은 도둑 맞는 줄 알고 당한다. 지지의 비겁은 개도 안 짖고 도둑 맞는다. 남녀 모두 재다신약 팔자는 돈 냄새 맡는 데는 1등이다. 도둑질 하는 데는 일가견이 있다. 2~3번만 살피면 돈 있는 장소를 찾아낸다.

⑧ 직장인은 모략으로 자리가 흔들린다. 심하면 처가까지 망한다. 재가 죽으니 자꾸 처갓집에 가서 돈 가져오라고 하니 결국은 처가까지 망한다. 위의 ①의 사주에서 년주에 있는 庚金형은 놀고 먹는 형이다. 고로 형을 도와주고 살게끔 생각을 넓게 가져야 한다.

⑨ 비겁년에는 무조건 마누라가 아프다. 상처수, 이별수이다. 또는 마누라가 도망가기도 하는데 30~40대에 한해서 많이 생긴다.

⑩ 파재(破財)이다. 돈 날아간다.

⑪ 남녀 모두 비견겁 운에는 비밀이 탄로난다. 비겁년이니 경쟁을 하게 되고 경쟁을 하게 되면 싸우게 되니 상대를 이겨야 하는데, 이기려면 상대방의 비밀을 폭로해야 하니까 비밀이 탄로난다.

⑫ 친구를 조심하라.

⑬ 여자가 비견겁년에는 어떤 일이 생기는가?

　　탈부(奪夫)에 이혼이나 심지어는 상부(喪夫)까지 당하며, 배신에

파재요 비밀이 노출하니 근신하여야 되겠고 또 나도 죽겠는데 친정 식구마저 속썩이며, 친구 잘못 사귀어 신세를 망칠까 염려라 행동에 주의하여야 한다.

甲㊛庚戊 / 午丑申申 의 여자가 金水음이 많고 木火양이 부족하니 午火가 용신이다. 서방님이 용신이다. 午火가 도화이니 남자 없이는 못 산다. 午 중의 丁이 남편인데 庚년이면 여자다. 운에서 들어오는 것은 항상 새것이다. 고로 남편을 뺏기거나 이혼하거나 상부(傷夫)까지도 연결된다. 庚申, 庚辰, 庚子년이면 午火관이 申子辰水국으로 水극火 당하여 화식되고, 子년에는 특히 子午충 되니 상부(喪夫)도 염려된다.

그러나 신약사주이면 견겁운에 나에게 도움을 주는데, 가령 ○㊛○○ / 午申午寅 이면 동서남북에서 火극金으로 들어오니까 외로운데 庚辰, 庚申운이면 일지로 삼합이 되니 나를 도와준다. 떨어져 있다가 친구 만나니 좋다.

① 나에게 좋은 일을 해준다.
② 재수 있다. 단, 여기서 친구나 형제의 도움으로 재수가 있으니까 나눠 먹어야 한다.
③ 용기가 생긴다. 용기 있으면 귀인도 오고, 힘이 없으면 귀인도 간다.
④ 건강도 좋아지고 활동력이 생긴다.
⑤ 동업으로 성공한다.
⑥ 철이 든다. 누구든지 운이 좋으면 철이 저절로 들고 운이 나쁘면 철이 안 든다. 가령 甲㊚丁乙 / 午未亥卯 의 남자다. 木火로 가야 한다. 甲申대운이다. 金운이니 철이 안 든다. 아버지가 건재상 하는데 밤낮 놀러만 다닌다.

나. 비견겁과 다른 육친과의 변화

① 비견겁이 변해서 비견겁이 되는 경우(견겁변견겁)
- 일간 : 甲·乙   丙·丁   戊·己   庚·申   壬·癸
- 견겁 :   木   火   土   金   水
- 변화 :   木   火   土   金   水
- 가부 :   ○   ○   ○   ○   ○

1) 일주별 변화

- 木일주 : ○甲○○ / ○寅卯○, 甲寅, 乙卯년
- 火일주 : ○丙○○ / ○午巳○, 丙午, 丁巳년
- 土일주 : ○戊○○ / ○戌戌○, 戊辰, 戊戌, 己丑, 己未년
- 金일주 : ○庚○○ / ○申酉○, 庚申, 辛酉년
- 水일주 : ○壬○○ / ○子子○, 壬子, 癸亥년

2) 통변응용

① 견겁이 태왕하니 배다른 형제가 있고
② 견겁이 많아서 견겁이 되었다는 것은 삼합이 아니라 방합이라는 이야기다. 방합으로의 변화는 과내(課內)이동, 사내(社內)이동이다. 멀리 못간다. 고로 뛰어봤자 벼룩이고 옮겨보았자 제자리다. 자리 바꿈만 했다는 것이다.
③ 형제가 따라든다. 甲戌일주가 己卯년에 누이동생 하나 찾았다.
④ 형제가 움직이면서 돈 나간다. 고로 마누라·재가 제일 싫어하는 것이 형제·친구들이다.
⑤ 재가 죽으니까 공밥이 많이 나간다. 쓸데없는 식구들 때문에.

⑥ 비밀이 노출된다.

　오래 전 일이다. ○丙○○／午午○○는 火가 많다. 丁巳년에 상담하러 왔다. 국립의료원 가니까 위암 말기로 6개월밖에 못 산다고 했다고 한다. 진짜로 죽느냐고 물어온다.
　비겁년이다. 또한 火가 많아서 "이 양반, 돈 떼먹히고 홧병이 났구먼! 암이 아니니까 걱정마시오." 하였더니 진짜 그렇다고 한다. 웃으면서 돌아가더라.

② 비견겁이 변해서 인수가 되는 경우 (견겁변인수)
  • 일간 : 甲·乙　　丙·丁　　戊·己　　庚·申　　壬·癸
  • 견겁 :　木　　　　火　　　　土　　　　金　　　　水
  • 변화 :　水　　　　木　　　　火　　　　土　　　　金
  • 가부 :　△　　　　△　　　　○　　　　△　　　　△

1) 일주별 변화
  • 土일주 : ○戊○○／午戌○○, ○己○○／午未○○는 비견겁이 변해서 인수가 되었다. 또한 戊戌일주가 午년 만나도 비견겁이 변해서 인수가 된다. 己未일주가 巳년 만나도 비견겁이 변해서 인수가 된다.
  • 木일주가 甲子, 乙亥년, 火일주가 丙寅, 丁卯년, 金일주가 庚戌, 庚辰, 辛丑, 辛未년, 水일주가 壬申, 癸酉년을 각각 만났을 때도 견겁이 변해서 인수가 된다.

2) 통변응용
① 형제가 부모 역할까지 한다. 년주에 비견겁이 있어도 똑같다. 형

제가 집 사준다. 형제가 공부시켜준다. 戊戊○○/午戌○○의 경우, 午戌합火 하니 형제 집과 내 집을 서로 터놓고 산다.

② 친구로 인해서 공부하게 된다.
③ 친구가 귀인이고 보증선다. 金일주가 庚辰년이면 친구 庚이 辰인수로 보증 서달라고 한다.
④ 공동연구, 공동투자, 동업수도 연결된다. 인수를 연구로 본다. 戊戊○○/午戌子子의 경우, 동토로 午중丁이 집인데 암장으로 있으니까 별볼일 없이 내 집이 없고, 戌중丁火가 비겁 속에 들어있으니 세 살고 있다.

형님이 壬午년에 집 사준다고 했다더라. 午戌로 비겁이 인수로 변화하니 집 사줄 것이다. 기대를 해볼 만하다. 또는 戊午년도 인수 달고 들어오고 午戌합이니 집 사준다. 단, 공동명의이다. 비겁은 내 것을 빼앗아가는 것이고 방해자이지만 이 자체가 용신이면 오히려 도와주는 것이다.

⑤ 빼앗으러 왔다가 도와준다. 비겁은 내 것을 빼앗아 가는 것이고 인수는 도와주는 것이다.
⑥ 형제, 친구로 인하여 선물이나 표창 받는다. 이런 경우를 도매금으로 좋아진다고 한다. 즉 다른 사람에게 표창 주어야 하는데 내가 걸리니까 나까지 덤으로 표창해준다는 것이다.

③ 비견겁이 변해서 상식이 되는 경우 (견겁변상식)

일간	甲·乙	丙·丁	戊·己	庚·申	壬·癸
견겁	木	火	土	金	水
변화	火	土	金	水	木
가부	○	△	○	○	○

1) 일주별 변화
- 木일주 : ○甲○○(午寅亥○)는 일지 寅木이 寅午火국으로 火상식으로 변하였다. 甲午, 乙巳운 가능.
- 火일주 : 원국에서 火가 土로 변하는 경우는 없다. 다만 60갑자운에서는 丙辰, 丙戌, 丁丑, 丁未가 견겁이 변해서 상식이 된다.
- 土일주 : ○戊○○(酉辰午寅)는 일지 辰이 辰酉합金이 되어 상식으로 변했다. 만약 상식이 나쁘게 작용하면 형제 때문에 나 죽겠다고 한다. 戊申, 己酉운 가능.
- 金일주 : ○庚○○(子申○○)는 일지 申金이 申子합水국이 되어 상식이 되었다. 庚子, 辛亥운에서도 견겁이 변해서 상식이 된다.
- 水일주 : ○癸○○(寅亥丑酉)는 일지 비겁亥水가 寅亥합木 상식으로 변하였다. 壬寅, 癸卯운에서도 가능하다.

2) 통변응용
① 자손 같은 형제 있다. 내가 생하는 것은 한 단계 아래로 연결되니까.
② 형제로 인하여 지출이 된다. 상식이 많을 때의 현상이다. ○甲○○(亥寅午午)의 경우, 寅亥합木에 寅午火국이니 寅木이 자꾸 내 것을 빼앗아 간다.
③ 형제가 재주부린다. 상식이 재주다.
④ 형제가 기술자이다. 상식이 기술이다.
⑤ 형제의 달변을 당하기 어렵다. 형제의 임기응변이 좋아서 항상 당한다.
⑥ 형제로 인해서 숨통이 트인다. 가령 ○癸○○(寅亥丑酉)는 金국으로 金생水 들어와서 포만상태인데 寅亥합木으로 잘 빠져나가니 형제 덕이 있다. 여기서 亥水는 나에게 도움이 되지만 단, 子水는 水생木 못하니까 도움이 안된다.

⑦ 형제에 육영사업이나 교육가 있다. 내가 생하는 상식이 보육, 육영사업이고, 양로원, 고아원이다. 또한 상식이 심리학과도 된다.
⑧ 누이동생이 잉태한다. 가령 甲寅일주가 午년이면 寅午火국으로 누이동생 寅木이 자식의 경사가 생긴다.
⑨ 상식의 작용이 나쁘게 작용하면 형제에 관재가 많다. 상식은 관을 극하니 만날 위법행위만 한다.
⑩ 누이동생의 남편궁이 나쁘고
⑪ 타자 양육한다.
⑫ 형제 때문에 명예가 손상된다.
⑬ 이성득자(二姓得子)한다. 두 성의 자식 얻는다. ○甲○○/○寅午○의 경우, 寅木누이동생이 내가 생하는 상식인 자식이 많으니 여기 가서 자식 낳고, 저기 가서 자식 낳는다. 또한 火가 많으니 金인 서방이 들어오기 힘드니까 시집 여러 번 간다.

4 비견겁이 변해서 재가 되는 경우 (견겁변재성)

- 일간 : 甲·乙   丙·丁   戊·己   庚·申   壬·癸
- 견겁 : 木   火   土   金   水
- 변화 : 土   金   水   木   火
- 가부 : △   ○   ○   △   △

※ 제일 좋은 경우이다. 火일주와 土일주만 그런 복을 주었다. 단, 신강해야만 자립능력이 있어서 혜택을 받을 수 있다.

1) 일주별 변화
- 木일주 : 甲辰, 甲戌, 乙丑, 乙未년이 되면 견겁이 변해서 재가 된다.
- 火일주 : ○丁○○/酉巳○○는 일지 비겁이 변해서 巳酉金재가 되었다. 丁巳

일주가 酉년에 신수를 보러 왔다. 비견겁이 변하여 재가 되었으니 "참 이상하네요. 금년에는 형제가 돈 벌어주네요." 한다. 남자라면 巳중丙이 비겁이니 친구이고, 재로 변하니 친구가 애인으로 둔갑해보인다. 丙申, 丁酉운에도 견겁이 변해서 재가 된다.

- 土일주 : ○戊○○ / 子辰○○ 는 辰 비견이 子辰水재로 변했다. 형제 것도 내 것이고, 내 것도 내 것이다. 앉은 자리에 재고 놓았으니 그만큼 욕심이 많은 팔자이다.
- 金일주 : 庚寅, 辛卯운에 견겁이 변해서 재가 된다.
- 水일주 : 壬午, 癸巳운에 견겁이 변해서 재가 된다.

2) 통변응용

① 형제로 인해서 돈 번다. 이 경우는 일주가 강해야만 한다. ○丁○○ / 酉巳午○ 의 경우에는 巳띠 형제는 나에게 도움을 주지만 午띠 형제는 아니다. 신강하니 巳酉金을 용신으로 할 만하다. 친구가 와서, 형제가 와서 내 돈을 벌어준다. 못되게 연결하면 친구는, 형제는 내 밥이다. 또 형제나 친구를 부려먹고서 임금을 안 주는 경우도 된다.

② 형제 것이 내 것이고 내 것이 내 것이다. ○戊○○ / 子辰午寅 는 寅午火국에 子辰水국이니 균형을 이루어서 좋다. 辰土는 구릉지이니 구릉지만 사 놓으면 금싸라기 땅이 된다.

③ 유산을 받는 것도 언제든지 재운이다. 천간으로 재가 되어있는데 인수가 들어오면 건물, 土가 들어오면 땅, 그냥 재로만 되면 현금이다. 재가 연결되는데 비견겁으로 인해 재산싸움이 일어난다.

④ 형제와 마누라가 화합한다.
  이것이 잘못되면 통정(通情)이 된다. ○癸壬○ / ○未午○ 의 경우, 癸의 형님

이 壬인데 壬水마누라 午중丁이 丁壬합인데 午未합으로 형수가 내 방에도 들어온다. 또는 壬과 癸가 절친한 친구이다. 원래 癸水의 애인이 午중丁이었는데 지금은 壬水마누라가 되었단다. 그런데 둘이 꼭 등산도 같이 다닌단다.

⑤ 친구의 재물이 내 것이다. 단, 신약하면 친구가 내 돈 가지고 도망간다. 즉 반대의 형태가 일어난다. ○戊○○ /子辰子申 이면 친구 辰土가 내 돈 가지고 도망간다. 辰년이면 戊일주가 辰만나니 재고이다. 친구가 돈창고 가지고 와서 네 살림하고 내 살림하고 합하자고 한다. 재국으로 형성되니 며칠만 있으면 큰돈으로 변해주겠다고 한다. "거짓말"이라고 했더니 통장을 내보이더라. 수억이 들어있더라. 그러나 오늘 들어왔다가 내일 나가는 돈이란 것을 모르고서 믿었다가 돈을 투자했으나 망해버린다. 친구가 돈 가지고 도망갔더라.

⑥ 친구로 인하여 여자가 생긴다.

⑦ 형제의 유산을 받는다. ○戊○○ /子辰午寅 는 辰이 子辰水국으로 변하니 형제가 없어지고 돈만 남으니 형제가 돈 벌어주고 죽는 케이스다. 형제가 나가고 돈이 들어온다.

⑧ 형제가 친척사촌과 눈맞아서 도망간다. 여기서는 귀문관살이 걸려야만 틀림없이 미친 놈 짓거리 한다.

⑨ 비견겁이 재를 달고 오면 묵은 돈 받는다. 친구가 빌려간 돈을 갖다가 준다는 것이다. 여기서 사주에 비견겁이 많은데 비견겁이 재를 달고 오면 "묵은 돈 언제 갚을래?" 하면서 금전독촉 한다.

5 비견겁이 변해서 관살이 되는 경우 (견겁변관살)
- 일간 : 甲·乙　丙·丁　戊·己　庚·申　壬·癸

• 견겁 :　木　　　火　　　土　　　金　　　水
• 변화 :　金　　　水　　　木　　　火　　　土
• 가부 :　△　　　△　　　○　　　△　　　△

1) 일주별 변화
• 土일주 : ○戊○○ / 卯辰○○ 는 卯辰木局으로 木극土가 된다. 己未일주가 卯년이면 일지 비견未土를 철저히 믿었는데, 木이 용신이면 친구나 형제덕에 감투 쓰고, 木이 기신이면 배신당한다. 또 己卯, 戊寅 운에 견겁이 변해서 관살이 된다.

• 60갑자로 보면 木일주가 甲申, 乙酉운, 火일주는 丙子, 丁亥운, 金일주는 庚午, 辛巳운, 水일주는 壬辰, 壬戌, 癸丑, 癸未운에 각각 견겁이 변해서 관살이 된다.

2) 통변응용
① 형제로 인해서 취직하고 승진한다. 甲戊○○ / 寅辰午午는 火생土 받아서 寅辰木局으로 사주가 좋다. 辰이 습土니까 甲寅을 쓴다. 辰이 중요한 작용이다.
② 형제 때문에 명예를 얻는다.
③ 형님이 엄하다. 월에 관살을 놓고 있는 경우에도 형님이 엄하다. 형제궁에다 호랑이를 놓았으니까.
④ 여자는 친구로 인해서 애인이 생긴다. 심하면 친구 애인이 내것이다.
⑤ 여자는 동성연애한다. 丁未일주 처녀가 壬午일주 과부에게 셋방을 주었는데, 丁壬합, 午未합으로 서로 사이클이 잘 맞는데 둘이 동성연애하다가 丁未일주가 시집간다고 하자 壬午일주가 칼 들고 다니더라.

⑥ 형제 때문에 매 맞는다. 나를 극하고 들어오니까.
⑦ 친구가 배신한다. 甲戊○○/寅辰○○ 경우, 甲寅木이 기신이면 寅辰으로 木극土한다. 갑자기 살이 되니 나에게 흉기를 들이댄다. 잘못하면 도매금으로 그냥 죽는다.

※ 土일주는 비견겁이 변해서 인수가 된다. 그리고 비견겁이 변해서 관살이 된다. 일장일단이 있다. 이런 경우는 土일주밖에 없다. 역학은 균형을 이루고 있다는 것이다.

3. 상식

가. 상식의 활용

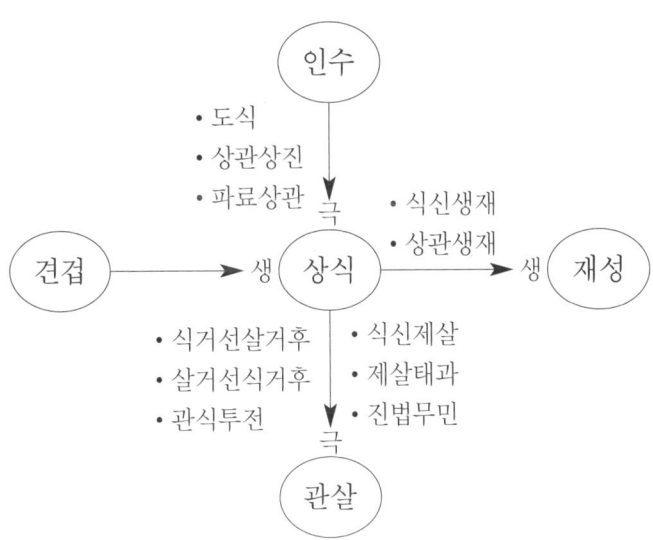

상식은 상관, 식신을 총칭한 말이며 상관은 정관을 극제하고 상한다. 고로 법 이전에 위법행위를 한다. 또 편재를 생한다. 고로 일확천금을 노린다. 식신은 편관, 칠살을 제한다. 고로 재앙을 물리쳐준다. 나의 목숨과도 같다 해서 수성(壽星)이라고 한다. 또 정재를 생해준다. 재는 먹을 것이고 음식이고 돈이다. 따라서 보통 상관은 흉하고 식신은 길하다고 할 수 있으나 식신도 태과하면 신허가 되므로 상관과 같은 작용이 발생하고 또 상관도 필요하면 식신과 같다는 것을 잊어서는 안 된다.

가령 甲木일주에 상관은 丁火인데 편도로써 정관辛金을 극상시키면서(음대음) 편재戊土를 火생土 하는데, 식신丙火는 정관辛金과 丙辛으로 합이 되나 편관庚金칠살을 火극金(양대양)으로 제거하여 木을 보호하면서 정재己土를 火생土 하는 것이 상관과 식신의 차이이다. 丙火식신도 태과하면 丙辛합이 아니라 종내는 火극金으로 辛金이 소용(銷鎔)되고 火생土가 과다하니 정재가 아니라 편재가 될 것이며 일주甲木은 화다목분으로 허탈상태에 빠지게 되므로 길이라 할 수 없는 것이다. 甲木이 丙식신으로 좋은 일을 하면 정관이 생기고, 재앙도 스스로 물러가고 甲木이 丁상관으로 자기 혼자 잘 살려고 위법행위하면 감옥밖에 갈 데가 없다는 것이다.

그리고 木일주신왕에 재관이 없어 설기를 바라고 있을 때는 상관도 식신만큼이나 중요한 역할을 하기 때문에 흉이 아니라 길이 되는 것이고, 불필요할 때는 흉이 된다라고 알고 있으면 된다. 가령 丙⑥○○ / 戌卯亥○ 는 丙상관으로 인해서 꽃피고 빛을 내니 상관이지만 좋은 작용을 한다. 丁⑥○○ / 亥卯亥○ 는 丁이 식신이지만 丙상관보다 못하다. 또 좀 더 구분한다면, 같은 상관, 식신이라 하여도 음일주보다는 양일주의 상관, 식신이 더욱 강하다. 가령 丙⑨○○의 丙이 식신이다. 겹꽃으로 따봉이다. 그러나 양일주의 상관, 식신 중에서는 戊土일주의 辛酉金이 더욱 빛을 내고 있다. 가령 庚⑨○○ 의 경우, 庚이 식신이지만 철광석이다. 辛⑨○○는 辛이 상관이지만 보석광산이니 더욱 값어치가 있다.

그리고 상관에는 진상관(眞傷官)과 가상관(假傷官)이 있다. 진짜와 가짜가 있다. 이것은 상관뿐 아니라 모든 육친에도 해당한다. 용신에도 진짜 용신과 가짜 용신이 있다. 진짜 용신은 튼튼이고 가짜 용신은 대리 용신이고 허실로 되어 있는 것이다. 격국에도 진짜 격국과 가짜 격국이 있다. 진짜 격국은 진국이고, 가짜 격국은 그릇이 깨져 있는 것, 즉 파격이다.

진상관은 상관이 많을 때, 가상관은 상관이 허약해져 있을 때인데, 이것이 뒤집어지기도 한다. 가령 상관이 약하지만 상관이 용신이면 진상관이다. 예를 들면 甲㉠辛癸 의 경우, 甲寅木이 용신이니 진짜 상관이다. 여자면 자식이 진짜 내 자식이다.

그런데 甲㉠辛癸 는 癸에 甲木이 자식인데 水生木으로 떠내려가고, 부목이고 뿌리 내릴 데가 없으니 가짜 자식이더라. 癸가 甲을 자기 자식인 줄 알고서 키웠는데 나중에 보니까 남의 자식이더라.

모든 육친에 대해서 진짜와 가짜를 대비해서 상담하는 요령을 터득하라.

또 생아자가 상식인데 상식은 자손, 수하, 학생이다. 상식은 생재하는데 식신생재는 정도로 돈 버는 사람이고, 상관생재는 재주부려서 돈 버는 사람이다. 재주는 곰이 넘고 돈은 사람이 번다. 말만 하면 돈이 생겨온다. 꾀로 돈 버는 사람이다. 상식은 극관(剋官)해서 정부이권에 개입한다. 관청브로커가 된다.

관청브로커는 상관생재에서 더욱 많다. 가령 ○㉠○○ 寅亥○○ 는 상관생재인데 辛이 金生水 해주는데 그 목적이 水生木 해오라는 것이다. 그 대가를 바라고 있는 것이다. 또한 寅亥합木이니 자식이 돈으로 보이고 장모가 돈으로 보인다.

상식은 극관살이다. 식신제살(食神制殺)은 상식이 부족했을 때 쓰는 용어이고, 제살태과(制殺太過)는 관살이 약하고 상식이 지나치게 많을 때에 형성된다. 가령 ○甲庚○/○午申酉은 金관살이 많다. 午火상관이 약하다. 식신제살이다. ○甲丙○/○午申午은 申이 살인데 火인 상식이 많아서 살을 과도하게 제(制)했다. 제살태과(制殺太過)이다.

상식은 인수로부터는 극을 받는다. 상식이 제일 무서워하는 것이 인수다. 도식(倒食), 상관상진(傷官傷盡) 모두 숨통, 상식을 막는 것이다. 가령 丙甲壬壬/寅子子申의 경우, 甲木이 子월에 태어나서 추운데 丙식신이 필요하다. 그런데 壬水가 언젠가는 丙식신을 패대기친다. 고로 인수가 식신을 없앴다고 해서 도식이다. 또한 丁甲癸癸/卯子亥亥는 甲木이 차가워서 丁이 필요한데 癸인수가 丁상관을 丁癸충으로 너무 심하게 꺼버린다. 이것이 상관상진이고 파료상관이다. 상관을 제압하라고 했더니 너무나 지나치게 상해버린 것이다. 水생木 받아서 木생火로 나가야 하는데 설기처가 너무 약하다. "아이구! 이 답답아!" 운에서 癸운 만나면 숨통 막으니까 죽는다. 원명의 癸까지 합세해서 같이 죽인다.

상식과 인수가 균형을 이루면 오히려 길격사주가 된다. 가령 丙甲壬壬/寅午子申의 경우는 木火양과 金水음이 균형을 이루고 있다. 수입과 지출이 평행선을 이루고 있다. 水생木으로 배워서 木생火로 잘 써먹는다. 추운 겨울인데 寅午火국으로 꽃이 잘 피어있으니 설중매화(雪中梅花)이다. 추운데 난방장치가 잘 되어 있어서 좋다. 인수가 상식을 극한다고 모두 흉한 것은 아니다. 상식이 많아서 병이 될 때는 인수가 있어야 살고, 상식이 필요한데 인수가 많을 때는 인수가 흉하다는 것이다. 일주 기준으로 상식이 용신이 되어서 필요할 때 인수가 있으면 인수가 흉하게 작용하고 상식이 많아서 인수용신일 때는 오히려 인수가 있어서 그 사주가 빛이 난다. 사주에서 인수가 병일 때는 고향 떠나야 하고 부모 떠나야 산다. 인수가 필요할 때는 항시 부모님 끼고서 살아야 한다.

상식은 견겁으로부터는 생을 받는다. 견겁뿐 아니라 일간으로부터는 생을 받는다. 단, 비견겁이 너무 많으면 상식이 몰해버린다. 즉 비견겁이 많을 때는 상식 자체가 혼탁이 된다. 가령 丁甲乙甲이라면 丁상관이 木生火 받지만 丁의 부모인 木이 甲乙甲으로 음양이 섞여 있는 나무가 되어 잡꽃이 되고 더러운 불이 된다. 丁火가 용신인데 또다시 甲乙운을 만나면 丁용신을 생해주어서 좋을 것 같으나 비견겁이 많아서 방해자가 많고 내 것을 빼앗긴다는 것이다.

여기서 사주에 상식이 태왕할 때에 견겁은 일간을 돕는 것 같으나 다시 상식에 설기가 되니 흉하다. 가령 ○甲○○／○寅午○은 甲木이 寅午火국으로 불에 타고 있다. 이때에 寅인 비견운이 오면 甲木에게 뿌리가 되어주는가 했는데 다시 寅午火국으로 가버린다. 비견겁이 결국은 다시 상식을 생해서 일간을 해치니 좋은 게 아니라는 것이다.

또한 상식은 견겁이 왕해서 재성을 패대기치고 있을 때 상식이 개입하면 통관시켜서 길격이 되는데, 가령 ○甲○○／午寅子申는 申子水국으로 비견겁이 되어서 午火재를 패대기치려 하는데 寅木식신이 있어서 水生木, 木生火로 통관시켜서 午火가 살아난다. 이것이 탐생망극이다. 水火상전되는 것을 寅木이 막아주고 있다. 다시 말해서 戊甲○○／辰午卯○는 卯木이 戊辰土를 木極土 하려는데 午상관이 있어서 木生火, 火生土로 통관시키니 재를 극하지 못한다. 상식이 재를 만나면 생재하니까 상식이 허약해지지만 끊임없이 재를 가져온다. 이것이 적선지가(積善之家)에 필유여경(必有餘慶)이다.

가령 ○丁○○／酉丑午寅는 丁이 寅午火국을 놓아서 신강한데 酉丑金국으로 지지에 재국을 놓았으니까 알부자요, 金이 재가 되어서 현금도 많다. 여기서 酉는 金으로 재이고, 丑은 土로 식신인데, 만약 酉를 없애도 土생

金으로 다시 생재해서 가져오고, 丑을 없애도 寅午火국으로 강하니까 火생土, 土생金으로 다시 가져온다. 다시 살려놓으니 丁을 없애기 전에는 죽지 않으니 이것이 오뚜기 인생이요, 칠전팔기이다. 끊임없이 생으로 들어온다. 잘 나가다가 몇년 전에 망했다더니 요즘은 또 몇억 벌었다 하더라. 이런 사람이 바로 이런 경우이다.

상관년이 흉해서 직장, 벼슬이 떨어지면 빨리 재를 써라. 돈 쓰거나 마누라가 나서서 돈 써서 나의 벼슬을 되찾아주라. 즉 일주가 상식을 생하는 것은 그 자체가 음덕을 쌓고 있는 것이다. 고로 상식+재 면 관이 상하지 않는다. 木생火상식, 생土재, 생金관이다. 木일주가 庚년이 와서 자식이 아프면 마누라・재가 약 지어서 오면 빨리 낫는다.

재가 없어도 상식만 잘 구성되어 있으면 자연히 생재하니까 재성이 없어도 부자가 된다. 단, 큰부자는 아니다. 다만, 여기서 상식도 상식 나름인데 가령 상식 되는 자(字)가 戌이나 未나 子나 卯이면 생재하기가 힘드므로 부자는 아니다. 생재할 수 있는 상식이어야만 한다는 것이다. 가령 ○庚○○／子申○○는 申子水국으로 상식이 되어 있지만 水생木을 못해온다. 고로 金생水하는 그 자체만으로 만족해야 한다. 즉 내가 희생하는 것으로만 만족해야 한다. 내가 金생水로 키워주는 것으로만 만족해야 한다는 것이다. 신왕에 식신생재면 돈이 쓸수록 생기고 쉽게 돈 벌고 베풀어가면서 부자가 된다. 가령 ○戊○○／子申未午면 戊에게 子가 돈이다. 申이 金생水 해주니 항상 샘물이 솟아나듯이 돈이 나온다. 고로 이 사람은 항상 "돈은 돌고 도는 것이다. 돈은 써야만 돈이 생긴다." 는 생각으로 세상을 산다. 그러나 ○戊○○／子子未午는 戊에게 子가 돈인데 金생水가 없으니까 받아논 물이다. 항상 "곶감 빼먹기다." 돈과 연애하고 자린고비에 水생木도 못하니까 돈 버는 재미로만 산다. 고로 이 사람은 항상 "단단한 땅에 물이 고인다." 는 생각으로 세상을 살아간다.

식신유기(食神有氣)면 승재관(勝財官)이다. 사주에서 식신이 용신이면서 펄펄 살아서 잘만 구성되어 있으면 어설픈 재나 관보다도 낫다. 가령 丙甲○○/寅寅子○는 丙이 식신인데 펄펄 살아있다. 丙이 용신인데 寅木 위에 있어서 유기(有氣)이다. 즉 튼튼한 뿌리가 있다. 이럴 때는 어설픈 재관보다도 낫다.

상식이 용신인 사람은 직장 가면 감독기관이다. 고로 위의 사주가 만약에 고시 합격했으면 검사가 된다. 즉 甲을 잡아먹는 것이 金인데 丙火가 있으니까 아무리 높은 사람도 이 사람 앞에서는 무릎 꿇어야 한다. 관살은 윗사람인데 상식이 있으면 관살을 극하니까.

火土식신은 비만체구이다. 처녀 때에 날씬했더라도 시집 가서 자식 낳으면 살만 찐다. 오천평이 된다. 왜 그러는가? 火생土에서 土는 기육(飢肉)·살인데 火생土 하니까 살만 찌더라. 고로 火土식신격은 살빼기 할 생각을 말라. 한 달 동안 다이어트했다가 한 끼만 잘 먹어도 살찐다. 水일주에 水기태왕도 살찐다. 무엇이든지 물에 넣으면 불어나니까. ○丙戊○/戌寅辰○는 火土식신격이다. 비만체구이다.

다음 상식이 관살을 만나면 극전(剋戰)하게 되는데 원칙적으로는 식극관으로 상식이 관살을 이기지만 만약 관살이 많으면 오히려 관살이 상식을 이긴다. 가령 丙庚壬○/戌子申子는 丙이 관살이고 壬이 식신이다. 丙壬충에 水극火로 극전·싸움 하는데 상식이 이긴다. 그러나 ○甲庚癸/午申申酉는 午가 상식이고 金이 관살이다. 원래는 火극金이지만 金관살은 많고 火인 상식은 적으니까 금다화식으로 오히려 火인 상식이 진다는 것이다. 모두 木火용신이다.

상식과 관살이 잘만 균형을 이루면 식거선살거후(食居先殺居後)라 하여서 길격이 된다. 보편적으로 감사, 감독기관에 많다. 이것은 상식과 관살의 위치에 따라 그 변화가 다르다. 년월에 상식이 있고 일시에 관살이 있을 때를 식거선살거후라 하고, 년월에 관살이 있고 일시에 상식이 있을 때를 살거선식거후라고 하며, 식거선살거후는 여자라면 먼저는 자식한테 미치더니 나중에는 서방님한테 잘해주더라. 살거선식거후는 먼저 서방님한테 미치더니 나중엔 서방님 필요 없다고 하고 자식한테 미치더라.

가령 丙庚壬壬/戌寅子申의 경우는 식거선살거후이다. 단 사주가 균형을 이루어서 길격이다. 고로 신왕관왕과 같은 팔자로 간주한다. 원래 水와 火는 전쟁인데 균형을 이루면 상전은 없다. 庚이 득령, 득지, 득세 못해서 丙이 火극金 해오자 庚이 丙을 두려워하는데 丙인 칠살을 죽이는 壬申, 壬子인 水를 가지고 있으니 나보다 높은 丙을 마음대로 부린다는 것이다.

관이 법이라면 법의 제약을 안 받고서 사는 것과 같으니 요즘 같으면 치외법권(治外法權) 지역과도 같다. 균형을 이루면 상전은 이루어지지 않는다. 가령 水火, 土水, 金木, 火金이 서로 상전이지만 균형을 이루면 싸움하지 않는다는 것이다. 상전은 알고 보면 모두 부부이다. 고로 한 집안에서도 남편과 마누라가 균형을 이루고 있으면 행복한 집안인데 안 그러면 만날 싸운다. 균형을 이루기가 쉽지 않으니까 결국은 양보밖에 방법이 없다는 것이다.

그러나 만약에 상식이 지나쳐서 중화를 잃게 되면 관식투전이 되어서, 남자는 데모 선봉장이고 관재에 고생이고, 여자면 매맞고 살고 누명쓰고 질병에 이혼 당한다. 가령 丙庚壬壬/戌子子申는 金水가 많은데 난방장치인 丙은 戌에 입묘되어서 전기가 자꾸 나가니 춥단다. 水火상전 즉 관식이 투전한다.

이처럼 관식투전은 상관견관(傷官見官)이면 위화백단(爲禍百端)이다. 즉 상식이 아무리 관을 잡아먹고 싶어도 본명에 없으면 잡아먹지 못하다가 관운이 오면 관을 데리고 논다는 것이다. 이처럼 상식이 많을 때 관을 보면 관이 죽어버린다. 고로 무법자가 된다. 이처럼 무법자도 써먹을 때가 있다. 간첩교육 시켜서 써먹으면 최고이다. 해결사 역할을 잘 한다.

남자가 관식투전사주나 상식이 많은 사주는 데모 선봉장인데 월에 상식이 있으면 더욱 확실하다. 법을 어기니까 평생 관재로 고생한다. 여자라면 매맞고 사는데 그 이유는 저를 무시한다고 때린다. 가령 위의 사주에서 庚의 서방은 丙인데 水극火 하니까 丙이 왜 나를 무시하냐고 火극金으로 패더라.

상식태왕에 관살이 부족할 때는 제살태과(制殺太過)이고 진법무민(盡法無民)이라 하여 법보다는 주먹이 앞서니 석양의 무법자요, 또 암살, 횡액이 두렵다. 여기서 제살태과는 관살을 제(制)하는 것이 너무 지나친다는 의미이고, 진법무민은 법이 없는 세상을 산다는 것이다. 위의 사주 丙庚壬壬/戌子子申 에서 水인 상식이 너무 많고 丙관살이 너무 약하다. 水극火로 火인 관살을 너무 심하게 패대기치고 있다. 고로 이것이 진법무민으로 죽일 때 법도 없이 즉결처단한다. 제살태과이다. 이런 경우가 되면 암살, 횡액이 두렵다. 너무 악질이라서 누가 죽인지도 모르게 죽인다.

관살이 태왕하고 상식이 부족할 때는 식신제살(食神制殺)이라 하는데 이는 무조건 법에 따라야 하며 음덕으로 사(邪)를 제거하는 것이 사는 길인데 때로는 복수를 하기 위하여 이 세상에 출생하였다고 해도 과언은 아닐 것이다. 가령 庚乙○○/辰酉午酉 의 경우, 누가 상식이고 金이 관살인데 午월의 나무에 火인 꽃이 피어서 金으로 열매 맺는데 金인 열매가 너무 많으니까 火극金으로 열매를 솎아야 한다. 이것이 식신제살인데 이런 사주는 무조건 법에 따라야 한다. 또는 음덕, 상식으로 사(邪), 관살을 제거하는 것이 사는 길이다.

그러나 이것은 어디까지나 학(學)으로서의 말이고 乙木 자체가 뿌리가 없어 내가 죽겠는데 언제 木生火 해서 음덕을 쌓겠는가? 말이야 음덕 쌓는다고 하지만 그게 쉬울까? 또한 복수를 위해서 태어났다고 해도 과언은 아니다. 乙木이 金에게 너무나 과도하게 金극木 당했으니 저보다 잘 사는 놈들은 무조건 깡그리 없앤다고 한다. 무섭다. 지존파, 막가파이다.

또한 여자가 식거선살거후라면 상식이 자녀고 관살이 서방인데, 관살이 약하고 상식이 강하면 자식은 큰자식이나 서방은 어리고, 반대로 관살이 강하고 상식이 약하면 서방은 건왕하나 자식이 어리니 항상 약자편에서 살아야 하는데 가령 丙庚壬壬/戌子子申이면 상식인 水는 건왕해져 있으니 내가 金생水로 돌보지 않아도 자식들은 잘 살고 있는데 오히려 丙火인 서방은 허약해져 있으니 오히려 서방을 도와주어야 한다. 그러나 庚乙○○/辰酉午酉에서는 서방은 건왕하니까 서방은 내가 돌보지 않아도 충분히 잘 살 수 있으니 나는 자식을 끼고 돌 수밖에 없다. 단, 서방 입장에서 보면 약이 오르는데, 결혼 하고서는 乙庚합, 辰酉합으로 좋아 죽겠더니 木生火로 자식 하나 낳고서는 필요없으니 가라고 하더라. 乙木에게는 火가 필요하니까, 乙木이 庚에게 "내가 당신 좋아서 결혼한 게 아니라 자식이 필요해서 잠시 당신을 빌린 것이오. 이제 당신의 임무는 끝났으니까 그만 가시오." 한다. 庚金은 "언제는 좋다고 하면서 살더니 이제는 나를 배척해! 쌍!" 하면서 金극木으로 패대기치니까 얻어맞고서 살더라.

乙乙丙丁/酉巳午未의 경우, 巳酉金국이 午未火국에 비해서 약하다. 식거선살거후이다. 火인 상식이 너무 많아서 火극金을 많이 하니까 제살태과(制殺太過)이다. 여자라면 자식보다 관살이 필요하니까 서방 위주로 세상을 산다. 그러면 이들이 자식과 한 방에서 잘 것인가? 아니면 자기들만 따로 자겠는가? 결론은 자기들끼리만 잔다. 그러면 여기서 어린 아기를 큰 방에다 혼자 재우면 가위 눌리게 되고 경기를 하게 되는데, 이런 것까지 추리해내야 한다. 고로 "아이구, 잘한다 잘해. 아니 떡애기와 같이 자면 애기가 울기를 해요, 아니면 당신들 자는데 방해를 합니까? 어째서 떡애기를 딴방에다 재워 놓고서 경기하게 만드시오?" 하면 깜짝 놀란다. 언제든지 경기(驚氣)는 火라고 하는 심장이 약해져 있을 때 경기를 하는데 이 사주에서는 火가 강하나 너무 강해서 병이고, 그러니 심장병이 오고 경기를 한다는 것이다. 사랑을 따르자니 자식이 울고, 자식을 따르자니 사랑이 우는구나.

다음 상식도 중화를 잘 이루고 있는 사주, 즉 상식이 용신일 때, 이 사주의 통변내용을 정리해보자. 가령 戊㊉甲○ 申子寅寅 의 경우, 월에 식신이지만 寅월달이고 申시라서 아직은 춥다. 고로 木火용신이다. 즉 상식이 용신이다. 이처럼 상식이 용신으로 잘 이루어져 있으면 어떻게 통변할까?
① 후중하고 ② 인정 많고 ③ 지혜있고, 영리하다. 水일주가 水자체가 지혜이고 내가 생하는 상식이 지혜이다.
④ 추리력, 예지력이 탁월하고
⑤ 원대한 꿈을 가지고 있다. 내가 생하는 것이 水생木으로 10년이다. 고로 10~20년 앞을 내다보고서 산다.
⑥ 육영사업에 목적이 있다. 이 사주가 육영사업한다면 양로원한다. 년월은 나보다 윗사람이니까 월을 생해서이고 또한 寅중의 丙인 재가 있어서 유료사업한다.
⑦ 항시 약자편에 선다. 내가 생하는 것이 나보다 약자니까, 壬이 제일 무서워하는 것은 본래 戊土칠살인데 식신인 甲木이 있어서 壬

이 戊를 안 무서워 한다. 즉 강자를 안 무서워 한다.
⑧ 살살 달래야 하지 강제로 하면 반발한다. 壬水를 土극水로 제압하려고 하면 木극土로 반발한다. 그러므로 水생木으로 설득하면 되는데, 일단 壬이 甲寅木이 자기 맘에 들면 水생木으로 자신이 손해보는 줄 알면서도 아랑곳하지 않고 돕는다.
⑨ 내 자식보다는 남의 자식을 더욱 생각한다. 즉 戊는 내 자식이고 甲寅木인 상식은 본래 남의 자식인데, 戊와 甲을 비교해서 보니까, 木극土로 나의 자식이 못나 보여서 내 자식은 눈에 들어오지 않고, 남의 자식만 앞에 보이더라. 남의 자식은 甲寅木 동량지목으로 공부도 잘 하는데 내 자식 戊土는 못난이다. 고로 내 자식을 소홀히 하더라.
⑩ 가정에는 인색하다. 상식이 용신으로 잘만 구성되면 인정이 많아서 남을 잘 도와주니까 집안일에는 인색하게 된다.
⑪ 사장이나 박사를 잘 배출해낸다. 상식이 용신으로 甲寅木 동량지목이니까 부하도 잘 되고, 내가 가르친 사람들이 모두 나보다 더욱 잘 된다.
⑫ 조모님이 현숙하고 장수한다. 상식이 할머니니까. 또한 장모덕이 좋다.
⑬ 교육자, 언론인, 이공계, 자유직업이고
⑭ 할 소리 다 하면서 산다. 壬이 제일 무서워하는 것이 戊인데 甲寅木이 있어서 木극土 하니까 土를 무서워하지 않고서 水생木으로 내가 생하는 상식이 말이니까 할 소리 모두 하면서 산다. 고로 상식이 많으면 취직도 안된다.

가령 ○乙丙丁 의 이런 사주가 취직하면 火극金으로 사장인 金을 쫓
　　　酉未午未
아낸다. 고로 취직 안된다. 사장 정도 되는 사람은 사람 판단은 할

줄 안다는 것이다. 또한 이런 식으로 상식이 많으면 상식(常識)은 풍부하나 지식, 인수는 없다.
⑮ 처덕은 있으나 자식복은 없다. 火가 필요하니까 처덕은 있으나 木극土 하니 자식복은 안 주었다.
⑯ 여자라면, 서방이 집에 들어오면 되는 일이 없고, 서방이 외출하면 재수도 있고, 평안하다. 그러나 자식은 귀자를 둔다.

또 신약사주에서 상식이 왕하다면 모쇠자왕(母衰子旺), 자왕모쇠(子旺母衰)이다. 가령 ○丙己戊 (未戌未辰)이라면 상식태왕이다. 모쇠자왕이다. 이처럼 상식이 왕하다면 어떤 통변이 가능할까?
① 할머니가 많다. 장모가 많다. 할머니가 두 분이고 할머니 산소에 문제가 있다.
② 허세부린다. 丙이 저도 못 사는데 火생土로 전부 제가 도와준다고 하더라. 오히려 土에게 도움을 받아야 하는데도 여기도 저기도 퍼준다고 하니 허세이다.
丙이 제일 무서워하는 게 水인 관살인데 水를 잡아먹는 土를 가지고 있다. 水는 관으로 높은 자리이니 높은 자리에 누구 아는 사람이 있다는 등의 뻥튀기만 하더라.
③ 말을 함부로 한다. 말은 내가 생하는 것이다. 이 사주에서는 인수가 木인데 木이 없어서 배우지 않았다. 고로 아무 말이나 함부로 뱉어버린다. 상식이 많은 사람은 반말 비슷하게 잘 하고 욕도 잘 한다. 그런데다 상식이 형충되어 있으면 심한 욕설도 잘 한다.
④ 농담이 심하다. 어느 것이 진담이고 농담인지 모를 때가 있다.
⑤ 타인을 멸시한다. 무서운 게 없으니 남을 깔아 뭉갠다. 쥐뿔도 아는 것이 없는 사람이 남을 무시하는 데는 1등이다.

⑥ 남의 걱정 많이 한다. 제 앞가림도 못하면서.
⑦ 반발심에 시비가 많다. 세상 사는 데에 불평불만이 많다. 고로 운에서도 상관운에는 깽판 놓고 싶어진다. 여자가 상관운이면 관이 죽으니까 남편이 안 무섭다. 고로 바람나는 운이다. 또한 자식을 잉태하는 운이니까 남편이 늙었다면 다른 남자 찾게 된다.
⑧ 하극상의 기질이 있다. 잘 나가다 배신한다.
⑨ 일확천금(一攫千金)을 노린다. 떼부자가 되려고 하지만 떼부자가 안된다. 火생土, 土생金으로 재가 들어온다 해도 신약하니까 돈에 의해서 팔려다니고 내 돈이 안된다. 위법으로 일확천금을 노린다고 한다면 상식이 많으니까 투기나 밀수, 노름, 도박을 한다. 또한 남자가 견접운에서 나쁘게 작용하면 친구 잘못 사귀어서 도박판에 빠진다.
⑩ 재주는 많으나 끼니걱정한다. 상식은 재주이다. 고로 상식이 많으면 재주덩어리다. 상식이 많은 사람은 기술자에 많은데 나쁘게 연결하면 곤조가 있다.
⑪ 임기응변이 좋아서 둘러대는 데는 1등이다. 단, 일주가 약하니까 그 사람의 속이 들여다보여서 "저 새끼 또 재주 부리고 있네." 한다.
⑫ 상식이 육친으로는 할머니가 두 분이다. "나는 왜 이렇게 살기가 힘들어요?" "그것은 할머니가 두 분인 업(業)입니다." 또한 장모가 두 분이고 할머니 산소에 문제가 있다. 만약 상식이 일지로 합이 되면 장모를 모셔본다. 즉 무엇이든지 일지와 합해지면 일지에 놓은 것과 똑같은 작용이 생긴다. 가령 ○戊○○／○子申午은 누가 어머니인데 할머니 방에 가서 있다. 나는 申장모와 子마누라가 합이 되어서 들어오니까 장모와 마누라와 같이 산다. "어머니는 집 밖으

로 쫓아내고 처갓집 식구와 같이 사니까 기분이 좋으냐?"

⑬ 손자대에는 잘 되나 자손은 불발이다. 가령 丙甲○○ / 寅寅亥○ 는 丙이 식신으로 손자이다. 용신인데 金인 자식이 안 보인다. 사주가 寅亥합 木이고 월에 인수이고 甲寅일주로 대쪽같고 동량지재로 교육자이니까 학총장은 되겠다. 이 정도 사주면 아주 고상하고 자존심이 강하여서 발 꼬고 비스듬히 앉아서 "여보! 나 사주 좀 봐줘." 하고 거만하게 말한다. 그러면 역학자는 정색하고서 "사주도 더럽게 생겼네." 하자 "여보, 내가 대학총장인데 거 무슨 소리 하쇼?" 하자, "자식 잡아먹고, 애비 없는 손자 키우는 주제에 뭐가 잘났다고 까부냐?" 하고 기죽여라. 즉 사주에 아들은 없고 丙인 손자가 있는데 寅寅으로 일지와 동합이니까 손자를 내가 키우고 있다는 것이다.

水(亥)는 할아버지니 월에 있어서 할아버지대에는 잘 되었고, 土인 재가 아버지인데 土가 없어서 아버지대에서는 안 되었고 본인은 아름드리 나무에 상식이 좋아서 본인대에서 잘 살고 金이 자식인데 없으니까 자식대에 다시 망하고, 丙火식신이 손자인데, 고로 용신으로 손자대에서 잘 된다. 이처럼 1대에 잘 되고 1대에 못 되고 하는 패턴이다. 가문의 흐름도 나온다. "자식이 똑똑할 것을 내가 대신 모두 똑똑해서 자식농사는 안됩니다. 고로 내 기준으로 자식과 대화하지 말고 몇 단계 낮추어서 자식 기준으로 대화하십시오." 하고 카운셀링 해주라.

⑭ 상식 많으면 배짱 하나 좋다.

배짱도 두 가지로 나오는데 먼저 木에서 나오는 것은 담력으로 진정한 배짱이다. 다음은 상식에서 나오는 배짱은 똥배짱이다. 가령 ○戊癸壬 / ○寅丑寅 의 경우, 木이 있어서 배짱 있고 담력은 있으나 丙火가 적어서 심장은 약하다. 고로 담대심소(膽大心小)이다. 담력인 배짱이 있어서 처음엔 그럴듯하게 나오지만 이쪽에서 강하게 나오면 그때는 꼬리 내리는 담대심소이다. 담력은 배짱이 있어서 木은 손이니까 손은 커서 일은 잘 저지르는데 수습은 못하고 심장은 약하니까 "나 같은 놈은 죽어야 하는데…" 하면서도 자살은 못한다. 이것이 담대심소이다.

연하의 남자로 애인 사주인데, 달라붙어서 돈 뜯어내려고 하면서 쥐어패는데 미치겠단다. 잘못 걸렸다. 이것이 순악질인데 득령득지 못했으니까 떠돌이다. 떠돌이는 내일이 없어서 거기서 악이 나온다. 戊寅일주는 종을 안한다. 寅탕화로 약 먹어도 丙으로 살려놓으니까 병 주고 약 주는 게 戊寅일주이다.

여자가 상식이 많은 사주는 어떻게 통변할까?
① 첫 자식 낳고서 서방과 이별이다.
가령 ○乙丙庚 이면 庚이 서방이고 火가 아들이다. 丙火아들 낳으○巳戌午
면 午戌火국, 巳午火국으로 火극金하여 庚을 패대기친다. 그래서 첫 자식 낳고서 이별이다. 여기서 이별 중에서도 사별(死別)에 가깝다. 乙庚합이 붙어있어서 떨어져나가지 않고 이속에서 녹아버린다. 충이 걸려있으면 "에이 썅! 도장 찍어!" 하면서 헤어지겠지만 충이 아니다. 乙庚합 해서 丙火 낳았는데 丙火자식이 잠귀가 밝다. 심하면 눈 뜨고 자요, 부시럭 소리만 나도 눈을 뜨는데, 乙과 庚이 丙을 사이에 두고서 잠을 잔단다. 그러던 어느날 乙일날이 오자 庚에게 재날이니까 마누라 생각난다. 그러나 丙을 넘어야 乙에게 갈 수가 있어서 가다 보니 丙을 건드린다. 丙이 깨어나서 "아빠, 어데 가요?" 하자 "응, 화장실 좀 가려고…" 하고서, 결국엔 丙이 깨어났으니까 乙庚합 못하고 제자리로 오고 만다. 요런 것이 결국엔 "상식이 방해하고 있구나." 하고 알면 된다. 丙이 7이니까 "아들이 7살 되는 해에 부부이별수 걸리네요."

② 동서득자요, 양성득자다. 여기 시집가서도 자식 낳고, 저기로 시집가서도 자식 낳는 것으로 양성득자 한다. 가령 ○甲○○／○戌卯午 은 戌이 상식의 고장이고 午戌火국이니까 박씨한테 시집가서 자식 낳고 김씨한테 시집가서 자식 낳는다. 먼저 시집가서 午火자식을 2명 낳고, 나중에 시집가서는 戌중丁火로 딸들을 낳는데, 천륜은 끊어지지 않고서 이어지니까 항상 午戌火국이 마음에 걸리더라. "언제나 午火자식들과 만나겠어요?" 하면 "寅년이 되어야 寅午戌 삼합으로 午火자식들과 의사소통이 되겠네요."

③ 자연유산이 많다.
신약하면 산모가 태아를 관리할 수 있는 힘이 부족하니까, 자연유산이 많다. 상식운에 신수 보러 오면, "금년에 잉태는 하겠으나 낙태하기 쉬우니 관리 잘 하세요."

④ 상식이 많으면, 소실이나 재취요, 기생팔자이다.
"당신 팔자는 기생 아닌 기생 팔자인데 현재 상황은 어떻소?" 재취는 처녀가 시집가면 부부는 일심동체니까 여자가 두 번 시집가는 것과 같다. 또한 재취로 시집가라는 말을 하기가 어려우면 "흠 있는 남자에게 시집가시오. 가령 결혼하고서 금방 헤어졌거나 동거생활 하다가 헤어진 남자거나 하는 사람에게 시집 가면 두 번 시집 가는 것을 때우고 들어가니 괜찮겠네요."

⑤ 자식덕이 없다.
상식이 태왕한 여자는 상식이 자손인데 실제적으로는 자식 키우기가 어렵다. 즉 자식이 내 능력에 비해서 벅차다는 것인데, 결국

은 내가 낳은 자식마저 나를 배신하는데 누구를 믿고서 살겠는가? 이것이 상식태왕의 여자이다. 만약 남자가 ○戊辛○/午申酉○ 이면 상식이 많고 일주가 약하다. 상식이 나의 부하인데 부하가 더욱 똑똑해서 결국엔 부하가 배신한다. 내 것 주고 배신 당하고 뺨 맞는 팔자이다.

⑥ 인정에 이끌려서 잘못하면 동반자살이 두렵다.

가령 丙乙壬壬/戌巳寅寅 는 동반자살을 시도했던 여자이고, 재취로 시집 간 여자이다. 상식이 많고 관이 없다. 이 사주가 운동하러 갔다가 거기 사범에게 빠졌는데, 그 남자가 유부남인데 이 여자가 이혼비용을 모두 대주고서 이혼시키고 그 남자를 뺏어서 산 여자이다. 그렇게 살다가 庚申년에 乙庚합으로 남자가 생기더니 辛酉년에 乙辛충 巳酉합으로 이혼하고 말더라. 乙巳일주 여자는 비록 고란살이지만 巳중에 庚이 있어서 "당신은 서방은 없지만 애인은 있네요." 암장으로 정관이니까. 남의 서방, 애인이 내 본서방으로 둔갑해 보이니까 못 말린다.

⑦ 상식태왕한 여자는 관이 죽으니까 남편이 바람나고 독수공방한다. 즉 상식이 왕하면 관이 있을 자리가 없어서, 관 서방이 다른 집으로 가야 하니까 바람나야 한다. 이처럼 상식 많은 팔자는 "남편도 남편 나름이지 불쌍해서 살아준다." 고 한다. "꼴값에 저도 사내라고 불쌍해서 살아주니까 바람을 피우고 있어?" 한다. 남자도 저 살려고 집 나갔다는 이야기다.

여기서 상식이 많은 여자가 상식년에 상식월에 일진까지 상식일진일 때 남편을 불러들여서 합을 한다면 그 남자는 잘못하면 그냥 간다. 또한 이런 여자와 잠자리 하는 남자는 되는 일이 없고, 그냥 기가 꺾여 버리고 속 되게 말하면 코피난다. 그렇다면 "남자들이여! 정신차려라. 이 세상에 팔자 좋은 여자가 바람나고, 술집에 나오고, 춤추러 나와 있겠는가? 그것도 모르고 저 죽을지도 모르고 손을 대는가?"

⑧ 이름 불리우는 팔자이다.

유모, 보모, 기생, 포주, 식순이 등으로 불리워진다. 직업여성, 비서직, 교육계로 보내라. 여자가 시상상관(時上傷官)은 당전사환(堂前使喚)이다. 사환 즉 이름 불리우는 여자다. 폭넓게 말하면 상식이 태왕한 여자를 말한다. 고로 좋게 보면 직업여성이고, 나쁘게 연결하면 기생, 빠걸, 레지다. 또한 위치별로 연결하면 시는 말년이니까 말년에 남편이 꺾인다. 또한 상관을 놓았으니까 남편이 안되니까 직업여성일 수밖에 없다.

이처럼 딸이 팔자가 나쁘면 "직업여성시켜라, 비서학과 보내라." 기생이라는 것을 크게 놓고 본다면 여자가 직업을 가지고 있다는 것은 반기생은 된다고 생각하면 된다.

다음 상식을 인체적으로 연결해본다면, 상식이 여자에게는 자손이니까 생식기, 자궁, 난소, 유방이 된다.

① 상식이 지나치게 허약하면, 자궁폐쇄증으로 자궁이 발달 되지 않는다. 가령 丙⓵○○ / 子丑亥子 는 丙이 상관인데 몰광(沒光)되어 있다. 고로 신체적으로는 상식이 자궁이니까 자궁이 없어지거나 막히고 있다. 고로 자궁폐쇄증이니까 자궁이 발달 되어 있지 않다. 그러므로 자손도 없고 자식에 대한 근심, 걱정이 떠날 사이가 없다. 여자는 자궁이 예뻐야 좋은 자식 낳는다. 고로 여자가 서서 일하면 자궁이 처지니까 좋은 자식 낳기가 어렵다더라. 또한 丙을 유방으로 보면 젖가슴이 생기다 말았다. 성형수술해서 바람 좀 넣어야 하겠다. 그러나 丙⓵丁○ / 子丑亥子 는 丙과 丁이 젖가슴인데 왼쪽이 적고 오

른쪽이 크다. 년월은 좌측이고 일시는 우측이기 때문이다. 여자는 유방의 발달과 성감의 발달이 비례한다. 고로 생리가 시작되면 젖가슴부터 탱탱해지더라.

여기서 여자의 젖가슴을 관상학적으로 보면 거리관계, 상하관계를 살피는데 여자가 젖가슴 양쪽이 너무 멀리 있으면 부부이별한다. 젖가슴이 밑으로 처져있으면 아무나 와서 빠니까 남의 자식 키워주고, 젖가슴이 위로 올라갔으면 새가슴으로 젖을 먹기 힘드니까 불구자손 있다. 여자가 산근(山根)이 너무 높으면 부부이별이고 눈과 눈의 거리가 너무 넓으면 부부이별이다.

② 상식이 형, 충이면?

자궁폐쇄중이다. ○己○○는 卯酉충으로 酉인 자궁이 깨져버렸다.
　　　　　　　酉卯○○
자궁폐쇄중이다. 그리고 유종(乳腫)을 알아본다. 병명으로 팔자 알아 맞추기다. 여자가 유종을 앓아보면 자식덕이 없고 자식 때문에 평생 근심걱정이다. 또 유방암 걸리고 자궁암 걸린다. 가령 ○丙己○은 상식이 土인데 형이 걸렸다. 土는 흙으로 산이고 돌이
○戌丑未
나오니까 암(巖)이다. 암(癌)이라는 글자 속에도 산이 들어가 있다. 고로 이런 사주는 상식인 土가 굳어서 유방암, 자궁암 걸린다. "아가씨, 시집가서 행복하려면 예쁜이 수술해요." 하고, "당신 신랑은 국내에는 없으니까 국제결혼 하시오." 하라. 관이 없고 상식이 많아서 자궁이 크니까 외국인과 속궁합이 맞다.

형이니까 자궁수술 해야 하고 자궁외임신, 나팔관 임신이 되는데 상식이 많으면 자궁이 넓어서 정자가 있을 곳이 없어 돌아다니다가 조그만 구멍이 보여서 안착했더니 그곳이 난소더라. 고로 자궁외임신이 되더라.

여자가 식신재국이년 음식솜씨가 좋다.

본래 음식솜씨는 각자의 손끝에서 나온다. 기(氣)의 작용이라는 것이다. 운이 가면 음식맛도 없어지더라. 상식이 음식을 만드는 재료이고 재가 먹는 것으로 음식이다.

木은 분식이다. 木은 길다. 냉면, 국수, 라면, 분식종류다.

火는 끓이는 것이다. 탕, 불고기, 곰탕이다.

土는 살코기로 네 발로 기어다니는 족복류(足腹類)이다.

金은 갑골동물, 곤충으로 게장, 가재, 꽃게다.

水는 어족류, 회종류다.

여자가 土일주면 水가 재인데 水는 짠맛이다. 고로 음식 짜게 하고 짜게 먹으니까 반찬 많이 먹더라. 戊子일주 여자에게 "음식을 너무 짜게 하지 말고, 밥 먹는데 무슨 놈의 반찬을 그렇게 많이 먹어요?" 했더니 배꼽 잡고 웃더라.

여자 사주에서 관·서방과 상식·자손이 일지와 합되면 부정포태이다. 부정포태란 혼전임신, 비밀자손, 과부가 임신하는 것 등이다.

여자 乙巳일주는 庚서방과 丙이 같이 있어서 부정포태이다. $\begin{smallmatrix}乙○○\\巳酉○○\end{smallmatrix}$는 酉가 서방이고 巳가 자식이니까 巳酉합으로 일지로 들어오니까 부정포태이다. 또 $\begin{smallmatrix}乙○○\\酉巳○○\end{smallmatrix}$의 경우도 역시 부정포태이다. 만약 $\begin{smallmatrix}乙○○\\丑巳○○\end{smallmatrix}$는 乙木이 丑시라서 丑이 관고니까 일찍 혼자되었으면 巳丑합이 되니까 혼자는 못 살고 재혼해야 되겠는데, 이런 경우는 일찍 과부되었으니 丑인 시어머니가 결정적으로 며느리를 결혼시켜준다. 만약 늦게 결혼했으면 다 큰 자식인 巳가 엄마를 결혼시켜준다. 그러나 이것은 어디까지나 학(學)이고 술(術)로 연결하면, 다시 말한다면 "여자가 일단 바람 났다면 무조건 잉태수는 자동적으로 따라든다."

여자가 신강하고 건강하면 자연분만이고, 신약하고 병약하면 타의에 의해서 출산이니 제왕절개수술이다.

여기서 제왕절개수술 날짜는 택일해서 날짜를 잡아주는데 분만예정일에서 1주일 정도 빨리 잡는 게 상례이다. 여기서 좋은 날짜를 잡아주어야 하는데 년월이 이미 정해져 있어서 좋은 날짜가 어렵다는 것이다. 또한 부모로 맞추면 재복이 적고, 재복으로 맞추어 놓으면 수명이 짧고, 부모와 간충지충으로 사이클이 안 맞는 등의 문제가 많으니 제왕절개를 택일한다고 해도 좋은 경우는 어렵다. 또한 택일해준 사람의 실력도 문제가 된다.

여자가 상식이 많아도 재가 있어서 상식생재에 재생관으로 있어서 통관시키거나 운에서 관살을 천간위주로 만나지 않으면 과부는 면한다. 이것은 식극관을 하고 싶어도 관을 만나지 못하면 극할 수 없기 때문이다. 가령 木일주가 火가 많으면 관을 꺾으니까 과부가 된다고 하지만, 사주에 金인 관살이 없으면 과부가 아니다. 관이 없으면 火가 잡아먹고 싶어도 金이 없어서 잡아먹지 못하니까.

그런데 운에서 金인 庚, 辛이 들어오면, 즉 운에서 천간으로 관이 들어오면 과부가 된다. 안 보이던 것이 보이니까 火극金으로 꺾어버린다는 것이다. 여기서 왜 지지는 괜찮을까? 천간은 서서 들어오는 것과 같고, 지지로 들어오는 것은 엎드려서 들어오니까 잡기가 힘들다고 이해하면 되는데 또한 운에서의 지지는 원명의 천간과 지지를 죽이고 살릴 수 있는 권한을 가지고 있어서 火극金을 못한다는 것이다. 그러나 이것은 어디까지나 학이고, 여자가 일단 상식이 많으면 남편궁은 나쁘다고 이야기하면 된다.

상관이 사주에서 흉작용 하면서

- 년주에 있으면 선조대에 망했다. 할아버지가 반항파였다.
- 월주에 있으면 부모대에 파산이다.
- 일지에 있으면 부부궁에 흠이 된다. 이것은 고란살을 생각하면 되는데 고란살이 모두 일지에 상식을 놓고 있는 것이다. 가령 辛亥 일주 여자라면 丙이 서방인데 丙辛합 하려고 하면 亥水인 자기 자리로 가야 하는데 壬이 丙壬충 하면서 "아버지 왜 왔어요?" 한다. 고로 남편궁이 나쁘고, 남자면 상식은 본래 재를 생하고 亥중甲木이 정재지만 암장에 있어서 애인이다. 고로 애인이 본처로 둔갑해 보이니까 辛이 甲에게 말한다. "나만 믿어라. 언젠가는 내 마누라와 이혼하고 너와 살 것이다." 하더라. 애인이 본처로 둔갑해 보이니까.
- 시주에 있으면 자손으로 상심한다.
  남자가 시에 상관이면 자식궁이 나쁘다. 즉 관이 자식인데 시주인 자기방으로 가려고 하자 상식이 기다리고 있어서 패대기치더라. 단, 여자가 시주에 상관이면 자식이 자기 자리에 있어서 나쁘다고는 할 수가 없고 자식 하나가 제 구실은 할 수가 있는 것이다. 상관이 용신이면 괜찮다.

남자가 사주에 상식이 없으면 장모가 없는 데로 장가간다. 인수가 없으면 장인이 없는 데로 장가간다. 여자가 재가 없으면 시어머니가 없는 데로 시집간다. 궁합 볼 때 연결하라.

또 상식이 절멸(絶滅)하면 손자가 없으니 대(代)가 어렵다. 가령 丁㊉○○는 丁인 상식이 손자인데 水극火로 꺼지니까 아들이 자식이 없 卯子子子 어서 손자대에서 대가 끊긴다. 이럴 경우 풍수지리가 왈 "어허, 할아버지 산소에 물들어서 손자대에 자식이 없구만." 하더라.

여자가 상식이 없으면 자손에 흠이 있으니 형충이 되면 무자(無子)이거나 불구자손 등으로 상심(傷心)한다.

또한 역마지살에 자손이 되면서 좋게 작용하면, 가령 ○㊉○○/○寅子○ 의 경우, 寅이 자식인데 이 사주에서 좋게 작용한다. 추운데 寅중丙이 따뜻하게 해주고 水생木으로 숨통역할을 해주면서 용신이니까 자식 하나로 인해서 내가 살게 되고 역마지살이니까 해외출입하고 좋게 연결하면 외교관이나 기술자이다. 그러나 역마지살에 상식이 형, 충이면 차액(車厄) 실종이다. 가령 ○乙○○/○巳申寅 은 寅巳申 삼형이고 역마지살이 형충되고 있다. 이럴 때에 자식도 남편도 온데간데없다. 또한 위와 같은 팔자를 배부기자(背夫棄子) 팔자라 한다. 남편도 등지고 자식도 버린다는 팔자이다. 寅巳申형에 뿌리 없는 나무가 되어서 기생 아닌 기생 팔자에다 어디를 가든지 항상 마음이 떠 있고 남편 복도 자식 복도 없는 팔자이다. 고로 乙木은 항상 말한다. "도망가야겠다. 못살겠다." 그러자니 巳중丙 자식은 항시 그 말을 듣고서 자랐을 것이다. 寅巳申 삼형으로 병든 남편 누워놓고서 어머니 도망가지 말라고 옷소매 붙잡고 잠이 든 아들을 남겨놓고서 야반삼경에 도주하는 팔자이다.

상식이 암합되면 자식이 연애박사이다.

암장끼리 합하는 것이 비밀합이고 귀신도 모르게 하는 것이다. 천간과 지지의 암장간에 합하는 것은 절반은 노출되어 있다. 이런 경우는 형, 충, 비겁운에서 들통난다. 이처럼 암합에서 가장 잘 되는 것은 巳丑합의 丙辛, 戊癸암합과 子巳합의 戊癸암합이다. 또 암장으로 丁壬합이 음란지합이라서 그렇게 잘 된다. 午亥 중의 丁壬암합과 午申 중의 丁壬암합이다.

○㊉壬乙/○巳申亥 의 여자가 32살 때 상담을 왔었다. 丙子 대운이다. 丙火인 남

자가 들어왔는데 子 위에 있어서 자식 있는 유부남이다. 또한 丙이 子 위에 있어서 밤에만 왔다가는 애인이다. "아가씨는 지금부터 유부남과 연애하는 운이고 亥子丑의 북방운이니 아가씨에게 이런 말을 해서 가혹하다고 생각되지만 남의 것이 내 남자이고 소실생활을 해야만이 오히려 행복한 삶이 됩니다." 했더니 아무말 안하고 가더니 오늘 다시 와서 실토하더라. 당시 48살의 癸巳생 남자와 사귄다고. 辛金일주가 신강해서 정신연령이 높으니 동년배와는 연애 못하겠다고 하더라. "내 운명 내가 거역 못 하니 받아들이십시오." 그런데 관식이 같이 들어오니까 丙辛합하면 子水로 자식이 생길까 걱정이다.

자식 되는 글자의 오행에 의해서 병명을 알아보면
火가 자식으로서 약할 때는 火는 눈, 시력이므로 시력이 나쁘다.
木이 자식으로서 약할 때는 木은 간이니 간질환자이다.
土가 자식으로서 약할 때는 土는 비, 위이니 비, 위가 약하고
金이 자식으로서 약할 때는 金은 폐, 대장, 골격 등이니까 빈혈, 관절염 등이고
水가 자식으로서 약할 때는 水는 신장, 방광, 비뇨기계통 등에 질환이 있다.

이것은 자식뿐만 아니라 내 팔자에서도 같은 병이다. 이것을 응용하면 "아하, 병도 유전되고 있구나." 하는 것을 알 수 있다. 내 팔자에서도 부모병이 나오고 부모 팔자에서도 자식병이 나온다.

자식 되는 글자가 급각살이나 단교관살이면 수족에 이상이 있으니까 소아마비 주사를 꼭 놔주고, 늙어서는 치매에 고생이고 치아가 약하고 혈압주의 하라. 귀문관살이면 정신이상, 신경쇠약이 염려된다. 자손이 입묘되면 묘가 한이니까 자식이 속썩이고 불구로도 연결된다.

또 자손이 괴강이면 무관이다. ○戊○○/卯申○○의 여자다. 卯申으로 자식과 서방에게 귀문이다. "당신은 평생 남편과 자식 때문에 신경쓰고 살라고 했는데 지금 상황은 어떠나요?" 해보라. 庚戌일주 남자인데 일지에 자식이 입묘되어 있다. 관고 놓고 있으니 큰 아들이 소아마비로 불구자인데 평생 자식 때문에 미쳐 돌아가더라. 庚辛○○/寅巳申酉의 아버지가 寅인데 삼형이다. 아버지가 인후암, 편도선이다. 내 팔자에 부모님의 병이 나온다는 것이다.

남자가 상식운이면 어떻게 통변이 될까? 단 상식이 기신일 때다. 가령 庚己庚戌/午丑申戌의 경우 庚辰년이면 남자라면 43살이니 자식이 20대 전으로 사춘기이다. 여자라면 상관운이 들어왔다. 상관으로 자식이 들어왔는데 자식인 庚 때문에 허토(虛土)가 되어버린다. 申辰으로 합이 되니까 자식의 가출이 나온다. 남자라면 木이 자식인데 金이 金극木으로 패대기치니까 남의 자식이 들어오고 내 자식이 나간다. 이처럼 상식운이 오게 되면 어떤 작용이 일어날까?

① 하극상 하는 운이다. 상관에게 반발하다 쫓겨난다.
불평불만하는데 윗사람의 욕을 한다. 공직자는 사표낸다. 이유는 상사와 싸우고 사표내는데 상관운으로 아랫사람을 나보다 먼저 승진시키니까. 학생이라면 선생이 마음에 안 든다고 바꿔달라고 한다.

② 직장에 사표낸다.
이런 경우에도 상관이 기신이면 사표가 즉시 수리되고 상관이 용신이면 사표수리가 안 된다.

③ 상관운에는 실수하고 그에 대한 책임을 진다. 여기서도 실수는 실수인데 본인이 실수하는가? 아니면 아랫사람의 실수로 그 책임을 지는가? 이것을 판단하려면 본인의 사주로 판단해야 한다. 가령

본인의 팔자가 완전무결하다면 아랫사람의 실수가 본인에게 돌아온다고 하고, 위의 사주처럼 팔자가 엉성하다면 본인의 실수가 되는 것이다.

④ 직장인은 노조에 가입한다. 고로 가입하지 말라고 하라.
⑤ 일확천금을 노린다. 위 사주에서 庚辰년이면 상관운에 辰이 재고로써 돈이 들어오는데 木인 관을 상관이 패대기치니까 사표내는데 여기서 상관은 생재하니까 직장 그만두면 퇴직금이 나오더라. 이 돈으로 재투자하는데 사업에 뛰어든다. 이 사주에서 午火용신인데 水인 재가 들어가면 인수용신이 꺼진다. 불이 꺼지니 밤이 되어서 돈을 뺏기는데 인수와 연결하면 탐재괴인이 된다. 부도난다. 火생土로 수입은 없고, 土생金으로 지출은 많아진다. 나쁘게 연결하면 내 돈 쓰고 좋은 말 못 듣는다.
⑥ 사기 당한다. 아랫사람, 제자로 인해서 배신당한다.
남자라면 庚辰년으로 상관을 제자로 보면 "선생님, 저에게 4천만원 투자하면 내 돈창고 辰 보이시죠? 申子辰水局으로 이게 모두 내 돈덩어리예요. 일주일만에 5천만원 만들어드릴게요."하자 고맙다고 하면서 돈을 주었더니 申辰水局으로 수다토류(水多土流) 되어서 돈 가지고 날라버리더라. 고로 사기, 배신, 실물, 도둑 맞는다.
⑦ 구설수가 생긴다. 상관은 말을 함부로 하니까 말실수를 하게 된다. 비견겁날과 상식날은 비밀이 새어나온다. 상식날에는 과장하고 싶어지고, 과시하고 싶어져서 옛날의 일들을 말한다.
⑧ 사업가는 기계고장이다. 상식이 기계고장이다. 사업가는 공원들이 반발한다.
⑨ 주객이 전도되어서 실망이 크다. 위의 사주에서 己土가 주인이고 土생金으로 내가 생하는 상식이 객(客)이다. 상관운이 오면 金의

세력이 왕성해지니까 상관의 세력이 더욱 커지니 주인과 객이 바뀐다. 또한 土생金으로 내가 가르쳐놓은 아랫사람이 강자가 되니까 내 윗자리를 가게 되니 이것이 주객이 전도된다.
⑩ 만약 선생님이 신약사주인데 상관운에서 고3 담임을 맡게 되면 진학률이 뚝 떨어진다.
⑪ 남자가 상식운에는 자식이 꼴보기 싫어지고 자식 또한 속 썩인다.
⑫ 내가 생 하는 게 계획으로 계획은 좋으나 결과가 없어서 "한강에 돌 던지기"이다. 즉 한강투석(漢江投石)이다.
⑬ 상관운에는 건강이 나빠진다. 土생金을 많이 하게 되니까 기본체력이 딸리고, 기가 빠져서 己土일주가 약해지니까 허리가 나빠진다. 申월에 辰이 단교관살이니까 다리 아프고 치과출입 해야 한다.

여자가 상관운이면 어떤 통변이 가능할까? 기신일 경우다.
① 금년에 이별수·이혼수 걸렸네요.
② 서방님이 꼴도 보기 싫으니 말이 함부로 나온다. "저놈의 인간 언제 뒈지나?"
③ 여자가 상관운에 결혼하면 속아서 결혼한다. 또한 상관이 많은 사주가 결혼할 때 속아서 간다. 가령 丙庚辛/戌子子未는 여자인데 비견겁과 상식이 많다. 직장동료인 乙卯일주와 죽도록 사랑하다가 시집갔는데 결혼하고 첫날밤 지나자 "아빠!"하고서 3살짜리가 들어오더라. 상식 많은 여자는 저는 잘한다고 하지만 속아서 시집간다.
④ 상식운이 나쁘면 심리적으로 "울고 싶어라."이다. 자꾸 안정이 안 되고 불안하고 그래서 집 안에 못 있고 집 밖으로 돈다. 또한 서글프다. 서방도 자식도 꼴보기 싫어서 지금까지 내가 "누구를 위하여 종을 울렸나?"이다. 자식도 서방도 필요없고, 조금만 건들면

우는데 미치겠더라.
⑤ 여자가 상식운이면 나에게 관계없이 자식 갖고 싶어진다. 외롭고 고독하다. 고독이라는 것은 호랑이보다 더욱 무서워서 못참는다.

상식이 용신인데 상식운이 오면 어떻게 통변할까?
가령 ○戊丙○ / 子申午寅 의 경우, 戊土가 火生土 받아서 건조한데 申子水국이 용신이다. 金水용신이다. 庚辰, 庚子, 庚申년이면 申子辰 삼합으로 완전하게 형성되고 상식운이다. "지금까지 당신은 아무리 좋게 살아왔어도 뭔가 하나가 이빨 빠진 것처럼 허전했을 텐데 금년에는 걱정 마시오. 모두 채워질 테니까."
① 돈 생기고
② 아랫사람이 도와준다.
　식신이 金생水 해주니까 내가 생각하는 것마다 돈이 되고, 말만 하면 돈이 되고, 나는 가만히 있어도 내가 생하는 아랫사람이 협력해서 돈 갖다 주더라. 金이 金생水 해주니까, 돈을 모두 써도 금방 다시 들어오더라.
　이럴 때 신수를 간단하게 보려면 "뭐 하시려구요?" "예, 가서서 당신 마음대로 하고 싶은 대로 하시오. 방위도 필요없고, 당신 마음대로 하시오." 한다. 운이 좋을 때 하는 말이다. 즉 운이 좋을 때는 나는 가만히 있어도 모든 사람들이 나를 돈방석에 앉혀 놓더라.
③ 건강도 좋아진다. 상식으로 쑥쑥 잘 빠져나가니까.
④ 직장에서는 승진이고
⑤ 사업자는 사업확장이다.
　원래 재는 현금으로 보고 상식은 수표이다. 재가 현금이면 상식은 돈을 만들어내는 역할을 하니까. 인수도 수표이다. 고로 재극

인으로 현금은 인수를 극하니까 수표라는 것이 부도율이 높다고
생각하면 된다.

● 상식으로 구성된 사주 중에서 길격사주를 보자.
① 신왕에 상식왕이다. 상식으로 구성이 잘 되어있을 때 $\begin{smallmatrix}丙⑭癸戊\\寅寅亥子\end{smallmatrix}$는
득령, 득지, 득세해서 일주가 강하고 식신도 잘 구성되어 있어서
목화통명으로 세인(世人)의 등불이 된다. 문명지상(文明之像)이
고 대쪽 같고 송죽(松竹) 같다.
② 신왕하고 식신생재로 되어 있을 때, 신왕재왕으로 거부팔자이다.
$\begin{smallmatrix}壬戊丙○\\子申午寅\end{smallmatrix}$는 申子水局이 되어서 火生土 받아 金生水로 잘 나가니 식
신생재로 구성되어 있어서 신왕재왕으로 거부팔자이다.
③ 관과 식이 균형을 잘 이루고 있을 때, 신왕관왕과 같은 작용이 나
온다. $\begin{smallmatrix}丙⑭壬壬\\戌寅子申\end{smallmatrix}$는 寅戌火局에 申子水局으로 균형을 이루니 상식과
관살이 잘 균형을 이루어서 신왕관왕과 같은 사주이다.

● 그러나 다음과 같은 경우는 흉하다.
① 신약에 상식이 태왕하면, 밑 빠진 독에 물 붓기이다.
$\begin{smallmatrix}○⑥丙丁\\○○午未\end{smallmatrix}$은 乙木이 약한데 木生火로 계속 퍼부어야 하니까 밑 빠진
독에 물 붓기이다.
② 관식이 투전이면 위화백단(爲禍百端)이다. 재앙이 백 가지로 일
어나는데 $\begin{smallmatrix}○⑥丙丁\\申未午未\end{smallmatrix}$는 火가 많고 金이 적다. 안 당해보는 것이 없이
다 당해보는데 이 세상의 몹쓸 일을 다 당해본다. 火와 金이 상전
으로 관식투전이다.
③ 상식과 재성이 혼잡하면 평생 꿈속에서 돈 번다. $\begin{smallmatrix}○丁己○\\未巳丑酉\end{smallmatrix}$는 巳酉
丑金국은 좋은데 신약하니까 꿈속에서 돈 번다.

다음 상관이 있어도 인수가 있으면 중화를 이룬다.

가령 ○庚○○/戌戌子○는 월에 상관으로 원래 못된 놈인데 戌土가 土극水로 상관을 누르니 인수 어머니가 子水를 불러 말하기를 "만약, 네가 내 아들 庚을 꼬셔서 금침(金沈) 시키면 나한테 단칼로 간다." 하니까, 子水가 상관작용을 못하더라.

일주가 최약하여 종아격이 되었을 때는 삼합의 구성원리에 의해서 구별된다.

- 삼합金국 : 결실로서 가장 좋다. 쇠붙이가 가장 오래간다.
- 삼합水국 : 바다니까 두 번째로 좋다.
- 삼합木국 : 나무니까 잘만 키우면 된다. 세 번째이다.
- 삼합土국 : 땅덩어리가 네 번째이다.
- 삼합火국 : 분산되어 흩어지니까, 국중에서 제일 나중이다. 寅午戌이 火국이지만 火자체가 분산되니까. 단, 火국도 삼합으로 멋지게 이루어지면 태양과도 같을 때가 있다.

삼합과 방합의 차이는 10:1 이다. 삼합국에 방합이 하나만 들어가도 삼합이 개판된다. 즉 고가의 보석에 흠이 하나 생기면 가격이 뚝 떨어지는 것과 같다.

관살과 상식과의 관계를 다시 정리해보자.

관살이 있을 때 상식은 내 편이다. 이것을 뒤집으면 상식이 있을 때 관살은 내 편이다. 가령 丁乙丙丁/丑酉午未는 酉丑으로 관살이 있으면, 丙丁火가 설기가 아니라 오히려 내 편이니까 火가 강하므로 金이 나의 편이다. 즉 午월의 나무가 꽃 피어서 酉丑으로 열매를 멋지게 맺는다. 그런데 뿌리가 없으니까, 무에서 유를 창조하는 팔자이다. 金水용신이다. 이것을 乙木이 丙 만나면 상관이지만 식신으로 대표해서 식거선에 살거후격이라고 한다. 이러한 것은 사주의 구성요건, 즉 사주가 어떻게 구성되어 있느냐에 따라서 초점 맞추어 놓은 것이고, 이러한 것을 제살태과격이라고 해서 살을 제거하는 것이 지나치게 많은 것으로 본다.

그런데 진법무민(盡法無民)이 되는 경우는, 가령 乙⓶丙丁/酉未午未 가 진법무민인데 관살이 너무 약하다. 식거선살거후, 제살태과격까지는 같지만 거기에 가혹하게 진법무민으로 법·관살이 다했다는 것이다. 많은 木火속에서 酉金 하나가 존재하기는 어렵다. 고로 이 사람의 성질머리 속에는 법은 멀고 주먹은 가까우니까 진법무민으로 석양의 무법자이고 법 없이 세상 사는 팔자이다.

여기서 원래 상식이 많은 사주는 고용인(雇傭人)이라고 했는데 진법무민은 또한 무슨 말인가? 즉 남의 고용살이로 생활하다가 하루아침에 어떤 계기가 되면 주인을 잡아먹는 것과 같다. 이처럼 진법무민이 되면 가혹한 행동을 하는 것이 된다. 즉 제살태과는 관이 국을 이루었고 진법무민은 관이 하나로 위태롭게 있는 것이다. 그 차이다.

만약 ○⓶庚○/申申午申 는 월에 상식을 놓았을 때 金인 관살이 많아서 식거선살거후는 똑같은데 火가 아주 부족하다. 甲木 하나 보고 동서남북에서 총알이 날아오니까 火로 火剋金을 해야만 살 수 있는데, 火가 식신이고 火剋金으로 살(殺)을 제(制)해야 하니까 식신제살격(食神制殺格)이라고 한다. 木火운이 좋다. 이 사주는 이유없이 매맞고, 동네북이고, 어디 가나 왕따 당한다. 금다화식으로 괜히 火剋金 하려다가 잘못 건드려놓으면 당하는 것이 甲木이다. 金이 火에게 당하고서 괜히 화풀이는 甲木에게 한다는 것이다. 자기가 당할 수밖에 더 있겠는가?

이러한 사주들은 모두 뿌리가 없는 팔자이다. 고로 "참 팔자도 이상하네요. 내가 배우기는 이런 팔자는 모두 뿌리가 없어서 성씨 바꾸어서 산다고 했는데, 혹시 당신 성씨나 제대로 갖고 살아요?" 하면 깜짝 놀라서 "사실은 제가 3살 때 어머니가 나를 데리고 와서 원래는 박씨인데 지금은 김씨로 산답니다." 한다. 이런 비밀이 나온다는 것이다.

관식투전이란 관살과 상식이 서로 싸운다. 즉 한쪽이 기울고 있을 때 서로 전쟁이 일어나는데 균형을 이루면 싸우지 않는다. 고로 위의 사주를 균형있게 바꾸어보면 庚乙丙丁/辰酉午未 또는 ○甲○○/申申午寅 일 때는 매 안 맞고 산다. 金이 조금 부족하다. 여름이니까. 이처럼 서로 균형 이루면 서로 존중해준다.

나. 상식과 다른 육친과의 변화

1 상식이 변해서 인수가 되는 경우(상식변인수)

- 일간 : 甲·乙   丙·丁   戊·己   庚·辛   壬·癸
- 상식 : 火   土   金   水   木
- 변화 : 水   木   火   土   金
- 가부 : △   ○   △   △   △

1) 일주별 변화

- 火일주 : ○丙○○/○辰寅辰의 경우, 辰식신이 寅辰木局의 인수로 변하여 木生火를 해준다. 辰土가 부처님인데 丙이 火生土로 부처님만 믿고 살았는데 점점 불이 꺼져가더라. 그러다가 寅, 卯년이 오면 부처님이 木生火로 도와주더라. 火일주가 戊寅, 己卯년에도 상식이 변해서 인수가 되었다.
- 木일주는 丁亥, 丙子운에, 土일주는 庚午, 辛巳운에, 金일주는 壬辰, 壬戌, 癸丑, 癸未운에, 水일주는 甲申, 乙酉운에 각각 상식이 변해서 인수가 된다.

상식은 할머니, 장모, 가르치는 것이고 인수는 선생, 어머니, 수입, 집, 의류 등이다. 가령 ○丙○○／○辰辰○ 이 여자라면 火생土로 자식 키우느라 고생했다. 그러다가 寅년이 되자 자식이 寅辰木국으로 木생火 해준다. 寅木이 역마지살이니까 거기에 인수가 연결되면 자식들이 "그동안 우리들 키우느라 고생하셨으니까 관광 좀 다녀오세요." 한다. 또는 봉급 탔다고 옷 사주더라.

2) 통변응용

① 상식은 할머니이니까 寅년 만나면 寅辰木국으로 인수가 되니까 할머니가 어머니의 역할까지 한다. 또는 할머니가 공부시켜 준다. 할머니의 유산이 들어온다.

② 상식은 장모인데 인수로 변화되니까 장모인지 어머니인지 나도 모르겠다. 장모와 어머니가 내 집 사준다.

③ 가르치면서 배우고, 배우면서 가르친다. 생하는 것은 가르치는 것이고, 인수는 배우는 것이다. 가령 ○庚壬○／戊○子申 의 경우, 庚에 申子水가 학생인데 국을 이루었으니까 庚보다 똑똑하다. 학생들이 어려운 질문을 하자 집에 와서 공부해서 다시 대답해주니까 "먼저 가르치고 나중에 배운다." 가르치기 위해서 배우는 팔자이다.

④ 나갔다 다시 온다. 나가는 것은 상식이고 오는 것은 인수다. 지출과 동시에 수입이다. 가령 丙辰일주가 丁丑년에 와서 "선생님 辰土가 도와달라고 하는데 도와주어야 하나요?" 내년이 戊寅년이니까 "도와주세요." "지금은 그 사람이 능력이 없어서 도와달라고 해도 내년이면 寅辰木국으로 몇배로 갚아줄 겁니다." 즉 火생土로 하나 나가고 寅辰木국으로 두 개가 들어온다는 것이다.

⑤ 할머니, 상식이 인수로 변했으니까 교육자이다. 사주에 인수가 많

은 사람이 선생과 인연 있다.
⑥ 처음엔 나쁘게 보이나 볼수록 정이 든다. 상식은 본래가 관을 극하니까 얄밉게 보이는데 인수로 변했으니까 얼마나 예쁘게 보이겠는가? 가령 ○丙己○/○○未○은 丙이 월에 상관을 놓아서 청개구리처럼 못된 행동만 하다가, 卯년을 만나니까 하루아침에 사람이 뒤바뀌어지더라. 상관이 없어지고 인수로 즉 卯未木으로 변했으니 하루아침에 철이 든다.
⑦ 노력의 대가가 다시 찾아온다. 내가 생하는 것이 노력인데 인수로 변했으니까.
⑧ 만약 송사하면 승리하고 화해가 된다. 상관만 놓고 있으면 그게 송사인데, 가령 丁卯일주가 己未년에 와서 "금년에 송사를 하려고 하는데 되겠어요?" 송사인 상식이 인수로 변했으니까 "송사가 안되고 화해가 될 테니까, 한번 해 보시오."
⑨ 제자가 나의 선생이 되고, 윗사람이 된다. 상식이 인수로 변했으니까.
⑩ 자손 때문에 공부하게 되는데, 자식을 가르치기 위해서 배운다.
⑪ 자손이 귀인이요, 자식이 옷 사주고, 집 사주고, 관광시켜주고, 얼마나 좋나?

2 상식이 변하여 견겁이 되는 경우(상식변견겁)

일간	甲·乙	丙·丁	戊·己	庚·辛	壬·癸
상식	火	土	金	水	木
변화	木	火	土	金	水
가부	△	○	△	△	△

1) 일주별 변화
- 火일주 : ○丙○○/○戌午○은 丙이 火生土로 戌土를 도와주었더니 午戌火局으로 비견겁이 되었다. 또한 여자 丁未일주는 未가 자식인데 巳, 午년이면 午未, 巳未로 火局이 되니까 자식이 겁재인 도둑으로 변했더라.

- 60갑자별로 보면

  木일주는 丙寅, 丁卯운에, 火일주는 戊午, 己巳운에, 土일주는 庚戌, 庚辰, 辛丑, 辛未운에, 金일주는 癸酉, 壬申운에, 水일주는 甲子, 乙亥운에 각각 상식이 변해서 비견겁이 된다.

  사업하는 사람이 주의할 것은 아랫사람에게 돈심부름시키면 그 돈 가지고 도망가는 게 상식이 변해서 비견겁이 되는 해이다.

2) 통변응용

① 장모로 인해서 손해가 많다. ○丙○○/○戌午○은 식신인 戌土장모가 火국으로 변했으니까 비견겁으로 내 것을 뺏어 가니까 손해본다.

② 장모가 친구처럼 나이가 비슷한 동년배이다. 장모와 나이가 비슷하다면 딸 같은 마누라와 산다는 것이 된다.

③ 수하로 인해서 손재요, 부하가 나와 동등하게 된다. 죽도록 아랫사람을 가르쳤더니만 나와 맞먹으려고 하거나 내 위로 올라간다.

④ 나이 적은 친구가 많다. 상식은 아랫사람인데 비견겁 작용하니까.

⑤ 아랫사람이 배신하고 나와 같아진다. ○丙○○/○戌午○은 午년이 오면 "금년에는 아랫사람이 배신하고 아랫사람 때문에 손재수네요." 戌戌일주 남자가 庚辰년이 되자 辰土인 재고가 비견겁이니까 마누라가 수술하려고 입원했다.

⑥ 기계를 도둑맞고, 지혜를 도둑맞는다. 내가 생하는 것이 지혜, 기

계이다.
⑦ 자손인 상식이 비겁이니 자식의 손버릇이 나쁘다.
⑧ 아랫사람에게 돈 주면 받을 수 없고, 나가기만 하면 받지 못한다.
⑨ 일확천금 노리다 망한다. 내가 생하는 상식은 재를 생하므로 일확천금을 노리지만 결국은 비겁으로 변하니, 내 것을 뺏어 가는 놈들만 모였으니 망한다.
⑩ 나쁜 짓, 상식 하고서 친구를 물고 늘어지며
⑪ 자식, 상식 때문에 남편을 빼앗긴다. 비겁작용이다. 여자가 서방 뺏기고서 이별하는 그 원인을 자식이 했더라. 자식 때문에 이별하더라.

③ 상식이 변하여 상식이 되는 경우(상식변상식)

- 일간 :　甲·乙　　丙·丁　　戊·己　　庚·辛　　壬·癸
- 상식 :　　火　　　土　　　金　　　水　　　木
- 변화 :　　火　　　土　　　金　　　水　　　木
- 가부 :　　○　　　○　　　○　　　○　　　○

1) 일주별 변화

- 木일주는 丙午, 丁巳운,
- 火일주는 戊辰, 戊戌, 己丑, 己未운,
- 土일주는 庚申, 辛酉운,
- 金일주는 壬子, 癸亥운,
- 水일주는 甲寅, 乙卯운에 각각 상식이 변해서 상식이 된다.
  ○㊅○○(寅寅子丑)의 경우는 寅상식이 변해서 寅상식이 되었다. 寅木이 용신이니까, 寅년이 오면 역시 아주 좋다. 겨울의 물이 寅중의 丙으로

따뜻하게 되니까. 그러나 ○戊辛○/午申酉丑는 土생金으로 상식이 많아서 상식이 병인데 또다시 金운을 만나면 상식이 변해서 상식이 되니까 土생金으로 허탈상태에 빠지니까 아주 흉하다.

2) 통변응용

① 남자면 또다시 상식운이 온다면, 장모가 들락날락하면서 극성부린다. 이때는 격물치지로 "내 운이 나빠지는구나" 하고 생각하라.
② 여자면 자식들이 모여서 극성부린다. 여자가 상식이 많으면 내 자식도 키우기 힘이 드는데 또 다시 상식운이 오면 남의 자식, 즉 조카 등이 들어온다.
③ 아랫사람의 변화가 있다. 여기서 변화해도 그 결과가 좋은지 나쁜지는 그 사주에 따라서 다르다. 상식이 용신이면 아랫사람의 도움이 생기고, 상식이 기신이면 아랫사람의 배신이 생긴다.
④ 깊은 함정으로 빠진다. 신약하다면 상식을 함정으로 본다. 즉 뻔히 알면서도 빠져드는데 상식이 자식이므로 자식 이기는 장사는 없다.
⑤ 재주와 잔꾀만 늘어난다. 상식이 많으면 재주는 좋으나 배운 게 없어서 요령만 많고 지식이 얇으니까 속이 들여다보인다.
⑥ 관재와 송사가 겹친다. 사주에서 상식이 많다면 관살이 없어도 관식투전과 비슷하게 보면 된다. 상식이 많은 사주에서 상식운이 온다면 관식투전과 같은 현상이 생긴다.
⑦ 이중으로 사기당하고 배신당한다.
⑧ 자손이 가출하거나 자손의 변화이다. 내가 낳은 자식도 나를 배신하는데 누구를 믿을 것인가?
⑨ 공원들이 집단으로 움직인다. 신약사주면 공원들이 사장을 가지

고 논다.

4 상식이 변하여 재성이 되는 경우(상식변재성)
- 일간 : 甲·乙　丙·丁　戊·己　庚·辛　壬·癸
- 상식 : 　火　　　土　　　金　　　水　　　木
- 변화 : 　土　　　金　　　水　　　木　　　火
- 가부 : 　△　　　○　　　○　　　○　　　○

1) 일주별 변화
- 木일주 : 火가 土로 변하지는 않는다. 다만 木일주가 丙戌, 丙辰, 丁丑, 丁未운이 오면 상식이 변해서 재가 된다.
- 火일주 : ○丙○○/酉辰○○는 辰식신이 辰酉합金으로 재가 되었다. ○丁○○/酉丑○○도 丑식신이 酉丑합金으로 재가 되었다. 60갑자로는 戊申, 己酉운에서 상식이 변해서 재가 된다.
- 土일주 : ○戊○○/子申○○에서 申식신이 申子합水국으로 재가 되었다. 庚子, 辛亥운에서 상식이 변해서 재가 된다.
- 金일주 : ○辛○○/寅亥○○는 亥상관이 寅亥합木국으로 재가 되었다. 壬寅, 癸卯운에서 상식이 변해서 재가 된다.
- 水일주 : ○壬○○/午寅○○는 寅식신이 寅午火국으로 재가 되었다. 甲午, 乙巳운에서 상식이 변해서 재가 된다.

　이 중에서 누가 제일 바람둥이일까? 水일주이다. 水는 스태미너이므로 그렇다. 戊土일주도 바람둥이인데 흙이 있는 곳에서는 십 리 밖의 수분도 흡수되어 들어온다. 다만 水일주는 드러내놓고 하고, 土일주는 귀신도 모르게 하는 그 차이가 있다.

壬寅일주는 壬이 寅木을 만나면 식신이니까 자기 비서이다. 만약 사주그릇이 적으면 공돌이, 공순이, 식모로 본다. 午년이 오면 寅午火국으로 비서가 마누라로 둔갑해보인다. 甲午일주는 남자면 午중己土인 재가 甲己합이 되어서 午火상식 속에 있으니 남이 안 보는 데서는 여보, 당신이고, 남이 보면 비서라고 하더라.

상식변재성이 못되게 연결되면 ○㊉○○
                              寅亥○○ 의 경우, 亥水가 종업원이라면 돈으로 보이니까, 종업원이 노는 것을 절대 못 보고 철저하게 부려먹는다.

이처럼 상식이 변해서 재성이 되면 水생木, 木생火로 연결되니까 재가 용신이라야 모두 받아먹고 좋지만, 만약 재가 기신이라면 제 꾀에 자기가 빠지고 욕심 부리다가 망하고 남의 돈만 잘 벌어주지 내 돈은 못 번다. 가령 壬㊉丙○
                                                                    子申午寅 는 火가 강하니 申子가 용신이다. 곧 태평양 바다 같은 물이 모두 내 돈이니까 돈 벌기 쉽다. 그러나 壬㊉甲壬
                                                                                                                                子申午子 는 戊가 신약해서 火가 용신인데 이런 경우는 상식변재가 되어도 오히려 흉으로 남아 나쁘다.

2) 통변응용

① 장모님의 유산을 받는다.

결국은 장인 없는 무남독녀 외딸과 결혼했다는 것이 된다. 장모님이 사업체 마련해주고 돈 준다. 또는 장모님이 마누라로 보인다. 돈으로 보인다. 가령 장모님이 살림을 모두 해주는 경우이다.

② 말(상식)만 하면 돈(재)이 생긴다. 돈을 쓰면 쓸수록 생기는 팔자이다. 즉 쉽게 돈 버는 팔자이다.

③ 아랫사람들이 돈 빌려주고 돈 벌어준다. 회사가 어려울 때 종업원들이 합심해서 회사를 일으킨다.

여자가 ○戊○○/子申○○ 이면 자의든지, 타의든지 돈놀이한다. 水가 물인데 얼음이고 눈도 된다. 눈사람을 만들어서 굴리면 눈덩이 불리듯이 불어난다. 즉 이자가 이자를 물고 들어오는데, 그 재미로 돈놀이한다. 그러나 햇볕이 나면 금방 녹아서 없어진다. 그것이 돈놀이의 끝이니 주의하라. 土일주는 水가 재이니 남이 보기에는 돈이 있는 듯이 보이므로 남들이 돈 빌리러 온다. 고로 자의든 타의든 돈놀이를 하게 된다.

④ 지혜가 적중되어 쉽게 돈 번다.

"아이구, 너는 아이디어 뱅크구나." 한다. 단, 신왕에 식신생재면 요즘의 벤처사업을 할 수가 있다. 만약 신약하다면 "당신은 사장 그릇이 아니니까 아이디어를 제공해주고 그 인세만 받아먹고 사시오." 하고 상담해줘라.

⑤ 지출이 돈이 되어서 들어온다. 상식, 지출이 재를 생해서 들어오므로 나가면 그것이 새끼를 쳐서 들어오니까 얼마나 좋은가? 역학자도 상식을 손님으로 보는데 상식이 재를 생하면 식신생재가 되니 손님이 손님을 물고 들어온다.

⑥ 노력(상식)의 대가(재)가 있다.

⑦ 이권(利權)에 개입한다. 상식은 관을 치니까 관이 만만하게 보인다.

⑧ 여자라면 자식이 재로 변했으니까, 자식이 사업으로 성공한다.

⑨ 잃어버렸다가 다시 찾는다. 속담으로 비유하면 상식이 재로 변했으니까, 자손이 없는 집에 며느리가 나가더니 아기 배서 들어오더라.

⑩ 재산을 늘리며 투자확장에 좋다. 단, 신강해야 한다.

여기서 어떤 사주든지 상식운 다음에 재운이 온다. 천간의 법칙이 이런 식이니까 신수 볼 때의 월운도 이것을 응용해야 한다. 가령 水일주가 木년에 신수 보러 오면 "사장님, 투자는 올해 해도 돈은 내후년에 가야 하겠는데요." 한다. 水生木 죽도록 해놓으면 木生火로 들어오게 돼있다. 천간의 법칙이 가령 올해가 庚子년이면 천간의 순서가 戊己庚辛壬癸甲乙丙丁戊己로 되어있다. 12개월이 1년이니까, 정월이 인수로 시작하면, 동지섣달이 인수로 끝난다. 정월이 상식으로 시작하면 동지섣달이 상식으로 끝나는 등, 법칙이 이렇게 정해져 있다. 이것을 붙여서 말을 만든다면 "저놈은 정초부터 돈돈 하더니" 즉 재로 시작한다. "한해가 다 가도록 돈 노래만 부르고 있네." 재로 끝나니까.

신수 볼 때, 庚일주가 丙戌월에 왔다면 甲申월, 乙酉월이 지났으니까 "지난 8, 9월에 큰돈이 들락날락했네요." 하더라. 그 결과는 말 안하고서.

⑪ 상관으로 연결되면 송사(訟事)가 되는데 그 목적이 돈에 있다.

지금까지는 좋은 것만으로 연결했는데, 이러한 것이 나쁘게 작용하는 경우라면, 가령 壬戊壬○/子申午子의 경우, 午火가 용신이다. 水인 재를 따라가면 용신인 火가 죽으니까 재주 부리다가 망하게 되어있고, 이권에 개입하다 망하게 되어있고, 여자만 가까이 하면 되는 일이 없고, 申은 장모요, 子는 마누라니, 장모 모시고 사는 게 힘들다. 장모가 돈으로 둔갑해보이지만, 장모가 내 돈 가지고 간다. 또한 말만 하면 돈이 나간다. 머리, 지혜가 돈이 되는 것이 아니라, 머리 잘못 굴려서 항상 손해보고 있다. 午월의 장마로 계속 비가 오고 있다. 수다토류(水多土流)로 농사 못 짓는다.

5 상식이 변하여 관살이 되는 경우(상식변관살)
- 일간 : 甲·乙   丙·丁   戊·己   庚·辛   壬·癸
- 상식 : 火   土   金   水   木
- 변화 : 金   水   木   火   土
- 가부 : ○   ○   △   △   △

1) 일주별 변화
- 木일주 : ○乙○○/○巳酉○은 상식인 巳가 巳酉金으로 관살이 되었다. 일지에 巳火로 운전기사인데 巳가 아랫사람이니까 노조위원장 시켜놓고서 뒤집어씌워서 쫓아내더라. 어디 가도 그런 일이 생긴다고 하니 팔자대로 살더라.

  만약 여자가 하숙집을 한다면, 巳가 하숙생이다. 木일주로 인정이 많아서 하숙생에게 잘 대해주었더니 巳가 巳酉로 서방노릇하려고 하더라. "아줌마, 저예요." 하면서 방문 앞에 서 있더라.

  酉년이 오면, 자식 巳가 巳酉金국으로 치고 들어오더라. 또는 자식과 서방이 한통속이 되어서 金극木으로 나를 쫓아내더라. 왜냐하면 乙木이 巳속의 庚과 乙庚합으로 연애하는 것을 巳中丙 자식이 따라다니면서 모두 보았더라. 그런데 酉년이 오자 巳酉로 서방에게 모두 일러 바쳤더라. 고로 서방이 쫓아낸다.

  木생火로 죽도록 도와주었더니 나중에 나를 잡아먹더라. 여선생이라면 木생火로 가르치는 학생이 관살로 변하니 선생님을 짝사랑한다고 난리더라.

- 火일주 : ○丙○○/子辰○○는 辰식신이 변해서 관이 되었다. 만약 辰을 화개

로 보면, 절에 가자 스님이 관인 서방으로 변해서 추근대더라. ○㊀○○와 ○㊀○○도 같은 경우이다.
　　　　　　　　　　亥丑○○　子丑○○

60갑자로 연결하면,

- 木일주는 丙申, 丁酉운에, 火일주는 戊子, 己亥운에 각각 상식이 변해서 관이 된다.
- 土일주는 庚寅, 辛卯운에 상식이 변해서 관이 된다.
- 金일주는 壬午, 癸巳운에 상식이 변해서 관이 된다.
- 水일주는 甲辰, 甲戌, 乙丑, 乙未운에 상식이 변해서 관이 된다. 水일주가 甲戌일주를 보자, 처음에는 아기로 보이다가 자꾸 보니까 서방님으로 보이더라.

2) 통변응용

① 장모가 취직시켜주고 또는 장모가 살로 변해서 호랑이보다 무섭더라.
② 아랫사람들의 장(長)이 된다. 노조위원장이 되더라.
③ 여자는 자식 때문에 애인이 생기고, 좋게 연결하면 서방과 자식이 화합하는데 원칙적으로 연결하면 상식이 변해서 관살이 되면 여자는 상식인 자식이 없어진다. ○㉡○○의 경우, "어째서 당신 팔자는 원래는 자식이 있는데 자식은 없고 서방님하고 같이 있소?"
　　　　　　　　　　　酉巳○○
巳 자식이 金국인 서방에게 갔으니까.
④ 관이 용신이면, 아랫사람 때문에 승진하고, 자손 때문에 명예가 생긴다. 가령 ○㉡丙丁는 巳酉가 용신이다. 고로 장모가 취직시켜
　　　　　　　　酉巳午未
주고, 자식이 취직시켜주고, 아랫사람의 장이 된다.
⑤ 이런 경우 ○㉡○○는 金이 기신이다. 자식이 살로 변했으니까 자
　　　　　　午巳酉丑
식이 무섭다. 자식이라도 어미에게 달려든다.

⑥ 아랫사람(상식)이 배신하고, 공갈하고, 협박한다. 木生火로 아랫사람을 죽도록 키워놓았더니 나를 잡아먹더라. 주객(主客)이 전도된다.
⑦ 자손, 부하로 인해서 관재 생긴다.
⑧ 남자는 재와 관이 합하면 마누라와 자식이 합심해서 공격한다. 여자는 상식과 관이 합하면 자식과 남편이 합심해서 공격해온다.
⑨ 여자의 경우, 자식(상식) 때문에 병(관살)이 온다. 여자 乙酉일주가 巳년이다. 巳酉金해서 金극木 해오니까, 몸이 아프다. 자식 때문에 병이 왔다. 乙巳일주가 酉년에 巳酉金이다. "금년에 자식과 서방 때문에 몸이 아프고 병이 오니까 조심하세요." 하라. 원래 乙巳일주 여자는 巳중의 庚과 乙庚합으로 바람이 나는데 酉년이 오면 편관이니 애인이다. 고로 애인 때문에 병이 오는데 일지가 삼합이니 애인이 도망가서 살자고 하더라. 자꾸 金극木으로 볶고 들어오니까 도망을 갈 수도 없고 안 갈 수도 없고 乙木이 바싹 마르더라.

다방에 놀러갔는데 레지가 乙巳일주였다. 戌년이었는데 전년이 酉년이었으니까 작년에 巳酉합이 들어왔었으니 "당신, 작년에 남자 때문에 도망 나왔구나." 했더니 놀라더라. 일주가 뿌리가 약하니 도망나왔다. 일지가 삼합이 되더라도 뿌리가 튼튼하면 도망 안 나온다. 또한 다방 직업 자체가 도망 나오기 쉬운 직업이다.
⑩ 좋은 일 해주고(상식), 망신(관살) 당한다.
⑪ 언쟁이 관재로 발달한다. ○乙丙丁 / 酉巳午未 가 卯년이면, 卯酉충이 걸린다. "10년 동안 공든 탑이 하루아침에 무너지네요." 卯가 비견겁이니까 중상, 모략이 들어오고 비밀이 노출된다.

4. 재성

가. 재성의 활용

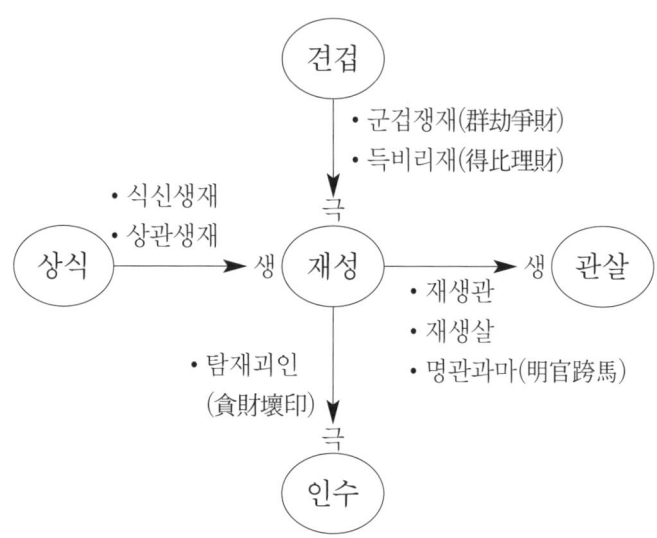

　재성 또한 정재, 편재를 합칭한 말이며 아극자로서 내가 다스려 관제(管制)하고 또 일간으로부터 다스림을 받아야 할 의무가 있다고 보아도 된다.
　보통 정재는 길하고 편재는 흉이라 할 수 있으나 역시 상대적이기 때문에 정재도 태과하면 병이 되기에 편재보다 더욱 흉하고, 편재도 필요하면 정재보다 나으니 재성의 과다와 일간의 강약을 알고난 다음 길흉을 논하여야 된다.
　가령 甲木일주가 주중에서 己丑未정재를 다봉하면 토다목절(土多木折)이요, 재다신약 되어 흉이 되나 水가 많아 부목(浮木)이 되고 있을 때는 戊戌土가 편재로 土극水 하여 부목을 예방하기 때문에 정재도 태과하면 편재와 같으며 편재도 유용하면 정재와 같은 것이다. 조금 더 상세하게 살펴보자.

재는 육친으로 처, 부(父)이다.
정재의 경우는 양일주는 모두 정재가 합으로 들어온다. 고로 양간일주 남자는 10년마다 한 번씩 정재와 합이 되는 운이 온다. 또한 남자가 정재로만 구성되어 있으면 오로지 자기 마누라밖에 모르고 바람 안 핀다. 편재의 경우는 충이 되는 편재와 충이 안되는 편재가 있다. 壬丙, 庚甲, 癸丁은 충이 되는 편재로 이런 경우는 편 되게 만나면서도 죽었다 깨어나도 해로 못하고 만날 싸운다. 甲戊, 丙庚, 戊壬은 충이 안되는 편재다. 이런 편재로 연결되면 결혼식 안하고 동거해도 해로한다.
재는 내가 다스리는 것이다. 고로 남자라면 土일주가 水가 마누라인데, 水는 土를 만나야만 다목적으로 사용된다. 즉 마누라는 서방에게 적당한 관제를 당할 때 행복하다는 것이다.
정재, 편재도 그 사주에서 희, 용신이냐, 기신이냐에 따라서 그 작용이 다르다. 가령 ○丙辛戊 / 巳辰酉辰 의 경우, 丙이 신약해서 巳에 의지하고 있는데 辛酉가 정재지만 금다화식이 되고 있다. 재가 합을 해서 들어오니까 부모에게 물려받은 유산이 많은데, 신약하니까 관리능력이 없어서 하루아침에 날려버린다. 고로 "당신은 부모에게 물려받은 유산만 관리를 잘 해도 평생 먹고 사니까 욕심부리지 마시오." 나쁘게 말한다면 "이 병신아! 너의 밥도 못 찾아 먹느냐?" 마누라로 연결하면 丙辛합까지는 좋았는데 마누라 컴플렉스에 마누라가 품 밖으로 돈다. 마누라가 늦게 들어와도 말 한 마디 못한다.
뒷집의 辛酉金인 처녀와 丙辛합, 辰酉합으로 결혼하자고 하자 辛이 왈, "가서 엄마 젖 좀 더 먹고 오너라." 한다. 丙辛합 하려고 하면 "좀 더 커서 와요." 한다. 미치겠구나. 이처럼 정재라도 흉작용하면 이렇게 되고, 만약 편재라도 좋게 작용하면 정재보다 나은데 가령 ○丙庚○/寅午申○ 의 경우, 丙이 신왕해서 金용신이다. 재를 내 마음대로 관리할 수 있어서 편재지만 한없이 좋고 큰돈이다. 또한 ○庚甲○/酉申寅亥는 甲寅이 편재이고 甲庚충, 寅申충이지만 木이 용신으로 필요하니까 좋게 연결된다.

정재라도 많이 만나면, 가령 ○甲己○/○○未丑의 경우, 己, 未, 丑이 정재지만 토다목절로 재다신약이다. 甲에게 未는 정재지만 고장이니까 정재 때문에 내가 늙어서 죽어간다.

편재라도 사주에서 길작용하면 정재와 같은데, 가령 ○甲○○/戌子子○는 戌이 편재지만 水가 많아서 甲이 떠내려가고 있는데 戌이 土극水 해주니까 편재지만 아주 좋다. 이런 경우에는 본처는 죽도록 길만 닦아놓고 가고, 나중에 오는 편재인 후처가 온갖 행복을 누린다. 또한 ○戊丙丁/子申午未는 인수가 많은 사주에서 재가 국을 이루고 있다. 정재도 국을 이루면 많은 것이 되니까 편재이다. 가뭄이 든 사주에 단비가 내리니까 편재지만 아주 좋다.

그리고 재성은 인수를 극하고 관살을 생하며 상식으로부터는 생을 받고, 견겁으로부터는 극을 당하는 것이 원칙이다.

먼저 재성은 관살을 생하는데, 신약일 때는 재생살이 된다. 돈을 잘못쓰고 마누라가 무섭다. 신강일 때는 재생관이 된다. 돈을 돈답게 쓴다. 마누라가 취직시켜주고, 감투 씌워주고, 처갓집 모임에서 대장노릇한다.

여기서 여자들은 재를 돈, 음식으로 비유하면, 재생관으로 남자에게 주게 되어있다. 고로 여자가 곗돈 탔을 때 기분 맞추어 주면 그 돈도 서방에게 주고, 음식 만들었을 때 맛있게 먹어주면 기분이 좋다. 이것이 재생관이다. 남자에게는 관살이 자식인데 돈 달라는 것을 잘만 주면 재생관으로 그 자식이 참 잘 된다. 그러나 무조건으로 잘못 주면 재생살로 자식을 망가뜨린다. 여기서도 재가 재생관을 잘 하는 재가 있고, 못하는 재가 있다. 가령 ○庚○○/午寅酉丑는 庚이 신강하다. 寅이 재인데 寅午로 재생관이다. 寅木마누라가 木生火해주고 있는 것은 寅午火국에 신강해서 庚이 잘났으니까 木生火해주고 있다. 가령 ○庚○○/酉寅午午는 신약하므로 재생살이다. 고로 돈 따라가면 큰일난다.

다음으로 재성이 인수를 만나면 극인하기 때문에 여기서 재인투전이 나온다. 싸운다는 것은 재와 인수가 중화를 잃었을 때에 생긴다. 또한 여자는 재가 시어머니이고 인수는 친정인데 재가 부족하고 인수가 많으면 친정 엄마가 시댁 흉보고, 재가 왕하고 인수가 부족하면 시어머니가 친정 흉을 본다. 결혼, 궁합 볼 때 재와 인수를 대비하여 가문을 대조해본다.

재가 인수를 극하면 인수가 괴인(壞印)되어 대기한다. 이를 탐재괴인(貪財壞印)이라 하는데 정확하게는 인수가 용신일 때에, 즉 신약사주에서 재를 욕심내면 인수가 죽으니까 탐재괴인이 성립된다는 것이다. 그러나 신강사주에서는 탐재괴인이 성립 되지 않는다. 가령 ○戊壬壬/○午子申은 재가 많고 인수가 부족하니까 탐재괴인이 된다. 그러나 戊戊壬壬/午寅子申의 경우는 탐재괴인이지만 앞의 사주처럼 완전하게 탐재괴인이 되지는 않는다. 또한 ○戊○○/午寅子○의 경우에는 탐재괴인이 안된다. 인수가 많고 寅木이 가로막고 있어서 통관시킨다.

괴인의 작용을 보자. 첫째, 부도(不渡)난다. 모든 것이 부도난다. 수표도 부도나고, 마누라도 부도나고, 건강도 부도나고, 자식도 부도난다. 상담할 때 인수용신이 재운이면 "부도(不渡)"라고 써주고 해석하라고 하라. 좀 더 자세히 통변해보자.

탐재괴인이 될 때는 보급로가 차단되고, 귀인이 물러가고, 부도나고,

부모불합이다. 공부는 도중하차하고, 마누라로, 돈으로 인해서 망하고, 욕심부리다 망하고, 억지부리다 망한다. 뇌물 받으면 관재 일어난다. 가령 ○西○○
寅申申酉 의 경우, 丙이 신약해서 寅木인수용신인데 金인 재가 많아서 탐재괴인이 되고 寅申충으로 재인투전에도 걸려든다. 부와 모가 밤낮없이 싸운다. 어머니는 항상 얻어 맞고서 자식방에 가서 寅木탕화로 울고 있다. 부(父)도 방합으로 잘난 것이 없는데 金인 백호라서 성질이 개떡같아서 어머니를 팬다.

이때 재운(金운)이 오면, 丙의 눈에는 모든 돈들이 자기 돈으로 둔갑해서 보인다. 고로 사업하게 되는데, 인수용신에 재를 따르면 인수용신이 날아가니 계산착오이다. 그러나 돈에 눈이 멀어서 남의 말이 귀에 안 들어온다.

寅木인수가 나를 생해주는 보급로인데 寅申충에 金극木 당하니까 보급로가 차단된다. 인수는 나를 도와주는 귀인인데 寅申충에 金극木 당하니까 귀인이 없어진다. 인수를 집으로 보면 집이 날아가니까 申운에는 "집 없는 천사네요. 나의 엉덩이 하나 의지할 데가 없군요."

인수용신에 재운을 만나면 공부 못하고 돈 벌러 나간다. 재운은 돈 버는 운이다.

마누라(재・金)로 인해서 망한다. 완전한 재다신약이라서 하는 일 없이 놀고 먹는 사람으로 직업이 없는데, 재운이 오자 마누라가 일하겠다고 하더라. 말렸지만 생활고를 문제 삼으니까 강력히 못 말리고 허락하는데, 결국은 寅申충으로 집 날아가고 도망가야 하는 신세가 된다.

재가 욕심인데 신약하고 재가 많으니까 욕심은 욕심인데 허욕(虛慾)이다. 사주에 재가 많으면 욕심쟁이인데 이러한 욕심이 욕심대로 안되면 거기서 억지가 생긴다. 즉 내 재물이 아닌데 내 것이라고 욕심부린다.

재가 기신인데, 재가 돈이고 재가 뇌물인데 신약하니까 뇌물 먹으면 걸린다. 입에까지 넣었다가 뱉어내야 하는데 소화능력이 부족하다. 즉 丙이 寅木에 의지하고 있어서 2살인데, 밥그릇은 申酉로 어른 밥그릇이다. 먹었다가는 오바이트한다.

재가 왕하면 자연적으로 재생살이 된다. 즉 돈 때문에 재앙이 온다. 상담할 때에 관살운에 오는 사람은 "선생님, 3~4년 전에 뇌물 좀 먹었는데 요즘 감사하는데 어떻겠어요?" 하고 물어온다. 항상 재운 다음에 관살운이 오니까 초조하고 불안하다.

본인의 능력이 부족하니까 마누라의 신세를 져라. 즉 마누라를 앞장 세워라.

재가 많을 때는 인수보다 견겁이 더욱 좋다. 인수는 재로부터 극을 당하지만 비견겁은 재를 극하기 때문이다. 이것은 학으로서의 개념이고, 인수를 쓰는 경우와 비견겁을 쓰는 경우는 성격적으로의 차이는 있는데 인수는 순진해서 뒤통수 얻어맞고, 비견겁은 깡다구는 있다. 그러나 인수를 만나면 부모에게 얻어먹고 살지만, 비견겁이면 형제에게 얻어먹고 사니까 부모는 안 갚아도 되지만, 형제에게는 갚아야 되니 그 차이를 알아야 한다.

재는 견겁으로부터 극을 받는다.

재가 제일 무서워하는 것이 비견, 비겁이므로 형제, 자매, 친구가 되니까, 돈이 제일 무서워하는 것이 형제, 자매, 친구이고, 마누라가 제일 무서워하는 것이 남편의 형제, 자매, 친구이다.

여기서 군겁쟁재(群劫爭財)는 비겁들이 떼를 지어서 재를 쟁탈한다. 비견겁이 많고 재가 약할 때이니까, 신태왕사주에서 쓰는 용어이다.

득비리재(得比理財)는 비견겁을 이용해서 재를 내 것으로 다스린다. 재가 많고 일주가 약할 때니까 신약사주에서 쓰는 용어이다.

재성이 견겁을 만나면 극을 당하는데, 비견겁이 많은 사주와 그 현상이 똑같다. 가령 庚庚辛辛/辰申卯酉는 卯가 정재인데 우산지목(牛山之木)이고 金이 많아서 卯월에 서리가 많이 내리는 현상으로 木이 못 자라고 金극木 당하며 卯酉충 당하니 어떻게 버틸까? 또한 庚庚甲庚/辰申申辰이면 甲木이 편재로 아버지이다. 아버지가 없어진다. 인연이 없다. 재니까 돈 날아가고 이 팔자가 출생하고서 집안이 망한다. 또한 아버지를 멸시하고 무시한다. 이처럼 군겁쟁재가 될 때 어떻게 통변할까?

- 아버지를 꺾는다. 마누라를 꺾는다.
- 버는 놈 따로 있고, 쓰는 놈 따로 있다. 탈재(奪財)다. 배신, 도실(盜失)이다. 도둑놈 옆구리 끼고 산다.
- 비견겁이 많은 팔자는 무조건 아끼면 똥이 된다. 여자가 혼자 사는 과댁이면 역시 뭐든지 아끼면 똥 된다.
- 혼자 똑똑이다.
- 형제 중에서 제일 늦게 장가가고 시집간다.
- 의처증, 의부증이 생긴다. 비견겁 운에서도 의처증, 의부증이 생긴다.
- 상처하고 상부한다. 과부살, 홀애비살 작용이다.
- 돈이 안 모인다.

단, 위와 같이 일주가 강하면 건강한 복은 주었다. 건강을 밑천 삼아서 노력하라. 이러면 모두 파격이니까, 밑바닥을 기고 있을 때가 가장 행복할 때이다. 즉 리어카 장사할 때는 손님도 많고 돈 많이 버는데 돈 모아서 가게라도 차려서 하다 보면 손님이 안 와서 망하더라. 이것이 생활의 패턴인 것이다.

이처럼 비견겁이 많을 때는 상식과 관살을 잘 이용할 줄 알아야 하는데 이럴 때 상식이 있어서 비견겁→상식→재를 통관시키면 재가 살아나고 관살로 견겁을 극하면 역시 재가 살아난다.

또 재는 상식으로부터는 생을 받는다. 상식은 재의 원류이자 보급로이다. 상관생재, 식신생재로 그 구성이 잘만 되어 있으면 말만 하면 돈이 되고 이권에 개입하고 쉽게 돈 벌고 아이디어 뱅크이다. 가령 ○壬○○/午寅子申는 식신생재이다. 신강해서 재가 용신이니까 식신용재격이다. 癸ⓒ○○/丑酉寅午는 상관생재이다. 신강해서 상관용재격이다.

재가 상식을 만나면, 상식은 재의 원류가 되므로 가장 좋아한다. 가령 己ⓒ○○/酉丑午寅는 丑이 식신이고 酉가 재이다. 신강하니까 酉金인 재를 없애도 土생金으로 다시 갖다 놓는다. 이처럼 식신생재가 되면 어떻게 통변을 할까?

- 쉽게 돈 번다. 말만 하면 돈이 생긴다.
- 실패했다가도 다시 성공하는 것이 특징이다.
- 두뇌와 지혜(상식)가 모두 돈이 되고 재산이 된다.
- 돈 버는 목적에 있어서도 타인보다 두 수가 빠르다. 즉 丁에서 생土가 한 수고, 생金이 두 수이다. 1세대~2세대의 앞을 내다보고 산다.
- 선각자의 역할을 한다. 재에 목적을 두고 일하니까, 아직은 오지도 않은 것에 초점 맞추어 사니 현실로 보면 선각자의 역할이다. 군계일학(群鷄一鶴)이다.

그러나 신약한데 식상생재면 어떻게 통변할까?

- 가령 ○ⓒ○○/午丑酉酉면, 신약인데 火생土, 土생金으로 나의 기운이 빠져나간다. 죽도록 돈 벌어도 내 돈이 아니다.
- 인정에 죽는다. 내가 생하는 것이 인정인데, 木생火 받아서 우선은 내가 사는 게 급선무인데 木은 없고 火생土, 土생金만 하고 있으니 인정 때문에 죽고

- 소리 없이 망한다. 신약한데 자꾸 설기하다 보니까 망한 줄 모르게 망하고, 죽는 줄 모르게 죽고, 골병 드는 줄 모르게 골병 든다.
- 재주가 많은 것이 흠이다. 좋은 재주를 가지고도 결국은 내 것이 아니다.
- 장모 모시게 된다. 신강하면 내가 잘 살아서 장모를 모시는 경우이고, 신약하면 나도 못사는데 오갈 데 없는 장모를 모시는 경우이다. 즉 장모를 모셔도 경우가 다른 경우다.

다음 재성이 재성을 만나면, 재가 한층 더 왕하여지므로 염려가 되나, 신왕시는 재를 충분히 다스릴 수 있기에 이를 두고 신왕재왕이라 하며, 신왕재왕 사주가 되면 가령 $\frac{乙㉠甲癸}{丑酉寅亥}$면 신왕재왕이다. 또한 甲寅木은 얼마든지 木생火를 해올 수 있으니까, 이 사주에서는 火가 필요하니까 명예와 감투가 필요하다. 고로 이런 사람은 "호랑이는 죽어서 가죽을 남기고, 사람은 죽어서 이름을 남긴다." 고 한다. 월에 寅亥합 木으로 재국이니까 부모 유산도 많다. 고로 이런 사람에게 친구가 돈 빌리러 갔다면 "자네, 세상을 어떻게 사나? 왜 돈 걱정이야?" 하면서 돈 없는 것을 이해하지 못한다.

이처럼 신왕재왕(身旺財旺)이면
① 거부팔자(巨富八字)이다.
② 영웅호걸(英雄豪傑)이다. 내가 金극木으로 극을 하므로 만인의 위에서 군림한다. 이것은 환경을 지배하는 것을 의미한다.(내가 극을 당하면 반대로 환경에 지배를 당한다.) 고로 환경을 지배하므로 영웅이다. 나폴레옹이다.
③ 경제계의 장(長)이 된다. 위의 사주는 재용신이지만 감투를 희망한다.

④ 개척정신이 투철하다. 내가 극을 하니까 뚫고 나간다는 것이다. 무에서 유를 창조한다. 누구에게나 지기 싫어한다.
⑤ 무엇이든지 관리를 잘한다. 관리를 돈으로 연결하면 돈 버는 데는 1등이다. 월에 재를 놓고 있는 사람이 특기가 하나 있는데 수학적 계산을 잘 한다. 고로 암산을 잘 해야만 장사를 잘 하는 것이다.
⑥ 돈 버는 데는 1등이다. 경제학 박사, 회계사이다. 신약하면 남의 돈을 벌어주는 데 1등이고, 신강하면 내 돈 버는 데 1등이다.
⑦ 처덕 좋고, 결혼하면서부터 발전도 잘한다.
⑧ 재생관을 하니까 자손도 귀자를 둔다.
⑨ 부친도 똑똑하고 가문이 좋다. 여자의 시어머니는 친정아버지 닮았다.
⑩ 신왕사주에서는 정재든 편재든지 모두 재성으로 통하며 나의 재물이 된다. 그러나 좀 더 세분한다면 양일주는 편재가 더욱 좋고, 음일주는 정재가 더욱 좋다. 또한 재성이 삼합되어 있는 것이 제일 좋다. 가령 甲木일주에게 己는 정재요, 戊는 편재인데 戊인 편재가 더욱 큰돈이다. 乙木일주에게 己는 편재요, 戊는 정재인데 戊인 정재가 더욱 큰돈이다.

여기서 정재와 편재의 차이를 정리해보자.
정재는 정당한 대가로 욕심부리지 않는다. 여기서 사주에 재와 관계없이 깨끗한 팔자가 자기 것 외에는 욕심 안 내고 또한 사주가 너무 곧아도 역시 같다. 가령 辛乙乙戊/巳未卯寅는 乙木일주가 卯未木국으로 대쪽 같은 사주이다. 충파가 없이 깨끗하다.
木생火로 요령 좀 피워야 하는데도 요령이 없이 곧이곧대로이다. 역학자인데 스님생활도 했다. 木이 많은 사주를 감정할 때 "이 사주는 木이 병인데" 했더니 손님 왈 "맞아요, 서방님이 목에 병이 나서 있어요." 하더라. 그러자 이 고지식한 양반이 "내 말은 이 사주에서 木이라는 오행에 대한 것을 말한 겁니다." 하면서 손님과 싸우더라. 고지식한 사람이다. 또한 상담료도 꼭 3만원만 받더라. 손님이 10만원을 주는데도.

사주에 재가 둘이면 년월에 먼저 있는 것이 본처이다. 가령 己甲戊○의 경우 월에 戊편재고, 시에 己 정재이지만, 항상 년월에 먼저 있는 게 본처이다. 그런데 나중에 己土를 만나게 된다. "어디 갔다 이제 왔니?" 하더라. 심리학적으로도 "戊와 살고 있는데 항상 이상형으로 己土를 꿈꾸어 왔다가 己土를 만나자 한눈에 반해버리더라." 甲己합으로 품고서 "어디 갔다가 이제야 왔니?" 하자 己土도 말한다. "여기서 30년을 기다렸어요." 하더라. 이럴 때 남자는 참 헷갈린다. 戊土를 따르자니 己土가 울고, 己土를 따르자니 戊土가 운다. 이럴 때는 甲木이 己에게 미쳐버리니 이혼하기가 쉽다. 그러나 戊甲己○의 경우에는 죽었다 깨어나도 이혼 안한다. 애인과 본처와의 구별을 확실히 짓는다. 정재든지 편재든지 년월에 먼저 있는 것이 본처이다. 그러나 戊甲己○/辰子卯○ 의 경우에는 己土 버리고 戊土와 산다. 지지에서 己와는 子卯형이고 戊는 子辰합이기 때문이다.

다음으로 편재는 소실, 애인, 재취부인, 횡재로서 오래가지 못하고 일확천금의 횡재수가 있다. 고로 편재운에는 잘하면 "횡재수가 있다." 고 하고, 또는 "큰돈이 들어왔다 나갔다 한다." 고 하라. 정재는 안전운행이고, 편재는 큰돈이고, 급하고, 위험이 따른다. 단, 정재도 득국하면 편재와 같으므로 재벌된다. 가령 丁庚丁乙/丑申亥卯, 壬丁己庚/寅亥卯申, 壬戊戊庚/子申寅戌 는 모두 신왕재왕 사주로 재벌이다.

남자가 편재면, 혼전에 살림을 차리고 초혼에 실패요, 작첩한나. 여기서 초혼을 실패하느냐, 첩을 얻느냐, 이 구별을 잘해야 한다. 가령 ○庚甲○이면 甲庚충이고, 편재이고, 고로 무조건 못산다. 이혼이다. 만나기만 하면 부부끼리 싸운다. ○壬丙○도 丙壬충으로 사이클이 안 맞아서 못산다. ○丙庚○은 편재지만 충은 안 되었으니까 이때는 바람핀다. 편(偏)이란 뭣것이다. 대중의 것이니까 먼저 차지하는 것이 내 것이다. 고로 남자가 편재이면 동서남북의 여자가 모두 내 여자로 둔갑해서 보이고, 고로 편재를 놓고 있는 남자의 여자관은 "먼저 데리고 자는 게 임자다. 네 것 내 것이 없다고 생각한다." 나쁘게 연결하면 편은 떠서 있는 것이니까 먼저 차지하는 게 주인이다.

　신약사주에서 재가 많으면 재다신약이 되어서 파격이다. 가령 辛丙庚戊/卯申申申의 경우, 재다신약으로 파격이니 깨진 그릇이다. 고로 아무리 좋은 운이 와도 균형을 이루지 못하니까, 평생 불행하게 살다가 간다. 거지팔자이다.

① 조실부모이다. 재가 아버지인데, 다자무자(多者無者)로 없고, 卯가 엄마인데 파괴되어 있어서 부모가 없다.

② 서출이고 소실 출신이다. 卯가 엄마인데 庚이 많으니까 어머니의 남편이 많다. 고로 어머니는 소실이 될 수 밖에 없다.

③ 악처에 악부가 염려된다. 마누라가 악처라는 것은 재다신약이니까 火극金이 먹혀들지 않고 있으니 마누라 눈치 보게 되고, 서방님이 악부란 것은 재생살이니까, 水극火로 들어오니 악한 서방이 된다. 그러나 결과적으로는 내가 못났으니까 악부가 되고 악처가 된다.

④ 태어나면서부터 가산(家産)이 기울었다. 이런 팔자가 세상에 태어나면 부모를 꺾으니까 재수없는 사람이다.

⑤ 여자 또는 술로써 골병든다. 술 먹으면서 한을 풀어야 하니까. 단, 신약하면 색(色)이 아니라 술로 망하는데 신태약해서 술 먹으면 술을 이기지 못한다.
⑥ 다른 부모의 밥을 먹어본다. 재는 음식으로 밥에 해당하니 재다면 동서남북의 밥을 먹는다. 고로 눈칫밥 먹고 자라니 남의 집에서 밥 얻어 먹는다는 것이다. 남의 집에서 숙식하면서 살아가는 것이다. 타가기식(他家寄食)이다. 그런데 재가 많다는 것은 다른 사람 체질과 달라서 음식의 성분이 많이 잔여되어 있어서 재다하면 거지팔자와 같은데 선천적으로 음식성분이 몸에 많이 남아있어서 2~3일을 굶어도 끄떡없다. 여기서 배고픈 걸 못 참는 사람은 비견겁이 많은 사람이다. 재가 없어서 그렇다. 또한 신약한 사람이 배고픈 것을 못 참고, 성격으로는 火일주가 배고픈 것을 못 참는다.
⑦ 재다하지만 일주가 약하니까 많이 차려놓아도 먹지를 잘 못해서 "그림 속의 떡이다. 눈에는 풍년인데 입에는 흉년이다."
⑧ 재는 내가 극하니까 본래는 내 것인데, 신약하니 내 것이 되지 않으니까 내 것을 내 마음대로 못하므로 가난하다.
⑨ 욕심이 앞서 되는 일이 하나도 없다. 욕심은 재가 욕심이다. 고로 재다하면 욕심은 욕심인데 허욕이다. 다재무재니까 내 돈이 아니고 남의 돈이다.
⑩ 주객전도(主客顚倒)이다. 내가 다스리는 자에 의해서 오히려 다스림을 받아야 하니까.
⑪ 자기분수를 모른다. 못 다스리는 재를 다스린다고 생각하니까 자기분수를 모른다.
⑫ 인수가 피상되어서 사리판단을 못한다. 재다하면 인수가 죽으니

까. 인수란 시작인데 죽어있으면 일의 순서를 모르고 사리판단을 못하며 꼭 자기 죽을 고집만 부리고 있다.

⑬ 재는 아버지인데 우선 아버지를 잘못 두어서 모든 일이 거기서부터 삐뚤어졌고, 인수와 재가 싸우니까, 아버지와 어머니가 만날 싸우니 가정부터 잘못되어 있다.

⑭ 완전한 재다신약격은 파격이니까 천격(賤格)으로 천하게 살아야 하니, 누가 시집 오려고 하겠는가? 만약 결혼한다면 보이지 않는 재가 더욱 보태어지니까 일주는 더욱 약해지고, 재는 더욱 왕성해지니까 "火극金으로 남편 노릇도 제대로 못하면서 나보고 시집 오라고 했어요?" 하면서 金이 악을 쓰면 金생水로 水가 나와서 水극火로 들어오니까 다치는 것은 본인이다. 이것이 재생살(財生殺)이다. 고로 마누라의 눈치를 보고 살아야 하고, 마누라의 컴플렉스에 걸려서 아무것도 못한다. 자기가 못나서 그런 줄은 생각 안하고 모든 것을 마누라가 못 되어서 그런다고 여자탓으로 돌리니 이것을 어쩔거나? 고로 재다신약이면 여자가 벌어서 먹여살려야 한다.

⑮ 마누라가 자손을 낳으면 재와 관이 결속하여 즉 생살이 되어, 초록은 동색이라고 서방을 왕따시킨다. 재인 金이 金생水로 자식을 낳으니까 水인 관살이 더욱 많아져서 水극火로 일주를 친다. 또한 金水는 음으로 초록은 동색이라고 자기들끼리는 사이클이 서로 잘 맞더라. 고로 처자에게서도 따돌림당한다.

⑯ 꽃(재)밭에서 논다.

⑰ 남자는 뒤로 빠지고 여자가 앞에 나서서 살아가야 한다. 또한 재를 내가 다스리는 것이 아니라 재에 예속되어서 살아가야 하니 돈은 자기가 벌어도 돈 한푼 모으고 쓰기가 힘들다.

⑱ 여자라면 식순이 팔자인데 인수가 죽었으니까 공부는 많이 못해

서 산업전선으로 뛰어들어가나 돈은 자기가 벌어도 땡전 한푼 쓰기 힘들고 심하면 죽도록 일해주고도 대가는커녕 누명과 모략에 의해 덫에 걸려서 즉 재생살로 쫓겨난다.

⑲ 여자는 내 것 주고 뺨 맞는다. 나의 돈을 서방을 주고 반대로 욕을 먹더라. 아재생부(我財生夫), 반성기욕(反成其辱)이다. 돈 갖다가 실컷 서방님 주었더니 도리어 패대기치더라. 기정만전(欺情瞞錢), 기도낙루(幾度落淚)다. '사랑에 속고 돈에 속고 그 몇번이나 눈물을 흘렸더냐?'이다.

⑳ 재는 내가 극하므로 통솔력이고 개척정신이고 만인 위에 군림하려고 한다. 그러나 재다신약은 극을 하려다 내가 죽으니까 내 것이 안되므로 억지부린다.

庚丙丁丙
寅申酉申를 보자. 재다신약이다. "이 사람 나면서부터 집안이 망했네요." 하자, 임신하면서부터 집안이 망했다고 한다. 나면서부터 아버지 직장 떨어지고 어머니는 파출부 생활하더라. 다른 부모의 밥 먹어보고 모든 것이 그림 속의 떡이다. 다재무재이니까 거지팔자이다.

이러한 재다신약을 탁격(濁格)이라고 해서 더럽다는 의미가 있는데 남의 밥을 먹어보고 서출에도 연결되고 아버지 형제에 배다른 형제가 있다. 이러한 특징은 보수 많이 재다신약이어야 그러한 특성이 나온다.

丁甲己戊
卯戌未戌는 땅은 넓은데 10리 가다 나무 한 그루 있다. 토다목절(土多木折)이다. 己戊壬壬
未子子申는 수압이 높아서 댐이 터지기 일보직전이네요. 庚丙辛辛
寅申丑酉는 꽃이 피기도 전에 서리 맞았네요. 정상이 아니다. 재인투전이다. 丙辛乙癸
申卯卯卯는 전봇대 가지고 이빨 쑤시는 놈이네요. 목다금결(木多金缺)이다. 戊壬丙丁
申午午未는 火가 제 것이라고 뜬구름 잡고 산다. "뜬구름 잡고 사시네요." 水가 火가 많으면 증발되니 뜬구름이다.

남녀의 궁합은 원래 사주 자체가 우선 좋아야 한다. 본래 궁합은 볼 필요가 없는 것을 인간의 욕심에 의해서 보게 된다. 궁합도 한달 궁합, 5년 궁합, 10년 궁합이 있다. 싸우면서 살면서도 해로하는 궁합이 있다. 고로 두 번 시집가거나 두 번 장가가야 하는 사주는 두 번 결혼해야만 거기서 행복이 온다는 것을 알아야 한다.

또 돈이라는 것은 들어올 때는 아무 일이 없으나 나갈 때는 인마(人馬)를 살상(殺傷)하는 것이기 때문에 돈이 나갈 때 더 무서운 법인데 이것도 세분한다면 정도로 모은 돈은 곱게 나가고 편도로 취재하는 것은 흉하게 나가는 것이니 이것이 바로 본인이 뿌린 씨는 반드시 본인이 거두게 되어있고, 또 불가(佛家)에서 말한 업보(業報)요 인과응보(因果應報)며 음생음 양생양이 아니겠는가. 고로 친구가 내 돈 떼먹고 안 주는 것도 사람을 상하지 않았으니까 큰 복으로 알아라. 돈이라는 것은 본인이 관리능력이 있으면 찾아 들어오고 관리능력이 없어지면 저절로 돈이 떠나게 되어있으니 누구도 탓하지 말라.

또한 돈이라는 것은 평생을 벌 수 있는 것이 있는가 하면 년평균수입과 일평균수입이 있는데 만약에 이 수치를 넘을 때는 재앙은 물론, 심하면 생명마저 보존키 어렵다. 돈 전(錢) 자(字) 자체가 쇠 금(金) 변에 천할 천(戔)자이다. 돈은 가장 천한 대신 가장 귀하다. 창 과(戈)자는 전쟁터에서 목이 달아날 과로 즉 재앙을 끼고 있는 것이 돈이다. 고로 여자 잘못 건드리면 옆구리에 창 맞는다는 것이다. 천할 천(賤)은 조개 패(貝)에 창 과(戈)이니 옛날에는 가장 천한 사람을 양쪽에 창 들고서 조개를 까는 사람으로 보았다. 고로 돈이라는 것은 바로 본인의 생명을 위협하고 있기 때문에 돈에 대한 욕심도 타고난 분수를 넘어서는 안 되는 것이다. 이와 같은 것이 돈 즉 재에 대한 하나의 철학이다.

돈은 언제든지 돈이 있는 곳에 모이게 되어 있다. 고로 비상금 즉 주머니밥 등으로 항시 돈을 간직하고 있어라. 여기서 부자 되는 방법을 짚고 가자. 첫째, 저금통 하나 만들어 놓고서 하루에 일정량의 돈을 매일매일 빠짐없이 넣어라. 둘째, 아침에 일어나서 용신되는 곳으로 절을 한다. 가령 木이 용신이라면 동쪽으로 향해서 3번 절하고, 火가 용신이면 남쪽 보고 2번 절한다. 셋째, 매일 운동하는 것도 자장 텔레파시가 잘 방출되니까 자율신경이 좋아진다.

사주에 재성이 없는데도 부자인 경우가 있다.
상식이 유용하면서 득국하고 있으면 재가 없어도 돈은 많다고 봐야 한다. 상식은 생재해오니까 돈이 들어온다는 것이다.
또 재고를 놓고 있을 때도 부자인데, 단 신왕해야만 내 것이다. 재고는 재국과 동일하기 때문인데, 가령 ○丁○○ / 寅丑丑丑 의 경우, 丑이 丁의 재고로 3개가 되어도 신약하니까 내 것이 아니다. 즉 이 사주에서는 寅木이 돈을 벌어주는 것이지, 재고가 돈 벌어주는 것은 아니라는 것이다. 고로 인수가 돈 벌어준다는 것은 설사 부모에게 물려받은 것이 있다 해도 다 없어지고 "자기가 벌어서 돈 버는 것이 제 것이 된다."
이처럼 재성을 추리할 때는 재고의 유무도 잘 살펴야 한다. 일지에 재고를 놓고 있으면 죽기 전에 실컷 돈 한 번 쓰고 죽는다. 木의 재고는 戌土지만 조토라서 木이 뿌리내리지 못한다. 火의 재고는 丑, 土의 재고는 辰, 金의 재고는 未, 水의 재고는 戌이다.
또한 정재가 왕하면 처가 억세어 첩(妾)을 못 얻고, 편재가 왕하면 첩에게 처가 밀려나 객반위주(客反爲主)가 된다. 즉 정재가 자왕(自旺)하니 처불용첩(妻不容妾)하고 편재가 득위하니 첩승어처(妾勝於妻)라 하였다. 여기서 처는 안정되어 있는 여자요, 첩은 항시 서서 있는 여자다. 쉽게 표현하면 마누라가 똑똑하면 다른 여자에게 관심없고, 마누라가 못 나면 다른 똑똑한 여자 만나니 마누라를 버리게 된다는 이야기다. 가령 ○丙辛○ / 寅辰酉午 는 丙辛합, 辰酉합으로 辛酉인 마누라가 잘났으니까 자기 마누라밖에 모르고 바람 안 핀다. 그러나 戊甲己○ / 辰子卯○ 는 己土가 본처인데 卯에 木극土로 쥐어터지고 있고, 甲己합에 子卯형이니까 안 보면 보고 싶고, 보면은 웬수요, 시작은 좋으나 결과는 나쁘다. 己보다도 더욱 좋은 戊辰土가 앞을 가로막고서 子辰합으로 안방으로 밀고 들어오니까 己土는 물러나야 한다더라.

반대로 ○乙庚○ / 寅酉辰○ 는 庚金 서방님이 辰酉합으로 아주 똑똑하다. 乙庚합은 되었지만 乙木여자가 庚인 서방을 따라가려고 하니 도저히 못 따라가더라. 가문도 그렇고 학력도 그렇고 생각하는 것도 그러하니 乙庚합으로 사랑하고 있는데, 辰酉합으로 두 번 사랑하니까 진정으로 사랑하는데, 만약 못살게 될 때에 乙木이 나간다고 해도 합으로 안 놔줄 테니까 乙木이 나가려면 모르게 나가게 되는데 책상 위에 메모지 하나 남기고 가더라. "사랑하는 庚서방님! 당신을 진정 사랑하지만, 나 같은 못난이와 살게 되면 당신의 출세에 지장이 많아요. 고로 더 좋은 여자를 만나서 빨리 출세하는 것이 좋습니다. 더이상 나를 찾지 마세요." 하고 쪽지 써 놓고 나가더라.

사주가 지나치게 깨끗하여도 돈이 따르지 않고, 견실(堅實) 하여도 또한 같으며 재다자(財多者)는 혼탁(混濁)을 면할 길 없고, 빈자(貧者)에 거액이 한꺼번에 들어와도 재생살이 되어 재앙이 일어나는데, 심하면 생명을 잃어버린다. 또 같은 재라 할지라도 신왕에는 재생관이라 하고 신약에는 재생살이 되는데, 이유는 신왕자는 감내할 수 있고 신약자는 감내할 수 없기 때문이고 또 비유한다면, 똑같은 뇌물이라 하여도 고위직은 먹어도 끄떡없으나 말단직은 조금만 먹어도 화가 따르는 것과 같다 하겠다. 좀 더 자세히 살펴보자.

우선 사주가 지나치게 깨끗하면 청격(淸格)이라 한다. 사주가 청격이면 돈이 따르지 않는다. 그러면 어떤 사주가 청격인가? 삼합으로 잘 짜여져 있는 팔자다. 그리고 金水쌍청(雙淸) 사주이다. 가령 사주가 ○辛○○
子酉子申 이면 결벽증이고 돈이 없다. 또 인수가 삼합으로 국을 이루고 있을 때도 청격이다. 인수가 학자니까 돈과 담을 쌓게 된다. 반대로 탁격(濁格)은 재다신약, 상식태왕, 관살태왕, 형충이 많은 사주다.

사주가 견실(堅實)할 때도 돈이 따르지 않는다. 견실하다는 것은 사주가 꽉 차버렸다는 것으로 다른 것이 들어갈 수가 없다는 것이다. 남자가 너무 똑똑하면 마누라가 비집고 들어갈 허점이 안보이니까 돈이 못 들어온다. 이 견실은 신왕에서 연결되고 금실무성(金實無聲)도 해당된다. 고로 본인을 위해서도 마음을 비워놓고 있으라는 것이다. 즉 비견겁이 많으면, 나는 똑똑한데 마누라는 못났으니 대화가 안 된다.

같은 재성이라도 신약이면 재생살이고 신강이면 재생관이다. 가령 ○丁癸○
午丑酉申 는 재생살이다. 癸가 칠살인데 金이 金생水 해준다. 그러자 水극火로 丁火를 패대기치더라. 여자라면 재살태왕이니까 못 사는 집인데, 酉가 닭이니까 金생水로 계란프라이나 닭볶음탕 해서 서방 주었더니 金생水로 홀랑 먹고서 기운나자 오히려 나를 두들겨 패더라. 이게 재생살이다. 그러나 ○○辛丙○
丑酉寅○ 는 丙이 木생火 받아서 튼튼하다. 재는 마누라니까 내조 잘해서 나를 승진시켜주더라. 이때는 寅酉 원진작용도 안 생긴다. 재생관이다. 이와 같은 경우가 명관과마(明官跨馬)라고 한다. 즉 천간의 丙이 관인데 명(明)이니까 명관이고, 지지의 寅이 재인데 마(馬)니까 과마이다. 고로 천간의 관이 지지의 마(재)를 타고 있다고 해서 명관과마라고 하는데 옛날엔 말이 얼마나 있느냐에 따라서 부자를 판단했다. 이런 사주는 丙인 직장이 없어져도 집에 가면 寅木인 돈이 많으니까 할 소리 다 하면서 직장생활한다. 만약 寅木인 재가 없으면 직장을 나가라고 할까 봐서 윗사람의 눈치 보면서 직장생활한다.

　다음 재성이 관살을 만나면 설기가 되므로 남자는 본인의 재산이 관 자손에게 가게 되어 있고, 여자는 돈 벌어서 부군의 사업자금을 충당 하여줌은 물론 재 음식을 정성껏 만들었을 때 서방님이 먹어보라는 말 도 없이 맛있게 먹을 때는 본인이 배불리 먹은 것보다도 더 즐겁고, 또 남자는 여자(재)를 잘 만나야 출세(관)하니 내조니 하는 것도 모두 이 러한 이치에서이다.

　다만 주의할 것은 앞에서 지적한 대로 재생살은 되지 말아야 하는데 만약 이렇게 된다면 예측하지 못했던 재앙과 도저히 풀 수 없고 감내 할 수 없어 종내는 파국이 되니 사람은 이러할 때 아마도 자살을 생각 하게 될 것이니 잘 구분하기 바란다.

　다음은 재성의 위치별 특성을 알아보자.

　재성이 년주에 있으면 할아버지대에 잘 살았다. 연상의 여인과 인연 있다. 또한 첫사랑이다. 처의 성격이 할머니와 비슷하다.

　재성이 월주에 있으면 부친이 완고하다. 재인 아버지가 자기 자리에 있으니까 완고하고 똑똑하다. 여기서 신강사주면 아버지를 무시하고 신약사주면서 재가 왕하면 아버지를 무서워한다. 또한 월에 재이니까 아버지가 돈 많이 벌었다. 내가 신약하면 유산도 관리를 못한다. 연상 의 여인과도 인연이 있는데 가령 경제가 지배하는 시대에는 거의가 월 에 재를 놓고 태어나는데 따라서 연상의 여인 시대가 자연적으로 온다. 여자라도 월에 재가 있으면 내가 극하니까 내가 군림하려는 것이니 남 자를 장난감으로 생각하고 남편이 나의 종처럼 생각하는 시대가 올 것 이다. 고로 20년 후의 세상에 대해서도 알 수가 있는 것이다. 만약 년, 월에 재가 있는데 신약이면 편법 쓰다가 망한다.

일지에 재가 있으면 여자가 항시 따른다. 특히 戊午일주 남자면 여자를 항시 달고 다닌다. "평생 여자가 따라다니니 그렇게 아시오." 또한 돈을 깔고 앉았으니까 항상 돈을 달고 다닌다. 고로 남의 돈이라도 주머니에 돈 떨어지면 맥빠진다.

재가 시주에 있으면 말년에 부자요, 결혼이 늦고, 자식이 사업으로 성공한다. 이런 것을 신수 보는 데 응용한다면, 년주에 재가 있는데 재년이 오면, 선조에게서 물려받은 재산이 불어난다. 월주에 재가 있는데 재년이 오면, 부모에게서 물려받은 재산이 불어난다. 재년에 유산을 물려받고 남자는 재년에 여자가 생긴다. 그러나 재년인데 충이 걸리면 "여자 조심하시오. 꿀도 못 먹어보고서 벌에 쏘입니다." "돈으로 인해서 시비수입니다." "마누라와 싸우거나 이혼수입니다."

여기서 중요한 것은 양일주 甲, 乙, 丙, 丁, 戊, 己는 편재라도 충이 안 걸린다. 그러나 음일주 庚, 辛, 壬, 癸는 편재가 충이 걸린다. 편재가 원래 혼전동거인데 재가 용신이면 "살림부터 차리세요. 무조건 여자 데리고 사세요." 한다.

재와 인수가 암합하면 아버지가 바람둥이다. 만약 인수와 재가 암합하면 어머니가 바람둥이다. 어디에 기준을 두느냐가 문제이다. 가령 戊戊○○/午申○○ 이면 丁壬합으로 음란지합인데, 아버지 기준하면 부가 바람피우고 어머니 기준하면 모가 바람피우는데 실제로 어머니가 애인 두고 산다. 아버지는 다른 여자와 나가서 살고 어머니는 외로워서 애인을 만나는데 어머니의 정부가 申 속에 있어서 안방까지 들어오더라. 午와 申 사이에 未가 공협이니 격각살 작용하여 어머니는 멀리서만 보지 실제로 재혼은 안 했다. ○甲○○/○○巳子 은 戊癸합으로 戊土 아버지가 바람난다. 만약 운에서 ○甲戊○의 사주가 癸년이면 戊인 아버지가 바람난다. 운에서 들어오는 것은 새 것이므로 "참 팔자도 이상하네요. 금년에는 새어머니를 맞이하는 해네요."

또 재관이 동림(同臨)하면 총각득자이다. 재관동림이란 한 기둥에 있을 때도 해당하고, 일지에 재 놓고 있으면서 타주의 관과 합이 되어서 들어올 때, 일지에 관 놓고 있으면서 타주의 재와 합이 되어서 들어올 때 모두 해당한다. 가령 ○戊○○/○寅亥○의 남자가 재와 관이 寅亥합해서 들어온다. ○○○○/寅亥○○의 남자가 일지에 재인데 寅亥합으로 재관동림이다. 또한 일주자체로 재관동림한 것을 보면, 甲戌, 乙巳, 乙丑, 丁丑, 戊辰, 己亥, 庚寅, 辛未, 壬戌, 癸巳, 癸未일주인데 이중에서도 庚寅일주가 제일 가능성이 높다. 庚은 金으로 급속으로 빠르니까 여자 한번 안으면 임신된다. 여기서 재관동림이 되면서도 다른 데서 형, 충이 되면 낙태시킨다. 가령 ○○辛○/○巳○寅의 경우, 辛이 寅이 있으면 재관동림인데 寅巳형이니까 낙태시킨다.

재와 상식이 동림하거나 일지로 합이 되면 장모 모시고 산다. 戊子일주가 申월이거나 申시생, 戊申일주가 子월이거나 子시생, 辛亥일주가 寅월이거나 寅시생, 庚寅일주가 亥월이거나 亥시생 등을 말한다.

또 재국이 잘 형성되면 무조건 처덕 있고, 처가 똑똑하고 처갓집이 잘 산다. ○○辛○○/丑酉寅亥는 신왕사주에다 寅亥로 재국이니까 내 집도 잘 살고 처도 똑똑하고 처갓집도 잘 살고 모든 것을 갖추고 낳다. 그러나 재성이 형충 당하면 파산하고 마누라와 해로 못한다. ○○庚○/○辰酉卯은 재인 卯가 충되어 날아가 버렸다. 처갓집 망했고 처가 별로이다. 처갓집 무시하고 산다. 만약 亥년 子년에 신수 보러 왔다면 "酉년에 처의 액운이 있었는데 어떻게 잘 넘어갔소?" 하라. 酉년은 庚에 양인이고 卯酉충이니 卯가 날아간다.

재에 급각살, 단교관살이면 처가 풍질이나 수족에 이상있고, 이런 사주라면 다리 저는 여자를 보면 애처롭게 보여서 잘 해주더라. 만약 신수볼 때 응용한다면 "재에 이상이니까, 처갓집에 수족에 이상있는 사람이 있는데 도대체 누구요?" 하고 몰아서 물어보라.

가령 巳월의 金일주가 卯년이면 하(夏)卯未가 급각살이니까 卯인 마누라에게도 급각살이고 본인도 급각살이니까, "큰일이네요. 올해는 부부가 왜 모두 아이고 팔이야, 다리야 하나요? 신경통에 고생하네요." 하라는 것이다.

재에 탕화살이면 화상, 비관, 음독이 염려된다. 가령 庚寅일주가 신수 보러 와서 "지금 어느 여자와 연애하고 있는데 결혼까지 갈 수 있어요?" 하고 물어보면 탕화살을 이용해서 "그 아가씨한테 불에 덴 흉터가 있어요?" "예, 있습니다." "그럼 걱정 마시오. 결혼됩니다." 하고 말해주라.

또 재에 귀문관살이면 신경쇠약이고 심하면 정신이상이다. 하는 짓도 꼭 또라이 짓만 하더라. 여자 때문에 미치겠다고 한다. 귀문관살은 일지에 있고, 년, 월, 시의 어디에 있든지 해당한다. 만약 운에서 응용한다면 乙亥일주가 辰년이면 "돈 때문에 미쳐 나가겠네요." "돈 때문에 신경써야겠네요." "용케도 미치지 않고서 신수 보러 왔네요." "금년에 돈 때문에 미치는 해요." 또한 아버지(辰)와 어머니(亥)가 신경전한다.

재성이 희, 용신인데 재운을 만나면 어떻게 통변할까?

가령 ○丙○○ / ○申午寅 은 신강사주로 재가 용신이다. 이때 庚辰년이면 편재인데, 살아서 들어오고 일지와 申辰합이 되면서 土생金에 金생水가 되니까 "무조건 당신 하고 싶은 대로 하시오. 무조건 재수대통이다." 또한 편재니까 횡재에도 해당하니 서울 장안의 돈이 모두 내 것이다. 辰이 관고요, 庚이 편재니까 관청에서 뜻밖의 돈을 가져가라고 하더라. 만약 ○丙丙○ / 酉申午寅 이면 월에 비겁이니까 성장과정에서 돈에 대한 한이 서려 있어서 申酉로 사업하게 되어 있다. 이처럼 재용신에 재운이 살아서 들어오면 어떤 통변이 가능한가?
① 운수대통이다.
② 묵은 돈 받는다. 또는 재년이니까, 옛날 애인 만난다.
③ 만인 위에 군림한다. 재는 아극자로 丙이 庚인 재년을 만나면 본인인 丙이 대장이니까 만인 위에 군림한다. 또는 庚이 丙 앞에 와서 "火극金으로 나 잡아먹고서 당신은 부자가 되시오." 하더라.
④ 밥맛이 좋아지고 건강이 좋아진다. 재는 음식이니까 누구든지 재수가 좋으려면 밥맛이 좋아진다. 또한 운동 하면 밥맛이 꿀맛이다. 관상학적으로 준두에 분홍색이 들면 1주일내에 돈이 들어온다.

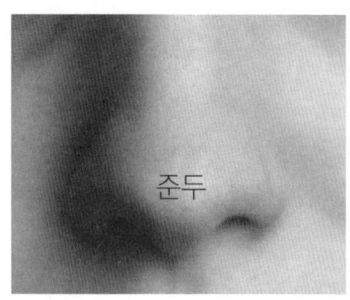

준두가 자색(딸기코)이 되면 구설수이고 돈 나간다.
⑤ 여자가 따른다. 재년이 되니까 재에 대한 자장이 내 몸에서 방출되니까. 여자도 그러한 사이클이 맞아 들어가니까 따르더라.
⑥ 처, 자에 경사이다. 여자들이여! 서방이 바람핀다면 그만큼 현재 서방이 재수가 있다는 것이다.
⑦ 총각은 결혼한다. 재년을 만났으니까 재년이 되면 회춘(回春)이 되고 성감이 살아난다. 자꾸 여자에 초점 맞추어서 살고 세상 여자가 모두 예뻐보인다. 즉 남녀 모두 성이 힘을 쓰는 사이클이 바로 재운, 관운이다. 재날에는 남녀 모두 기분이 좋아서 콧노래가 저절로 나온다.
⑧ 본래 재는 인수를 극하니까 공부를 못하는데 재가 용신이면 재운에 공부 잘한다. 학생 때에 재가 용신이면 여자친구의 말을 잘 듣게 되어 있으니까 여자친구 사귀도록 하라. 또한 남녀공학이 좋다.

재성이 사주에서 흉신인데 재운을 만나면 어떤 통변이 가능할까?
가령 甲丙辛癸 午申酉丑 는 재다신약이다. 午火용신이다. "못다 핀 꽃이 서리부터 맞았네요." 甲은 인수로 집인데 비겁 위에 있으니 셋방 산다. 이때에 金운인 재운이 오면 금다화식으로 재운이 흉하게 작용한다.
고로 庚辰년이 흉한데 언제? 28살 때, 어디서? 金이니까 서쪽에서. 지명으로 연결하면 종로에서, 김포에서, 철원에서, 누가? 재가, 부·처·여자가, 무엇을? 돈을, 어떻게? 가지고 도망갔다. 왜? 내가 운이 나쁘니까, 내가 관리능력이 없으니까, 내가 못났으니까.

① 먹은 것마다 걸린다. 재는 음식이니까 위장병이나 식중독, 위궤양이 발생한다. 또 재를 여자로 보면 연애도 연애답게 못하면서 구설수에 망신만 당한다.
② 지출이 심하다. 본래 재년이니까 들어오기는 하는데 하나 들어오고 셋이 나간다. 가령 庚辰년이면 처갓집 식구 庚이 와서 다음날 보니까 마누라까지(申, 酉) 데리고 가버렸더라. 즉 하나 들어오고 3~4개 나가더라.
③ 주객이 전도된다. 본래 丙이 주인인데 金이 많으니까 金이 주인 되고 丙이 객이 되어서 안방을 내주어야 한다. 즉 서방의 운이 나쁘니까 마누라가 생활전선에 뛰어들더니 申酉에 庚이 비겁으로 도둑이니까, 결국은 손해보고서 도망가더라.
④ 계산은 빠르나 헛다리 짚고 서 있다. 재성은 암산, 계산, 수리, 이재에 밝아서 계산은 빠르나 헛다리 짚고 있다. 그럴 경우 성격이 나빠지는데 이기는 것에 지니까 불평불만이 많아지고 성격이 나빠진다.
⑤ 욕심이 많아진다. 재운이 오면 재라는 안경을 쓰고서 세상을 보

고 시있다. 욕심이라는 안경을 쓰고서 세상을 보고 있나. 고로 세상이 재로만 보이지만 결국은 제 것이 아니다. 또한 욕심 부린 것만큼 손해를 보는데 여자면 계가 빵꾸난다.
⑥ 도적수 있고 실물수 있다. 신약하면 재운, 관살운에 도적수가 있는데 재생살이 되면 돈 잃어버리고 몸 다친다. 신강하면 비겁년에 도적수 있다.
⑦ 배신당한다. 마누라에게 배신당하는데 이런 말하기 싫으면 "금년에는 제일 가까운 사람에게 배신당하네요." 하라. 즉 가정불화에 이혼수에도 해당한다. "돈 떨어져, 신발 떨어져, 애인마저 떨어진다."
⑧ 사기당한다. 욕심부리다가 사기당한다.
⑨ 사춘기에는 학업이 뒤지고, 심하면 학업을 중단하게 되는데 또한 부모를 잃어버리니까 의지할 곳이 없게 되는 경우도 있고, 재가 나쁘게 작용하면 그해에 아버지가 부도난다. 고로 가산(家産)이 기운다.

戊寅일주가 庚申년에 해외 나가겠다고 하더라. 일지가 寅申충이고 역마지살에 충이니 "못 나가게 됩니다." 했다. 중간에서 다리 놓아준 사람만 믿고서 나간다고 장담하더라. 여권까지, 비행기표까지 보여주고서 말이다. 그러나 "못 가요." 했다. 결국은 출국 직전에 돈만 날리고 말았더라. 壬戌년에 우연히 그 사람을 잡아서 돈 받아냈다.
 사주에 재가 많고 일간이 최약하면 종재격이 된다.
 이러한 종재격도 삼합과 육합이 제일 좋고 방합이 두 번째이고 동합이 세 번째이다. 이 중 삼합으로서의 종재격은 신왕재왕격과 똑같이 효력을 나타내며, 상식이 있어야 재의 뿌리가 되니까 가장 좋다. 삼합이 되면 상식을 수반하니 좋다는 것이다.

　이러한 종재격이 운이 나쁘면 재다신약으로 세상을 산다. 거지로 살아간다. 근근하게 살아간다. 또한 합국 중에서도 金국→水국→木국→火국 순으로 좋게 된다. 고서에 이르기를 "丙丁일주가 金이 투간, 투출하면 십중 구는 부자이다."라고 했는데, 火일주에 金이 재성인데 金은 쇠붙이요 결실이고 견고하기 때문에 십중 아홉은 부자라고 한 것이다.

　재는 현금, 인수는 건물, 土는 부동산이다. "사주에 재도 없는데 빌딩을 갖고 있던데요?" 土가 많더라. 여기서 木이 재라면 장기전 하라. 火가 재라면 속성속패한다. 土가 재라면 습토여야 좋고, 만약 조토라면 모래성 쌓기에 바람(木)과 함께 사라진다. 金이 재라면 현금이 많다. 水가 재라면 돈놀이 한다.

　여기서 마누라의 성격도 나오는데 가령 土일주의 마누라는 水인데 집에 있으라고 하면 생병이 생긴다. 집에 있으면 병 생기고, 나가면 일 저지르곤 한다. 火가 마누라면 화끈하고, 성질 급하고 또한 火가 마누라면 거짓말하지 말고 솔직해야 한다.

　투출과 지지득국은 같은 말이다. 오히려 지지에 득국해서 있는 것이 튼튼하고 좋은데 투출은 천간에 있어서 남이 인정을 해주고 자랑하니까 투출을 말하는 것이다.

　종재격에서 가령 ⓞⓣⓞⓞ(酉丑酉巳)는 삼합으로 멋진 종재격이다. 신왕재왕과도 같다. 丁이 부잣집으로 따라가서 그 부잣집 재산을 모두 가지는 것과도 같은 것이다. 고로 土金水운이 좋고 木火운 즉 인수, 비겁운이 나쁘다. 만약 丙午년이 오면 丁에게 형제가 나타나는 것과 같아서 재에게는 배신자로 낙인 찍히니까 "일가친척도 하나 없다더니 왜 너를 찾는 사람이 오느냐?" 하면서 쫓겨나더라. 고로 완전한 재다신약으로 돌아간다는 것이다. 또한 삼합이면 재벌이요 거부이고, 방합으로의 종재는 지점장과도 같다.

만약 ○㊙辛庚
○午巳午은 火일주에 金이 투간 했지만 근, 뿌리가 없이 떠서 있으니 부재(浮財)가 되는데 나중에는 썩을 부(腐)로 가버린다.

"뜬구름 그만 잡으세요." "죽 쒀서 개 주네요."

나. 재성과 다른 육친과의 변화

1 재성이 변해서 인수가 되는 경우(재성변인수)

- 일간 : 甲 · 乙   丙 · 丁   戊 · 己   庚 · 辛   壬 · 癸
- 재성 : 土   金   水   木   火
- 변화 : 水   木   火   土   金
- 가부 : ○   △   △   △   ○

1) 일주별 변화

- 木일주 : 우리 아들 사주인데 "소, 돼지 팔아서 공부시켜야 되나요? 말아야 되나요?" 丙㋷○○
戌亥丑○는 戌亥천문이고 丙이 있어서 "됩니다." 丑인 재가 水인 인수로 변했다. 丙㋷○○
子亥丑○ 이라면 부목(浮木)으로 음지나무니까 바람 부는 대로 다닌다. 丙이 꺼졌으니까 투자해봐야 헛공사이다.

○㋲○○
○子辰○은 子辰으로 재가 변해서 인수가 되었다. 辰土인 논밭 팔아서 공부시킨다. 辰은 토룡(土龍)이니까 지렁이 팔아서 공부시키더라. 3월로서 좋다. ○㋲○○
○辰子○은 완전히 얼어 있어서 작용이 어렵다.

木일주가 己亥, 戊子년이면 천간은 재로서 돈이고 지지는 인수로 공부이다. 돈이 나가고 인수가 들어오니까 "공부하려고 돈 번다. 공부하면서 돈 번다."

- 水일주 : ○㉮○○／酉巳○○는 巳火인 재가 변해서 巳酉金국으로 인수가 되었다. 고로 돈만 있으면 뭐든지 사려고 하는데, 돈 있으면 집 사려고 하고, 옷 사려고 한다. 또한 재가 마누라인데 인수로 변했으니까 마누라한테 배운다. 또한 마누라가 인수니까 어머니처럼 든든하게 보이더라. 여기서 항상 부부간에는 합보다도 남자를 여자가 생해주는 것이 합으로 만난 부부보다 사이클이 잘 맞는다. 가령 남자 木일주와 여자 水일주가 만나면 남자의 재날은 土날이고, 여자의 관날도 土날이니 서로 사이클이 잘 맞아서 싸웠다가도 土날만 되면 화합하더라.

  그러나 남자가 甲일주고 여자가 己일주면 甲己합으로 합이 되었지만 木날이면 남자는 비겁으로 친구와 놀고 싶은데 여자는 관으로 서방 생각나더라. 그리고 水일주는 丙申, 丁酉운에 재가 변해서 인수가 된다.

- 火일주는 庚寅, 辛卯운, 土일주는 壬午, 癸巳운, 金일주는 甲辰, 甲戌, 乙丑, 乙未운에 각각 재가 변하여 인수가 된다.

2) 통변응용

① 인수는 어머니이니까, 아버지가 어머니의 역할까지 한다. 이것이 나쁘게 작용하면 ○㉮○○／○辰子申의 경우, 아버지가 변해서 인수국인 어머니가 되었다. "참 이상도 하네요. 왜 당신은 아버지 얼굴도 못 보았나요?" "아버지는 어디 가고 어머니만 있나요?" 이렇게 확실하게 말할 수 있는 것은 甲辰이 백호대살인데 재가 백호이므로 아버지를 일찍 꺾는 팔자이고 申子辰水국으로 연결되었으니까 확실하다는 것이다. 이런 식으로 몇%의 가능성이 있는가를 꼭 따져보

아야 한다.
② 처가 어머니 같고 교육자가 되기 쉽다. 마누라에게 배워야 한다.
③ 처갓집이 귀인이고 집 사준다. 단, 인수가 용신일 때 처갓집이 귀인이고 처갓집에서 집 사준다. 그러나 인수가 기신이면 반대로 처갓집 일을 모두 해 주어야 한다.
④ 돈이 나가고 인수가 되니 매입이다. 가령 ○癸○○/酉巳午寅는 巳酉金이 용신인데 재가 변해서 인수인 용신이 되니까 얼마나 좋은가? 癸巳일주가 酉년, 丑년이면 재가 변해서 인수가 되니까 돈이 나가고 뭐를 산다. 고로 매입이다. 단, 인수가 나쁘게 작용하면 매출로서 팔아먹는 것이다.
⑤ 유산으로 문화사업한다. 재는 유산이고 인수는 문화관계이다.
⑥ 경제학을 연구하기도 하는데 잘만 하면 경제학 박사이다.
⑦ 겉으로는 욕심이 많으나 실은 청백하다. 재가 욕심인데 인수로 변했으니까 실은 아주 깨끗하다.
⑧ 늦게 공부한다. 인수가 일, 시에 있으면 늦공부 터진다. 재가 용신이 아닌데 월에다 재를 놓고 있으면 무조건 재수생이다. 안 그러면 몇년 쉬었다 공부한다. 휴학계 낸다.
⑨ 돈 주고 조상 만든다. 인수가 조상이다.
⑩ 마누라 때문에 부모 찾게 되고 고향 찾게 된다.
⑪ 현금 주고 차용증 받는다. 甲辰일주 여자가 乙丑년에 신수보러 왔더라. 그 이전이 甲子년이니까 거기에다 초점 맞추어서 말했다. 子辰水局으로 재가 변해서 인수가 되었다. 甲친구가 돈 좀 빌려달라고 하여서 차용증 써서 주었다. 乙丑년이 되어도 丑이 재지만 얼어 있어서 못 받는다. 고로 그것을 상담하러 왔더라. 丙寅년에 운이 좋아서 받지만 寅木비견이 들어와서 한꺼번에는 못 받는다.

② 재성이 변해서 비견겁이 되는 경우 (재성변견겁)

- 일간 : 甲·乙   丙·丁   戊·己   庚·辛   壬·癸
- 재성 :   土   金   水   木   火
- 변화 :   木   火   土   金   水
- 가부 :   ○   △   △   △   △

1) 일주별 변화

- 木일주 : ○乙○○／○未卯○은 卯未木국으로 未인 재가 비견겁이 되었다. ○甲○○／○辰卯○은 卯辰木국으로 재가 비견겁이 되었다. 고로 "마누라는 어디 가고 너 홀로 사느냐?" 한다. 甲辰일주가 卯년 만나면 辰土 돈이 있었는데 卯辰木국으로 돈이 없어져 버렸다. 마누라가 없어져버렸다. 이혼수 걸렸다. 도둑 맞는데 卯양인이니까 칼 들고 들어온다. 심하면 아버지 돌아가신다. 또 木일주는 戊寅, 己卯년에 재성이 변해서 비견겁이 된다.

- 火일주는 庚午, 辛巳운에, 土일주는 壬戌, 壬辰, 癸丑, 癸未운에, 金일주는 甲申, 乙酉운에, 水일주는 丙子, 丁亥운에 각각 재가 변해서 비견겁이 된다. 재로 시작해서 비견겁으로 끝난다는 것이다. 모두 부재(浮財)이고, 떠 있는 재이고, 죽어있는 재이다.

2) 통변응용

① 마누라가 자기 권리를 주장한다. 마누라에게 뭐라하면 "시끄러! 한날 한시에 어른이 됐어." 같은 날에 결혼했으니까 이런 말이 나온다. "왜 나보고 이래라 저래라 해?"

② 처가 도망가고, 이별하고, 배신하고, 방해자가 된다. 가령 ○甲○○／○○卯辰

은 甲木의 마누라 辰土가 卯辰木국으로 비견겁이 되었으니까 마누라가 제 애인하고 짜고서 서방의 돈을 뺏어 간다.
③ 돈이 안 모인다. 부재가 되어도 돈이 모이지 않고, 재가 형·충 만나도 돈이 안 모이고, 재가 변해서 비견겁이 되어도 "돈이 불티 나듯이 나가버린다."
④ 돈이 나가면 들어올 줄 모른다. 비견겁으로 변했으니까 물 건너 간다.
⑤ 목돈이 푼돈이 된다. 비견겁이 많은 팔자가 목돈 갖다가 푼돈 만드는 데 1등이다. 제 살 깎아먹는 데 1등이다. 부벽살, 즉 비견겁이 많아서 신왕하면 자신있다는 것이다. 고로 돈 무서운 줄 모르더라.
⑥ 재산의 권리자가 또 하나 생긴다. 내 땅인데도 내 땅에 말뚝 박고 자기 땅도 된다고 하더라. 가령 甲戌일주가 卯년이면 戌이 甲木의 땅인데 卯년이 오자 卯戌합으로 卯가 戌이 자기 땅이라고 한다. 또한 甲의 마누라는 戌인데 卯년이 오자 卯戌합으로 卯가 戌은 제 것이라고 하더라. 운에서 들어오는 것이 대장이니까.
⑦ 의처증 생긴다. 처가 딴 주머니 찬다.
⑧ 마누라의 잔질이 많다. 재가 변해서 비견겁이 되면 마누라의 잔질이 생기는데 마누라가 시댁형제에게 그렇게 괴로움을 당한다.

여기서 이런 경우도 있는데 좋은 경우다.
○甲○○(寅辰戌酉)의 경우, 가을의 나무가 酉戌로 약한데, 甲木이 寅辰木국에 의지해야 한다. 여기서 戌은 나쁜 작용을 하지만 辰마누라는 나의 뿌리 역할을 하더라. 고로 辰土는 甲木 보고서 항상 말하더라. "내가 엎드릴 테니까 당신은 내 등을 타고서 寅辰木국으로 빨리 출세하시오." 하면서 희생하는 마누라도 있다. 꼭 나쁘게만 생각하지 말라는 것이

다. "내가 당신을 위해서 희생할 테니까 나를 등에 업고서 뿌리를 내려 빨리 큰 나무로 출세해라." 얼마나 좋은 마누라인가? 戌은 본처이고 辰은 두 번째로 만난 애인인데 甲은 辰土 따라서 살게 된다. 辰戌충으로 戌은 辰에게 밀려난다는 것이다.

또한 ○㊧○○ (酉巳午寅)는 寅午火국으로 다른 재는 모두 나에게 흉하게 작용하는데 巳중丙火만은 巳酉로 金국이 되어서 金생水로 나에게 물을 주니 얼마나 좋은가? 돈과 연애하고 있는 사람과는 상종말고 돈과 연애하고 있는 총각은 사위 삼지 말라. 자기 딸이 시집가면 종놀이해야 한다. 남자가 돈과 연애하고 있는 사람이면, 가령 1억짜리 적금을 넣는다면 지금 마누라가 죽어도 돈 안 쓰더라.

3 재성이 변해서 상식이 되는 경우 (재성변상식)

- 일간 :   甲·乙   丙·丁   戊·己   庚·辛   壬·癸
- 재성 :   土   金   水   木   火
- 변화 :   火   土   金   水   木
- 가부 :   ○   △   △   △   △

원래 상식이 재를 생하는데 재가 변해서 상식이 되니 그 흐름이 거꾸로 간다.

1) 일주별 변화

- 木일주 : ○㊤○○(○戌午○)과 ○㊦○○(○未午○)은 일지에 재인데 재가 변해서 상식이 되었으니 돈, 여자가 나가버린다. 또 己巳, 戊午운에 재가 변해서 상식이 된다.

- 火일주는 庚辰, 庚戌, 辛丑, 辛未운에서, 土일주는 壬申, 癸酉운, 金일주는 乙亥, 甲子운, 水일주는 丙寅, 丁卯운에 재가 변해서 상식이 된

다. 즉 재가 나가고 상식이 들어온다는 것이다.

2) 통변응용

① 마누라가 돈 쓰는 게 심하다. ○甲○○／○戌午○과 ○乙○○／○未午○의 경우는 "아니, 왜 당신 팔자는 돈에 발이 달려서 자꾸 나가나요?" 한다. 그러나 식, 재가 용신이면 걱정마라. 다시 생재로 오니까.

② 매사에 역행한다. 재가 변해서 상식을 생하니까 모든 것이 거꾸로 간다. 그러나 午戌火국이 용신으로 다시 재를 생해온다면 처음엔 거꾸로 가다가 나중에 보니까 바르게 가더라. 또한 상식이 용신이면 나중에 바르게 가니까 걱정마라. 가령 甲戌일주가 午년이면 "마누라가 午戌火로 없어져버렸어요." 하더라. 火는 다시 火생土하니까 "다시 올 테니까 조금만 기다리시오." 한다. 거꾸로 가는 것이 역행인데 관이 변해서 재가 되는 것, 인수가 변해서 관이 되는 것도 역행이다.

③ 마누라의 재주가 많다. 상식이 재주니까.

④ 처가 젊어지며 어려보인다. 상식은 내가 생하는 자손계열이니까 20년 정도의 차이는 되어보인다.

⑤ 처가 육영사업한다. 이때에도 상식이 용신일 경우에는 육영사업 하면 성공하지만 상식이 기신이면 성공이 어렵다. 가령 ○甲○○／亥戌午午는 午戌火국으로 재가 상식으로 변했지만 상식이 용신이 아니라서 감당 못한다. 밑 빠진 독에 물 붓기다. 만약 ○甲○○／午戌亥亥는 午戌火가 용신이니까 육영사업 하더라도 성공한다.

⑥ 마누라로 인해서 관재다. 상식은 관을 극하니까 관재가 된다. 마누라로 인해서 관재는 일지에 수옥살이나 형살을 놓았을 때, 그리고 재성 자체에 형살이 걸렸을 때 일어난다.

⑦ 마누라는 나가고, 장모님이 들어오고, 내 돈 쓰고서 구설 듣고
⑧ 여자는 돈이 나가고 자손이 생겨온다.
⑨ 돈 나가고 서방 뺏긴다. 여기서 만약 운에서 천간은 재요 지지는 상식이면, 지지에 의해서 천간이 생을 받으니까 추리를 다르게 해야 한다. 가령 庚金일주가 乙亥일이라면 乙庚합으로 마누라만 생각했는데 그 뒤에 장모가 따라오더라. 나쁘게 작용하면 乙庚합은 했는데 金生水 해야 하니까 乙庚합으로 여자가 생기더니 金生水로 "나 좀 도와주세요." 하더라.

4 재성이 변해서 재성이 되는 경우 (재성변재성)

일간	甲·乙	丙·丁	戊·己	庚·辛	壬·癸
재성	土	金	水	木	火
변화	土	金	水	木	火
가부	○	○	○	○	○

1) 일주별 변화

- 원국에서는 모두 방합이나 동합이 되어 변화하고, 삼합이나 육합은 아니다.
- 60갑자로 木일주는 戊辰, 戊戌, 己丑, 己未운에, 火일주는 庚申, 辛酉운, 土일주는 壬子, 癸亥운, 金일주는 甲寅, 乙卯운, 水일주는 丙午, 丁巳운에 각각 재성이 변해서 재성이 된다.

2) 통변응용

① 재산이 늘고 변화가 있다. 물론 재가 용신일 때이다. 가령 ○○丁○／○酉午寅 의 경우, 申년이면 재산 늘고 처갓집이 흥하게 되고 마누라가 똑

똑해진다. ○戊○○(申子未午)는 子년이면, 子子, 申子水國으로 좋아진다.
② 마누라의 변동수가 온다. 이러한 변화는 재가 하나 있는데 또다른 재가 들어와서 국을 이루니 이것도 변동수가 된다. "금년에 마누라가 변동수가 있는데, 결과는 좋아지니까 하고 싶은 대로 하게 해주시오."
③ 처가가 결속하여 억세어진다. 처가 억세어진다. 여기서 억세어진다고 해도 본인을 위해서 억세어지니 힘이 되어주어서 좋다. 그러나 신약하면 ○丁庚○(午酉申)○와 같이 일주가 약한데, 申, 酉년이면 재가 더욱더 억세어지니까 남편 말을 안 듣는다. 동선이 너무 커서 전류가 안 통한다. 고로 火극金해도 전기가 안 오니까 코대답도 안 하더라.
④ 처갓집에 이사수 있다. 방합이니까 가까운 곳으로 이사간다.
⑤ 사채놀이한다. 편재가 사채놀이이고 土일주에 水가 재일 때 사채놀이인데 여기에 해당하면 전당포, 일수놀이에 해당하고 요즘은 카드깡이다.
⑥ 돈이 돈을 달고 들어온다. 용신일 경우에만 돈이 돈을 달고 들어오고, 용신이 아니면 돈이 돈을 달고 나간다.
⑦ 여자가 여자 소개시켜준다. 마누라가 자기 친구 소개해주고서 코 다친다.
⑧ 봉급이 인상된다. 일주가 강해야 봉급 인상되고, 신약하면 퇴직한다.
⑨ 금전에 집착한다. 금전에 집착하는 사주는 재고 놓고 있는 사람, 가령 ○壬○○(戌子○)는 돈과 연애하고 있는 사람이다. 재고 戌土가 있다. 월에 일간의 양인이라서 비견겁이 많으니까 못 살았다. 고로 돈에 한이 맺혀서 원수 갚으려고 그런다. 똑같은 돈이라도 재생관이 되어 있으면 돈을 돈답게 쓴다. 그러나 재생관이 안 되어있으면 거

기서 수전노가 나오고 자식이나 서방에게도 돈을 주지 않는다.
⑩ 처궁에 변화가 오고, 재다신약이나 재생살이면 여자로 인해서 관재가 발생한다.

⑤ 재성이 변해서 관성이 되는 경우 (재성변관성)
- 일간 : 甲·乙　　丙·丁　　戊·己　　庚·辛　　壬·癸
- 재성 : 　土　　　　金　　　水　　　　木　　　火
- 변화 : 　金　　　　水　　　木　　　　火　　　土
- 가부 : 　○　　　　○　　　○　　　　○　　　△

재생관이냐, 재생살이냐의 차이가 있는데 신강이냐 신약이냐에 따라서 결정된다. 생으로 보느냐, 변으로 보느냐의 차이다.
水일주의 경우, 재火는 결국은 火생土로 돌아오니까 결국은 있게 된다.

1) 일주별 변화
- 木일주 : ○乙辛○／寅丑酉○는 재가 변해서 살이 되니까 재살태과격이다.
　　　　　○乙○○／酉丑午未는 재생관이다.
- 火일주 : ○丙○○／子申午寅는 신강하고 申子水국이 되니까 재생관이다.
- 土일주 : ○己乙○／○亥卯은 재생살이다. 음지전답이고 지형천리이다.
- 金일주 : ○庚○○／午寅는 신강이면 재생관이고 신약이면 재생살이다.
- 60갑자로는 木일주는 戊申, 己酉운에, 火일주는 庚子, 辛亥운, 土일주는 壬寅, 癸卯운, 金일주는 甲午, 乙巳운, 水일주는 丙辰, 丙戌, 丁丑, 丁未운에 각각 재성이 변하여 관살이 된다.

재가 변해서 관이 된다는 것은, 이런 사람이 만약 사업한다면 죽도록 돈 벌어서 관으로 들어간다. 즉 세금 내느라고 정신 없다. 여자라면 죽도록 돈 벌어서 남자 좋은 일 시킨다. 남자라면 죽도록 돈 벌어서 자식놈 좋은 일 시킨다.

2) 통변응용
① 돈 주고 벼슬하고 취직한다. 돈 벌어서 관으로 가니까 벼슬한다. 또는 자식놈을 돈으로 밀어주어 출세시킨다.
② 돈 번 후에 명예가 따르고 벼슬 얻는다. 재생관이 되어 있을 때에 한해서이고 나중에 출마하려고 돈 벌더라.
③ 처가에서 취직시켜준다. 마누라가 취직시켜준다. 관은 벼슬이요 직장이고 또는 처갓집 모임에서 대장노릇한다.
④ 결혼 즉시 마누라가 잉태한다. 또는 총각득자요, 재관동림과도 통한다.
⑤ 초점을 관에 맞춘다. 남자는 벼슬, 자식에 마누라도 자식에 초점 맞추어 산다.
⑥ 돈 벌다가 애인이 생긴다. 남자가 직장 나가면 애인이 생긴다. 여자가 돈 벌러 나가면 직장에서 애인 생긴다. 그런데 ○㊀○○의 경우, 여자 사주인데 카페 한다면 남자가 바로 따라붙는데 여기서 申戌未戌 未戌형의 작용은? 여자 하나를 놓고서 남자 셋이 서로 차지하려고 싸운다. 여자가 관이 많으면 남자에게 인기 좋고, 남자가 재가 많으면 여자에게 인기 좋다.
⑦ 여자는 돈 때문에 애인이 생긴다. 재생관이므로 그렇다.
⑧ 돈, 여자로 인해서 망신수이다. 이런 경우는 재생살이다. 즉 남자가 여자 건드리면 살이 되니까 뱃속의 아기를 책임지라 한다. 여

자 건드리면 뒤통수 맞는다. 여자는 남자가 음식(재) 사준다고 따라갔다가는 잘못하면 코가 꿴다. 또한 여자가 무섭다. 살이란 호랑이니까, 마누라가 호랑이로 둔갑해서 보인다. 마누라가 호랑이보다도 더욱 무섭다. 돈으로 관재된다. 재생살이니 돈을 감당 못한다.
⑨ 결혼하면서부터 병난다. 재다신약 팔자는 재생살이니까 결혼과 동시에 몸이 아프더라.
⑩ 음식 때문에 병이 생긴다.
⑪ 시어머니 때문에 매 맞는다. 나를 때리는 것은 살이고, 그 살을 뒤에서 조정하는 것이 재니까 시어머니이다.
⑫ 처가 배신한다. 재생살이 아주 나쁘게 연결하면 마누라가 정부와 짜고서 나를 죽인다. ○庚丙○ 酉寅午未 는 재생살이다. 寅午, 午未火로 나를 치고 들어온다. 이처럼 재생살되는 사주가 해외근로자 중에서 많은데 돈 벌어서 마누라에게 보내주었더니 마누라가 춤바람 나서 도망갔더라.

상담시에 해외근무 나가는데 마누라를 데리고 가야 되는지, 놔두고 가야 되는지를 물어오거든 마누라의 사주를 가지고서 판단해야 한다. 즉 마누라가 성감이 발달되어 있으면 그것은 누구도 말리지 못한다는 것이다.
여자가 재다신약이면 남자가 음식 사준다고 꼬박꼬박 따라가서 얻어먹었다가는 나중에 코가 꿴다는 것이다. 재생살이니까.

5. 관살

가. 관살의 활용

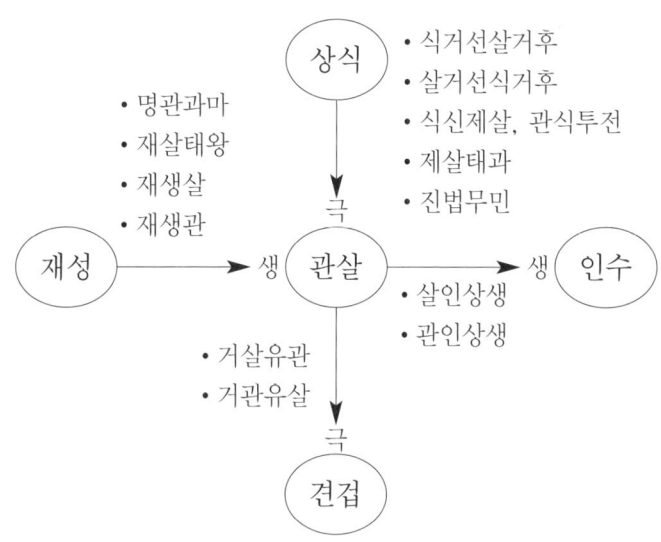

 관살은 극아자로 정관·편관을 총칭한 것이며 일간을 극하기 때문에 가장 두려워하고 있다. 보통 정관은 길하고 편관은 흉하다고 하고 있으나 여기에서도 신약하면 정관도 흉이 되고 신강하면 편관도 길이 되는 법이니 일간의 강과 약을 구분하여야 되며 아울러 정관도 주중에 흉이 되면 살로 작용하고 편관도 유용하면 권으로 화하여 길이 되는 것이다. 좀 더 자세히 보자. 사주가 신강할 때는 관이 되고 신약할 때는 살이 된다. 더 심하면 귀(鬼)요 호(虎)요 병(病)이 된다. 살이 귀신이니까 나쁘게 연결되면 직접 염라대왕이다.
 가령 甲일주가 庚년이면 편관에다 충이다. 기억력 감퇴에 헛것이 보이고, 놀라고, 요사스런 꿈만 꾸게 되고, 헛소리 하더니 병원 가더라. 甲과 庚, 乙과 辛, 丙과 壬, 丁과 癸는 편관에 충이 걸렸다. 그러나 土, 金, 水일주는 편관이면서도 충이 안 걸린다. 여기서 편관사주이면서도 어떤 여자는 해로하는데 어떤 여자는 해로하지 못하더라. 그러한 차이는 편관이면서도 충이 걸리느냐 충이 안되느냐의 차이에 있는 것이다.

제6편 육친통변론(Ⅰ) 153

여기서 충이란 동서남북의 대립이다. 고로 戊己土는 충이 없다. 충은 음은 음을 충하고 양은 양을 충한다.

일주가 왕하고 있으면, 즉 신왕하면 무조건 관으로 작용하고, 일주가 조금 약하면 살작용하고, 일주가 많이 약하면 귀(鬼)의 작용이다. 또한 병(病)으로 연결하면, 관살이 많으면 무당, 박수 등 접신이 되기도 하는데 만약 대학교수가 접신되면 심령과학자요, 일자무식이 접신되면 무당이라고 하더라. 접신된 자는 눈에 기(氣)가 죽어 있더라. 관살이 많은 사주는 매 맞지 않고서도 아픈 사람이다.

관살은 법에 해당하므로 신강이라면 환경을 지배하고 치외법권자이고, 신약이면 환경에 지배당하고 법의 지배를 받아야 한다.

여자가 정관이든 편관이든 무조건 년, 월에 있는 것이 본 남편이다. 시에 있으면 애인인데 만약 년, 월에 없고 시에만 있으면 본 남편이다. 가령 ○乙辛庚/○亥巳辰은 여자인데, 庚이 첫사랑으로 乙庚합에 辰亥귀문으로 미쳐 돌아갔었다. 辰亥원진도 되니 인연이 없어서 辛에게 몸 뺏기고 辛과 살고 있는데 乙辛충에 巳亥충으로 사이클이 안 맞는다. 고로 지금 나이가 많이 먹었어도 첫사랑 庚이 항상 생각나서 마음이 그에게 가 있더라.

만약 庚乙辛○ 이라면 월에 편관이니 결혼할 때도 뜻밖에 의외의 결혼이다. 번갯불에 콩 구워 먹듯이 하게 되고 혼전동거에도 연결되고 충이니 억지로 결혼했고, 결혼하기 싫은 것을 결혼했는데 나중에 庚을 만나보니까 乙庚합으로 정신이 없더라. 乙辛은 충인데 庚은 乙庚합 해주고 마음이 빼앗기니까 미쳐 나가더라. 과연 이러면 乙木은 어떻게 처신할 것인가? 또한 丙辛丁○ 이라면 辛이 丁 만나서 살고 있는데, 나중에 멋진 丙을 만난다. 태양처럼 눈부신 남자니 어찌할 거나? 편관은 어디까지나 편관일 수밖에 없다는 것이다. 그리고 주중에 정관이 없으면 편관으로 대용하고, 또 투간자를 위주로 추명하여야 되는데 이유는 천간은 활동력, 대표자, 자랑도 되기 때문이다. 고로 남자가 재가 투간되어 있으면 마누라 자랑 잘 하고 암장으로 있으면 마누라 자랑 안한다. 여자가 관이 투간되어 있으면 서방 자랑 잘하고 암장으로 있으면 서방 자랑 안하더라.

다음 관은 관아지관(官我之官)으로 관청이요, 관에서는 법을 제정하므로 법이요 규범이며 조례가 되고, 또 관청, 명예, 직급, 직장, 권력 등으로 응용되고 있으나 정관은 행정관임과 동시에 말단에서부터 승진하며 정당하게 취직하고 삶하며, 편관은 편되게 작용하므로 법관, 무관, 군인, 군속, 경찰, 형무관, 사법권, 임시직 등에 해당함과 동시에 돈 주고 취직하며 승진하고 벼슬사며 매년 승진에 때로는 하루아침에 고관이 되기도 한다. 고로 정관으로 장관이 되면 30년 걸리고 편관으로 신왕관왕하면 하루아침에 장관이 된다.

다음 육친으로는 나이에 따라서 환경에 따라서 다르다는 것이다. 장(長)이란 감투로 연결되니까 관살운에는 감투 쓰고, 중책을 맡게 되는데, 인수와 연결되면서 장이 되면 종친회장, 비견겁으로 연결되면서 장이 되면 동창회장, 상식으로 연결되면서 장이 되면 고아원장, 보육원장, 양로원장 등이다.

여자에게 정관이면 정부(正夫)이다. 그러나 둘 이상이면 나중 것은 편관으로 취급한다. 丙㊛丙○ 이면 시의 丙은 나중 만난 남자로 정부(情夫)이다. 子 위에 있어서 유부남이다. 丙戌이면 스님을 좋아하더라. 丙寅이면 똑똑한 남자이니 "오! 나의 태양이여!" 丙申이면 유부남이고, 丙辰이면 회기되니 무능력자이다.

남자는 관이 자손인데 양이면 아들이고 음이면 딸이다. 또한 관이 인수를 생할 수 있으면 자식이 기대 이상으로 발전한다. 남녀의 교제기간도 오행의 수리로 맞추어 볼 수 있는데 水가 관이면 1년 아니면 6년, 합이 들었나 안들었나, 미쳤냐 안미쳤냐, 사이클이 잘 맞느냐 안맞느냐로 달라진다. 여기서 남녀가 부정적으로 만난 사이는 서로 싫으면 3년 이내로 헤어진다. 미쳐 돌아가고 있을 때는 모르는데 3년 정도 되면 권태기가 와서 후회하게 되므로인데, 그때를 넘어서 만약 3~5년 정도 지나게 되면 미운 정, 고운 정이 모두 들어서 못 헤어진다.

다음 일주가 왕하고 관도 득국하여 왕하고 있으면 신왕관왕이라 하여 최고로 좋은 길명이라 일국(一國)의 장으로 권좌에 올라 일개인의 일보다는 국익을 위하여 노력하며, 여명도 예외는 아니므로 국모지상(國母之像)이 된다 함은 이를 두고 하는 말인데 이러한 운명은 모두가 국운에 의하여 출생하는 것이다. 그리고 국익을 위해서 산다.

가령 丙庚○○ / 戌寅酉丑 는 음성 좋고 신왕관왕으로 장관 그릇이다. 보신각종과도 같아서 이름을 떨친다. 나라에서 보호해준다.

또 일주가 조금 약하다 하더라도 운에서 일주를 도울 때는 신왕관왕과 다를 것 없고, 일주가 강에 관이 조금 약하다 하여도 운에서 관을 도울 때도 신왕관왕과 똑같은 것이니 유념하기 바란다.

그러나 만약에 일주가 허약에 관살이 혼잡하면 어떤 특징이 있을까?
가령 乙乙○庚 / 酉卯申申 는 정관, 편관이 혼잡되어 있다. 신약보다 오히려 신허에 가깝다. 金극木으로 총 맞은 나무이고 못쓰고 병들어있다. 혼(混)은 탁격(濁格)으로 더러운 년, 더러운 놈으로 "당신의 몸에는 더러운 피가 흐르네요." 한다. 먼저 남자의 경우를 보자.

① 천격(賤格)으로 밑바닥을 기어라.
② 가난한 집안에서 출생했고, 또는 출생하면서부터 집안이 기울었다.
③ 나를 극하는 게 관살이니까 천덕꾸러기이다. 동네북이고 왕따당

한다. 찾는 사람이 없다.
④ 사고무친(四顧無親)이다. 일가친척과 인연이 없다.
⑤ 항상 얻어맞으니까(관살) 위축된 생활로 기(氣)가 없다. 고로 질병으로 고생한다. 몸 다치고 불구가 염려된다.
⑥ 사랑 한번 받아보지 못하고 성장했다. 이렇게 되면 정에 굶주린 사람인데 아주 단순한 것이 특징이다. 공순이는 정에 굶주려서 껌 하나 짜장면 한 그릇 선물 사주면 거기에 반하더라.
⑦ 비요즉빈(非夭則貧)이다. 일찍 죽지 않으면 가난하다. 밑바닥을 기고 천격으로 사니까 일찍 죽는 자기 목숨을 부지하게 되는데 만약 욕심부려서 돈을 왕창 벌면 재생살이 되니 죽는다. 이처럼 죽는 운에 해결책은 "재산을 줄여라. 자식한테 모두 주고서 자기는 무일푼으로 돌아가라." 그러면 산다. 이처럼 신수 볼 때도 "이 사람 49살에 죽었네요." "아닌데요." "그럼 이때 홀라당 망해서 거지 됐구만." "맞아요." 하더라. 또는 "이 사람 49살에 홀라당 망했구만." "아닌데요." "그럼 그때 죽었구만." "그건 맞아요." 하더라.
경찰서에 가면 본인에게 불리한 진술은 함부로 하지 말고 유도신문에 걸려들지 말고 무엇을 물어봐도 안다 모른다 하지 말고 무조건 "기억 없습니다." 하면 이것은 부정도 긍정도 아니니까 못 잡아 넣는다.
⑧ 관살혼잡 사주가 제일 무서워하는 것이 매이다.
⑨ 상신(傷身), 누명 잘 쓰고 납치, 배신 당하고 쫓겨난다. 간충지충(干冲支冲) 되면 "위로 얻어맞고 밑으로 얻어맞고 정신 없네요." "세상 사는 데 아주 조심해야 하는 해이네요."
⑩ 직장의 변화가 많다. 일을 감당하기 힘들고 주변머리가 부족해서이다.

⑪ 가정적으로는 처자에게 따돌림 당한다. ○丁癸○/○未酉丑 은 처와 자손이(金水) 한 덩어리가 되어서 나를 왕따시키더라. 또 여자에게 배신당한다. 관상학적으로 보면 좌측 눈꼬리에 점이 있으면 본인이 여자를 배신하고, 우측 눈꼬리에 점이 있으면 여자에게 배신당한다. 자식에게도 큰소리 못 치고 산다.

⑫ 모처불합(母妻不合)이다. 인수가 약하니까 마누라가 어머니 무시하게 된다.

⑬ 타자양육(他子養育)으로 남의 자식 키워준다. 관살로 남의 자식 키워주는 것은 조카 키워주는 것이고, 상식으로 남의 자식 키워주는 것은 성씨가 다르다. 즉 재취로 시집 온 여자가 전 남편의 자식을 데리고 온다는 것이다.

⑭ 양처득자(兩妻得子)이다. 두 마누라에게서 자식 얻는다.

⑮ 사업하면 백전백패이다. 재는 살을 생하므로 돈이라는 것이 모두 재앙이 된다. 또한 일주가 약하니까 내 돈 못 벌고 관리능력이 없다.

⑯ 말단직에서 헤매고, 혹시 승진해도 능력부족으로 감당 못한다.

⑰ 창살 없는 감방신세이다. 관살 많은 사주는 감옥 가는 경우에도 누명 쓰고 간다.

이 경우가 여자라면 어떻게 통변될까?

① 안 태어날 것이 태어났다고 왕따당한다.

② 여자가 관살이 많으면 시집가면서부터 몸이 아프다. 친정 가면 조금 낫고 서방 얼굴 보면 또 아프니 어쩌겠는가?

③ 여러 번 시집가고 남편 덕이 없다. 여자가 두 번 시집가서 더욱 잘 사는 팔자는, 관이 부족하면서 관이 용신인 경우는 만날수록 좋은 남자 만나니까 자꾸 바꿔볼 만하다.

관살이 많은 사주는 시집가면 관살이 더욱 많아지니까 많이 시집 가봐야 거기서 거기다. 그러나 관이 부족하면 시집가면 관이 보충되니까 용신이 살아나서 더 좋은 남자 만나게 된다.

④ 이유 없이 매 맞는다. 매 맞는 이유는, 여자가 관살이 많으면 얼굴이 예쁜데 고로 남편이 의처증 생긴다. 또 신태약하니 내가 못나서 맞는다.

⑤ 내 것 주고 배신당한다.

⑥ 억지 결혼에 위협 결혼한다. 단, 편관사주가 억지 결혼에 위협 결혼한다. 또한 결혼 속도도 빨리빨리이다. 여기서 여자가 편관으로 잘못되면 세상 남자가 모두 제 것이라고 한다.

⑦ 두통, 골통, 근통에 정신질환이 있다. 金木상전이 두통이다. 또한 여자가 관살이 많아서 정신질환이 생겼다면 시댁 귀신 때문에 미쳤고, 접신되었다면 시댁 귀신이 들렸다.

⑧ 시모불합(媤母不合)이다. 내가 못났으니까 그렇다.

⑨ 소실 팔자요 기생 팔자가 되고 보니 사는 것이 지형천리(枳荊千里)이다.

여기서 木일주에 관살인 金이 많다면 "만고풍상(萬古風霜)"이다. 또한 가지가 찢어지게 되었으니까 "똥가지가 찢어지도록 힘들게 살 텐데…." 또 金木상전으로 통자(痛字)항렬이다. 두통, 치통, 골통, 신경통에 해당한다. 또한 관살을 일복으로 비유한다면 "팔다리가 파김치가 되도록 일해도 먹고 살똥말똥 하네요."

火일주가 水인 관살이 많으면 "눈알 튀어나오도록 일해도 먹고 살똥말똥하네요." "쎄가 빠지도록 일해도 먹고 죽을 둥 살 둥 하네요." 자연으로 비유하면 "평생 장마권에서 못 벗어나네요."

土일주가 木인 관살이 많으면 "지형천리요, 가시밭길 천리이다." "허리가 휘어지도록 일해도 먹고 죽을 둥 살 둥 하네요."

金일주가 火인 관살이 많으면 "다 된 밥에 코가 빠지는 팔자네요." "오갈병 들은 팔자네요." "뼈가 노곤노곤하도록 일해도 먹고 죽을 둥 살 둥 하네요."

水일주가 土인 관살이 많으면 "오줌똥 눌 사이도 없이 일해도 먹고 죽을 둥 살 둥 하네요." 또한 탁수라 해서 더러운 물이고, 물은 본래 흘러가야 하는데 흙이 많아서 고여 있다면 종내는 물이 썩게 되니까 썩는 물이다. 고로 "왜 이 팔자에서는 구린내가 나나요?" 또한 水는 지혜인데 더러운 물이 되니까 꼭 지혜를 써도 더러운 꾀만 쓰고 있더라.

여자가 관살이 많으면 ①이성기피증으로 남자가 지긋지긋하다. ② 기생팔자이다. ①이냐 ②이냐 를 구분할 줄 알려면 그 사주의 체질을 볼 줄 알아야 한다.

시주(時柱)는 나의 앞길이다. 고로 癸甲○○ / 酉子○○ 의 경우, 시에 인수가 있어서 공부 열심히 하는 줄 알았더니 책장 하나 넘기자 酉金인 남자 사진이 나오더라.

남자가 관살태왕으로 신약하면 자식 낳으면서 되는 일이 없더라. 또한 재산감소에 퇴직이다. 가령 ○甲庚○ / 卯申申酉 가 庚년이면 직장 나가는 것이 호랑이굴에 들어가는 것보다 무서우니까 안 나간다. 관살이 흉작용하니 만고풍상이고 서리맞고 가지가 찢어진다. 원래 사주에 아들이 없는 팔자인데 억지로 수단방법 안 가려서 아들을 얻게 되면, 그 시간부터 서방님은 직업이 떨어져버리니 억지부리지 말라.

선조의 업으로 연결한다면
- 인수가 많아서 흉작용 한다면, 할아버지가 두 분인 업이네요.

- 상식이 많아서 흉작용 한다면, 할머니가 많은 업이네요.
- 관살이 많아서 흉작용 한다면, 고조할아버지가 많은 업이네요.
- 비견겁이 많아서 흉작용 한다면, 아버지가 여자를 많이 울린 그 죄를 내가 받았네요. 비겁다(多)면 배다른 형제가 있으니까.
- 재가 많아서 흉작용 한다면, 아버지가 여자 많이 울린 죄를 내가 받았네요. 그 업이 나에게 떨어졌소이다.

관살은 ①인수를 생해주고, ②비견겁을 극하고, ③재성에 생을 받고, ④상식으로부터 극을 받는다.

먼저 관살이 인수를 만나면 설기됨은 분명하나 그 인수는 일주를 돕고 있기 때문에 오히려 일주의 원류가 되며 또 어머니로서 외조모가 되므로 일간을 극하지 않으며(탐생망극) 아울러 고관이 직인을 가지고 있는 것과(패인) 같아 좋은데, 인수태왕은 관살을 무력하게 하므로 불리하고, 또 똑같은 관과 인수의 관계라 할지라도 신왕자는 관인상생이라 하며 신약자는 살인상생이라 호칭하는데 살인상생 중에서도 일주가 조금 약하고 운이 좋을 때는 관살을 충분히 장악할 수 있기 때문에 귀격이 되나 신태약일 때는 천격이 되고 만다.

여기서 관인상생이란, 신왕사주에서 쓰는 용어다. 특징은 국공립학교이다. 고로 국가공무원이다. 관인상생이 잘만 구성되어 있으면, 나라에서 공부시키고, 나라에서 써먹는 것이니 잘만하면 국비장학생이다. 이처럼 관인상생이 되어 있는데 집안이 어려우면 학력은 갖추어야 하니까 해사, 육사, 공사 나온 후 거기서 배운 것만큼 조금 근무하다 나온다. 또 사범대 나와서 학생 가르치는 게 아니라 대기업 취직해서 몇 개월 월급 받으면 사범대에 평생 물어낼 것 모두 나오더라. 역학자는 이러한 흐름도 알아야만 고민하는 손님들의 일을 해결해 줄 수 있다는 것이다. 이러한 편법도 쓸 수 있어야 세상을 살아간다.
　살인상생은 신약사주에서 쓰는 용어이다.
　관인상생이 잘만 되면 협상의 명수이다. 관살은 나를 극하는 적인데 이 적을 내 사람으로 만들었으니까 남의 힘을 빌려서 나의 힘으로 만드는 재주꾼이다. 패인(佩印)으로 연결되니까 암행어사이다. 이러한 팔자가 금의환향하는 팔자이다. 관인상생을 잘 이용하면, 인수가 부모니까 부모 모시고 산다면 요지의 아파트 분양도 쉽게 얻어낸다.
　관살이 인수를 만날 때 관과 인수가 잘 조화되어 있으면 아주 좋다. ○己丙○/○○寅亥 은 水生木→木生火→火生土로 그 근원의 뿌리가 깊다. 관이 인수를 만나니 관인 상생이다. 만약 여자가 인수가 많다면 서방을 무력화시킨다. ○甲辛○/○子亥亥 은 辛이 서방인데 수다금침(水多金沈)되어 있다. 水다 하니 기생팔자이다.

　甲丙壬壬/午寅子申 라면 일지에 寅木인수가 능히 납수(納水)할 수 있고 일주가 조금 약하기에 길명이 된다. 木火:金水가 4:4지만 동짓달이니까 金水가 조금 강하다. 木火가 용신이다. 丙임금이 水인 북쪽 오랑캐에게 쫓겨서 피난가다가 火가 필요해서 남한산성에서 버티고 있다. 3·8木으로 3개월 정도 버티자 식량이 바닥나서 木生火가 힘드니 성 안 사람들의 굶주림이 시작됐다. 이때에 寅木인 선비가 단신으로 나서서 적장 대장인 水와 火인 임금으로 담판을 낸다. 오랑캐는 그 기상에 탄복해서 水극火 하려는 것을 水生木 해주고서 물러간다. 木인 선비가 오랑캐와 임금 사이에서 다리 역할을 하니 이것이 살인상생이다. 이런 사주는 균형이 되어서 관인상생과도 같아서 서울대도 갈 수 있다.
　그러나 辛丙壬壬/卯子子申 라면 卯木인수가 있다 하나 습목에 水木이 응결로 인수의 구실을 할 수 없을뿐더러 일간이 허약하여 천명(賤命)이 되는 것이다. 좀 더 살펴보자. 丙이 관살이 너무 많아서 파격이다. 깨진 그릇으로 평생 고생하는 팔자이다.

　丙이 水극火로 쫓기고 있는데 태양이 뜨지 못하고 눈보라만 휘몰아치고 있다. 卯가 습목으로 水생木, 木생火의 역할을 못한다. 고로 젖은 옷 입고 살고 문풍지가 찢어져있고, 인수인데 子卯형이니 초가삼간이 쓰러져가고 있고, 겨울에 눈이 6m는 와서 丙이 고립되어 있는 것과도 같다. 평생토록 별 볼 일 없어서 고등학교도 나오기 힘든 사주이다. 또한 이러한 관인상생도 있는데 ○丙○○/戌寅寅亥의 경우, 여자라면 서방님 亥가 寅亥합으로 없어졌다. 인수가 되어 없어졌으니 서방님이 공부하러 해외 나간다면 영영 안 돌아온다.

　다음 견겁을 만나면, 절지라 반상(反傷)되므로 대기(大忌)하나 관살이 왕하여 불요한 견겁을 제거할 수만 있다면 방해자를 없애주므로 독점할 수 있어서 좋고, 또 하나의 자극제로서 분발케 하므로 없어서는 안될 귀물이요, 또 관살과 견겁은 합이나 충이 되기 쉬운데 구분한다면 필요한 관살을 충거나 합거는 불리하나 불요(不要)한 관살은 충거나 합거가 되어야 좋다. 가령 丙戊甲己/辰辰戌卯는 土일주가 신왕하여 甲木관이 필요한데 甲己합이라 극신(剋身)을 못하므로 이러한 경우는 오히려 흉이 된다는 것이다. 좀 더 상세히 보자.

　관살은 극견겁, 극일간 한다. 비견겁이 많아서 신왕하다면 관살로 누르면 된다. 형제가 제일 무서워하는 것이 관살이다. 비견겁이 관살을 만나면 절지가 되어서 피상되므로 원래는 대기하나 비견겁이 왕하면 그러한 비견겁을 제거하므로 좋게 작용한다. 여기서 견겁이 많은 사주에서는 관살이 귀물이 된다. 가령 ○壬壬壬인 경우, 壬의 비견겁이 많아서 항시 내 것을 뺏어 가는데 戊土인 관살운이면 土극水해서 비견겁을 없애주니까 방해자들이 없어지니 좋다. "앓던 이 빠진 것처럼 좋네요."

관살은 비겁과 합, 충이 되기 쉬운데, 불필요한 관살은 합거나 충거로 작용을 못하게 하면 좋은데 충거는 쫓아서 보내는 것이고, 합거는 결혼시켜서 보내는 것과 같다.

거살유관(去殺留官)과 거관유살(去官留殺)이라 하는데 거살유관은 살을 보내고 관과 사는 것이고, 거관유살은 관은 보내고 살과 사는 것이다. 가령 甲戊庚乙는 戊에게 乙이 정관인데 乙庚 합거로 거관유살이 되었다. 戊의 첫사랑은 乙인데 두 번째 甲을 만나자 甲木이 더욱 잘 나서 甲木과 결혼하려고 한다. 그러자 乙木이 방해하더라. 戊가 고민하는 것을 庚할머니가 보고서 그 사정을 알고 "진작 이야기하지 그랬냐? 내가 乙木인 류씨(柳氏) 집안 잡아먹는 호랑이란다. 걱정 마라." 하더니 乙木을 불러서 혼구멍 내자, 乙木이 물러가더라. 이것이 거관유살의 원리로 합거가 된다.

그런데 戊戊甲己 午戌戌卯 의 여자사주가 있다. 甲木이 지나치게 묶여서 좋지 않다. 甲木서방이 甲己합, 卯戌합으로 묶여버렸다. 戊이 많아서 보신탕 집을 하고 있는데 甲木서방은 보신탕 끓여서 심부름하느라고 종노릇만 하고 있다. 戊이 비겁이니까 잠도 서방과 안 자고서 친구와 잔다고 한다. 火土중탁(重濁)으로 남자를 모르는 체질이다. 甲子년이 되자, 子가 돈이다. 친구한테 받을 돈이 있었는데 망해서 돈을 주지 못하자 친구가 인근 다방을 대신 주고서 돈을 까자고 하더라. 亥卯未에 子가 도화니까 물장사 시작했고, 寅午戌에 子가 수옥살이 걸렸다. 개업 후 2달 정도 지나서 불법비디오 틀어주다가 다른 업소에서 신고해서 일주일 살다 나오고 영업정지에 벌금 물었더라.

어떤 사주든지 관이 그 사주에서 좋은 역할할 때에 합거되면 흉하다. 다음 상식을 만나면 관살이 피상되므로 대기하나 관살이 태왕하여 극신할 때는 오히려 관살을 제압하여 일주를 보호하므로 좋은데 만약에 관살이 필요할 때 상식이 있으면 관살은 수제되어 종내는 병이 되는 것이다.

관살은 상식으로부터는 극을 받는데, 관살이 부족하고 상식이 너무 많을 때는 제살태과격(制殺太過格)이라 하고 관살이 용신이 된다. 반대로 상식이 부족하고 관살이 많을 때는 식신제살격(食神制殺格)이라 하고 상식이 용신이 된다. 이런 경우 관식투전이 되는데 항시 관과 상식이 싸운다는 것이다. 즉 관과 상식이 균형을 이루지 못했을 때가 투전이 되는데 관식투전이면 ①매 맞는다. ②관재, 송사가 발생한다. ③심지어는 골육상쟁이다. 부모자식간에도 송사가 일어나는 것. ④여자는 서방과 자식이 밤낮으로 싸우는 것과 같아서 "고래 싸움에 새우등 터진다." 이처럼 관식투전이면 하루도 편할 날이 없다.

관살이 태왕한 사주에서는 상식이 있으면 관살을 제압하여 일주를 보호하니까 길하고 그러나 관살이 필요한 사주에서 상식이 있으면 관살이 상식에게 쥐어터지니까 병이 되어서 흉하다. 가령 戊丙壬壬/戌戌子申이면 丙이 水인 관살에게 丙壬충으로 쫓기고 있다. 이때에 상식인 土가 무서워서 함부로 못하니 丙에게 상식인 土가 방어선이 되니까 아주 좋다. 식신제살격이다. 그러나 ○甲丙○/午午申○는 申인 관살이 있는데 상식인 火가 너무 많아서 과도하게 火극金 하고 있다. 金을 살려야 한다. 이것이 제살태과가 된다.

또한 관살과 상식이 서로 균형을 이루고 있으면 신왕관왕과 같은 사주가 되어서 고관이 되는데 균형이 맞지 않으면 관식이 투전되어서 흉하게 된다. 또 관살이 년월에 있고 상식이 일시에 있으면 살거선식거후(殺居先食居後)격이라 하는데 각기득국을 잘하여 구성되어 있을 때는 의식이 풍족에 신왕관왕과 같이 고관이 되는데 반하여, 득국을 하지 못하고 산(散)하여 흩어져 있다면 관식이 투전이라 하여 하루도 평안할 날이 없고, 관재, 송사, 구설에 골육상쟁이요, 여자관계가 많으며, 여자는 의심받고 매 맞으며 삶하는 것은 상식에서와 같다.

가령 壬乙辛癸 / 午未酉丑 이면 金水가 많고 木火가 적다. 여기서 金극木으로 乙木을 때리는데 水생木 받아서 엄마에게 이를 것인가, 火극金으로 즉시 받아서 칠 것인가? 즉 水를 용신으로 써야 하나, 火를 용신으로 써야 하는가? 이때는 내가 상식인 머리, 꾀를 사용해서 火극金 해야 한다. 木火용신이다. 酉월의 乙木으로 뿌리가 없고 편관만 있으니까 서방이 없이 午未로 자식만 데리고 사는데 辛酉金이 어느날 담장을 넘어서 왔더라. 乙木이 이때에 지혜를 내어서 살살 달래면서 먼저 샤워하라고 해 놓고서 도망가야 한다. 만약 壬乙辛癸 / 午酉酉丑 의 이런 사주라면 관살과 상식이 균형을 이루지 못하고 午火 하나로 金을 제압하지 못하고 금다화식(金多火息)이 된다. 이것이 관식투전으로 乙木은 이유없이 서방에게 얻어터진다. 자식인 火가 너무 어려서 방어해주지 못하고 오히려 강한 金만 건드려 놓은 것과 같아서 더욱 쥐어터지니 이런 경우가 "잠자는 호랑이 건드리지 말라."고 하는 것이다. 만약 卯가 와서 卯酉충으로 건드려 놓으면 사정없이 乙木은 얻어맞더라. 관식투전 사주로서 이런 사주가 구성되면, 그 성격이 복수를 위해서 세상을 사는 사람이다.

金극木으로 나보다 잘 났고, 잘 사는 사람에게는 이유없이 火극金으로 복수해야 직성이 풀리는 사람이다. 고로 하루도 편할 날이 없고 관재, 송사, 구설에 전과자에 골육상쟁의 사주이다.

뿌리 없는 나무라서 자신은 일가친척이 없다고 생각하고 사니까 乙木의 눈에는 친척이 보이지 않으니 골육상쟁이 되는 것이다. 이런 관식투전이 무서운 것은 자기 목숨을 걸고 산다는 것이다. 뿌리 없으니 삶에 집착이 없다는 것이다.

여자는 이유없이 매 맞는다고 하지만, 사주에 남자가 많으니 맞고 산다.

사주에서 관살이 많고 상식이 적으면 식신제살격이라 하여 견겁과 상식운이 좋고, 반대로 관살이 약하고 상식이 왕하면 제살태과격이라 하여 재와 관살운에 좋다. 심하면 진법무민(盡法無民)이라고 하여 법 없이 죽음에 임하므로, 즉 총살, 암살, 사고사 등으로 대기(大忌)하는 것이다. 좀 더 상세히 보자.

식신제살은 상식이 적고 관살이 많다. 가령 ○甲庚戌 ○午申申 은 木火는 적고 金水가 많다. 土생金 받아서 金극木으로 들어온다. 고로 午火가 火극金 해야 하는데, 구성요건은 살거선식거후인데 관살이 많고 상식이 부족해서 식신제살격이다. 木火용신이다. 관과 상식이 전쟁하고 있으니 관식투전이 되어서 성질이 못됐고, 나보다 잘난 사람, 잘된 사람을 보면 火극金 하려고 하니 결국은 쥐어터지는 것은 저더라. 만약 丙甲庚戌 寅午申申 이라면 상식이 강해서 관살이 甲木을 마음대로 못하더라. 여자라면 대한민국의 최고 깡패라도 서방으로 산다면 꼼짝 못하게 하고 산다. 木火운이 좋다.

제살태과격은 관살이 약하고 상식이 왕하면 제살태과격이다. 庚甲丙丙 午午申午 는 똑같은 살거선식거후인데 상식이 너무 태왕해서 金을 火가 완전히 죽였다. 자연으로 비유하자면 申월의 甲木나무가 丙, 丁火로 꽃 피워서 金으로 열매를 맺으려는데 너무 가물어서 열매인 金이 곯아서 빠진다. 다 된 밥에 코 빠뜨리는 것이 된다.

또한 관이란 나를 극하고 오므로 법인데, 火극金으로 법을 없애서 진법무민이 되니 법 없이 사는 팔자와 같아서 법보다 주먹이 앞서는 팔자가 된다. 木火가 많고 金水가 적으니 金水운이 좋다. 여기서 甲에 金은 관살이고 水는 인수인데, 인수운이 水생木 해서 좋은 것이 아니라 金水인 음을 보충해 주어서 좋다는 것이다. 또한 土인 재운도 좋지만 丑, 辰운만 土생金 할 수 있어서 좋다. 火극金을 해야 하는데 너무 많이 해서 제살태과가 되었다.

　진법무민으로 법 없이 죽으니까 총살, 암살, 사고사 등으로 연결된다. 망나니 팔자이다. 火가 전기에 해당하니까 대낮에도 벼락맞아서 죽는 팔자이다. 그러나 丙⑪辛戊/寅午酉辰는 살거선식거후격이면서도 관도 상식도 국을 이루어서 균형을 이루니 신왕관왕과 같아서 장, 차관 팔자이다. 酉월의 甲木나무가 寅午火국으로 꽃 피어서 辰酉金으로 열매를 멋지게 맺으니 얼마나 좋은가?

　그러나 乙ⓔ乙戊/丑酉卯寅는 여자 사주인데 관식투전으로 대기다. 木극土 하는 것을 金극木 하여 살아가야 하는데 卯酉충이 걸렸다. 관식투전이다. 사범대 나와서 시집갔는데, 의처증 남자 만나서 무지하게 맞고 사는데 가정교육이 잘 돼서 서방이 무지 때릴 때 이빨 물고 참고 살다 보니까 이빨이 작살났고 허리가 작살났다. 서방이 대학교수인데 때린 걸 후회하면서도 집에서 이 여자만 보면 자기도 모르게 쥐어패게 된다고 하니 이 노릇을 어떻게 할까? 卯酉충으로 자궁폐쇄증이 되어서 자식 하나 없었다. 월과 시에서 편관이 木극土로 들어오니까 샌드위치가 되어서 아랫집, 윗집에서도 흉만 본다고 한다. 木극土로 들어오니 날벼락이다. "왜 내가 있는 곳에는 항상 까마귀 날자 배 떨어지는 일만 생기나요? 왜 남의 벼락이 내 발등에만 떨어지나요?" 하더라. 참 힘들게 살아온 여자이다. 난 가만히 있는데도 말이다.

　己⑪庚癸/巳戌申丑는 식신제살이라 하나 살을 제하는 火가 미약하여 관식투전이 되어버렸다. 甲을 庚申金이 치고 들어오는데 火보고 火극金 하라고 했더니 戌이 가로막고 있어서 火생土, 土생金으로 가버리니 火가 약해서 火극金을 못하는 것이 흠이다.

　丙⑪丙丙/寅午申午는 제살태과로 申金살이 왕한 火에 지나치게 수제(受制)되고 있어 흉명이 되며, 제살태과격은 관·부군을, 식신제살격은 상식·자손을 위주로 삶하는 것이 특징이고, 남자가 식신제살격이 되면 제 자식보다 남의 자식을 끼고 돌더라. 이와 같이 관식투전이 되면 하루도 평안할 날이 없다. 매 맞고 산다. 전과자에 해당하고 못 되게 연결하면 사고뭉치로 인정받고 살기는 틀렸다. 파격이니까 그렇다. 출생되면서부터 거꾸리로 태어나서 왼손잡이에 해당한다.

관과 상식이 균형을 이루고 있는 사주는 극히 드물고 대개는 관식투전이 된다. 국회의원도 20만명 중의 한 사람인 것처럼 관식균형이 된 사주도 드물기 때문에 웬만하면 관식투전으로 보고서 상담해주라.

사주에서 2덕(二德)은 재와 관, 그리고 관과 인을 2덕이라고 하는데 이것도 신왕사주에서만 2덕이라고 하고 신약에서는 2덕이 안 된다. 재와 관의 관계도 관살은 재로부터 생을 받는데 신약에서는 재생살이 되고 신강이라야 재생관이 되어 2덕이 된다. 재생살이 되면 내 것 주고 배신당하고 돈에 속고 그 얼마나 울었던가? 이다. 남자면 처자에게 왕따 당하기 쉽다.

즉 재성은 관살의 보급로요 원류이며 근이 되므로 대단히 좋아하는데 이렇게만 되어 있다면 재관2덕이 되어 부귀가 겸전하고, 또 천간의 관이 지지의 재성에 득위하고 있으면 이를 명관과마(明官跨馬)라 하여 최상으로 한다. 이유는 재가 있어 생활에 구애받지 않고 소신껏 매사를 처리할 수 있어 타인보다 앞서며, 인정 받고 승진하며 그 직장 항구할 수 있고, 또 무엇보다도 가정이 안정되어 있음과 동시에 혹 관이 없어진다 하여도 재성이 다시 재생관 하여 관을 살려 놓기에 대단히 좋다. 그러나 만약 신약이 되어 재생살이 된다면 천명(賤命)이라 불리하다.

가령 丙甲辛戊 寅午酉辰 는 甲木에 戊辰이 재요, 辛酉가 관으로 재관2덕이다. 부귀겸전이다. 단, 관인으로 2덕이 이루어져 있으면 청귀(淸貴)로 부(富)

는 없다. 2덕보다 더욱 좋은 것이 삼기(三奇)로 삼반물(三盤物)인데 재, 관, 인을 말하며 역시 신왕해야 한다. 사람이 살아가는 데 있어서 3대 요소이다. 돈, 명예, 건강이다.

여기서 명관과마는 천간의 관이 지지의 재에게 재생관을 잘 받고 있는 것을 말하는데 가령 ○辛丙○ / 丑酉寅○ 는 丙이 명관(明官)이고 寅이 재로 마(馬)라고 한다. 재생관을 잘 받고 있다. 이처럼 명관과마가 된다면 여자는 돈 벌어서 남편 갖다주고 남편 뒷바라지에 온갖 정성을 다하고, 어디 가도 서방님이 데리고 다닌다. 또한 丙의 직장이 없어져도 집에 가면 寅木재가 있어서 경제력이 튼튼하여 눈치 안 보고 소신껏 매사를 처리할 수 있어 할 말 다 하고 산다. 또한 관귀학관으로 매년 직장에서 승진한다. 마누라, 자식이 모두 똑똑하니까 가정도 좋더라.

남자가 재관동림(財官同臨)은 총각득자이고, 여자가 관식동림은 부정포태(不正胞胎)에 여기에 형, 충이 있으면 낙태시킨다. 남자 乙巳일주는 庚, 戊가 재관동림이고, 庚寅일주는 丙, 甲이 재관동림이다. "아들이 처녀에게 아기 배어놓을 테니까 나중에 놀라지 마시구려." 여자가 ○乙○○ / ○巳寅○ 이면, 巳 중의 庚, 丙으로 관식동림이 되니까 부정포태인데 寅巳형이 있으니까 낙태시킨다.

※ 참고로 태교에 대해서 한번 생각해보자.

요즘 태교에 대한 관심이 많다. 우리가 사진을 찍을 때 남녀가 포즈를 취하고 셔터를 누르면 사진의 원형이 생기고 필름을 현상해서 수정 작업을 거쳐서 사진이 현상되어 나온다. 요즘은 핸드폰으로 사진을 찍는 것이 일반적이고 사진기도 필름 없이 디지털이 일반적이다. 필름은 없으나 수정작업은 더욱 고도로 이루어진다. 여기서 태교교육은 두 번째 과정인 수정작업이라고 할 수 있다. 원형은 바꾸지 못하고 아름답게 색

칠하는 것이다. 고로 제일 중요한 것은 남녀의 마음가짐과 건강상태다. 다음이 태교이고, 다음이 태어난 이후 자라나는 환경이 중요하다.

다음 관살이 관살을 만나면 합하여 강왕하여지기 때문에 일간이 자연 허약하여지므로 흉이 되는데 그 중에서도 관살혼잡이나 재살태왕은 천격이 되기에 더욱 나쁘다.

가령 ○甲庚戌/卯申申申 는 甲木이 卯에 의지하고 있어서 가지가 찢어지기 일보 직전이고 申월에 서리 맞았다. 파격이니까 밑바닥을 기어야 하는 천격이다. 戌土재가 土생金 해서 살이 되어 甲木을 해치니까 재생살이 되어서 재살태왕격이다.

또한 戌壬戌戌/申戌午戌 는 午戌火국으로 재가 살인 戌土를 火생土 해서 土극水로 나를 치고 들어오니까 재생살로 재살태왕격이다. 완전히 헛공사이고 물이 적어서 바닥이 드러나고 있으며 물은 적고 흙은 많아서 썩은 물이니까 아무도 물 먹으러 안 온다. "돈 떨어져, 신발 떨어져, 애인마저 떨어져서 나 홀로이다." 만약 丙辛丙丁이면 辛에게 丙, 丁, 丙이 있어서 서방이 많으니까 辛도 헷갈린다. 丁이 첫사랑이고 월의 丙과 살고 있는데 살다 보니 시의 丙을 또 만났더라. 어느 것이 내 서방인지 헷갈린다. 관살혼잡이다.

관살혼잡 사주에서 좋은 경우로 혼잡으로 보지 않는 경우가 있는데
 ⅰ) 신왕일 때는 관살혼잡으로 보지 않는다.
 ⅱ) 거관유살(去官留殺)되었을 때
 ⅲ) 거살유관(去殺留官)되었을 때이다.

가령 丙庚壬丁/戌寅子亥 는 금수냉한이다. 거관유살이다. 년상의 丁火관이 丁壬합으로 가버렸다. 丙편관이 寅戌火국으로 똑똑하고 좋으니까 두 번째 만난 남자가 그렇게 좋더라. 이처럼 여자가 거관유살이 되어서 좋게

작용하면 본 서방은 가고 나중에 만난 남자와 행복하게 잘 산다. 관용신이다. 만약 乙⑰己甲／○○○寅이면 甲己합으로 살은 갔고 乙木정관이 남아있다. 고로 戊는 "구관이 명관이었는데…, 甲寅木이 더욱 좋았는데…." 한다. 거살유관(去殺留官)이다.

戊가 甲과 乙을 만나고 있으면서 고민하는데 己土친구가 나타나서 甲木을 가져가더라. 아주 시원하다. 이처럼 거관유살, 거살유관 사주의 특징은

ⅰ) 남길 건 남기고 보낼 건 보내니까 "교통정리 잘 하시네요." 즉 감원시키는 데는 명수이다.
ⅱ) 본인은 출세, 입신하는 데 희생자가 있다.

다음으로 남녀사주에서 관살이 많으면 어떤 특징이 있을까?
가령 戊⑰己戊／申戌未戌의 경우, 壬이 土인 관살이 많다. 고로 다관무관(多官無官)이다. 신약하니 관이 없는 것과 같다. 흙은 많고 물은 적으니까 천수(淺水), 얕은 물이고 탁수(濁水), 더러운 물이다. 유색(流塞)이다. 물이 막혔다. 壬水 하나 막으려고 너무나 많은 흙을 갖다 놓았으니까. "모기 보고 총 쏘는 팔자이다." 여기가도 저기가도 동네북이고 왕따 당한다. 더러운 놈이고 더러운 년이고 더러운 팔자이다. 직업, 직장도 없는 팔자이다. 다자무자이다. 고로 직장 나가면 하루 일하고 이틀 쉬어야 하는 체질로 건강이 따르지 못하니, 가령 직장은 土인데 직장 나가면 土가 많아지니까 더욱 배겨나기가 어려워서 직장에 나가기가 겁나서 못 나가게 된다. 고로 이런 팔자가 시집가면 서방만 왔다 가면 일주일은 누워있어야 하는데 그렇지 않아도 약한 물을 土가 와서 뭉개고 갔으니까 못 일어난다. 金生水가 필요하니까 친정에 자주 가 있더라. "아니 왜 당신 따님은 서방님만 왔다 가면 일주일은 누워있어야 하나요?"

했더니 크게 웃더라.

　또 만약 관이 투간하고 다시 암장관합이 되면 애기 낳고 살다가도 도망간다. 가령 ○癸戌○/○巳戌○은 巳중戌, 월상의 戌戌土가 있는데 월상의 戌가 본서방이고, 巳중의 戌가 애인인데 애기 낳고 살다가도 도망간다. 癸에게는 월의 戌인 서방보다 巳중의 戌가 애인이라서 더욱 좋으니 도망가는 것이다. 巳戌귀문의 작용은 본인도 남자한테 미치는데 남자를 미치게 하는 팔자이다. 귀문은 성의 노예가 된다.

　사람을 나무로 비유한다면 아무리 비배관리(肥培管理)를 잘한다 하여도 자주 옮기면 반드시 고사하는 것과 같이 사람도 예외일 수는 없으니 직업도 자주 바뀌면 자연 성공하기 어려운 것이다. 따라서 직업의 변화 때나 결혼할 때도 한번 써먹을 수 있는 말이 있다.

　가령 51세의 사람이 직업을 변화하려고 상담하러 왔다면?

　50년생 나무를 옮기려고 하면, 즉 직업을 전환하려면 토양조사를 해야 하는데 나무가 거기에 적응할 수 있는지 토질을 보는데, 직업과 나와의 적성이 맞는 지를 보는데, 설령 맞는다고 해도 작은 뿌리는 모두 잘라버리고 큰 뿌리는 가지고 가는데, 이 말은 과거는 버리고 가는 것이 되는데 "과거는 묻지 마세요."가 된다. 또한 옮겼다고 해도 비배관리 잘하고 보호목을 세워야 한다.

　가령 직업 변화했을 때에 어려움이 닥쳤을 때 나를 도와줄 수 있는 사람이 얼마나 될 것인가? 또한 있다고 해도 3년 이상을 지나야만 겨우 실뿌리를 내린다. 즉 직업을 바꾸고서 3년이 지나야만 그 세계를 알 수 있어서 적응되고 그 세계에서 기반이 잡히는 것이다. 고로 갑자기 직업 변화시키면 그 세계에서 적응하여 살아남기가 어려우니까 직업도 자꾸 바꾸면 성공하기가 힘들다는 말이다.

다음 관살이 아무리 무섭다 하여도 다스리는 방법이 있다. 관살을 귀신, 호랑이, 병이라고 해서 무섭다고 하는데 이 관살도 다스리는 방법이 3가지가 있다.

첫째, 인수로 살인상생(殺印相生)하는 방법이다. 협상법(協相法)인데, 관과 일주 사이에 인수라는 한 사람을 끼워넣고서 화해시키는 것이다.

둘째, 양인, 비겁으로 관살을 물리치는 것이다. 양인합살(羊刃合殺), 매씨합살(妹氏合殺), 살인상정(殺刃相停), 권인상정(權刃相停)으로 미인계(美人計)를 쓴다는 것이다.

셋째는 인수와 양인도 없다면, 상식을 이용해서 살을 물리쳐야 한다. 식신제살법, 즉 격퇴법(擊退法)으로 음덕, 보시 쌓아서 관살을 물리치는 것이다.

이처럼 관살이 나쁘게 연결되면 "전생에서 지은 죄가 너무나 크네요. 이것을 이승에서 어떻게 다스리고 갈 것인가요?" 살이라고 하는 경찰서에 잡혀갔다. ⅰ) 인수를 쓰면, 나의 줄을 이용한다. 아는 데에 전화해서 도와달라고 하면서 빽을 사용하는 것이고, ⅱ) 양인을 쓰면, 누이동생, 여자 등을 이용해서 상대를 유혹시키는 것이고, ⅲ) 식신을 쓰면, 음덕, 보시로 빠져나온다.

고서에 이르기를 "육병생인(六丙生人)이 해자다(亥字多)면 살성구인(殺星拘印)에 반중화(反中和)라." 丙일간이 亥를 많이 만나면 살이 인수에 꼭꼭 묶여서 반대로 중화를 이룬다고 했다.

가령 ○丙○○ / ○寅亥亥 은 丙이 亥水편관에게 사정없이 얻어맞고 있는데 寅亥합목으로 인수가 되니까 壬칠살이 寅亥합으로 묶여서 水극火를 못하고 오히려 일주를 생해주더라. ○丙癸癸 / ○寅亥亥 의 경우, 丙이 癸를 따라서 직장만 나가면 癸亥가 둘로 한 몸에 두 지게를 지는 것처럼 水들이 일만 죽도록 시키더라. 丙이 관살이 많아서 "눈이 튀어나오도록 일해도 먹고 죽을 둥 살 둥 하는데 괴로워 죽겠더라." 고로 丙이 꾀를 내서 寅木이 배우자 궁에 있으므로 내가 살 길은 마누라에게 의지해서 도움을 木生火로 요청하더라. "당신이 癸亥水인 부장집에 가서는 일이 있을 때마다 도와준다면 내가 조금 살 것 같겠소." 그러자 癸水 마누라와 寅亥합으로 사이클이 잘 맞아서 대화가 잘 통하더라.

부장 마누라가 부장인 癸亥에게 잘 말하니 결국은 水극火가 아니라 水생木, 木생火로 좋게 들어오더라. 이것이 협상법(協相法)이다.

양인을 쓰면 살을 권으로 변화시킨다. 미인계이다. 양인합살이다.

○甲乙庚의 경우, 甲이라는 송나라가 있는데 庚이라는 金나라가 쳐들어오자, 회의 끝에 "甲의 누이동생 乙을 庚에게 시집보내서 결혼시키면 처남매부가 되니까 침략하지 않을 것이다." 하고 미인계를 쓰더라. 만약 여자 사주면 甲을 庚남편이 사정없이 패는데 乙이 나타나면 乙庚합으로 안 때리더라. 단 서방을 뺏기는 것은 어쩔 수가 없는데 일장일단은 있더라. 壬丙○○／辰甲午○이면 丙이 壬 때문에 죽겠는데 午중의 丁과 丁壬합시키면 오히려 좋게 된다. 그러나 壬丙○○／辰甲午午의 경우에는 신강하므로 양인합살로 보지 않고 午가 병이니까, 壬칠살이 비견겁을 없애는 것으로 보아야 한다.

그러나 협상도 안 되고, 미인계도 안 통할 때는 식신으로 제살해야 하는데 즉 전극으로 싸워서 격퇴시켜야 한다. "내가 이것을 비밀무기로 안 쓰려고 했는데 이것 상식이 보이니? 응? 보이면 가거라, 응?" 하더라.

다음 관살다봉(多逢)으로 일주무근하여 종살이 될 때에는 관살을 따라가는 것이다. 가령 ○乙○○／酉丑酉巳는 종살격이다. 巳酉丑金국으로 멋지다.

○丙○○   ○庚○○   ○己○○ 등도 모두 종살격이다. 종살격이 될 경우, 어
子申子辰'   午午寅戌'   亥卯亥未
떤 조건이 갖추어져야 길명이 될까?

첫째, 지지가 순수한 삼합이어야 한다. 방합이나 동합은 좋지가 않
아서 "여기서, 저기서 서방만 주어다 놓았네요." 하라. 단, 水일주는 국
이 없다. 土는 국이 없으니까.

둘째, 천간으로 투간된 관살은 하나만 있어야 좋은 사주가 된다. 가
령 ○乙辛○는 만약 庚辛이 하나만 더 투출해도 관살혼잡이 되어버린다.
  酉丑酉巳
이런 경우에는 삼합이지만 기생 팔자로 꼭 장, 차관만 상대하는 고급
마담이 되더라. 즉 배는 하나인데 선장은 둘이라서 그렇다. 지지합국
은 배이고 천간은 대표자이니까.

가령 乙己乙乙의 경우처럼 지지에 삼합木국을 멋지게 놓았지만 기생
    亥卯亥未
이다. 서방이 3~4명은 되어버린다는 것이다. 항상 대표자는 하나만 투
출되어야 한다.

셋째, 순수한 종살에도 재성이 뒷받침되고 있어야 최고로 좋은데, 지
지가 삼합국이면 재는 자동적으로 들어오게 되므로 삼합이 좋다는 것
이다. 가령 乙에 巳酉丑이면 丑인 재가 土생金하고, 己에 亥卯未이면
亥인 재가 水생木하고, 庚에 寅午戌이면 寅인 재가 木생火하고, 丙에
申子辰이면 申인 재가 金생水한다.

또 종살격을 일명 처종부화(妻從夫化)라고 하는데, 이는 마누라가 마
누라 이전에 남편으로 둔갑했다. 고로 남편이 부르면 무조건 대답부터
하더라. 가령 乙木이 巳酉丑으로 종살격이 되면 이 여자는 서방님이
출세하는 데 이 한몸 다 바쳐서 희생한다는 것으로 그만큼 좋은 마누
라를 맞게 된다. 여명이 이 격에 해당하면 정경부인이며, 남명은 고관
대작이 된다. 이에 반하여 부종처화(夫從妻化)가 있는데, 이는 종재격
을 말하며 남자가 "이 한 목숨 다 바쳐서 마누라 잘 되기를 기원합니

다." 라고 한다.

다음 관살이 년주에 있으면 선조대에 벼슬이요, 월주에 있으면 부모대에 관직인데 정관을 놓은 자는 인품이 준수하고 가정교육이 잘 되어 있고 만인의 모범으로 매사에 결실이 좋고 약속을 잘 지킨다. 그러나 큰 그릇은 안되지만 짱이다. 신약에 편관이 있는 자는 환경부실에 억압받고 살게 되며 심지어는 고향에서 쫓겨나오다시피 하였고, 일지에 있으면 부부의 이별인데 아니면 악부, 악처로 고심이 많다. 가령 甲申일주 남자는 배우자 자리에서 치고 들어오고, 여자는 편관으로 남자를 주의하라. 역마로 국제결혼이고 홍염으로 남자가 많고 연하남자 4명은 거쳐간다. 그리고 시주에 있으면 자손이 관직에 진출한다.

다음 여자 사주에서, 년주에 관살이 있으면 노랑(老郞)이다. 10살 차이 이상이다. 壬·癸水 일주가 강한데, 특히 癸水일주가 더 정확한데 癸水일주는 타원형이 되어서 언뜻 보기에는 예쁜데 볼수록 밉다. 정신연령이 높아서 동년배와는 대화가 안되니까 나이 많은 남자와 인연이다. 다음은 첫사랑으로 보라.

시주에 관살이 있으면 연하의 남자이다. 연하의 남자는 도화에 관이 연하의 남자이고, 일지에 관살이면 역시 연하의 남자이다. 여기서 일지에 관살이면 연하의 남자인데 또한 중, 말년에 남자가 바뀐다. 그 중에서 특히 己卯일주 여자는 己土 전답이 卯木인 살아있는 나무를 만나면 己土가 빵꾸나고 분산되어 버린다. 또한 己인 신용이 木인 인정으로 인해서 신용이 허물어진다. 즉 여자면 남자가 죽는 소리 하면 인정이 많아서 치마끈 풀어버린다. 가령 甲己○○/子卯○○는 시에 甲木으로 3~8살 연하의 남자인데 천간은 합이고 지지는 형이므로 안 보면 보고 싶고, 보면 원수이고 악연이다. 합으로 시작해서 형으로 끝났으니까 결국은 곱게 헤어지지는 못하고 경찰서에 가서야 헤어지게 되어 있다. 甲木이

子에 뿌리내리지 못하고 있으니 직업 없이 떠돌아다니니까 己土여자에게 손 벌리게 되어 있다. 또한 $\begin{smallmatrix}乙戊辛壬\\卯午亥辰\end{smallmatrix}$가 신수 보러 왔더라. "연하의 남자 주의하세요." 했더니 자기는 그런 일 없다고 장담하더니 2년도 못 되어서 연하의 남자에게 걸렸다고 왔더라. 寅午戌에 卯가 도화이고 시에 있으니 문만 열고 나가면 저 관이 기다리고 있더라. "어서 오너라." 하고서 말이다.

말년이니까, 乙卯木이 戊 보고 "어디 갔다 이제 오나요? 내가 이 자리에서 50년 동안이나 당신을 기다렸는데…." 한다.

여자 사주에서 똑똑한 남자 만나는 사주는, 관이 국을 이루어야 똑똑한 남편을 만나는데 특히 월지에 있어야 더욱 좋다. 그러면서 관인상생으로 들어와야 여자는 사랑을 받는다. $\begin{smallmatrix}○己丙○\\○○寅○\end{smallmatrix}$은 己가 寅 중의 甲과 연애했다. 己土가 형편이 어려워서 시집 못간다고 하자 寅木이 모두 대주고서 데려가더라. 또한 관인상생이니까 서방님이 나를 공부시켜주고 같이 유학간다. 또한 여자가 관용신이면 남편에게 사랑받는다. 즉 관용신이면 남자에게 온갖 정성을 다하는데 서방도 나에게 잘해줄 것이 아닌가?

사주에서 관이 용신인지 상식이 용신인지 헷갈리거든 물어보라. "서방님이 좋아요? 자식이 좋아요?" 서방님이 좋다 하면 관용신이고 자식이 좋다 하면 상식이 용신이다.

또한 월지에 인수 놓고 천간에 관을 놓고 있으면, 가령 $\begin{smallmatrix}○己甲○\\○○午○\end{smallmatrix}$이면, 역시 남편에게 사랑은 받지만 남편이 무능력에 해당한다. 木극土를 박력있게 들어와야 하는데 木생火, 火생土로 들어오니까 잘한 것도, 못한 것도 모두 잘하게 보인다. 가령 己土가 오늘은 木극土로 좀 얻어맞고 싶어서 일부러 기다리고 있는데 甲木이 들어오더라. "썩을 놈의 인간, 왜 이제 들어와?" 했더니 甲木이 귀싸대기 한 대 올라올 줄 알았는데 "여보 당신 그 말이 참 듣기 좋네. 한번 더 해봐요." 하더라. 이런 차이는 있다는 것이다.

남녀부부 두 사주가 있다. 남자는 丙丙壬丙/申辰辰午, 여자는 ○壬丙己/○戌子酉이다. 둘다 木火용신이다. 일주끼리 충 걸렸다. 여자가 임신했는데 뱃속의 아기가 거꾸로 들어있다고 한다. 남자 사주가 약해서 첫딸일 가능성이 많은데 병원에서 수술해야 한다고 하더라.

그런데 역학적으로 보면 아기가 뱃속에 거꾸로 들어있어도 산모가 신강해서 건강하면 날 때는 바로 되어서 나온다. 역학과 의술의 차이인데 실제로 보니까 역학이 맞더라. 10월 10일이 예정일인데 9월 20일경에 수술하자고 하는데 20일을 당기게 되니까 잘못하면 인큐베이터 속에서 있다가 나올 것이다. 아기의 사주를 구성해서 날짜 잡아보면 두 가지의 좋은 사주가 나온다.

ⅰ) 丁壬乙庚/未午酉辰는 신왕재왕으로 부자사주이며 午未火로 아버지 안 꺾는다.

ⅱ) 壬壬乙庚/午寅酉辰는 신왕관왕으로 귀(貴)로 사는 사주로 辰酉金으로 어머니 안 꺾는다. 이중에서 ⅱ)번이 더 좋다. 이유는? 부와 모의 辰戌충을 寅이 들어가서 해소시키니까. 상담예를 들어봤다.

관살에 형, 충, 공망, 백호대살 등의 흉살이 있으면, 남자는 자손에 안 좋고, 여자는 상부 또는 남편의 건강이 안 좋고 본인이 먹여살려야 한다. 남편 궁에 흠이 있다는 것이다. 관살에 귀문관살이면 자손으로 인해서 정신이상이 있거나 자손이 정신질환이다. ○甲○壬/○卯○申의 여자 사주가 있다. 卯申귀문으로 남자 때문에 미쳐서 돌아간다. 혹시 정신이상이 왔다면 남자 때문에 미쳤는데 그 원인 제공은 남자가 했다고 보면 된다. 시골에서 부자댁 부인으로 살다가 서방이 죽었다. 이장이 이일 저일 도와주자 둘이 정을 통했는데, 어느날 머슴이 그 사실을 알리겠다고 협박하면서 몸을 뺏었다. 결국 관식투전(卯, 申)으로 그 머슴이 살림 안 준다고 패더라. 결국은 살림을 헐값에 매각하고서 서울로 도망치듯이 와서 산 여자이다. 귀문관살이 이렇게 무섭더라.

관살에 단교관살, 급각살이면 수족에 이상 있다. 관살에 탕화살이면 남자는 자손, 여자는 서방이 화재로 혼나본다. 또한 여자가 관살이 탕화면 서방이 죽는다고 약봉지 잘 먹더라.

다음 관살운이 좋게 작용하면 어떻게 통변할까?

가령 ○壬壬○/午戌子申 이면 신강하다. 戊戌년은 편관운으로 관살운이라서 나를 극하고 들어오는데 나를 극하는 것은 나보다 높은 사람이다. 고로 여기서 분발하니까 정신이 번쩍 들고 철이 든다. 土극水로 없던 직장이 생기고, 감투가 들어오고 중책이 들어온다. 무거운 짐을 떠맡게 되어서 이끌고 나가야 되니까 정신 바짝 차려야 한다.

① 쉽게 취직하게 된다. 취직운도 연령에 따라서 다른데 초등학교 시절 반장 하고, 고등학교 때는 연대장 하고 대학교 때는 총학생회장 하고 일반인은 취직도 쉽게 되고 서로 데려가려고 한다. 관이 홀로 독(獨)으로 되어 있으면 좋은 직장이 없고, 관이 국을 이루어야 중앙부서에 근무하고 또한 시골에 있다가도 서울로 올라온다.

② 쉽게 영전(榮轉)한다. 가령 癸丑일주가 은행에서 己巳년에 지점장으로 발령났는데 인천, 상계동, 서초동 중에서 골라서 가라고 한다. "어디로 가야 하나요?" "서초로 가시오!" 인천은 지방이다. 한번 지방으로 가면 최소한 6개월은 있어야 하며 다시 서울로 오기가 힘들다. 상계동은 큰 공장건물이 없다. 고로 예금고가 형편없다는 것이다. 지점은 예금고를 높여야 하고 일등 하면 외국여행도 시찰 목적으로 많이 가게 되니까 얼마나 좋은가? 이런 세계

도 알아야만 상담해줄 수 있다.
③ 재수(財數)있다. 여러 가지로 살펴보면, 가령 ○㊉壬○/午戌子申 가 戊戌년이면 월상의 壬을 土극水로 없애니까 비견겁의 도둑놈을 없앤다. 독식한다. 또는 戌이 재고니까, 재고를 재수로 연결하면 묵은 돈 받게 되고, 재고는 또한 재국과 같으니 큰돈이 들어온다. 午戌火국이 되니까 재가 국을 이루니 돈방석에 앉아버린다. 또한 戊戌은 土인데 조토가 되어서 이것이 재고니까 황무지가 택지로 개발되어서 하루아침에 떼부자가 되었다. 또한 戌이 관고인데 재고에 연결되니까 은행과도 줄이 닿는데 운이 좋으니까 은행에서 자기들 돈 좀 갖다 쓰라고 연락이 온다.
④ 자손에 경사 있다. 관살이 자손이니까.
⑤ 매사에 결실이 되고 완숙(完熟)된다. 오행으로는 金이 결실이고, 육친으로는 관살이 결실이다. 고로 "그동안에 못다 이룬 꿈, 금년에 이루셔야 합니다." "기회는 항상 오는 게 아닙니다." 戊戌은 다음이 己亥, 庚子로 金水운이 오니까 火용신이 꺼진다. 고로 올해 일은 올해로 모두 마무리해야지 내년으로 넘어가면 손해본다. 자연으로 대비하면 壬水가 없어진다는 것은 구름이 없어지니까 근심, 걱정이 없어지고 태평세월이다. "가만히 있어도 저절로 귀인이 생긴다." "직장인은 승진한다."

관살운이 흉하게 작용하면 어떻게 통변할까?
가령 丁㊉戊丙/未子戌午 는 물이 갇혀 있어서 흘러가지 못한다. 탁수이고 얕은 물이니 기준 없이 세상을 산다. 만약 戊戌운으로 관살운이면?
① 퇴직한다. 그 이유는 직장에 나가기가 호랑이굴로 가는 것보다 더욱 무섭다. 직장 나가면 직속상관이 자꾸 야단치니까 무섭다. 만

약 스스로 퇴직 안 하면 직장에서 누명 씌워서 쫓아낸다.
② 좌천(左遷) 당한다. 본인 자신이 능력이 부족하여 일을 처리 못한다. 일주가 약하고 관살이 많으면 내가 처리하지도 못할 일들만 가득 있으니 사도세자와 같다. 일주가 약하니까 아기인데 관살이 많으니 감투는 크다. 고로 어른이 써야 될 감투를 아기에게 씌워 놓은 것과 같다는 것이다.

가령 庚㉤甲癸 午亥寅亥 는 己土의 서방이 甲己합에 寅亥합木이다. 己土가 甲寅木인 아름드리 서방을 따라가려고 해도 도저히 따라가지 못한다. 甲己합에 寅亥합이니까 연애 결혼했고 사랑받고 있는데, 어느 날 己土가 편지 한 장 써놓고 행방불명되었더라. "내 진정 당신을 사랑해서 하는 말이니, 나보다도 더욱 좋은 여자 만나서 출세하셔야 합니다." 즉 일주가 약하니까 아무리 좋은 정관 벼슬이라도 내 것으로 만들 수가 없는데 능력부족이다. 己土에게 甲寅木이라는 아름드리 나무를 준다고 해도 감당을 못하니 火생土를 받아야 한다. 고로 "알아야 면장을 하지…." 팔자이다.

③ 공갈, 협박 당한다.
④ 몸에 병이 온다. 득병(得病)한다. 무리해서 몸에 병이 온다. 누구든지 관살운에서는 몸이 아프게 된다.
⑤ 몸을 다친다. 상신(傷身)이다. 여기서 틀림없이 사고에 연결되면 보험 가입시켜라. 적금 형식인데 보상은 보상대로 받더라.
⑥ 관살로 나쁘게 연결되면 꿈자리가 사납다. 악몽에 시달린다. 가위에 눌린다. 요사스런 꿈을 꾼다.
⑦ 기억이 감퇴된다. 고로 건망증이 온다. 아주 심하면 기억상실이 된다.
⑧ 실수가 연발이다. 운이 나쁘면 실수연발한다.
⑨ 대인기피증이 온다. 여자면 이성기피증이다. 보기만 하면 나를 잡

아먹을 것 같으니 사람을 싫어한다.
⑩ 구속당하고 감금당하며 납치된다.
⑪ 이혼한다. 서방에게 쫓겨난다. 누명 쓰고 쫓겨난다.
⑫ 자손으로 인해서 상심(傷心)한다. 자손이 날 배신하고, 능멸하고, 심하면 자식이 내 멱살 잡는다.
⑬ 감사(監査), 세무사찰 받는다. 정관으로 오면 예고하고 오는데 편관으로 오면 불시에 감사이다. 甲申일주가 庚辰년이면 "당신 지금 쫓겨다니는군요." 乙酉일주, 乙丑일주가 辛巳년이면 巳酉丑으로 金극木 하고 乙辛충으로 도망가는 해, 쫓기는 운, 이별 수이다.

나. 관살과 다른 육친과의 변화

1 관살이 변해서 인수가 되는 경우(관살변인수)

- 일간 : 甲·乙   丙·丁   戊·己   庚·辛   壬·癸
- 관살 : 金   水   木   火   土
- 변화 : 水   木   火   土   金
- 가부 : ○   ○   ○   △   ○

1) 일주별 변화

- 木일주 : ○甲○○ / ○申子○은 申인 관살이 변해서 申子水국으로 인수가 된다. 단 水생木 못하고 부목(浮木)이 되고, 子월이라 꽁꽁 얼었다. ○乙○○ / 子亥子亥와 같이 木일주가 지지에 亥子水국을 많이 놓고 있으면 수경재배에 해당한다.

- 火일주 : ○丁○○ / ○亥寅○은 寅亥합木이다. 관은 서방, 寅은 친정어머니다. 고로 친정어머니 모셔야 한다.

- 土일주 : ○戊○○ / 午寅○○는 木극土로 나를 때리다가 친정어머니 午만 오

면 나를 업어주더라. 관과 인수가 합을 했다. 아파트 당
첨이 잘 되고, 공관이나 관저로 보면 된다. 집이 언제든
지 저당설정되어 있다. 그런데 관이 인수로 변하고, 인수
가 관으로 변하면서 사주가 나쁘면 집은 집인데 임대주
택에서 산다.

- 水일주 : ○癸○○
酉丑○○ 는 서방님이 공부하러 간다고 하더니 안 돌아오더라.
- 金일주 : 원국에서 火가 土로 변하는 것은 없다. 다만, 丙辰, 丙戌, 丁丑, 丁未운에서는 관이 인수로 변한다. 그리고 木일주는 庚子, 辛亥운에, 火일주는 壬寅, 癸卯운에, 土일주는 甲午, 乙巳운에, 水일주는 戊申, 己酉운에 각각 관살이 변해서 인수가 된다.

2) 통변응용

① 직장이나 관에서 공부시켜 주고, 집, 사택 마련해 준다.

② 남편이 공부시켜 주고 남편에게 사랑받는다.

③ 남편이 교육자이다. 선생에게 시집 갈 팔자가 따로 있다.

④ 친정어머니 모시고 산다. 壬丁辛辛
寅亥丑丑 의 여자가 33살 때 신수 보러 왔
더라. 그때까지 결혼 안 했단다. 寅亥합에 丁壬합이다. 寅이 어머
니인데 일지로 합을 해서 들어오니까 "친정어머니와 같이 모시고
살 서방 구하기가 그렇게 힘들어요? 아직까지 시집 못 가게?" 하니
까 그냥 울더라. 똑같은 인수라도 월에 인수면 친정 유산 받는다.
이 사주는 재다신약이다. 丑이 재고로 친정이 망했다. 고로 寅木
어머니는 오갈 데가 없어서 내가 모시고 살아야 하는데 亥중의 壬
水 남자와 같이 있으니까 요즘 장모와 같이 살려고 하는 남자가
얼마나 있을까? 丁亥일주가 寅년이면 없던 어머니 생기고 친정어
머니가 같이 살자고 들어온다. 또한 丙丙戊庚
申申寅寅 는 노처녀로 친정어

머니 모시고 산다. 운이 나쁘다. 水운인 관운이 있었는데 진짜 남편은 없더라. 申속의 壬水로 애인만 있지 남편은 없다.
⑤ 남편이 친정어머니처럼 자상하고 사랑받는다. 어느 여자든지 잔정에는 약하다.
⑥ 관저, 사택, 공공주택, 임대주택까지도 연결된다. 항상 이 집은 저당 설정되어 있다.
⑦ 협상의 명수이다. 관인상생, 살인상생처럼 관이 변해서 인수가 되는 것으로 적을 내 편으로 만들 수 있는 능력을 가지고 있다. 가령 ○戊丙甲의 여자 사주라면 戊의 서방은 甲木이다. 甲木이 항상 말하기를 "저 戊土를 木극土로 아무리 미워하고 싶어도 木생火, 火생土로 미워할 수가 없으니…."한다.
⑧ 국공립학교와 인연 있다. 사주에 인수가 없으면 본교와는 인연이 없다. 분교 내지는 지방학교이다.
⑨ 제복을 좋아한다. 정복을 좋아하고 또한 관인이 원리원칙을 행한다.
⑩ 원수가 은인이 되고, 윗사람의 사랑을 받는다. 관이 윗사람이니까. 가령 ○丙辛庚 ○辰卯寅은 丙이 寅이면 木생火 잘 받고 卯이면 木생火 못 받는다. 년은 기관장, 사단장에 해당하고, 월은 직속상관이다. 이 사람이 33살에 대기업 상무가 된 사람인데 寅木인 사장, 회장에게 잘 보였는데 卯木인 직속상관인 이사들에게 경계 당해서 안건을 올리면 커트시켜 버리더라. 寅은 키워주려고 하지만 卯는 방해하니까 결국은 그 자리 못 지키고서 사표내고 말았다.
⑪ 관으로부터 표창장 받고 관이 나를 도와주는 귀인이다.
⑫ 관에서 부모(인수) 찾아준다.
⑬ 관에서 후원한다. 어떤 일을 하는 데 있어서 행정안전부나 산림청

이나 문화체육부에서 후원해주는 것이 관인상생(官印相生)이다.

2) 관살이 변해서 견겁이 되는 경우(관살변견겁)
- 일간 : 甲·乙　　丙·丁　　戊·己　　庚·辛　　壬·癸
- 관살 : 金　　　　水　　　　木　　　　火　　　　土
- 변화 : 木　　　　火　　　　土　　　　金　　　　水
- 가부 : △　　　　△　　　　△　　　　○　　　　○

1) 일주별 변화
- 金일주 : ○辛○○／酉巳○○는 巳酉金국이다. 관이 비겁으로 변했다. "서방은 어디 가고 너만 혼자 있느냐?" 또한 丙이 서방인데 丙辛합이 두 개니까 서방이 양다리 걸치고 있다. 辛巳일주가 酉년, 丑년에 신수 보러 왔다. "참, 금년에 신수도 이상하네요. 왜 있던 서방이 없어질까?"
- 水일주 : ○癸○○／子丑○○와 ○壬○○／子辰○○는 서방이 물귀신 된다. 여기서 어느 사주가 서방이 물귀신 되는 것이 더욱 확률이 높을까? 壬辰은 괴강이고 癸丑은 백호에 탕화에 동토(凍土)로 얼어 있으니 子丑水국이 더욱 잘된다.
- 60갑자로 연결하면

　木일주는 庚寅, 辛卯운에, 火일주는 壬午, 癸巳운에, 土일주는 甲戌, 甲辰, 乙丑, 乙未운에 金일주는 丙申, 丁酉운에, 水일주는 戊子, 己亥운에 각각 관살이 변해서 견겁이 된다.

　나쁘게 연결하면 결혼할 때 헌신랑이 걸린다. 헛다리 짚었다. 천간은 관이지만 지지는 비겁이니까 이미 결혼을 했던 남자라는 이야기다.

2) 통변응용

① 친구 잘못 만나서 직장 떨어진다. 가령 ○乙○○/○亥寅卯 은 신강해서 木이 병이다. 辛卯년이 되자 卯木친구가 일지와 삼합이 되니까 직장 좀 옮겨보라고 권하길래 OK했더니 辛인 관이 卯木에서 절지이고 날아가버리며 비겁이 많아서 내 것을 통째로 날려버린다. 친구 말만 믿었다가는 직장만 날리고 오갈 데 없이 되어버린다. 이처럼 운이 나쁠 때의 직장변동은 "새 직장에 출근하고 난 후에 다니던 직장에 사표 내시오. 그래도 늦지 않습니다." 하고 말해 주라.

② 정부(情夫)로 인하여 파산이다. 서방이 아니라 도둑놈이고 정부가 아니고 도둑놈이다. 고로 파산이다. ○○辛○/○○巳酉○ 은 巳酉金국이니까 본인이 힘껏 벌어서 서방 먹여 살려야 한다. "辛일주야, 너의 눈에는 세상 남자가 어떻게 보이냐?" "도둑놈으로 보여!" 하더라.

③ 관으로부터 손재이다. 관으로부터 방해받는다. 가령 사업한다면 인천 앞바다에서 잡아놓고서 통관 안 시켜준다.

④ 남자, 서방이 친구로 보인다. 교제할 때는 "김형! 이형!" 하더라.

⑤ 자식이 도둑놈이다. 불효(不孝)한다. 서방이 도둑놈이고 서방이 배신한다.

⑥ 부군이 무능력자와 같이 놀고 먹는다.

⑦ 나의 공을 타인이 뺏어 간다.

⑧ 관에 있는 사람이 찾아와서 금전을 요구한다.

⑨ 취직 부탁하면 사기당하고 배신당한다.

⑩ 약혼했다가 파혼한다. 비견겁이니 헛다리 짚었다.

　　남자는 비겁운에 여자는 상관운에 속아서 결혼한다. 庚子일주가 乙丑년에 여자 만났다. 丑은 乙의 관고니까 과부이다. 그런데도 乙庚합, 子丑합이니까 만나게 되어 있는데 여자는 乙木이 丑 위에 있으니 동토로 돈은 돈이지만 쓸데없는 돈으로 내 돈이 아니더라. 乙庚합, 子丑합으로 알면서도 합하고서 나중에 보기 싫어서 헤어지자고 하자, 丑 탕화가 나와서 약 먹고 죽겠다고 하더라.

3 관살이 변해서 상식이 되는 경우(관살변상식)
- 일간 : 甲·乙   丙·丁   戊·己   庚·辛   壬·癸
- 관살 : 金   水   木   火   土
- 변화 : 火   土   金   水   木
- 가부 : △   △   △   △   ○

1) 일주별 변화
- 水일주 : ○癸○○/卯未○○는 未가 서방인데 자식같이 보인다. 심하면 자식 낳고서 남편이 없어졌다. "남편이 아니라 큰 애기네요." 壬일주가 戊寅, 己卯년이면 천간은 남편, 지지는 자식이니까 壬이 戊土인 남자 만나면 자식이 생기니까 "결혼한다면 잉태까지 하겠네요." 또한 壬일주는 남편과 자식이 같이 들어오니까 시집가려고 한다. 세상 남자가 모두 예뻐 보이고 천리 밖에 있는 남편도 왔다가 간다. 하룻밤만 자고 갔는데도 잉태가 되더라.
- 木일주는 庚午, 辛巳운에, 火일주는 壬戌, 壬辰, 癸丑, 癸未운에, 土일주는 甲申, 乙酉운에, 金일주는 丙子, 丁亥운에 각각 관살이 변해서 상식이 된다.

2) 통변응용
① 상식이 좋게 연결되면 관으로 인하여 옷과 밥이 생긴다.

② 직장이 없어지고 좌천이다.
③ 매사가 거꾸로 간다. 관에서는 인수로 가야 하는데, 상식으로 갔으니까 역행이고 또한 상식은 관을 치므로 거꾸로 간다는 것이다. 가령 丙乙丙丁/戊未午未 라면 남편이 없고, 있어도 나가 살고 있는 사주인데 庚午년이 되면 관과 상식이 같이 들어온다. 고로 庚金 본서방을 묶어놓고 싶어진다. "여보! 금년에는 당신 없으면 못 살겠으니 1년만 나와 살아준다면 더 이상 간섭 안할 게요." 한다. 乙庚합, 午未합으로 남편이 들어오면 金인 서방을 火극金하고 싶었는데 없어서 못하다가 이제 생기니까 한 칼에 가버린다. 이것이 복상사이다. "아줌마, 나가 있는 남편 불러들이지 마시오. 남편이 재난을 당하게 됩니다." 그러나 "나만은 안 그럴 것이다." 하고 역학자 말 안 듣더라.

운명은 '외상을 사절한다'로 꼼짝없이 걸려든다. 乙庚합, 午未합으로 庚金이 퓨즈가 나간다. 고로 庚서방이 몸이 이상해서 乙木보고 잠깐 놔두라고 해도 들은 척하지 않더니 결국 金이 과부하 걸려서 전류인 火는 많아서 퓨즈가 나가니 뇌일혈로 유언 한 마디 못하고 세상을 떠나더라.

壬午일주 여자는 戊寅년에는 시집가게 된다. 그런데도 못 갔다고 하면 "이 사람은 혼자 살 팔자네요."하고 단정을 내려버려도 된다. 관이 변해서 상식이 되고, 상식이 변해서 관이 되도 모두 관식동림이니까 부정포태가 된다.
④ 관 때문에 지출이 따른다. 상식이 지출이니까.
⑤ 윗사람에 변동 있고, 가령 癸未일주가 未가 관살로 상사인데 卯년이면 卯未木국으로 관이 변해서 상식이 되니까 나의 부하가 된다. 고로 위 사람은 2단계를 뛰어서 승진했다는 것이 된다.

⑥ 남편이 어린애와 같다. 철이 안 들고 하는 짓이 꼭 애들 같다. 뭘 해도 시원치 않고, 항상 서방님이 우물가에 내놓은 애들같이 생각한다.

⑦ 예기치 않은 일이 발생한다. 관을 따라가면 법을 준수하게 되어서 좋은데, 상식으로 바꾸어지니까 나쁜 길로 연결된다.

⑧ 관이 파놓은 함정에 걸려들고, 상식이 나쁘게 작용하면 함정이다. 상식은 내가 가는 길이니까 함정이고 오행으로는 水가 캄캄하므로 나쁘면 함정이다. 남편이나 정부가 파놓은 함정에도 걸려든다. 가령 서방이 음성을 바꿔서 전화해서 만나자고 하는 등의 술수에 잘못 걸린다.

⑨ 남편이 인정이 많아서 돈을 잘 쓴다.
여자가 상식이 많으면 인정이 많아서 불쌍해서 남자와 살아주는데, 그런데 상식이 많으면 관을 치니까 남자가 바람피우게 되어있다. 고로 "제가 이쁘고 잘나서 살아주는 줄 알고 꼴값하면서 바람 피우냐?" 한다는 것이다. 남자는 여자가 상식이 많으면 남자 자신이 되는 일이 없다.

⑩ 연하의 남자와 인연 있다. 정 주면서 살아야 하니까.

⑪ 직장 때문에 항시 골치 아프다. 상식은 관을 극하니까, 맨날 취직했다가 나오곤 한다.

⑫ 상부(喪夫)에 이별한다. 癸未일주가 卯년이면 卯未로 "금년에는 남편이 없어지고 자식만 남았네요." "자식 때문에 남편이 갔네요." 하라.

⑬ 상식이 많으면 항시 구설이 떠날 사이가 없다. 火가 기신이면 역시 구설이 떠날 사이가 없다. 火는 주작이므로 그렇다.

4 관살이 변해서 재성이 되는 경우(관살변재성)

- 일간 :　甲·乙　　丙·丁　　戊·己　　庚·辛　　壬·癸
- 관살 :　　金　　　水　　　木　　　火　　　土
- 변화 :　　土　　　金　　　水　　　木　　　火
- 가부 :　　△　　　△　　　△　　　△　　　○

　　　　원래 재생관인데 관이 재를 생하므로 거꾸로 간다. 관이 변해서 재로 되니, 돈 버는 직장이다. 남자가 돈으로 보인다.

1) 일주별 변화

- 水일주 : ○壬○○ / 子申戌午 의 경우, 관(戌)이 변해서 재(火)가 되었다. 서방은 없고 재만 있다. "서방님 어디 갔어요? 돈 벌러 갔어요?" 돈 벌어서 火생土 하니까 다시 오게 된다. 戌을 종교인으로 본다면 스님이 돈으로 보인다. 종교를 앞세워서 돈 버는 팔자이다. 남자면 자식이 돈으로 보이니까 자식보고 돈 벌어 오라고 한다. 또한 관이니까 관청을 상대로 돈 버는 팔자이다. 水일주는 戊午, 己巳운에도 관살이 변해서 재가 된다.

- 木일주는 庚辰, 庚戌, 辛丑, 辛未운에, 火일주는 壬申, 癸酉운에, 土일주는 甲子, 乙亥운에, 金일주는 丙寅, 丁卯운에 각각 관이 변해서 재가 된다. 관이 변해서 재가 되지만 다시 재생관이 된다. 명관과마로 돈 생기고, 명예가 생기고, 승진하고, 봉급 오르고, 여자 생기고 등 모두 좋다. 단, 신강한 사주여야 한다.

2) 통변응용

① 남자는 직장에서 애인 생긴다.

② 관에 의해서 돈이 생긴다. 戌은 土이므로 땅이 午戌火국으로 돈 덩어리가 되더라.
③ 직장생활하다가 사업한다. 戌土인 관을 따라서 직장생활하다가 午戌火가 재가 되니까 사업하는데 그것도 직장 상대로 사업하니 계산이 빠르다.
④ 융자가 쉽게 된다. 언제든지 융자가 잘 되는 월이 재월이다.
⑤ 자식 때문에 애인 생기고 자식이 장가 보내준다.
⑥ 남편이, 자식이, 부처님이, 종교가 돈으로 보이고 항상 돈이 우선이다. 자식 때문에 처갓집 방문하게 된다. 항시 재가 처갓집이다.
⑦ 매사가 역(逆)으로 진행되다가 다시 순리로 바뀐다. 관이 변해서 재가 되면 거꾸로 가는데 항상 재생관으로 다시 오니까, 관이 변해서 재가 되지만 다시 재생관이 된다.

5 관살이 변해서 관살이 되는 경우(관살변관살)

- 일간 :   甲・乙   丙・丁   戊・己   庚・辛   壬・癸
- 관살 :   金   水   木   火   土
- 변화 :   金   水   木   火   土
- 가부 :   ○   ○   ○   ○   ○

1) 일주별 변화
- 모두 방합으로 되는데 신강이면 길하고 신약이면 흉이다.
- 木일주는 庚申, 辛酉운에, 火일주는 壬子, 癸亥운에, 土일주는 甲寅, 乙卯운에, 金일주는 丙午, 丁巳운에, 水일주는 戊辰, 戊戌, 己丑, 己未운에 각각 관살이 변해서 관살이 된다.

2) 통변응용

① 방합으로서의 변동은 사내(社內) 이동이다. 멀리 움직이는 것은 아니다.

② 남자가 년월에 재가, 여자가 년월에 관이 같이 투출되어 있으면 결혼할 때 쌍립 선다. 가령 의 경우, 丙의 첫사랑은 연상의 辛酉인데 똑똑하고 아름답다. 멋쟁이다. 두 번째 辛丑은 늙어보이고 화장도 잘 안 하더라. 丙이 연애는 辛酉와 실컷 하고서 결혼은 辛丑과 한다. 항상 월이 나와 가까우니까 나와 산다.

③ 산 넘어 산이고 일복만 많아진다.

④ 관살(자식, 남편) 때문에 병이 온다. 몸 상하고 마음 상한다. 상식이 나쁘게 연결되면 자식 때문에 병이 온다. 재성이 나쁘게 연결되면 마누라 때문에 병이 온다. 인성이 나쁘게 연결되면 부모 때문에 병이 오고, 보증 서주고 병이 온다. 관살이 나쁘게 연결되면, 자식, 남편 때문에 병이 온다.

二. 육친에 대한 총정리

1. 인수

가. 육친

어머니, 외갓집, 몰아서 부모로 본다. 장인, 큰어머니(백모), 작은어머니(숙모).

나. 성격

- 순진하다. 순박하다. 착하다. 깨끗하다. 학자니까 인수가 있으면 덕이 있다. 덕망이 있다.
- 인내심이 있다. 나를 생해서 들어오니까 인내이고 지구력이다.
- 평안하다. 단, 사주에 인수가 많으면 시끄러운 것을 싫어한다. 복잡한 것을 싫어한다. 안일무사주의다. 한고집한다. 학자고집이다.
- 본인 위주다. 인수가 본인 위주로 세상을 살려고 하는 게 큰 흠이다.

다. 직종

- 교육부, 행정부, 언론출판, 정치
- 출판 : 인수이면서 출판업 하는 자는 상식을 겸비해야 한다. 출판업은 배짱 좋고, 일확천금을 노리는 사람이 한다.

- 의류사업, 학원사업, 종교, 철학, 증권
- 건축, 설계 : 인수는 건축학과 가거라.

라. 인수운이 오면? 길작용할 때

- 귀인 만난다. • 뭔가 시작한다. • 좋은 소식 받는다.
- 투자하는 운이다. • 새집 짓고 집 산다.
- 확장한다. • 회사 설립한다. • 매매수이다. 사고 팔고 한다.
- 수입이다. • 직장인은 승진한다. • 보증 서는 일이 있게 된다.
- 고향 생각난다. • 서류가 왔다갔다 한다.
- 원유와 보급로가 다시 살아나서 나를 도와준다.
- 새 옷 해입는다.

마. 인수운이면? 흉작용할 때

- 도식(倒食)이다. 밥 그릇을 엎어 놓는다. 죽기 아니면 까무라친다.
- 부도난다. 글쓰는 사람은 필화사건이다.
- 손재수이다. • 몸이 아프다. • 지출만 많다.
- 좌천된다. • 확장이 아니고 축소된다.
- 모든 일에 답답하다. 필요없이 나를 생해오니까.
- 건망증이다. 분실수이다.
- 인수니까 고향에서 부르는 운이다. 낙향하는 운이다.
- 꽃은 피지만 헛꽃이다. • 인기하락이다.
- 모든 것이 거꾸로 간다.

바. 인수가 국을 이루거나 많을 때?

1) 인수가 멋지게 잘 짜여있는 사주는? 길작용 시

○丙甲癸 이나 ○癸辛○ 와 같은 사주를 보고 무슨 말을 해야 하나?
○寅寅亥   寅亥酉丑

① 정신충만하고, 매사에 자신있고, 수양이 되어있고

② 용모가 단정하며 선비형이다. 성격이 맑고 깨끗하여서 좋다. 부정을 모른다. 단, 너무 깨끗한 것이 흠이라서 남을 안 속이고 곧이 곧대로 세상을 살아간다.

③ 창안력, 발명, 기획이 좋다. 고로 이런 것 가지고 사업하면 깨끗한 팔자니까 안 된다. 고로 "인세만 받아먹어라." 이런 사람이 책을 써서 출판사에 가지고 가면 똥값 주려고 하더라. 그럴 때는 한 권 파는데 얼마씩 인세를 연결하면 된다.

④ 박사득명(博士得名) 한다. 박사 목표에 공부 잘 한다. 인수가 국을 이루면 크다는 것이니까, 대학교이고 거기에 역마지살까지 연결되면 유학까지 연결된다.

⑤ 문필이 정확하다. 글씨를 똑똑하게 잘 쓴다.

⑥ 정치, 외교 : 정치는 술(術)이다. 학(學) 가지고는 어렵다. 고로 교육부장관이 제일 잘 바뀌어진다.

⑦ 할아버지가 오래 산다. 어머니가 현숙하다. 가는 곳마다 귀인이다.

⑧ 사고 파는 데 유익하다.

⑨ 외갓집이 좋다.

⑩ 언제든지 큰집에서 산다. 셋방에서 살아도 큰집에서 사는 사람이 인수가 국을 이루고 있는 사람이다.

⑪ 호수서생(皓首書生)이다. 평생 학문과 씨름하고 사는 팔자이다.

2) 인수가 많은데도 국도 안 이루고 제멋대로 있을 때는? 흉작용 시

가령 ○壬辛辛 의 경우, 정인, 편인이 혼잡되어 있고 丑이 인수고이고,
   ○申丑丑
탕화이고, 인수가 많지만 동서남북에 흩어져 있다.

① 어머니가 둘이다. 다른 사람은 모(母)가 한 사람인데, 당신은 왜 모(母)가 둘인가요?
② 편모슬하다. 심하면 아버지 얼굴도 모르고 편모슬하에서 자랐다.
③ 할아버지 형제 간에 배다른 형제 있다.
④ 아버지가 먼저 세상 떠난다. 이 사주에서 재가 부(父)인데, 인수가 많으면 재가 없어진다.
⑤ 어머니와 마누라가 싸운다. 모처불합(母妻不合)이다.
⑥ 남편궁이 나쁘고
⑦ 처궁도 나쁘고, 어머니 마음에 며느리가 마음에 안 든다. 인수가 많은 팔자는 친정어머니가 항상 말하기를 "서방이 구박하면 집으로 와라." 한다.
⑧ 부모불합이다. 아버지와 어머니가 싸운다.
⑨ 친정어머니 모셔야 한다.
⑩ 시아버지, 시어머니는 안 모신다.
⑪ 남편 존경하지 않고, 명령에 안 따른다. 자유부인에 뻑하면 친정에 잘 간다.
⑫ 독신으로 살고 타인 멸시에 고집이 강하다.
⑬ 말을 제대로 못한다. 인수가 많으면 상식이 죽으니까 말을 더듬는다.
⑭ 건강이 좋지 못하다.
⑮ 석독두용(石讀斗用)이다. 섬글 배워서 말글밖에 못 풀어먹는다.
⑯ 겉은 화려한데 속은 곤란하다.
⑰ 인수 많은 팔자는 종교철학 좋아하고 신앙생활로 일관한다.
⑱ 인수가 많으면 돈복도 타지 않고 났다.

2. 견겁

가. 육친

형제, 자매, 친구, 며느리, 여자는 동서지간이다.

나. 성격

- 만용이다. 독주다. 천상천하 유아독존이다. 고집으로 망하고 고집으로 흥한다.
- 비견겁이 많으면 의심이 많다. 의처증, 의부증 있고, 아무도 안 믿더라.
- 남의 흉내를 잘 낸다.
- 시기, 질투이다. 비견겁이 많은 사람에게 잘못 걸리면 못 먹는 감 찔러나 보자는 식이다. 너 죽고 나 살자는 식이다.
- 견겁이 많으면 기운은 있다.
- 가는 곳마다 경쟁이고, 내 것을 뺏아간다.
- 버는 놈 따로 있고, 쓰는 놈 따로 있다. 혼자 벌어서 두 집 살림해야 한다.
- 비겁년에는 경쟁자 생긴다.

다. 비겁운이 오면? 길작용 할 때

가령 ○庚○○
午申午寅는 金은 기계인데 火가 많아서 기계가 열 받는다. 고로 마모가 되기 쉽고 빨리 늙고, 고장이 빨리 난다. 고로 소리도 시끄럽게 난다. 빈 수레가 요란하다. 庚辰년이면 비견운으로 申辰水로 윤활유가 흐르게 되니까 건조한 팔자가 윤택해지니 마음의 여유가 생긴다. 형제가 그렇게 해주는데 비견이 인수를 달고 들어왔으니까 형제가 집을 사주고, 형제가 나를 살게 해준다. 申辰합으로 이사수가 되니까 형제가 가까이 와서 살라고 하더라. 이득 본다.

- 은혜로운 친구 만난다. 적을 막아준다.
- 무조건 비견겁운에는 동업수 들어왔다고 하라.
- 대리, 직장인은 승진하는데 꼭 대(代)자가 붙는다. 과장대리, 부장대리, 이사대리, 국무총리 서리 등
- 의지처가 생긴다. 형제상봉한다. 무조건 인수나 비견겁운에서는 이산가족 상봉한다.
- 보증 선다. 비견, 비겁도 보증이다. • 승진한다. 인정 받는다.
- 독식불가, 독식은 하지 말라. 내 자력으로 좋아지는 것이 아니라, 친구나 형제로 인해서 좋아지니까, 만약 독식한다면 운이 좋을 때는 괜찮은데, 운이 나쁠 때는 고자질해 버린다. 어쨌든 친구는 친구일 뿐이다.

라. 비견겁년이 왔는데 흉작용하면?

가령 甲㊅庚癸 는 신강한데 庚辰년이면 비견겁이 흉하다.
　　　午酉申巳

① 극부(剋父)다. "부모님 계시나요" "큰일났네, 금년에 아버지 아프시거나 돌아가시네요."
② 극처(剋妻)다. 마누라가 아프고, 마누라가 보기 싫다. 처갓집도 어렵게 된다.
③ 배신이다. 마누라가 배신한다.
④ 돈 나간다. 헛돈 많이 쓰고, 생각지도 않던 지출이 많아진다.
⑤ 이별수다. 남자는 마누라, 여자는 서방님 뺏기는 운이다.
⑥ 부도수다. 비겁이 들어왔으니 사주가 혼탁해져서 되는 일이 없다.
⑦ 실물이고 도적수 있다. 친구가 파놓은 함정이다. 비견겁월에 연

결하라. 합으로 연결되면 알면서도 당한다.

⑧ 죽는 줄 모르게 죽고 망하는 줄 모르게 망한다.

마. 비견겁이 많을 때

1) 비견겁이 많으면서 좋을 때

가령 ○甲丙○ / ○寅寅亥 은 甲에 寅木이 비견인데 丙을 끼고 있어서 木生火를 잘하고, 나도 木生火 잘하니까 형제가 박사고, 寅亥합木으로 형제간에 우애가 좋다. 조후가 잘 되어있다.

① 형제끼리 화목하다.
② 형제가 출세한다.
③ 매사에 자신있다.
④ 대체로 건강이 좋다.
⑤ 조달남아(早達男兒)다. 20대에 살림한다는 것이니까 부모가 망한다는 뜻으로 좋지가 않다.
⑥ 친구가 귀인이다. 이때는 비견겁이 나를 도와주는 것으로 본다.

2) 비견겁이 많으면서 나쁠 때

丁甲乙○ / 卯子卯寅 는 비견겁이 많은데, 卯가 도화이고 양인이며 子卯가 형이고, 조후가 안 되어있어서 사주가 나쁘다. 수목응결이고 음지나무이며 태강즉절로 부러진다.

① 좌충우돌(左衝右突)이다. 여기 가나 저기 가나 싸운다.
② 인색지인(吝嗇之人)이다. 비견겁이 많으면 재가 죽으니까 돈이 없어서 인색하다.
③ 자작자화(自作自禍)다. 제가 제 무덤 파고, 고집으로 망하고, 고집으로 흥한다.

④ 조별부친(早別父親)이다. 일찍 아버지를 여읜다. 견겁이 많으면 재가 죽으니까 홀어머니한테서 자랐다.

⑤ 의심이 많다. 土일주가 의심이 많다.

⑥ 생후모병(生後母病)이다. 태어나면서 어머니가 골병 들었다. 비견겁이 많으면 인수가 설기가 많아지므로 어머니가 약해지니까.

⑦ 이복형제 있다. 배다른 형제가 있다는 것은 어머니가 둘이라는 것이다.

⑧ 자손궁이 흉하고, 상부(喪夫)에 상처(喪妻)하고, 마누라가 건강이 나쁘다.

⑨ 처갓집을 깔아뭉갠다.

⑩ 의처증, 의부증이 있다.

⑪ 소실팔자이다. 남편 뺏기고 산다. 두 여자가 한 남자 모시고 산다. 음지 생활 해야 한다.

⑫ 동서작첩(東西作妾)이다. 남자라면 여자가 붙어있지 못한다.

⑬ 시가이복(媤家異腹)이다. 여자가 견겁이 많은데 본인이 배다른 형제가 없다고 하면 시댁 형제에 배다른 형제가 있다.

⑭ 자유부인에 독신주의고 도처에 배신이다.

⑮ 산재일등(散財一等)이다. 목돈 갖다가 푼돈 만드는 데 1등이다.

⑯ 가는 데마다 방해자가 많다.

⑰ 사업하면 실패한다. 비견겁이 많아서 일주가 강하므로 남 밑에서 일하기 싫어하니까 자유업하라고 하는데, 단 저 혼자 사장 하고 사환 하고 모두 해야 한다. 리어카 장사나 해라.

⑱ 건강이 좋지 않다.

⑲ 동업하면 무조건 망한다. 비견겁이 많은 팔자가 비견겁년에 동업하면 친구 잃고 돈 잃고 모두 잃어버린다.

3. 상식

가. 육친

장모, 할머니, 손자(남), 부하, 학생, 종업원, 자손(여), 남자는 남이 낳은 자식이다.

나. 성격

- 희생이고 음덕이다.
- 육영(育英)이다. 상식이 보육학과, 심리학과인데, 상식은 내가 가르치는 아이들이니 아동심리, 교육심리이다.
- 재주, 기술이다. 상식이 많으면 모두 이공계 가거라.
- 응용력, 추리력, 상상력, 표현력이다. 상식이 없으면 표현력이 부족하다.
- 임기응변이다. 상식이 많으면 둘러대는 것이 너무 좋아서 탈이다.
- 언어다. 상식은 언어이다. 고로 돌도 지나지 않아서 아빠, 엄마 소리를 잘 한다면 상식이 잘 구성되어 있고, 상식이 없으면 말이 늦게 터진다. 또한 아기가 몇살에나 말이 터지겠는가를 알아보려면 상식년에다 연결하면 된다. 또한 사주에 水가 부족하여 말을 못하길래 "언제든지 한강변에서 운동시키세요." 했더니 효과가 좋다고 하더라.
- 설교다. 종교인도 상식이 있어야 말솜씨가 좋다. 떠벌리기를 잘 한다.
- 허세부린다. 상식이 많을 때 나타나는 현상으로 木일주가 火인 상식이 많다면 火가 잘 살지, 木이 잘 사는 것이 아닌데 木이 火보고 木생火 해준다고 하니까, 이것이 허세이다.
- 위법이다.

- 비애(悲哀), 슬픔이다. 고로 신약사주가 상식운이면 "울고 싶어라."이다. 여자가 특히 40~50대에 갱년기 나이에 상식운이면 신수 볼 때 "울고 싶어라."하고 써줘라.
- 가식이고 거짓말이다.   • 반항하고 깽판 놓고 싶어진다.

다. 직종

- 문체부(말, 대변인)   • 교육
- 지도, 기숙사, 사감까지 해당한다.   • 상식다(多)는 욕도 잘 한다.
- 기획, 창안, 발명, 내가 생하니까 아이디어다.
- 문예 : 미술, 음악 등의 예술방면에 소질 있다.
- 사회사업, 육영사업, 기술, 예능
- 생산업, 식품, 가공, 기계, 상식이 잘 짜여진 팔자가 기술이다.
- 기생 : 상식이 많으면 기생팔자이다.
- 공돌이, 공순이, 식순이까지 해당한다. 죽도록 남을 위해서 희생해야 하는 것이다. 가령 丙乙癸戊/戌丑亥寅는 기술이 특출나서 큰 회사 공장장을 한 사람이다. 머리가 무지 좋아서 조립하는 데 1등이다. 고로 상식이 기술이고, 형충이 있는 사람이 기술이다. 뜯었다 고쳤다 하는 것이다.

戊申일주 사장이 丁巳일에 전화 왔다. 기계가 고장났는데 이유를 모르겠단다. 巳申형(刑) 때문이니까 "오후 3시 되면 申시이니까 괜찮아질 테니 조금 기다려보시오!" 한다는 것이다.

라. 상식운이면? 길작용할 때

가령 壬戊丙丁/子申午未는 신왕재왕으로 거부팔자이다. 金水용신이다. 庚辰운이면 식신운이다. 辰은 비견이면서 재고가 되니까 申子辰水국으로 비견, 남의 것이 돈 창고가 되므로 삼합이 되니까 辰土인 친구가 이민 가면서 "이 돈을 네가 가지고 있다가, 나중에 원금만 주라." 하고 가더니 행방불명이 되어버렸다. 고로 "내 것이 내것이고 남의 것도 내 것이다." 또한 水가 들어가자 가벼웠던 언행에 무게가 실렸다.

① 투자가 길하고
② 시작은 불안하나 결과가 좋으니 '못 먹어도 고!' 이다.
③ 내가 생하는 것이 언어이니 말만 하면 돈이 된다.
④ 상식이 배짱이니까 배짱 좋다. 배짱이 모험이다. 모험을 해야 돈 번다고 한다.
⑤ 자손에 경사 있다.
⑥ 아랫사람이 귀인이다.
⑦ 쉽게 돈 번다.
⑧ 예감이 적중된다. 내가 생하는 것이 10년이고, 고로 10년 앞을 보고 투자한 것이 결실을 이룬다.
⑨ 송사해도 승리한다.
⑩ 인정이 살아난다. 그만큼 풍족해졌으니까.

마. 상식운인데 흉하게 작용하면?

가령 $\frac{○○○甲}{午酉丑子}$는 상식이 많아서 午火 용신이다. 庚辰년이면 辰酉합에 子辰水가 된다. 甲木관이 서방, 자식, 직업인데, 甲庚충이 되니까 없어진다.

① 마음이 상하니까 "울고 싶어라"이다. 회심(悔心)이다.
② 관재, 송사, 시비가 일어난다.
③ 초조, 불안하다. 법을 어겼으니까.
④ 공포 분위기이다.

⑤ 하극상이다. 윗사람을 완전히 무시해버린다.
⑥ 무조건 싸우려고 한다.
⑦ 역행한다. 모든 게 역행이다.
⑧ 남자는 자식이 집 나가고 자식 꺾는 운이다.
⑨ 여자는 서방과 이별수이다. 이것도 자기가 걸어서 이별인데 살기도 싫고, 서방이 꼴도 보기가 싫단다. 그런데 상관운이 지나면 재운이 오는데 그때는 "저렇게 착한 양반을, 왜 내가 미워했지?" 한다. 이유 없는 반항이 상식운이다. 닭살 돋는 운이다. 1년만 참아요.
⑩ 지출이다.
⑪ 아랫사람에게 배신당하고, 자식의 근심이다.
⑫ 사기수이다.
⑬ 아랫사람에게 사고난다. 현장에서 일하는 사람이면 현장에서 사고난다.
⑭ 투기, 도박, 밀수, 이런 것이 모두 상관운에서 일어나고, 상관이 많은 사주, 재가 허욕이라서 재다한 사주, 도화가 나쁘게 작용하는 사주 등이 도박장에 곧잘 간다.

바. 상식이 많을 때는?

1) 상식이 국을 이루고 있으면 한없이 좋은데, 이럴 때는?

가령 ○甲○○ / 午寅寅亥 의 경우, 寅午火국으로 상식이 국을 이루고 있어서 세인(世人)의 등불이다. 甲木이 멋지게 꽃 피었다.

① 마음이 넓어서 후중한 사람이다. 고로 비만체구가 많고 세상 사는 데 걱정 없다.
② 다재다능이다.
③ 희생이 갱생이다. 인정이 많다.

④ 이상원대(理想遠大), 꿈이 크다. 배운 것 이상으로 충분히 활용하니까 조금 배워서 크게 써먹는다.
⑤ 일독지십(一讀知十), 하나 배워서 열 가지로 써먹는다.
⑥ 두뇌가 보물이다.
⑦ 설단생금(舌端生金)이다. 말만 하면 돈이 생기는 팔자로, 혀끝으로 돈을 벌어 먹고 사는 사람으로 역학자, 선생, 변호사, 복덕방 등이다.
⑧ 강자보다 약자편에 선다.
⑨ 아랫사람 덕이 있다. 항시 음덕을 쌓으니까.
⑩ 제자가 성공한다. 상식이 국을 이루면 제자가 성공한다.
⑪ 강의하는 데는 속이 시원하게 알기 쉽게 한다. 고로 수강생이 구름처럼 몰려든다. 단, 마무리가 부족하다. 즉 요점정리가 부족하다.
⑫ 남자는 장모가 좋다. 또한 상식은 관을 극하니 자손대에는 꺾이고, 손자대에서 대발(大發)한다.
⑬ 언제든지 먼저 내가 희생해야 나에게 복이 오고 덕이 온다.

2) 상식이 너무 많은데, 동서남북에 흩어져 있을 때는? 흉작용이다.
辛㊄己戊 / 丑戌未辰 이면 丑戌未, 辰戌충, 丑未충으로 동서남북에 흩어져 있으면, 저희끼리 잘났다고 싸우고 있다. 모쇠자왕(母衰子旺)으로 허화(虛花)로서 丙이 껍데기만 남아있다.

① 할머니가 두 분이다. 고로 그 업으로 장모가 둘이다. 두 번 장가가면 장모가 둘이고 또는 죽도록 연애했더니 장모가 소실이라더라.
② 손자를 얻고 나면 자식이 간다. 水가 자식인데 土인 손자를 하나 더 얻으면 자손이 간다. 여자면 첫자식 낳고서 서방과 이별한다.
③ 자손이 불구에도 해당한다. 여자가 상식이 형, 충 되어 있으니까.

④ 타자양육(他子養育), 남의 자식 키워주고, 양성득자(兩姓得子), 여자는 두 성의 자식 낳는 팔자다.
⑤ 심하면 무자(無子)의 명(命)이다. 다자무자(多者無者)다.
⑥ 남자는 소실득자요, 여자는 과부에 소실팔자이다.
⑦ 도처미인(到處美人)이다. 남자는 가는 데마다 여자가 따라드는데 상식이 재를 생하니 꼭 천한 여자와 연애한다.
⑧ 여자는 기생팔자요, 두 번 세 번 시집간다. 기생 아닌 기생팔자다. 또한 연하의 남자다.
⑨ 노비연애(奴婢戀愛)한다. 대학교수가 가정부 건드린다.
⑩ 자연유산 잘 한다.
⑪ 독수공방이다.
⑫ 자궁외임신 하고, 자궁에 병이 온다.
⑬ 근심, 걱정이 많다.
⑭ 관재, 송사가 항시 따르고
⑮ 오합지졸이고
⑯ 위타진력(爲他盡力)이다. 평생 남을 위하여 헌신하고 노력해야 하는 팔자이다.

4. 재성

가. 육친

- 아버지(父), 마누라(妻), 첩(妾), 애인
- 여자는 재가 시어머니, 시댁이다. 여자 사주에 재가 없으면 시어머니가 없는 집으로 시집간다. 재다(多)면 시어머니가 둘이니까,

시아버지가 바람둥이다.

나. 성격

- 군림(群臨) : 만인 위에 군림하려고 한다. 내가 극하니까.
- 관리능력 있고, 정복하고, 극복한다. 남자가 여자를 정복하는 것이 이러한 심리다.
- 통솔력이다. 관살은 복종이다. 재는 가정이고 마누라이니 수신제가(修身齊家) 치국평천하(治國平天下)이다.
- 계산이다. 이재(理財)에 밝다. 월에 재 놓고 있으면 수학과도 좋다. 월에 재이면 상경계, 수학계이다. 여자가 월에 재이면 가정학과 간다. 재가 가정이니까.
- 욕심이다. 재가 많으면 기만, 사기, 거짓말이다. 돈의 노예가 된다. 재의 일진에는 기분이 좋아서 콧노래가 나온다. 기분이 상쾌해진다.

다. 직종

- 경제통, 경영 : 상식이 있으면 경영이고, 상식이 없으면 경제이다. 즉, 상식이 있어야 배짱이 있어서 모험하게 되고, 상식이 재를 생하니까 경제이다. 상식이 재로 가니까 아랫사람을 잘 부려서 사업이 안되면 임금이라도 착취해서 자기 부자 되는 것이 식신생재이다. 그런데 상식이 없으면 경제로서 학(學)으로 간다. 경제학박사로 간다는 것이다.
- 재정, 금융계통 : 재 놓고 있는데 직업이 생각이 안나서 "당신 서방이 주판알 튕기고 있네요." 했더니 우체국에서 보험관리 하고 있다고 하더라.
- 재가 국을 이루고 있으면 사업가이다. 똑같은 사업이라도 역마지

살에 재거나 水가 재이면 무역이고, 木이 재면 목재상, 火가 재면 석유, 냉난방, 전자, 金이 재면 철강업, 중공업이고, 土가 재면 부동산, 골동품 등이다.
- 식품 : 먹는 장사 하시오. 분식집은 木, 횟집은 水, 슈퍼도 재이다. 역마지살에 재인데 사주가 나쁘고, 운이 나쁘면 길거리에서 가판 장사한다.
- 관리직 : 남의 돈관리 해주는 직업
- 경리, 밀수, 도박 등

라. 재성운이면? 길작용 할 때

가령 ○丁○○ / 丑酉午寅 의 경우, 신왕재왕으로 청격(淸格)이다. 金水용신이다. 신강이면 몸에서 끌어들이는 인력(引力)이 대단히 강해서 酉丑金국인 재의 기(氣)가 다른 재를 끌어들이는 힘을 가지고 있다. 庚辰운이면, 정재운에 辰酉합국이 되어서 金이 되니까 좋은데, 합이란 가만히 있어도 갔다가 맡긴다. 그래서 좋은 것이다. 庚이 丁을 보자마자 한눈에 반해서 안방으로 들어온다. 丁이 寅午火국으로 꽃 피었다가 庚년 만나니 결실이다.

① 매사에 자신있다. 내가 극하니까 자연히 자신있다는 것이다.
② 기분이 만점이다. 기분 자체가 살아나서 뭔가 될 것 같다.
③ 재수 있다. 정재니까 내 돈이다. 고로 그동안 못 받았던 돈은 모두 받을 수 있고, 유산까지 받는다.
④ 묵은 돈 받는다. 옛날 애인을 만난다로도 연결된다.
⑤ 재산증식이다. 재가 국을 이루니 가만히 있어도 자고 일어나면 재산이 불어나니까 정신 없다. 운이 좋으면 관리능력이 좋으니까, 돈을 관리하라고 돈 벌게 해준다.

⑥ 마누라에게 경사 있고, 처갓집에도 경사 있다. 마누라 자랑도 많이 한다.

⑦ 유산 받는다. 土는 부동산이고 金은 현금이다. 인수는 증권, 주식, 건물이다.

⑧ 공부 잘한다. 재가 용신이면 재운에서 공부 잘한다.

마. 재성운인데 흉작용하면?

가령 甲㉠辛辛 는 木火용신이다. 재다신약이다. 재가병이다. 부모대에
　　　午酉丑酉
서부터 틀려버렸다. 즉 조상 때부터 비틀어졌다. 庚辰운에는 재라는 안경을 쓰고서 세상을 보니까 세상이 모두 돈으로 둔갑해 보인다. 그러나 용신이 죽으니까 잘못 판단했다. 丁火는 庚辰운에 떼부자된다고 생각하게 되니까, 이것이 운의 장난이다.

① 부도(不渡)난다. 욕심을 너무 부렸다. 금다화식(金多火熄)이 되고 말아서 재가 다재무재(多財無財)가 되었다.

② 관재구설이 일어난다. 재생살이 되는데, 살이 관재(官災)이다.

③ 송사(訟事)가 일어나는데, 돈에 관해서 일어난다.
- 인수로 작용하면 부모, 집 때문에 송사가 일어나고
- 비겁으로 작용하면 아는 사람이 걸고 넘어져서 송사가 일어나고
- 상식으로 작용하면 말 잘못해서 아랫사람, 자손 때문에 일어나고
- 재로 작용하면 돈, 여자 때문에 일어나고
- 관살로 작용하면 자식이나 서방, 직장 때문에 송사가 일어난다.

④ 이별수이다. 관리능력이 없으니 마누라가 품밖으로 돈다. 마누라가 배신한다.

⑤ 사기 당하고, 배신 당하고, 물건 잃어버린다. 욕심부리다가 사기 당한다.

⑥ 손재수이다.
⑦ 계 빵꾸난다. 운이 나쁘면 계 빵꾸난다. 고로 계 하는 것 있느냐고 물어봐서 "먼저 타 먹는 것이 임자니까 빨리 타서 먹으시오."
⑧ 뇌물 먹었다가는 망한다.
⑨ 여자로 인해서 실패한다. 꿀도 못 먹고 벌만 쏘인다.
⑩ 도박으로 망한다.
⑪ 아버지가 세상 떠난다.

$\begin{smallmatrix}庚⊙甲庚\\戌卯申辰\end{smallmatrix}$는 신약이다. 재가 많아서 남의 돈 벌어주려고 태어났다. 甲庚충으로 부와 모가 싸우는데 아버지가 이긴다. 甲木인수가 날아가니까 공부 못한다. 卯는 습목이니까 공부도 하는 둥 마는 둥 한다. 卯申귀문으로 신경은 예민한데 원진으로 보면 아무 것도 아닌 것이 남 원망만 한다. 금다화식(金多火熄)이니까 재가 병으로 시상의 庚이 卯戌합으로 "날 가져가세요." 해도 내 것이 아니다. 돈 벌려고 하면 공부해서 내 능력부터 키워야 한다. 여기서 卯戌합은 나쁘다. 木生火도 못하게 묶어놨다. 卯戌합만 될 뿐이지 火가 안 된다. 子午卯酉는 타오행으로 변화가 안된다. 만약 신생아라면 재가 많아서 소화능력이 부족하다. 젖 많이 주면 설사하니까, 항상 시간 맞춰서 젖 먹여야지 안 그러면 위장 버린다.

바. 재성이 많을 때는?

1) 재성이 국을 이루고 있으면서 좋으면? 길작용 시

가령 $\begin{smallmatrix}○⊙丁○\\午未酉丑\end{smallmatrix}$이면 丁火가 신왕하고 재국을 이루어 신왕재왕이다. 이런 사주는 丁이 돈 번다고 하면 金인 아버지가 "너는 돈 걱정 말고 감투에 신경써라." 한다.

① 월에 재 놓았으니까 아버지대에서 영광이다. 또한 재산이 많고 장수하며, 아버지가 엄해서 고집 꺾을 자가 없다.
② 유산이 많다.
③ 마누라가 귀인이고 여자가 귀인이다.
④ 결혼 후에 성공하고 가정 위주이다. 또한 처갓집이 부자다.
⑤ 여자면 시댁이 발달한다. 여자가 신왕재왕일 때는 시집가면 시집이 잘 되고 친정은 기우는데, 여자에게 재가 받을 복이다. 고로 재가 없으면 받을 복, 즉 창고 열쇠가 없다. 궁합 볼 때 활용하라.
⑥ 견견미인(見見美人)이다. 남녀 모두 재가 국을 이루면 볼수록 예쁘다. 즉 얼굴에 밥이 붙었다.
⑦ 취재일등(聚財一等)이다. 돈 버는 데, 돈 모으는 데는 1등이다.
⑧ 계산에 투철하고
⑨ 경제통이고
⑩ 사업에 성공하고
⑪ 환경을 지배한다.

2) 재가 많거나 국을 이루었는데, 너무 신약하면? 흉작용 시
가령 ○丙辛癸는 재다신약이다. 酉丑, 申酉로 재가 국을 이루고 있다.
　　未申酉丑
① 조실부모(早失父母)이다.
② 서출지명(庶出之命)이다. 소실 몸에서 태어났다.
③ 어머니가 재혼했다. 모가재취(母嫁再聚)다.
④ 생후파산(生後破産)이다. 출생 후에 집안이 망하니까 재수 없는 사람으로 낙인 찍히고 환대를 못 받는다.
⑤ 아버지 형제 간에 배다른 형제 있다.

⑥ 타가기식(他家寄食)한다. 남의 밥 먹고 자랐고, 눈칫밥 먹고 컸다.
⑦ 시댁도 망하고, 친정도 망한다.
⑧ 악처 만나고 상처한다.
⑨ 혼후득병(婚後得病)한다. 남녀 모두 재다신약은 결혼 후부터 건강 나빠지고 되는 일이 없다.
⑩ 여자의지(女子依持)해라. 마누라 앞장세워서, 여자에게 의지하면서 살아야 한다.
⑪ 욕심부리다 망한다.
⑫ 금전의 노예다. 이런 사람 꼬시려면 돈 주어라.
⑬ 학업중단이다. 재는 인수를 극하니까.
⑭ 이중인격이다. 못 되게 연결하면 거짓말쟁이, 사기꾼이다.
⑮ 골육상쟁한다.
⑯ 사기, 배신이다.
⑰ 몽중득금(夢中得金)이다. 꿈속에서 돈 버는 팔자요, 꿈속에서 부자다.
⑱ 재생살(財生殺)이다. 돈, 마누라가 재앙이다. "가는 방망이 오는 홍두깨다." "호미로 막을 걸 가래로 막을 것이다."

5. 관살

가. 육친

- 남편, 정부(情夫), 자식
- 월에 관살이면 본 남편, 시에 관살이면 애인으로 간주하라.
- 여자가 관살이 많으면 장남에게 시집가서 죽도록 고생만 한다. 여

자가 비건겁이 많으면 동서간에도 뜻이 안 맞는다.
* 土일주 여자는 장손 아니면 막내며느리로 많이 간다.

나. 성격

* 명예를 우선한다.
* 월에 정관은 책임감 강하고 약속시간을 잘 지키고 바르며 정직하다. 자기 것 이상은 욕심부리지 않고 노력의 대가만 취하는 것이 정관이다.
* 관살은 결실이다. 무슨 일이든지 맡겨 놓으면 멋드러지게 처리 잘한다.
* 견고하고 수려하다. 酉월의 甲木은 나무를 金가위로 멋지게 다듬었으니 수려하다.
* 권력, 감투, 명예를 좋아한다. 또한 관이 없는데도 관이 필요한 사람은 감투를 좋아한다. 고로 장(長) 자(字)붙여서 호칭해주면 무지 좋아한다.
* 책임감이 강하다.
* 잡무(雜務), 관살이 많으면 일복을 많이 타고 났다. 부지런하고 일복을 많이 타고나서, 어디가서도 일 하느라고 정신없다. 게으른 사람은 水일주에 水가 많으면 게으르고 몸을 안 씻는다. 또한 인수가 잘못 짜여져 있으면 안일무사주의로 손 하나 까딱 안 하고서 놀려고 한다. 편한 것만 좋아한다.
* 복종, 관을 놓고 있는 사람이 복종의식이 많다. 관살 많은 팔자가 제일 무서워하는 것이 매이다. 고로 어린애 사주에 관살이 많으면 기(氣)를 살려주어라. 야단치면 주눅이 들어버린다.

다. 직종

- 직장생활 한다.   • 행정관 : 정관, 무관(武官)   • 법관 : 편관
- 대표자, 재는 없고 관살이 있는 사람이 사업한다면 "당신은 사업가는 아니더라도 직업사장은 됩니다."
- 임시직, 별정직, 직업사장. 편관이 형, 충을 받고 있으면 취직도 잘하고 나오기도 잘한다. 고로 여자가 관살이 충, 형을 받고 있으면 연애도 잘하고 이혼도 잘한다.

라. 관살운일 때, 흉작용이면?

가령 丁甲庚戌 / 卯戌申申 의 경우, 丁火가 용신인데 庚辰운이면 간충지충이다. 본명에서 甲庚충 되어있는데 또다시 甲庚충이 들어오니까 심하게 얻어맞고 있고, 서리 맞았고 대들보 부러진다. "금년에는 큰 꿈이 꺾이는 운이네요. 그릇이 완전히 깨지는 운이네요." 이럴 경우는 노는 것이 본인에게 가장 현명한 방법이다.

① 극전(剋戰), 전투, 싸운다. 결과는 무조건 진다. 소송도 진다.
② 관재수이다. 잘못하면 형무소 간다.
③ 도망가야 한다. 구속되거나 지명수배 내린다.
④ 몸이 아프다. 자동차 사고다.
⑤ 배신 당하고, 모략에 누명쓰고 멸시 당하고 수모 당한다.
⑥ 부도나고 손재수이다.
⑦ 직장인은 퇴직하고 사표 쓴다. 직장 나가는 것이 호랑이굴에 들어가는 것보다 더욱 무섭다.
⑧ 누명 아닌 누명을 쓴다. 까마귀 날자 배 떨어진다. 즉 줄줄이 재앙만 따라다닌다. 예를 들면, 2명이 근무하고 있는데 한 사람은 빈

둥빈둥 놀다가 빗자루 잡을 때 사장이 들어오면서 고생한다고 칭
찬하는데, 관살이 많으면 죽도록 일하다가 쉬고 있을 때 사장이
들어오면서 놀고 있다고 싫은 소리 하더라.
⑨ 망각, 건망중이다. 악몽에 시달린다.
⑩ 자손에 근심수고 남녀 모두 이혼수이다.
⑪ 파괴, 여기가도 저기가도 모두 깨진 것이다.

마. 관살운이 길작용할 때는?

가령 丙庚辛癸는 丙火 관용신이다. 신왕관왕 사주이다. 이런 사주가
戌寅酉巳
丙寅, 丙午, 丙戌년이 되면 신수는?

巳酉金局의 큰 그릇이 火로 제련되는데 火가 조금 부족하다가 火운
을 만나니까 완벽한 제련이 되므로 꿈이 현실로 나타나게 된다. 또한
金인 보석을 丙인 서치라이트가 비추어주니까 좋고, 관이 왕하니 장관
되는 것은 걱정 없다. 또한 관이 결실이니까 얼마나 좋은가? 또한 庚일
주가 辛 만나면 내 것을 뺏기는데 丙이 와서 丙辛합을 하니까 독식하
게 되어서 좋게 된다.

만약 亥운이면 寅亥합으로 재는 살아나는데 巳亥충으로 관이 날아
가니까 사표 내고 퇴직금을 받게 된다. 재가 국을 이루게 되니까 사업
하려고 한다.

① 승진하고 영전한다.
② 20~30대는 취직하는데 자기가 가고 싶은 대로 간다.
③ 여자면 결혼한다. 여자가 관운이면 죽었다 깨어나도 혼자 못 사
  는데 눈만 감으면 시집가고 싶은 생각이 지배한다.
④ 명예 생기고, 감투쓴다. 신강이라서 어떤 중책도 맡을 수 있다.
⑤ 결실이 된다. 관은 결실이니까.

⑥ 재수 있다. 관이 재수라면 간접적인 재수인데 관살은 비겁을 극하니 비겁이 재를 극하지 못해서 재가 살아나니까 재수가 있다는 것이다.
⑦ 원수가 은인이 된다. 나를 극해오는 것은 원래 원수인데, 고로 이런 사주는 나에게 바른말을 해오는 사람이 은인이고 진정한 친구니까 놓치지 말라. 사랑의 매가 필요하고 자극이 필요한 사주이다.
⑧ 남자는 자손에게 경사고 여자는 서방에게 경사이다.
⑨ 존경 받고 철이 든다.

여자가 상관운이면 서방이 사표낸다. 고로 9~10시 쯤에 상담하러 왔다면, 남편이 출근하고 나서 바로 왔다는 결론이다. 보니까 상관년에 상관월이더라. "남편이 직장에 사표 낸다고 해서 보러 왔어요?" 하면 귀신같다고 한다.

바. 관살이 많을 때

1) 관이 국을 이루어서 좋게 작용하면? 길작용일 때
　○辛丙○
　丑酉寅午 는 재생관이요, 명관과마이고, 2덕겸비다. 신왕관왕이다.
① 명문가정에서 태어났다.
② 양대정승이다. 본인도 정승이고 자식도 정승이다.
③ 남편이 출세한다.
④ 시댁이 잘 된다.
⑤ 남자는 자식덕이 있다.
⑥ 부모덕 있다. 부모덕 있으면 50%는 성공한다. 명예를 위주로 한다.
⑦ 직장 좋고 승진 잘 한다.
⑧ 도처에서 인기 있다.

⑨ 시간을 잘 지킨다.
⑩ 모든 사람들 사이에 있어도 눈에 잘 띈다.

2) 관이 국을 이루어도 신약하다면 내 것이 아니다. 흉작용일 때는?
　가령 ○庚丙○는 관이 내 것이 아니다. 오갈병 들었고 다 된 밥에 코
　　　酉寅午戌
빠지는 팔자이다.
① 가난하지 않으면 요절한다. 일찍 죽는다는 것이다.
② 사고무친(四顧無親)이다.
③ 평생 골골한다.
④ 심하면 불구이다.
⑤ 정신질환도 해당한다.
⑥ 이혼하고 상부(喪夫)한다.
⑦ 악처 만나고 악부 만나게 된다. 여기서 관이 삼합으로 되어 있으
　면 남편이 너무 똑똑해서 내가 못 모시는 것이고, 방합에 또는 형,
　충 되어 있으면 악질 남편이 되어서이다.
⑧ 여자면 소실팔자에 기생팔자와 같다.
⑨ 남자면 자식에게도 멸시당하고, 가는 곳마다 두들겨 맞는다.
⑩ 학업중단한다. 건강이 나빠서이다.
⑪ 직업도 말단직이다.
⑫ 가시밭길 천리의 삶이다.
⑬ 빈한한 팔자이다.
⑭ 결혼 후 패망한다.
⑮ 도처잡무(到處雜務)다. 일복은 타고 났다.
⑯ 돈 들어오면 몸이 아프다.
⑰ 여자라면 매 맞고 산다.　⑱ 멸시 당하고 산다.

三. 용어에 따른 사주의 구성과 해설

사주 예(152)

甲 ㊛ 丙 甲
辰 申 寅 子

이 사주는 壬水일주가 일지申金인수로 효신이 된다. 甲子에 子는 패지, 목욕궁이고 丙寅의 丙이 寅木에 득장생이다. 甲辰은 백호이다. 甲木이 子에 둥둥 떠내려 가다가 월에서 寅을 만나서 甲木이 제자리를 찾았다. 할아버지 자리의 甲은 아버지(월)를 나면서부터 제자리 찾고 안정을 찾았다. 이것이 보여야 한다. 金水4, 木火가 4개로 월에 寅이니까, 원래 木火가 강하지만 寅월은 아직 춥고 辰시라서 金水가 강하니 木火용신이다. 식신생재격이다. 일지에 효신살로 어머니가 둘이고 부모 모셔야 하고 모처불합(母妻不合)이다. 丙壬충이 걸려서 부(父)와 뜻이 잘 안 맞지만, 용신이 丙이므로 아버지의 말을 들어야 하고 거역하면 자신이 손해이다.

甲辰이 백호대살에 申辰水국으로 辰이 없어진다. 남자는 자식이고 여자는 서방이다. 壬水가 양팔통이니 머리 영리하고 인내심 있고 달변이다.

庚申, 庚子, 庚辰년이면 金水가 더욱 들어오니까 죽도록 노력해도 그 대가가 안 나온다. 일지가 申子, 申辰삼합으로 변동수인데 운이 나쁘니까 좋지 못한 변동이다.

사주 예(153)

己 ㊊ 癸 甲
酉 申 酉 申

여자가 甲申일주는 목에 칼침 맞는다. 월에 酉金이 도화니까 어머니가 재취, 소실이다. 인수도화는 첩모(妾母)봉양이다. 申酉로 인수가 혼잡하니까 어머니가 많다. 시에 도화로 편야도화(偏野桃花)이다. 기생작첩이다. 유부녀, 기생이 모두 내꺼다.

인수에 도화는 기생오빠이고 춤선생이다. 춤 잘 춘다. 년, 월, 일, 시에 모두 인수니까, 효신으로 모자멸자(母慈滅子)다.

시상의 己土가 물을 막지 못하고 수다토류(水多土流)다. 金水운이 좋고 木火운이 나쁘다. 壬에 癸가 또 있으니 "배는 하나인데 선장은 둘이다."

인수가 많으니까 어머니가 2~3명이고, 할아버지 형제에 배다른 형제 있다. 이처럼 인수가 많으면 연예계에 많다.

사주 예(154)

丙 ㊊ 壬 壬
寅 子 子 申

이 사주는 甲木일주가 水기태왕으로 신왕된 중 동목(凍木)이라 시상의 丙火가 필요한데 년, 월 상의 壬水가 丙火식신을 丙壬으로 충극하고 있어 편인이라 하지 않고 도식(倒食)이라고 칭한다.

동목, 습목, 부목(浮木), 표류에 음지나무가 되었다가 시평생 하나 잘 타고 태어났다. 이 사주에서는 丙寅이 꽃이다. 丙용신이다. 인수 壬이 丙을 패대기치니까 壬을 도식이라고 하고, 壬申, 壬子, 壬辰운에서는 원명의 壬과 합해서 丙火를 완전히 거꾸러뜨린다. 고로 도식운이라고 한다.

부도나고 밥숟가락 놓아야 하고 죽는다. 건강이 부도나고 사업이 부도나고 가족이 부도난다. 土인 재가 없어서 돈과는 거리가 멀다. 고로 명예로 가라.

인수와 상식이 있으니까 학자로 가야 한다. 만약 학자라면 壬申년에 간충지충으로 큰일난다. 만약 학생 데리고 여행 갔다면, 특히 金水지역이나 세계로 가면 학생 잃어버리고 큰일난다. 만약 丁卯시라면 水木응결에 사주가 버린다. 차이가 엄청나다.

사주 예(155)

丁 甲 癸 癸
卯 子 亥 亥

이 사주는 甲木일주가 水기태왕으로 신왕한 중 다행히 시상상관을 얻어 설기하고 있는데 년, 월상의 양癸水가 충극하므로 상관상진(傷官傷盡)이라고 한다. 모자멸자(母慈滅子), 水木응결, 음지나무다. 丁火상관용신이다. 상관은 원래 정관을 극하므로, 극하는 게 좋지만 癸하나만 가서 끄라고 했는데 癸가 집단으로 가서 丁을 완전히 패대기쳐버렸다. 상관상진으로 상관을 완전히 없애버렸다.

丁용신인데 水가 많아서 사주버렸다. 교육계 사주이다. 水木응결, 북풍한설(北風寒雪), 음지나무이다. 모자멸자로 어머니의 자선심이 너무 많아서 甲木자식을 죽이고 있다. 甲木을 가운데 놓고서 癸亥癸亥子 5명의 어머니가 서로가 甲木을 낳아준 어머니라고 하니 어느 장단에 맞추어야 하나? 이런 사주는 출세하고 싶으면 부모슬하를 떠나야 한다. 인수가 병이니까 부모와 같이 있어 봐야 내 뜻 펴지 못하고 좋은 일이 없더라. 시에서 틀어져버렸다. 丙寅시라면 사주가 아주 좋게 된다.

사주 예(156)

乙 甲 戊 庚
亥 子 子 申

이 사주는 甲木일주가 년주에서 庚申金편관을 얻고 있으나 子월 子일에 庚金의 뿌리 申金이 申子로 水국하여 金이 아니라 水기로 변화되고 있어 관이 무력(無力)하고 있다. 水木응결, 모자멸자, 음지나무, 무화과(無花果), 동목, 부목이다.

모자멸자이니 申子, 亥로 水인 인수가 너무 많아서 "부모가 사주를 모두 버려놨네요." 음지나무고 水木응결이고 무화과이니 꽃도 없고 열매도 없어 나무가 나무 구실 못하니까 사람 노릇 못한다. 정신박약, 저능아 사주에 많다. 火가 들어와야 한다.

여름 한철 벌어서 1년 먹어야 하니 얼마나 힘들겠는가? 동목(凍木)이면 꽁꽁 얼었다. 신경이 굳었다. 음지나무로 보면 그늘 속에서 살아야 하는 운명이다. 고로 이런 사주를 북풍설한으로 춥고 배고픈 팔자라 한다.

사주 예(157)

庚 丁 甲 己
戌 卯 戌 丑

이 사주는 丁火일주가 戌월에 년주 己丑土, 시지 戌土로 상식이 태왕하고 있어 일간이 허약이라 모쇠자왕(母衰子旺) 또는 자왕모쇠(子旺母衰)라고 한다.

甲己합에 丑戌형이니까 시작은 좋으나 결과는 나쁘다. 추생(秋生)에 戌이 급각살이다. 상식이 너무 많은데, 丁이 戌을 만나면 火생土로 내가 생하는 상관인 戌에게 입묘되니까 이런 경우는 이중으로 곤욕치르고 이중으로 죽는다.

자왕모쇠로 상식다봉(傷食多逢)의 팔자이다. 할머니가 많고, 지구력, 인내력이 약하고 양쪽에 戌인 고(庫)를 두 개 놓았으니까 죽을 고비를 두 번은 넘겨야 한다. 이런 사주는 기술 배워라. 卯, 戌을 모두 놓았으니 한의학이나 침술이 좋다.

土가 병이고 木이 약이다. 土가 많아서 막혀있는 것을 木으로 분산시켜야 한다. 신약하니까 木으로 木생火 시켜서 丁火불을 살려야 하는데 습목이라서 불이 살아나기가 힘들고 양쪽에 고장까지 있으니까 비실비실 배삼룡이다.

  庚辰년에 정재운이다. 기신운이니까 재운이 안 좋아서 "뒤로 넘어져도 코가 깨진다. 내 돈 가지고 내 맘대로 못하고 그림의 떡이고 눈에만 풍년이다." 火극金으로 돈 따라 갔다가 금다화식(金多火熄)으로 내가 죽는다. 乙酉월에 乙木이 죽어서 들어오니까 木생火 못하고 卯酉충 하니까, 나를 도와주는 원유와 보급로가 끊어져서 되는 일이 없이 두 손발을 묶어 놓는 것과 같다. 충이니까 타의에 의한 변화이고 "돈 떨어져, 신발 떨어져, 애인마저 떨어지는 운이다."

사주 예(158)

丙 甲 甲 癸
寅 寅 寅 亥

  이 사주는 甲木일주가 년월일시로 木왕에 또 조목(燥木)되어 년주의 癸亥水인수가 설기태심(泄氣太甚)하여 무력하다. 견겁태왕, 곡직격, 남산송백(南山松柏), 목화통명, 식신유기승재관이다.

  甲寅일주가 월에 또 甲寅이니까 동서남북에 홍길동으로 저와 똑같은 놈이 많아서 눈치 보아야 하고 배다른 형제 있게 되고, 寅亥합木으로 인수가 변해서 겁재가 되었다. 고로 보증만 섰다고 하면 물어주어야 한다. 丙火용신이다. 시에 용신이니까 말년이 좋다. 곡직격이지만 질이 떨어지는데 월의 甲이 없어야 좋은 사주가 된다. 배는 하나인데 선장은 둘이 되었다. 남산송백이다. 아름드리 나무이고 식신인 丙이 펄펄 살아있다. 木火통명으로 교육계나 의사가 적격인데, 이 세상을 丙으로 환하게 밝혀주어야 한다.

  甲木의 뿌리가 튼튼해서 개성이 강하고 자기주장이 강해서 할 소리 모두 하고 사는데 비견겁이 많아서 의심이 많은 것이 흠이다. 庚년이면 착각하기 쉬운데, 가령 甲庚충으로 비견을 없애서 독식해서 좋다고 생각하기 쉽지만 용신丙이 金을 만나면 죽으므로 좋은 운이 아니다. 년주의 癸亥水가 寅亥합木으로 와서 좋은 역할을 하게 되는데 水가 건조한 사주를 조후를 맞추어 주어서 좋다는 것이다.

이 사주를 金극木으로 잡으러 간다면 목다금결(木多金缺)로 金이 죽는다. 甲寅木들이 화내면 火가 나와서 火극金 하게 된다.

비견겁들이 많으면 배다른 형제 있고, 식신이 유기(有氣)면 승재관(勝財官)으로 어설픈 재관보다 낫다. 이렇게 식신이 잘 짜여진 사주가 공직에 있으면 감독기관에 있게 된다. 木보다 높은 관인 金을 火극金으로 잡아다 앉혀놓고서 취조한다.

사주 예(159)

丁 甲 己 戊
卯 戌 未 戌

이 사주는 甲木일주가 년월일로 土왕이라 재다신약이 되고 있다. 잡목에 근이 약하여 풍절(風折)이 염려된다.

조토로 甲木이 뿌리내릴 데가 없는데 未戌형으로 왕자형발(旺者刑發)이 되니까 土가 더욱 많아진다. 土가 병이니까 未戌형으로 저희들끼리 싸우고서도 피해는 甲木이 보게 되니까 "고래 싸움에 새우등 터진다."

未월의 甲木이니 입묘되어 고목(古木)이다. 未가 또한 재가 되니까 아버지고 마누라이므로 "나는 아버지 때문에 못 살아." "나는 마누라 때문에 못 살아. 죽어야 해." 하는 소리가 항상 나온다. 완전한 재다신약으로 악처 만나는데, 제가 바람 많이 피워서 그렇게 된다.

잡목(雜木)으로 순수한 나무가 못 되는데 甲은 양木이고 卯는 음木이니까 음양이 섞여있어서 잡목이고 그것도 불먹은 흙 위에서 뿌리도 옆으로 하고 있다. 조토라서 황무지에 10리 가다 한 그루씩 서있는 나무로 외로운 팔자이다. 인수가 없어서 부모덕이 없고, 공부도 못했고,

남의 돈을 벌어주려고 태어났다. 고로 사업하면 안된다. 마누라가 넷이고 卯가 도화니까 또 마누라가 있다.

庚辰년이면 간충지충이다. 이혼수, 관재수, 사고 등으로 상상치도 못할 재앙이 생긴다. "금년에 서리 맞는 운이네요." "금년에 대들보 부러지는 해이네요." 기억력 감퇴에 집중력 상실이고, 구설, 누명, 모략에 건강이 나빠지고, 甲庚충으로 한방에 KO펀치다.

卯木에 甲木이 의지하고 있는데, 12년마다 酉년이 와서 卯酉충이 된다. "절대 닭띠하고 상종하지 말고 닭고기는 먹지 마시오." 신약하니까 능력부족이고, 자수성가(自手成家)해야 한다. 재다(財多)한 사람은 허욕으로 꿈속에서 돈 번다. 사주에 있는 저 많은 돈이 제 것이라고 생각한다. 木이 많은 사주를 만나야 내가 산다.

사주 예(160)

庚 ⑯ 乙 乙
寅 申 酉 酉

이 사주는 丙火일주의 인수 년월상의 乙木이 申酉金재성에 살지요, 극木으로 피상되어 괴인이요, 또 시지 寅木은 申金에 충극 받아 충패되고 있다. 탐재괴인, 재다신약, 벽갑인화(劈甲引火), 허화무실(虛花無實)이다.

완전한 재다신약이다. 乙乙은 죽어 있고 떠서 있으며, 寅申충으로 丙火가 너무 약해서 파격으로 깨진 그릇이다. 寅申충으로 완전히 깨져 있어서 木生火 못할 것 같지만 새벽은 온다. 고로 벽갑인화라고 한다. 단, 그만큼 寅木이 골병 들어있다. 寅木어머니가 3·8木으로 팔부에 가깝다. 또한 寅申충을 재인투전이라고 한다. 아버지와 엄마가 밤낮으로 싸운다. 丙火가 寅木 따라서 공부 좀 하려고 하는데 申酉金아버지가 와서 寅申충으로 책에다 寅탕화로 불질러 버린다. "이 녀석아, 무슨 놈의 공부를 한다고 해?"

자연으로 대비하면, "못된 송아지 엉덩이에서 뿔난 팔자네요." "아기는 낳지도 않고서 포대기부터 준비하고." 여자라면 "못다 핀 꽃이 서리를 맞았군요." 누가 이렇게 팔자를 못되게 비려놨이요? 아버지다. 아버지가 무능력자에 해당하고, 그러면서 온갖 간섭을 다 하고 들어온다. 巳酉丑생이 申을 만나면 망신살이다. 고로 "당신은 평생 사는데 웬 망신이 그렇게 따라다닙니까?" 해도 이 사주에서는 맞아 들어간다.

남자면 조루니까 악처에 해당한다. 申子辰에 酉는 도화이다. 도삽도화, 원내도화, 재성도화인데 완전히 火극金 못하니까 그림의 떡에 불과하다.

庚辰년에 재년을 만나니까, 주판알 튕겨보더니 "못 살겠다. 나도 사업 좀 해야지." 하고 모두 돈으로 보이기 시작해서, 파격사주니까 말단직으로 겨우 버티다가 사표내고 庚편재가 들어오는데 이것이 퇴직금 받은 것이다. 퇴직금을 받아서 辰酉합으로 金인 돈을 몽땅 털어서 시작하는데 능력부족이다. 결국은 돈 날린다. 신약이라서 내 돈을 버는 데는 미숙하다. 완전한 재다신약 팔자는 출생되면서부터 집안이 망한다.

사주 예(161)

辛 ⓙ 庚 辛
丑 酉 寅 酉

이 사주는 丁火의 인수 寅木이 주중의 왕한 金재성에 金극木으로 피상되어 괴인이 되고 있다. 재다신약, 선청후탁(先淸後濁)이다. 월에서 일단 木생火 받고 있으니까 부모덕은 있다. 득령은 했으니까. 고로 살아가면서 망하게 되더라. 이것이 앞사주와의 차이점이다.

선강후약으로 처음엔 잘 살고 나중에는 못 살고, 처음에는 그럴듯하게 나오다가 유종의 미를 거두기가 어렵다.

丁火가 寅木 하나에 생을 받아 꽃이 丁火 하나인데 열매는 여섯 개를 맺으려고 하니까 욕심이 많다. 무에서 유를 창조하려는 생각이지만, 사주의 구성은 유에서 무로 돌아간다.

우산지목(牛山之木)으로 寅木이 자라나려고 하니까 金이 金극木으로 잘라버린다. 寅木용신이니까 申년이면 寅申충이니 집이 날아간다. 재 때문에, 마누라 때문에, 욕심 때문에 그렇다.

丁이 어디 가고 싶어도 金인 재가 가로막아서 못 간다. 재는 아버지다. 金木상전(相戰)이고 재인투전이다. 월에 인수니까 선청후탁이다. 고로 처음에는 선비로 깨끗했는데 상종할수록, 살아갈수록 더러운 놈이 된다. 항시 丁이 가는 길에는 여자가 못 가게 앞을 가로막고 있다.

※ 참고사주

甲 ㊛ 庚 戊
午 卯 申 申

대학생 딸이란다. "창작활동하는데 괜찮겠어요?" 창작활동 좋아하시네. "과장력과 뻥튀기가 없어서 글 못 쓰니까 창작활동 못합니다." 했더니 웃으면서 그렇단다. 사주에 상식이 있어야만 과장력이 많아서 한 마디를 열 마디로 늘려서 펼쳐나가는데 내가 생하는 문창(文昌)과 문곡(文曲)이 없다. 고로 콩 심은 데 콩 나고, 팥 심은 데 팥 나는 것이니까. 전형적인 공무원으로 가라고 하시오.

아버지의 사주이다. 甲㊛○○ / 子巳辰酉 로 신약사주이다. 庚辰년은 상관운이다. "원장경합에서 되겠어요?" 꿈에서 깨시오. 있던 감투도 떨어지는 운이고 내가 키운 아랫사람이 윗자리로 올라가는 운입니다.

사주 예(162)

甲 ㊝ 癸 癸
午 寅 亥 亥

이 사주는 丙火일주로 년월의 癸亥水가 水극火함이 두려우나 일지寅木이 있어 寅亥합에 水생木, 木생火로 관인상생이요, 2덕이 겸비로 귀명(貴命)이다. 패인(佩印), 水火기제(旣濟), 신왕관왕이다.

丙이 亥를 많이 만나면 살성구인(殺星拘印)에 반중화(反中和)라. 丙이 癸亥水가 너무 일을 많이 시켜서 寅木더러 도와주라고 했던 사주이다. 관인상생이고, 마패 차고 있는 패인사주이다. 협상(協相)의 명수이다. 너무 청격(淸格)이다. 정치 하면 참 깨끗한 정치 한다.

일주가 강하니까 결단력 있고 밀어붙이는 뚝심이 있다. 많은 水가 寅亥합木해서 水生木, 木生火로 들어오니까, 결재자에 해당한다. 도장만 찍는다. 신왕관왕 사주로 장, 차관 그릇이다. 낮과 밤이 균형을 이루었고, 음양이 균형을 이루었다. 이런 사람은 팔자를 부정한다. "팔자가 어디 있나? 노력한 대로 돌아오지." 한다.

火 자체가 설득력 있고, 水극火 하는 것을 水生木, 木生火로 통관시켜주니까, 협상의 명수로 분쟁해결을 잘한다. 단, 사주에 관만 있고 재가 없으니까 명예위주이지, 돈과는 거리가 멀다. 재가 없으니까, 가정적이지 못해서 돈 몇푼 갖다 주고서 따로 생기는 것도 없으니 마누라만 고생이다. 게다가 손님은 많이 오고…. 남들은 속도 모르고 "당신 서방이 장관이니 좋겠네요." 하더라.

사주 예(163)

甲 ⑰ 壬 壬
午 寅 子 申

이 사주는 丙火일주가 년월에서 壬水 편관칠살을 만나 두려운데 다행히 일지寅木 있어 水生木, 木生火라 살인상생(殺印相生)이 되고 있다. 한자득로(寒者得爐)다. 이 사주는 양팔통(陽八通)으로 스케일도 크고, 영웅호걸이고, 丙壬충으로 싸움도 잘한다. 앞의 사주는 안전운행이고 싸움이 무엇인지도 모른다.

설중매화(雪中梅花)로, 壬壬子申 로 추운데 甲丙午寅 로 따뜻하게 해주니까 살아가기가 좋은 사주이다. 또한 사주가 申子합과 寅午합의 두 패로 나누어지니까 두 집 살림해야 한다.

이런 식으로 관이 똑같은 것이 두 개이면 중임한다. 즉 한 몸에 두 지게를 지고 있는 것이다. 고로 국회의원 하면서 장관도 하고 등. 살인상생으로 金水가 더 많으니 木火용신이다. 일지에 인수니까 효신이다.

만약 戊午대운이면 일주를 도와주면서 壬을 없애니까 무거운 짐이 없어진다. 水극火로 나를 괴롭히고 간섭하는 것이 없어지고 丙이 壬의 눈치를 보다가 土극水로 壬이 없어지니까 얼마나 좋겠는가?

사주 예(164)

癸 ㊚ 壬 壬
巳 寅 子 申

이 사주는 년월에 편관이요, 시상(時上)에 癸水정관이 있어 관살이 혼잡하고 있다. 관살혼잡, 재살태왕이다. 寅巳형이고, 관살혼잡으로 사주가 버렸다. 탁격(濁格)이다. 동짓달의 물이라서 시상의 癸水가 힘을 쓰므로 壬, 癸, 水가 丙을 협공하고 있는 상태이다.

사주 예(165)

甲 ㊚ 辛 戊
午 寅 酉 辰

이 사주는 丙火일주가 寅午火국으로 왕하고 있는데 재 또한 土생金에 辰酉합 金국으로 왕하고 있어 신왕재왕이라고 한다. 식신생재(食神生財)에 개화결실(開花結實)이다.

申子辰에 酉가 도화인데 辛에 정록이니까 녹방도화이다. 양귀비 미모다. 酉월의 꽃으로 丙火에 寅午火국으로 멋지게 꽃 피워서 辰酉金국, 土생金으로 열매 잘 맺었다. 거기에다 신왕재왕이다. 또한 丙, 丁일주가 金이 투출하면 부자로 거부(巨富)이다. 이 많은 돈이 丙辛합으로 모두 들어오니까, 부모의 돈이 모두 내 것이고, 일주가 강하니까 부모에게 물려받은 유산에다 재산을 플러스해서 놓는다.

인품 좋고, 말 잘하고, 통솔력 있고, 멋쟁이고, 세상 사는 데 근심, 걱정 없이 해맑갛다. 火일주에 火가 많아서 이 사람과 말하다보면 근심 걱정이 없어져서 사람들이 자꾸 의논하러 온다. 거기에 한마디 하면 말이 씨가 되더라.

戊辰土가 식신인데, 土생金으로 식신생재하니 金인 재가 없어져도 또다시 土생金 해다 놓으니까 실패했다가도 금방 일어선다. 칠전팔기에 세상 사는 데 걱정없다. 戊辰이 일주라면 백호에 일지재고 놓았다. 생긴 게 두꺼비 닮았다 한다.

이 사주는 할아버지와 합심해서 내 평생 먹을 것을 만들어 놓았다.

사주 예(166)

己 乙 辛 戊
卯 丑 酉 辰

이 사주는 乙木일주가 酉월로 실시(失時)라 허약하고 있는데 戊辰丑土가 재로 土생金·살하고 있어, 조살(助殺) 또는 재생살(財生殺)이라고 한다. 낙엽지목(落葉之木), 낙락장송(落落長松)이다.

乙辛충에 土金인 재살이 많아서 재살태왕이고, 너무 신약해서 파격이다. 고로 만고풍상(萬古風霜)을 겪어야 하고, 酉월의 나무에 열매가 많아서 가지가 찢어지기 일보직전이다. 乙辛충으로 항시 뒤통수 얻어맞고서 쫓기기 일보직전이다. 酉월의 나무가 서리 맞았다.

金木상전으로 근통, 골통, 두통, 치통으로 통자(痛字) 항렬이다. 고로 매맞지 않고서도 안 아픈 곳이 없이 아픈 팔자이다. 지구력, 인내력이 약하고 불안해서 귀신, 관재구설이 줄줄 따라다닌다.

火가 들어와서 火극金으로 먼저 관살을 제압해야 한다. 신들리기 쉬운 팔자이다. 세상 살아가는 것이 바늘방석이다. 이 사주는 먼저 건강에 초점 맞추어야 한다. 건강해야 모든 일이 제대로 돌아간다. 장가가고 시집가면 土생金, 金극木으로 어디 살겠나?

여자라면 이유없이 매맞는 팔자이다. 丑이 탕화니까 "썩을 놈의 세상, 난리나 팍 나버려라." 하면서 긴 한숨 몰아쉬고 내쉰다. 세상 사는 것의 고통이 천근만근으로 따라붙는다. 철삿줄로 꽁꽁 묶인다. 창살 없는 감옥이다. 만고풍상이다.

사주 예(167)

甲 (甲) 己 乙
子 寅 卯 卯

이 사주는 甲木일주가 년월일로 木이 왕한 중 또 년시상으로 甲乙木이 있어 월상의 己土정재가 피상되므로, 즉 목다토붕(木多土崩)되므로 군겁쟁재(群劫爭財) 또는 군비쟁재(群比爭財)라고 한다.

己土인 재가 완전히 목다토붕이다. 비견겁이 많아서 재가 죽는다. 견겁태왕격도 된다. 재가 부, 아버지요, 처, 마누라요, 돈, 재물인데 아버지 꺾고 집안 망하려면 이렇게 비견이 많은 사주가 태어난다. 양인이 둘이고 甲木이 寅에게 녹근(祿根)하여서 힘이 장사인데 굶기를 밥 먹듯이 한다. 己土 밥 한 공기에 밥 먹을 사람은 6명이니까 밥그릇이 깨진다. 고로, 세상 사는 데 불평불만이 많을 수밖에 없다.

卯월의 광풍(狂風)으로 이 광풍을 재우는 것이 火로 寅중 丙火가 용신이다. 木이 많은데 火가 적으니까 이 많은 木이 寅중丙을 통해서 나가려고 하니까 얼마나 답답한가? 세상 사는 것이 답답한 팔자이다.

제일 필요한 것이 午이다. 따라서 이 사주에 작명을 하고자 할 때는 수리에 너무 구애받지 말고 午를 많이 넣어 지어줘라. 예를 들면 박준오(朴駿午, 朴晙午) 등이다. 말탈 준이나 밝을 준을 사용한다. 오는 물론 낮 오(午)로 한다.

사주 예(168)

丙 ⑭ 乙 庚
寅 寅 酉 辰

이 사주는 甲木일주가 년상 庚金칠살이 있어 甲庚으로 충극하여 오는 것이 두려운데 다행히 월상의 乙木이 乙庚으로 합거하고 있어 이를 두고 양인합살(羊刃合殺), 매씨합살(妹氏合殺), 권인상정(權刃相停), 살인상정(殺刃相停), 또는 미인계(美人計)라고 한다.

이럴 때는 乙庚합에 辰酉합으로 보내버리고, 甲寅, 丙寅으로만 봐주라. 사주가 제각각이다. 丙火용신이다. 甲의 누나 乙이 乙庚합金으로 자기 서방하고 짜고서 나를 배신한다. 甲이 寅에 통근하니까 똑똑하고 괜찮다.

사주 예(169)

丙 ⑭ 庚 乙
寅 子 辰 亥

이 사주는 甲木일주에 월상 庚金칠살이 甲庚으로 충극하여 오는 것이 매우 두려우나 자양지금(滋養之金)하는 辰土가 子辰水국으로 변화하였고 庚金은 년상 乙木이 乙庚으로 합거하여 신왕이면서도 관살을 사용할 수 없다.

甲木이 득령, 득지, 득세해서 신강하다. 庚이 乙庚합으로 묶였다. 庚金용신이 아니다. 합거(合去)한 것은 내 것이 아니다. 합신, 즉 일주와 합한 것이어야만 내 것이다. 따라서 丙火용신이다.

戊午년 44세에 여자 만나더니, 己未년에 甲己합으로 미쳐 돌아가더니 庚申년 46살에 늦둥이 자식 하나 낳더라. 살다가 己卯년 65살에 만세 부르더라. 그것도 자신의 제수씨하고 노는 것을 식구들이 발견하니까 아무말 못하고 물러서더라. 亥卯未에 子가 도화로 일지도화면 작첩

동거(作妾同居)이다. 본처와 이혼하고 己酉일주 여자에게 미쳤다. 甲子와 己酉가 甲己합에 申子辰에 酉가 도화요, 子酉귀문이니까 미쳐 돌아가더라. 甲子일주는 己酉일주 여자가 최고로 좋게 보이는데, 己卯년에 卯酉충 하니 헤어졌다. 庚이 아들인데 乙庚합에 辰중乙과 암합하여 연애박사더라.

사주 예(170)

乙 ⓔ 丙 丁
酉 丑 午 未

이 사주는 乙木일주가 년월에 丁未, 丙午로 상식을 놓았고, 일시로는 酉丑 관살국을 놓아 식거선살거후라 하며 또 관살金에 비하여 상식火가 왕하여 火극金이 지나쳐 제살태과격(制殺太過格)이라 한다. 관살이 있을 때 상식은 일주편이다. 乙木이 득령, 득지, 득세 못했지만 관살이 있을 때 상식은 내 편이다. 구성요건은 식거선살거후에 해당하고, 상식이 많냐, 관살이 많냐를 따져서 적은 쪽으로 용신을 잡아라. 火극金을 너무 많이 하니까 제살태과이다. 고로 관을 살려야 하니 酉丑이 용신이고 金水음이 적어서 관이 용신이다.

여자라면 丁未, 丙午로 자식을 혼자서 키워놓고서 나중에 다른 남자 만나서 잘 사는 팔자이다. 관이 용신이니까. 이 정도 되면 자식들이 어머니 고생하셨다고 어머니 결혼해서 행복하게 사셔야 한다고 결혼시켜주는 자식들을 가지게 되는 사주이다.

酉丑으로 관이 국을 이루니까 직장이 그만큼 좋다. 남자면 관청 브로커이고, 감독기관에 해당하고, 관을 상대로 해서 돈 번다.

乙에게는 金이 제일 무서운데 이 金을 잡아먹을 수 있는 火를 가지고 있어서, 무서운 것이 없는 사람이고 무법천지이다.

봄, 여름은 나쁘고 가을, 겨울은 좋으니까, 시작은 나쁘지만 결과가 좋고 끝마무리가 잘된다. 여자라면 관이 용신이니까, 남편 없이는 못 산다.

만약 乙⒵丙丁 이런 사주라면, 관이 너무 부족하니까 진법무민(盡法
　　　酉未午未
無民)으로 망나니 팔자가 된다.

사주 예(171)

庚 ⒵ 丙 丁　　이 사주는 乙木일주가 월주에 상식으로 식거선살
辰 酉 午 酉　거후가 되는 것은 앞의 사주와 같으나 火보다는 金
　　　　　　　이 왕하여 식신제살(食神制殺)이라고 한다. 합이불
화(合而不化)이고, 관식투전이다.

식거선살거후인데 火가 부족하고 金이 많다. 乙木이 뿌리가 없는데 관살이 있을 때 상식이 내 편이다. 이 사주의 핵심은 午火이다. 午火만 없애면 丙, 丁이 모두 없어진다.

여자라면 날라리 팔자이다. 巳酉丑에 午火가 도화이고, 乙庚합이고 乙木이 뿌리가 없어서 성씨도 바꾸어 사는 인생이다. 乙庚합은 했으나 丙, 丁이 火극金 하니까 합이 불화이다. 乙木이 庚서방과 합은 했으나 "사랑을 따르자니 자식이 울고 자식을 따르자니 서방이 우는구나." 火가 부족하고 金이 많아서 火극金을 하자니까 관식투전이 되어서 여자면 매맞고 살고, 木생火로 죽도록 해주고도 얻어맞아야 한다.

사주 예(172)

甲 ㊉ 丙 庚　　이 사주는 甲木일주가 년상의 庚金칠살이 충극하
子 寅 戌 申　여 오는 것이 두려우나 월상의 丙火가 火극金으로 제
　　　　　　　압하기에 칠살이 아니라 권(權)으로 화(化)함으로써
유제자(有制者) 편관이라고 한다. 이살화권(以殺化權)이다.

庚이 丙에 막혀서 金극木을 못한다. 고로 이때의 년상의 庚은 甲이

오라고 하면 오고, 가라고 하면 가야 한다. 안 그러면 丙에게 일러서 火극金시켜버리니까.

甲에게 庚은 칠살인데 이런 경우에는 庚이 내가 시키는 대로 해야 하니까, 오히려 권세가 되어 칠살이라고 안한다.

여자라면 첫 자식 낳고서 이별한다. 丙火용신이다. 뒷모습이 예쁘고 항시 과거만 생각하고 戌亥천문성이니까 머리 영리하고 인정은 많으나 시상의 甲이 있어서 말년에 도씨(盜氏)가 기다리고 있고 방해자가 걱정이다.

甲寅이 고란살이니 여자는 독수공방이다.

사주 예(173)

```
庚 丙 壬 壬
寅 申 子 申
```

이 사주는 丙火일주에 년월의 편관칠살이 두려운데 제(制)하는 土가 없어 칠살이라고 한다. 무제자(無制者), 칠살, 재생살, 조살(助殺), 귀(鬼)가 된다. 완전한 재살태왕이다. 이렇게 심하면 정신질환이다. 壬이 칠살이고, 더욱 무서운 귀(鬼)요, 병이 된다. 丙壬충을 두 번 맞았으니까 연타를 얻어맞았고, 고로 이런 사주가 잘못하면 정신이상이 된다. 재살태왕으로 내 것 주고 뺨 맞는 팔자고, 寅申충이니 파격(破格)이다. 평생을 고생하라고 태어났다. 눈이 빠지도록, 쎄가 빠지도록 일해도 먹고 살 둥 말 둥하다. 온도가 너무 곤두박질하고 있다.

寅木을 집으로 보는데 충 받고 지지로만 연결하니까 역마지살로 연결하면 길가의 다 쓰러져가는 판잣집에 겨우 의지해서 살아가는 사람이다. 午가 子午충하여 子水를 없앨수록 좋다. 水극火를 못하게 해야 하니까, 밑바닥을 기어야 하고, 시키는 대로 일하고, 주는 대로 받아먹고 살아야 하는 팔자고, 여자면 시집 안 가고 혼자 살아라. 시집 가면 丙壬충으로 얻어맞고 산다.

사주 예(174)

壬 ⓛ 辛 戊
午 未 酉 辰

이 사주는 乙木일주가 년월에 辛酉金이요, 또 土생金에 辰酉로 金국되어 살거선인데, 일시로 午未 火국 식신이 있어 식거후라 살거선식거후요 관金보다는 火기가 약하여 식신제살격이라고 한다.

金水가 많고 木火상식이 부족해서 상식이 용신이다. 木火용신이다. 水용신이 아니다. 세상 살아가는 데 木생火로 꾀가 필요하다. 여자면 항상 辛酉金이 乙辛충으로 따라다닌다.

庚辰년이면 乙庚합으로 나에게 처음엔 잘해주더니 나중엔 金극木으로 못된 일만 하더라. "남자는 모두 도둑놈이야!" 합으로 연결되면 알면서도 당한다.

巳운이면 巳酉金국을 더욱 잘한다. 木생火로 내가 죽도록 키워주고 도와준 놈에게 뒤통수 얻어맞는다. 상식이 변해서 관살이 되었다. 신수 보러 오면 "틀림없이 남쪽에서 길 가던 사람이 당신을 도와주겠다고 할 때, 그 사람 믿었다가는 큰일납니다."

四. 육친의 응용과 추리

1. 성격

　사주에서 성격을 분석할 때는 오행, 육친, 길신, 흉신, 형, 충 등의 작용에 따라서 추론한다. 성격공부를 잘 하면 심리학박사가 아래로 보인다. 현대심리는 통계적 심리인데 사주에서는 개별적 심리가 나온다.
　천성은 무의식 중에 노출되므로 고치기가 힘들고 변하기가 어려운데, 강력한 자기최면에 의해서면 고칠 수도 있더라. 가령 축구를 할 때 유니폼의 색이 붉은 색일 경우, 상대를 자극시키고 분노시키며 상대를 잡아먹으려는 생각이 들게 하므로 우리가 힘든 경기를 하게 된다는 것이다. 설령 선천적으로 악인에 가까운 자라 할지라도 후천적인 노력으로서 교정할 수 있으니 자포자기하지 말 것이며 또 인간이 살아가는데 모든 것의 기본이 되고, 길, 흉 또는 행복과 불행, 부귀빈천, 건강, 부부 간의 화, 불합, 재수의 유무 등등이 본 성격에서 좌우되고 있으니만큼 세살 버릇이 여든까지 간다는 속담을 항시 되새겨 어렸을 때부터 좋은 성격이 형성되도록 노력하여야 하겠다.
　전반적으로 볼 때, 남자는 외양내음(外陽內陰)으로 겉으로는 강하나 내적으로는 약하고, 또 선강후약(先强後弱)하며 의리있고 용맹하고 지배의식이 강한 대신 자제력이 약한 데 반하여, 여자는 외음내양(外陰

內陽)으로 겉으로는 약하나 내적으로는 강하고, 선약후강(先弱後强)하며 모성애로 인정과 자손에게는 약하고 희생의 정신이 강하다.

그러나 사람은 각기 개성이 있기 마련이고, 그 개성에 따라 운명마저도 달라지고 있으며, 또 선천적인 것과 후천적인 면으로 대별할 수 있는데 아무리 선천적으로 좋은 성격으로 태어났다 하여도 후천적으로 나빠지면, 이는 늑대에다 양의 탈을 씌워 놓은 것과 같다 할 수 있다.

선천적인 성격의 형성은 유전인자와 월주의 영향, 그리고 주중의 구성요건이 좌우하고 있으며, 후천적인 성격의 형성은 운에 의해서 좌우되고 있으나 운 자체가 원명을 완전하게 지배하지 못한다면 본성 자체는 깨뜨릴 수 없는 것이고, 또 운은 고정되어 있지 않고 항시 변천하고 있기 때문에 어제의 선량한 자가 오늘에는 악인이 될 수도 있고, 오늘의 악인이 내일에는 선량인이 될 수도 있으므로 알고 보면 운의 지배에 따라 인간의 마음은 시시각각 변화하고 있어 옛말에 하루에도 열두 번덕하고 또 갈 때와 올 때의 마음이 각각 달라진다고 하였던 것이다. 좀 더 상세히 살펴보자.

金이 木을 金극木으로 건드리면, 간(肝)이 침해를 받게 되어서 火가 발생하니, 간이 열을 받고, 간이 열 받으니 담즙이 모자라고, 담즙이 모자라니 황달이 되고, 황달이 흑달이 되고, 흑달이 곧 간암이니까 3개월을 못 산다. 고로 오래 살고 싶으면 마음을 비우고 항상 모든 것을 내 탓으로 돌리면 된다. 항상 자기 자신을 스스로 만들면 되는데 오장육부가 성하고 균형을 이루면 성격도 좋고, 균형이 크게 무너지면 성격도 치우치게 나타난다.

木일주면 천성은 인정(仁情)으로 태어났는데, 대운이 申酉戌의 서방 운으로 흘러가면 20여 년간의 최면에 걸리니까, 본성에 변화가 온다. 즉 인정으로 살려고 하는데 金이 말한다. "야! 임마, 의리의 운이니 까

불지 말고 의리로 살아라!" 고로 인정이라는 천성이 소멸된다. 이처럼 운에 의해서 바꾸어지는 것이 후천적 성격이다. 이러한 성격변화를 알아야만 신수 보는 데 응용되고, 그 해에 무엇이 유행될 것인가를 알 수 있다. 가령 辛巳년이면, 辛이니까 청백하고 깨끗하고 깔끔하고 아름다운 것이 유행하고 巳火니까 여자로서는 머리를 부풀리는 것이 유행할 것이다.

선천적인 성격은 유전인자와 월주의 영향, 그리고 사주의 구성요건이 좌우하고 있다고 했다. 가령 ○甲○○/○○酉辰은 부모가 항시 자식에게 "의리가 있어야 한단다." 하고 가르친다. 그러나 甲木은 커가면서 "인정도 있어야 해요." 하면서 살아가더라. 신살로 보면 월에 도화니까 어머니가 소실이고 나중에 金극木 당한다면 반항하는 마음으로 바뀌어지더라. 선천적인 것은 첫째 일주 기준해서 연결하고, 둘째는 일주와 월주와 연결해서 부모의 영향으로 연결한다.

후천적인 성격은 운에 의해서 좌우되고 있으나, 운 자체가 원명을 완전하게 지배하지 못하면 선천적 본성 자체를 깨뜨릴 수 없다고 했다. 또한 사주 자체에서도 일지, 시지가 일주의 천간에 미치는 영향으로 후천 아닌 후천적인 성격이 된다.

가령 ○乙丙○/○○午○은 乙木이 월에 상관이니까 반항아로 태어나서 첫인상이 꼴통으로 생겼는데 ○乙丙○/亥亥午○라면, 인수가 水극火로 상관을 억제시키니까 사람이 착하다. 상관일 줄 알았는데 사람이 대단히 좋더라. 운(運)은 항상 변화하므로 사람의 마음도 하루에 열두 번씩 변한다.

상담할 때에 성격을 가지고 흔드는 사람, 병명을 가지고 흔드는 사람, 직업을 가지고 흔드는 사람, 육친관계를 가지고 흔드는 사람 등이 각각 있는데, 자기가 잘 보는 쪽으로 상담을 풀어가면 된다.

가령 무슨 일을 상담할 때에 "당신의 성격은 이러한데, 이렇게 할 수가 없지 않느냐? 고로 하지 마시오." 이런 식으로 해야지 무조건 "운이 나쁘니 안 됩니다." 하면 안 먹힌다는 것이다.

또 오행의 상생과 상극의 원리를 성격과 연결하면,

먼저 계절로는 봄에는 인정이 살아나고, 여름에는 예의가 지배하며, 가을에는 신용과 의리가, 겨울에는 지혜의 삶을 체험하고, 또 아침과 봄은 기쁨으로 시작하여, 낮과 여름에는 즐거움이 극에 이르더니, 석양과 가을에는 노궁(怒宮)을 짓게 하고, 밤과 겨울에는 애수(哀愁)에 잠기더니, 다시 새벽과 봄으로 전환하면서 기쁨이 소생하는 것이, 바로 우리들의 실생활이며 또한 자연의 순환이다.

다음 상생(相生)으로 보면, 언제든지 인정(木)은 예의(火)를 생한다. 木火공존이니까. 고로 언제든지 인정 있는 사람은 예의가 있다. 예의가 있는 사람은 인정도 있다. 예의(火)는 신용(土)을 생한다. 예의가 있으니까 신용도 갖추어야 한다. 신용(土)은 의리(金)를 낳게 하고, 의리(金) 있는 사람은 지혜(水)를 있게 하고, 지혜(水)는 인정(木)을 각각 생하면서 순환하고 있다. 의리(金)는 남자들만이 필요하지 여자들은 필요하지 않다. 즉 유부남인 것을 알았으면 발 빼야 되는데 이 쓸데없는 의리 지킨다고 소실이라도 좋으니까 나만 버리지 말아달라 하고 그 남자 아기 낳아서 혼자 키운다. 이런 바보 같은 의리는 지키지 말라는 것이다. 가령 己卯일주면, 여자의 경우는 "당신은 쓸데없는 인정 지키려고 당신의 몸이 망가졌네요." 남자라면, "당신은 인정이 많아서 외상값도 못 받는데 사업한다고요? 절대 못합니다. 사업하려면 돈과 연애해야 합니다."

상극(相剋)으로 연결하면, 인정(木)은 신용(土)을 극하니, 인정이 많으면 신용이 없다. 지혜(水)는 예의(火)를 극한다. 지혜는 꾀이다. 고로 모든 공부를 꾀로만 가르치면 윤리도덕은 자연적으로 무너진다. 윤리도덕은 수질오염이 심해지면 자연적으로 무너지는데 깨끗한 샘물을 먹을 때는 서로 성품이 좋더니만 수돗물 먹기 시작하자 변하더라. 신용(土)은 지혜(水)를 극한다. 꾀를 안 부려야 신용을 지킬 수 있다. 밥 많이 먹으면 위장이 늘어나니까 土극水로 멍청해진다. 예의(火)는 의리(金)를 극한다. 의리(金)는 인정(木)을 극한다. 의리 있는 사람은 인정이 모자란다. 특히 金일주는 냉정하다. "시끄러, 사나이 가는 길을 막지 마라."

그러나 이와 같은 것은 모두가 전체적이며 보편적인 것이고 각자의 성격과 개성을 판단하고자 할 때에는

① 먼저 일간의 오행적인 특성을 본다. 이는 선천적인 성격에 해당한다.
② 양간이냐 음간이냐를 본다. 여자가 양일주면 선머슴이고, 남자가 음일주면 여성적인 경향이 있다.
③ 일주의 강약을 본다.
④ 오행의 많고 적은 것을 살펴서 무엇이 주(主)가 되고, 종(從)이 되는지 본다.
⑤ 신살, 형, 충, 원진, 귀문 등이 일주에 미치는 영향을 본다. 가령, 사주에 형이 많으면 얼굴도 무섭게 보이고 성격도 나빠진다. 또 충이면 뭐든지 만지면 부서지고 남과 자꾸 충돌하니 성격이 원만치 못하고, 원진이면 원망이고, 귀문이면 정신쇠약에 나쁘게 연결되면 미친 짓을 곧잘 한다.
⑥ 육친적인 특성을 살핀다.

이상의 각 부분을 살펴서 결론을 내려야 한다. 따라서 이렇게만 잘 살펴 결론을 내린다면, 현대심리학보다는 철학을 가미한 운명적인 심

리학의 진수를 비로소 맛보게 될 것이며, 부탁의 말은 정신적인 패배자와 불구자는 되지 말 것이며 모든 사물을 관찰함에 있어 현실적인 눈보다는 마음의 눈을 통하여 이해하기를 다시 한번 부탁하는 바이다.

다음은 오행과 육친, 흉살, 길신, 흉신, 형, 충 등의 작용에 따라 나타나고 있는 성격을 대별하여 정리해 보자.

먼저 오행의 작용에 나타나는 성격이다.

1 木의 성격
- 인정(仁情) 있다. 木은 따뜻한 것이 되므로.
- 강직(剛直)하다. 송죽 같고 상록수다. 대쪽 같다. 그러나 木일주가 金이 많으면 송죽 같고 대쪽 같은 것도 없으며 인정, 의리도 없어진다.
- 정직하다.
- 담력있다. 배짱있다. 木은 담(膽)에 해당한다. 육친으로는 상관, 식신이 배짱이다. 관을 극하므로 무서운 것이 없어서 똥배짱이다.
- 손이 크다. 마음이 크다는 것으로 하나만 사도 될 것을 무더기로 산다. 실제로 사람의 손이 크면 외양내음으로 속이 좁다. 상담시에 응용하라 손이 작으면 부풀려서 돈의 액수를 많이 부르고 손이 크면 조금씩 조금씩 액수를 받아야 한다.
- 선봉장(先鋒將)이다. 甲, 乙이 천간에서 먼저 나오니까.
- 희열(喜悅)이다. 남에게 기쁨과 경사를 준다.
- 木이 많으면 경직되고 굳는다. 목다(木多)하면 신경성으로 온다. 목다하면 신경만 쓰면 편도선이 붓는다. 목다하면 피부가 약하므로 신경만 쓰면 두드러기가 많이 생긴다.
土일주가 木이 많으면 신경성 질환, 위장병, 金일주가 木이 많으면 임파선, 결핵, 金木상전이면 인후로서 임파선, 결핵까지 해당한다.

- 木일주면 수덕(手德) 있다. 고로 심지 뽑기 잘한다. 추첨권, 복권 등
- 木을 의학적으로 보면 수족(手足)이니 엄마손이 약손으로 약손에 해당한다.

2 火의 성격

- 예의(禮儀)이다.
- 명랑하고 바른말 즉 직언(直言) 잘한다. 월에 상관 있는 사주거나 상관이 많은 사람이 바른말 잘하는데 심지어는 부모에게도 현침 살처럼 눈에 눈물이 나도록 바른말 잘한다. 가령 ○戊辛○/○○酉○의 직장인이라면 사장도 안 무서워하고 바른말 잘한다. "사장님, 회사를 이런 식으로 운영하면 망합니다." ○戊甲○/○○寅○은 월이 윗사람 자리인데 나를 극하고 쥐어터지니까 할말도 못한다. 이야기하고 싶으면 상관 있는 사람한테 부탁해서 말을 해달라고 한다. 고로 상관 있는 사람이 노조위원장이 많더라. 월에 관이 있으면 시키는 대로 하더라. 월에 상관 놓으면 집안에서도 그 집의 야당이고 반항파로 반대를 위한 반대이다.
- 성격이 급하다. 조급(燥急)하다. 고로 상황판단이 흐리다. ○丙庚○/卯申申申는 재가 많아서 아버지에게 주눅들어서 거기서부터 성격이 비뚤어졌다. 火극金으로 내 마음대로 못하니까 거기서 편법이 나온다. 그것도 모르고 아버지는 쥐잡듯이 하니까 나중에는 火가 마음에 품었던 말을 해 버린다. "미안하지만 아버지, 저는 돈 벌어도 아버지처럼 더럽게는 안 벌어요." "잘 벌어보시죠." 그냥 아버지가 한 방에 가더라. 丙태양이 申을 많이 만나니까 해가 서산에 넘어가고 있다. 갈 길은 먼데 상황 판단이 흐려지니까 실수가 연발이다. 고로 못된 송아지 엉덩이에 뿔 난다.

- 火일주가 급하기는 해도 뒤끝이 없다. 만약 성질 급한 사람이 뒤끝까지 있으면 살인난다.
- 기분파다. 기분에 살고 기분에 죽는다. 火일주 여자는 꼭 기분 맞추어주라. 木일주 여자는 손이 크니까 만나더라도 호텔 같은 데서 만나야 하고 째째하게 놀면 어림없다. 土일주 여자면 신용을 지켜라.
- 달변이다. 말이 많고 시끄럽다.
- 설득력 하나는 끝내준다.
- 기분에 살고, 기분에 죽는 것으로 내일의 빵을 걱정 안 한다. 남자가 辛金일주인데 돌다리도 두들겨 보고 가는 팔자인데 丁未일주 여자와 사귀더라. "기분에 죽고 기분에 사는 여자니까 포기하세요." 했다.
- 火일주는 목소리가 조금 높다.
- 아는 것이 많으니 박사다. 배우지 않아도 아는 것이 火일주이다. 고로 火일주는 상식이 없어도 응용력과 써먹는 것이 火 그 자체만으로도 된다는 것이다.
- 강심장이다. 木火가 같이 있는 사람이 심장에 털난 사람이다.
- 거짓말이 없다. 火일주에게는 절대 거짓말하면 안 된다. 시력이 발달해 있어서 눈만 보고도 알고 눈치 빨라서 거짓말하면 금방 알아차린다. 생각하면 눈앞에 그 스크린이 나타난다는 것이다.

> ※ 火일주에게 말해주는 말
>
> "첫인상 때의 그 느낌을 놓치지 마세요." 즉 이 사람은 나쁜 사람, 좋은 사람 하는 식으로 처음 볼 때의 그 판단을 항상 최우선으로 중시하라는 것이다. 자꾸 보면 헷갈리니까….

- 조금은 수다스럽다. 火일주 남자는 좀 산만하다. 어질러 놓고서 산다는 것이다. 고로 엄마가 챙겨주기가 바쁘다.
- 음성이 높다. 火가 土를 놓고 있으면 허스키하다. 저음이다. 火일주가 신강하면 고음도 좋다. 金은 폐 또는 폐활량으로 보면 된다.
- 염상(炎上)이다. 깡총깡총 잘 뛴다. 높이뛰기 잘 한다.
- 분산되고 떠나간다. 이산(離散)이다.
- 화려하게 보이고, 화려하다. 도화인수면 역시 화려하게 보이는데 똑같은 옷을 입어도 남보다 화려하게 보인다. 어린아이들에게도 火가 필요하면 가급적이면 색상이 살아있는 것을 선택하라.
- 火일주는 서치라이트 잘 받고 실물보다 사진이 더 낫다.

3 土의 성격

- 신용있다. 꾀 안부리고 멍청할 정도는 되어야 신용이다. 신용과 의리는 같이 돌아간다. 여자가 土일주면 장손며느리가, 아니면 막내며느리가 많다. 극과 극은 같으니까.
- 후중(厚重)하다. 땅이니까 두텁다. 나쁘게 연결하면 능구렁이다.
- 묵은 소리 잘 하고 옛것을 잘 지킨다.
- 중화(中和)다. 음에도 양에도 치우치지 않고서, 고로 판결관이고 스님이더라.
- 건체(蹇滯)다. 행동이 느린 것으로 비만체구에서 온다. 지구전하는 데는 1등이다. ○戊○○/未戌○는 신강하고 土가 많으니 "능구렁이 같은 사람이네요." 스님이란다. 土가 많은 곳에서는 십 리 밖의 수분도 흡수되어서 들어오니까, 癸水여자가 들어와도 저만 피해보고 없어져 버리더라. 戊土가 신약이어도 능구렁이 작용이 나오지만 오래가지는 못하더라.

- 농사 짓는 것이다. 가색(稼穡)이다. 자식, 부모, 형제 농사도 모두 적용해도 된다.
- 집결이다. 중앙이니까 모이는 것이고, 고로 土일주가 총무직에 많다.
- 중심이다. 어디 가도 중심이니까 필수요원이다. 서로 데려가려고 한다.
- 나쁘게 작용하면 부실하다.
- 己土일주는 깜짝깜짝 잘 놀란다. 허경(虛驚)이다. 신생아는 청심환 준비해두라.
- 묵은 소리 잘 한다. 옛날이야기 많이 하더라. "과거만 먹고 사는 인생이네요."
- 이럴까 저럴까 생각하다가 기회 놓친다. 중앙이니까 양으로 갈까, 음으로 갈까 망설이고, 신강사주가 또한 이럴까 저럴까 생각하다 기회 놓치는데 완벽한 걸 찾다가 기회 놓친다.

4 金의 성격
- 의리이다.
- 냉정하다. 찬바람이 씽씽 난다.
- 급속(急速)이다. 행동이 빠르다. 성질이 급하다.
- 견실(堅實)하다. 완전무결한 것을 바란다. 金이란 모난 것으로 정사각형이다.
- 용맹하다.
- 혁명가이다. 변혁(變革)이다. 잘못 연결되면 칠면조가 된다. 바꾸기 좋아하는 데는 金이 1등이다. 미국인들은 마누라도 자주 바꾸더라.
- 검사(檢査)다. 마무리를 잘 한다. 결실 위주로 연결하라.
- 숙살지기(肅殺之氣)다. 죽이고 살리는 것이니 성질 부리지 말라. 金일주가 형살이 있으면 눈에 살기가 어린다.

- 성내기 좋아하고 피를 보아야 한다. 혈광(血光)이다.
- 金일주는 용감한 것은 좋은데, 지나치게 완벽주의가 흠이다.
- 마무리에 일가견이 있다.

5 水의 성격

- 지혜이다. 물은 막히면 돌아 가고 쉬었다 가고 한다.
- 원만하고 포용력 있다. 어떤 생물이든지 물이 필요하니까.
- 수평(水平)이다. 水는 수평을 이루니까 만인에 평등하다. 극과 극은 같아서 丙火일주는 태양이니까 만인에 역시 평등하고 초능력 있다.
- 인내심이 많다. 막아놓으면 가만히 있고 터놓으면 흘러가니까 인내심이 많은데, 단 폭발하면 노도와 같이 무섭다.
- 시작의 명수이다. 또한 신약사주도 시작의 명수다. 水일주의 재는 火니까 시작해서 불티 나듯이 잘 될 때 프리미엄 붙여서 넘기고 다시 시작해서 넘기고 해야만 내가 사는 길이다.
- 집결, 응고이다. 원액으로 엑기스다.
- 비밀이다. 수장(收藏)이다.
- 水일주가 관리 잘 하는 데는 1등이다. 돈을 깨끗하게 다려서 관리 잘해야 돈도 따라붙는다.
- 모든 것을 푸는 작용이다. 해이(解弛)이다. 물에 담그면 풀어지고, 그러면서 부푼다. 고로 水일주는 비만체구가 많다.
- 기획, 창조, 발명이다. 머리가 영리하니까.
- 유하지성(流下之性)이다. 윤하(潤下)이다. 고로 활동해야 하고 항시 움직여야 한다.
- 도벽이다. 水는 어둠, 밤, 비밀이니까.

- 조직력이다. 잘못되면 비밀이 많다. 음흉하고 크레믈린이다.
- 수심(愁心)이다. 근심, 걱정이 많다. 金水가 많은 팔자는 근심걱정 많고 눈물이 많다.
- 적응 잘 한다. 모난 그릇, 둥근 그릇에 담아 놓아도 되고.
- 水일주 여자는 관이 土로 다른 오행보다 2개가 더욱 많으니까 시집갈 수 있는 인소가 더 많다.

다음은 육친으로 나타나는 성격이다.

1 인수

- 순진하다. 착하다. 순박(純朴)하다. 가령 ○甲○○ / 午午亥○ 의 경우 水생木 받아서 木생火 하니까 인정이 많은데 "뼈 없이 착해서 이 세상을 어떻게 살아가시려고 하나요?" 비견겁이 깡다구인데 없으니까 착하기만 하다.
- 용모단정이다. 어머니니까. 또한 인수날에는 이발, 목욕하고 옷 깨끗이 갈아입는다.
- 수양(修養)이다. 인수가 있는 사람은 덕(德)이 있다.
- 의지력, 지구력이 있다. 나를 도와주는 것이므로, 신약하면 의지력, 지구력이 약하다.
- 화려하다. 인수는 있는데 일주가 약하면, 가령 ○甲○○ / 未午亥午 와 같이 "어이구! 야, 이놈아! 얼굴값 좀 해라." 겉으로는 화려하게 보여도 빈털터리이다.
- 인수는 명예가 우선이다. 선비, 학자로 연결된다. 고로 "저런 멍청이 바보" 하면 그날 잠은 다 잤다.
- 청백(淸白)이다. 공부 많이 하면 돈이 물러간다.

- 고집, 인수고집은 유교적인 고집이다.
- 기획, 창조, 시작이다.
- 인수가 많거나 인수가 용신이면 자기위주의 생활이다. 가령 ○丙○○/寅寅寅寅이면 어디 가든지 木생火만 받아서 여자라면 공주병이다. 자신이 이 세상에서 최고란다. ○丙○○/○寅子申이면 일주가 약한데, 金생水, 水생木으로 사주의 핵이 일지로만 집결되어 있으니까 제 입밖에 모르고 자기 위주로만 생활한다. 여자라도 사랑만 받으려 하지 절대 사랑을 주는 법이 없다.
- 멸시한다. 제가 많이 배웠다고.
- 과거에만 집착한다. 인수니까, 과거에는 잘 살았으니까.
- 석독두용(石讀斗用), 말글 배워서 됫글 밖에 못 풀어먹는다.
- 인수가 너무 많으면 언어장애이고, 거기에다 정신박약까지 연결된다. 상식이 너무 많아도 언어장애 아닌 장애가 나타나는데, 반말을 잘 한다. 가령 丁甲○○/卯子子子는 丁이 죽으니까 혀가 죽어있어서 혀 짧은 소리로 말을 더듬는다. 木생火는 안된다. 水생木으로 배웠어도 못 써먹는다. ○乙丙丁/○巳午未은 상식이 너무 많아도 언어장애 아닌 장애가 나오는데, 즉 상대방에게 말을 놓는다. 존칭어를 안 쓴다는 것이다. "야 이놈아, 싸레기 처먹었느냐?" 하는 소리 듣더라.
- 이론형이다. 학(學)으로만 하려고 한다. 언제든지 배울 때는 학이고 써먹을 때는 술(術)이다. 술에는 경험이 필요하다.

2 견겁
- 만용(慢勇)이다. 단, 견겁이 많을 때에 한해서이다. 인수나 상식이 없으면 배운 것도 없고, 꾀도 없으니까 힘으로만(비견겁) 밀어붙이니까 만용이다. 가령 ○庚○○/○申酉申이면 비견겁만 많고, 인수, 상식이

안 보이니까 만용 아닌 만용이다.
- 독주하게 되고, 우직하고 질투 많다. ○庚○○
  午申酉申 이면 신강한데 누가 용신이다. 취직시켜 준다고 해서 가면 관이 부족하니까 저기 가서 보초 서란다. 결국은 나오고 말더라.
- 비견겁이 많은 사람은 장사해도 방해자가 많다. 경쟁자가 많이 생긴다. 고로 비견겁년에는 사업하는 사람이라면 유사업종이 여러 개 생겨서 골치아프다.
- 모방이다. 방해이다.
- 방종하기 쉽다. 고집으로 망하고 고집으로 흥한다. 여자면 자유부인이다. 제멋대로 하고서 살더라.
- 정에 약하다.
- 요령이 없고, 모든 것을 힘으로 풀려고 하는 것이 잘못되어 있다.

③ 상식

- 상식은 재주다. 상식이 많으면 재주가 많은데, 재주가 많은 사람은 끼니 걱정하게 된다. 이유는 관을 치므로 취직할 데가 없으니까.
- 추리력, 응용력, 예지력이다.
- 표현력이 좋다. 자기 할 말 다 한다.
- 상식이 너무 많으면 일급비밀을 모두 이야기하고, 제 꾀에 제가 넘어간다.
- 상상력이다. 상상력이 좋기는 하지만, 상상력이 상상력을 낳아서 골치 아프다.
- 임기응변이 좋다. 둘러대기를 잘한다. 단, 상식이 많으면 둘러대는 것이 눈에 보인다. 인수가 많으면 임기응변이 약하다.
- 직언한다. 바른말 잘한다.

- 음덕을 베푼다.
- 직업으로는 기술과 예능이다. 상식은 예체능이다. 음대, 미대 나왔으면 궁합 볼 것도 없이 90%가 나쁘다. 상식이 많으니까.
- 강자에게는 강하고, 약자에게는 약하다. 상관이 관을 극하니까, 윗사람을 무서워하지 않으니까 강자에게는 강하다.
- 담력(膽力)이다. 똥배짱이다. 木이 진짜 담력이다.
- 일주가 약할 때에 상식으로만 되어 있어서 상식이 내 편이 될 때에는 "실제적으로 건강한 것이 아니고 깡다구로 버티네요."
- 상식이 좋아야 과장력이 좋다. 고로 문인들은 상식이 좋아야만 뻥튀기를 잘 한다. 인수로 글을 써 놓으면 딱딱하고 이해하기 어렵다.
- 싸울 때는 상식은 꾀로 싸우고 머리로 싸우며, 견겁은 힘으로 싸운다.
- 상식이 많으면 적응 잘 하고 금방 웃었다 울었다가 하는데, 상식이 없으면 그 짓 못한다.
- 언어부실(言語不實)이다. 상식이 많으면 혀 짧은 소리로 "밥 먹었어?" 한다.
- 구설이다. 상식이 많으면 항시 구설이다.
- 위법행위하는 데는 1등이다. 모든 것이 거꾸로 간다.
- 비애(悲哀), 슬픔이다. 남의 걱정해주는 것이다.
- 동반자살까지 연결된다.
- 타인을 멸시한다. 인수는 알아서 남을 멸시하는데 상식은 알지도 못하면서 남을 깔아뭉개는 데는 1등이다. 상식 많은 사주는 선생도 뭉갠다.
- 큰 것만 노린다.
- 하극상이다. 마누라가 남편 버리는 것, 직장 상사 엎어버리는 것 모두 하극상이다. 고로 상식운에는 윗사람 하는 것이 모두 쥐뿔같

이 보인다.
- 허세부리기 좋아한다. 쥐뿔도 없으면서 있는 체 한다.
- 싸움 많다.
- 반항파이다. 상식은 모든 것을 거꾸로 본다. 상식은 원래 순행이지만 상식다(多)는 역행이다.
- 여자 사주에 상식이 많으면 남자가 자기를 멸시하고 여자 때리니 말에서 말꼬리 잡히고 맞는다.

4 재성
- 내가 극하는 것이니 내가 이기고 대장이다. 고로 만인 위에 군림하고 싶다. 통솔력이다.
- 재는 돈이다. 고로 욕심이 나온다.
- 재는 정복욕이다. 고로 남자는 사랑이 여럿이 될 수 있는 것이 바로 이 정복욕 때문이다.
- 계산이 빠르다. 수학적인 계산이 발달해있다. 고로 월에 재가 있으면 상경계나 수학과 가거라. 또한 계산이니까 이재(理財)와 돈에 밝다.
- 내가 극하니까 개척정신이 강하다.
- 털털하다. "썩을 놈의 것, 더러우면 어쩌나. 내 주머니에 돈만 많으면 되지." 하는 것에서 털털한 것이 나온다.
- 여자에게 재는 받을 복이다.
- 관리능력이다. 내가 극하는 것이니까. 고로 신약이면 관리능력이 부족하고 신강이면 관리능력이 있다.
- 혼탁이다. 사주에서 혼탁한 팔자는 재다신약, 형, 충이 많을 때의 사주에서 탁한 팔자가 많이 나온다.

- 억지다. 재다신약이 억지다. 본래는 신약이니까, 재가 내 것이 아닌데도 내 것이라고 억지부린다.

5 관살

- 신강일 때는 관이다. 편관도 신강에서는 관작용한다. 신약일 때는 살이고, 살보다 더욱 무서운 것이 귀(鬼)이고 병(病)이다.
- 인수나 관살은 명예가 우선이다. 사주에서 재가 잘 구성되어 있으면 잘 사는데 재생관을 할 수 있으면 "돈이라는 것은 있다가도 없고, 없다가도 있는 것이네. 사람은 죽어서 이름을 남긴다고 하지 않나. 너무나 돈돈 하지 말게나." 한다는 것이다.
- 인품이 준수하다. 정직하다. 남에게 피해 주지 않고 정도만 챙긴다. 고로 정관격은 제 여자, 제 자식만 챙긴다. 출퇴근시간도 꼬박 지키고, 너무 재미없다고 마누라들이 지겹다고 하더라.
- 결단력이 좋다.
- 준법정신이 투철하다. 말했다 하면 그 말을 지킨다.
- 직무에 충실하고 책임감 있다.
- 남의 모범이 된다. 월에 상관이면 시간 약속 안 지킨다. 그러면서도 상관으로 임기응변이 능하니까 둘러대기 잘한다.
- 관살은 일복이다. 관살이 많으면 일복을 많이 타고 났다. 고로 여자가 관살이 많으면 내 남편 내조하기도 힘든데, 시댁식구 많아서 그 어려운 시집살이 하는 것이 관살이 많은 팔자이다. 고로 관살이 많은 팔자가 장남며느리에 많더라.
- 관살이 많으면 일주가 약하니까 항시 위축되어 있고, 기가 죽어있고 어깨가 축 늘어져가지고 "비 맞은 장닭이다." 또한 멸시 당하고 왕따 당한다.

- 누명 쓴다.
- 일주가 약하니까 소심하고, 동네북이고, 남에게 배신당하고, 재생 살이니까 죽도록 일하고도 돈 못 받더라.

● 다음은 신강사주일 때의 성격상 특징이다.
- 주체가 강하고 • 고집이 대단하고
- 개성 있고 • 결단력이 좋다.
- 인내력과 지구력이 좋다.
- 매사에 자신있고 • 개척정신이 강하다.
- 항상 자기가 주체가 되지 남을 따라가지 않고
- 남에게 구속을 안 받는다. 상식이 많은 사주도 남에게 구속받기 싫어한다.

● 그러나 사주가 지나치게 태강(太剛)일 때는

신강이면서 조후가 안 되어 있을 때로 일주가 너무 강할 때이다. 가령 ○酉○○/午午午午 이면 지나치게 태강하고 조후가 안 되어 있어서 또한 양인이 너무 많으니까 신체에 이상이 있다. 교통사고로 절반은 정신이 나갔다더라. 또한 ○甲乙○/卯子卯子 는 일주가 강한데 조후가 안 되어 있다. 신강사주니까 건강해야 하는데 태강즉절로 건강이 안 좋다. 음지로 일조량이 부족하니까 박테리아가 번식을 잘하여 항상 몸에 병을 가지고 있다. 양인 하나만 가지고도 수술받아 봐야 하는데 子卯형이니 수술은 확실하다. 이처럼 지나치게 강한 사주는?

- 자기가 자기를 망친다. • 만용이다. 독불장군이다.
- 의심 많고 분탈작용으로 항시 뺏기고 산다.
- 몸에 질병을 가지고 있고 되는 일이 없다.

● **그리고 사주가 신약사주일 때는**
- 주체가 약하고, 지구력, 인내력이 약하니까 매사가 용두사미이다.
- 즉 시작은 곧잘 하는데 마무리를 못한다.
- 아주 약하면 제 밥도 못 찾아 먹는다.
- 결단력이 부족하고 • 남에게 의지해서 살려고만 한다.
- 큰 일을 못하게 되고 • 항시 시키는 일만 한다.
- 열성이 부족하다.
- 건강이 안 좋으니까 하루 일하고 쉬어야 한다.
- 일을 무서워한다. • 안전 위주이다.
- 남의 말을 잘 듣는다. • 귀가 얇다.

● **귀문관살이 있는 사주는**
- 신경질적이다. • 신경쇠약이다.
- 까다롭고 엉뚱하고 괴팍하다. • 영리한 면이 있다.
- 귀문관살을 놓고 있는 사람은 성격 맞추어 살기가 어렵다.
- 귀문관살을 놓고 있는 사람은 어떤 일을 하는 데 있어서 한참 몰두해서 돌아갈 때는 정신이상같이 미쳐서 돌아간다.
- 일주가 약하면 귀문관살에 잡히고
- 일주가 강하면 내가 귀문관살을 부리고 내 것으로 만든다.

● 역마지살도 일주가 강하면 내 것으로 만들지만, 약하면 역마지살에 휘둘린다. 가령 역마지살에 형충이면서 신강이면 교통순경에게 걸려도 교통순경을 찍소리 못하도록 만들더라. 상대방은 항상 기(氣)의 느낌으로 알고서 들어오더라. 신약이면 무시하고 신강이면 함부로 못하더라.

● 탕화살이 있는 사주는
• 세상을 비관하여 극단적인 말을 잘 한다.
• 탕화살이 잘못 연결되면 악질이다. 가령 丙午일주 여자가 신약이면서 날라리면 午탕화가 나오니 서방이 바람 핀다면 "이 새끼 죽인다." "나는 못 살아." "같이 죽자."고 달려들더라.

● 양인살 있는 사주는
• 잔인하다. 항시 무기를 가지고 있어서 지독한 근성이 나오더라.
• 거꾸리다.   • 왼손잡이가 많다.
• 양인날에는 전쟁 이야기 많이 하더라.
• 도화날에는 야한 이야기 많이 하더라.

● 형, 충이 있는 사주는
• 쟁투다. 싸우는 것이고 이탈이다.   • 소란스럽다.
• 어지간하면 싸움부터 걸고 보더라.

● 천덕(天德), 월덕(月德) 귀인이 있는 사주는
• 소탈한 성격이다. 만약 인수가 천월덕 귀인이면 귀인이 중복되므로 더욱 성격이 좋다.

● 금수쌍청(金水雙淸)의 사주는
• 너무나 깨끗하다.
• 청격이다. 가령 子월의 辛酉일주 등이다.
• 결벽증까지도 연결된다.

● 지지가 삼합국이 되어 있는 사주는
• 청백(淸白)하다. • 병역면제 받는다.

● 金木상전되어 있는 사주는
• 인의구무(仁義俱無)다. 인정과 의리가 없다. 木일주가 신약하고 金이 많을 때는 金木상전으로 木이 金극木 당하니까, 인정이 없고 또한 金이 많아도 다자무자(多者無者)로 의리가 없게 된다.
• 木土상전이면 인정과 신용이 없고, 水火상전이면 지혜도 예의도 없고, 火金상전이면 예의도 의리도 없다.
• 사주에 없는 오행의 특성을 가지고 "○○가 없네요." 해도 맞더라.

● 육친에 해당하는 오행을 가지고서 그 육친의 성격을 추론해도 되고, 후천적인 운의 지배도 잘 살펴라.
• 가령 火가 인수라면 어머니가 명랑하고 말 잘하고, 金이 인수라면 어머니가 의리 있고 냉정하고, 土가 인수라면 어머니가 신용 있고 묵은 소리 잘하고, 木이 인수라면 어머니가 인정 있고, 水가 인수라면 어머니가 지혜 있고 눈물 많고 잘 돌아다닌다.

● 성격은 장점과 단점을 동시에 연구하라.

사주 예(175)

丙 ㉧ 癸 戊
寅 寅 亥 寅

이 사주는 甲木일주가 지지 전(全) 木국에 시상 丙火로 木火통명되어 영리하고 인정있으며 정직하고 담력도 있으며 신왕하여 매사에 자신을 가진다.
亥월의 甲木나무에 丙火꽃이 멋지게 피어 있으니까 인품이 준수하고, 木火통명으로 영리하며 남에게 희생하고 인품이 좋아 상록수로 만인의 모범이다.

甲木이 튼튼하게 통근하고 있어서 태풍이 불어도 끄떡없고, 고로 정치가 바뀌고 나라가 바뀌어도 이 사람에게는 해가 없으며 자기 중심이 강해서 남에게 넘어가지 않고 水생木 받아서 木생火 하니까 배운 것 이상으로 잘 써먹는다.

木이 많아서 담력이 좋고 간이 크며 손이 크다. 金이 없으니 의리는 없는 사람이다. 남녀 모두 신약하면 남이 꼬시면 잘 넘어가더라.

甲寅木으로 아름드리 나무니까 아무리 꺾으려고 하거나 휘려고 하여도 꺾어지지가 않는데 꺾으려면 火가 있어야만 된다. 고로 火인 예의와 인정으로 살살 달래야 하고 무조건 칭찬부터 해주어야 한다. 만약 윽박지르거나 군림하려고 한다면 안되는데, 즉 金으로 金극木으로 윽박지른다면 甲木이 丙에게 말해서 火극金 해버린다는 것이다. 뿌리가 튼튼해서 누가 꼬셔도 안 넘어가고 개성있고 주체가 강하며 심장(火)에 털(木) 난 사람이다.

학자 팔자이고 청격(淸格)으로 대학교 학, 총장감이고 박사학위 셋은 가지고 있다. 그러나 아무리 똑똑해도 사업가는 절대 아니다. 너무 깨끗해서 부정과는 타협을 모르니까 회사 맡겨 놓으면 운영 못한다.

木생火로 인정은 많지만 제 자식한테는 인색하고 가족에게는 인색하고 남에게는 후중한데 재가 죽어있어서 사회적으로는 인정받지만 가정적으로는 마누라와 자식한테는 빵점이다.

월에 인수 놓고 甲이 寅을 놓고 있으니 유교적인 관점으로 마누라도 종 부리듯이 한다.

戊土가 재요, 마누라요, 가정인데 물 건너갔으니까 가정에 관심이 없다. 이런 사주라도 壬申년이면 丙壬충, 寅申충 받으니 실수 연발이고 못된 성격으로 바뀌어지며 애로사항이 많다.

대운의 초년운이 甲子, 乙丑으로 水운이니까 공부를 못했다고 볼 수도 있지만 원 사주가 이러면 운에 관계없이 독학으로 공부했다고 본다. 20대 박사에 해당하는 사주로 좋기는 한데 학연의 배경이 없다.

사주 예(176)

戊 丁 戊 戊
申 未 午 午

丁火일주가 지지 午未火국으로 신왕하고 시지 金을 얻어 예의 있고 명랑하며 말 잘하고 거짓 없으며 매사 견실하다. 火일주에 午未火국으로 일주가 강하니까 심지가 강하고 주체가 있어서 남에게 안 굽힌다. 또한 자기가 최고라고 생각하고 기분에 좌우되니까 이 사람 꼬시려면 무조건 칭찬하고 치켜세워주면 된다.

火가 많아서 자신의 일급 비밀도 모두 발설해야만 시원하다. 누설해야 후련하고 속에 담고는 못 산다. 火土중탁(重濁)이다.

무(無)에서 유(有)를 창조하는데 火생土, 土생金 하니까, 이 사주의 핵은 申에 머물러 있다. 재용신으로 돈과 연애하는 팔자니까, 제 돈이라면 땡전 한 푼 손해 안 보려고 하고 구두쇠 노릇한다. 재가 용신으로 인수가 없으니까 꾀로만 공부하는데 火가 많아서 조금만 노력하면 1등이다. 재가 용신이면 돈 준다고 하면 공부 잘 한다. 또한 말 안 듣는다면 여자친구 사귀도록 해서 여자친구 말을 잘 듣게 하면 된다. 일지에 재고 놓으면 돈과 그렇게 씨름하더라.

이 사주는 金이 용신이지만 水가 필요하니까 자극을 받아야 하고 사랑의 매가 필요하다. 만약 이 사람에게 뇌물을 주어야 한다면 얼마나 주어야 하겠나? 이런 경우의 상담 때는 무엇을 기준으로 해야할까? 丁일주가 午未火국으로 꽃은 큰데 열매(申)는 조그맣다. 고로 적은 액수를 주어도 만족한다. 만약 酉丑金국으로 되어 있으면 스케일이 크기 때문에 1억은 주어야 움직이지 천 만원 주면 이것도 뇌물이냐고 던져 버린다. 고로 이런 사주는 조금만 주어도 된다.

사주 예(177)

丁 ㊌ 戊 己
巳 辰 辰 巳

土일주 土가 많아 신의는 대단하나 묵은 소리 잘 하고 후중하며 습土가 되어 경망하지는 않다. 의심은 많다. 戊辰은 두꺼비상이고 일지에 재고 놓아서 의심이 많아 빈틈없이 문단속을 하는 데도 일가견이 있고, 가정적으로는 의처증까지 연결되며 재고 놓고 있어서 항시 마누라의 건강이 나쁘다. 또한 돈이 들어가는 것은 보여도 나오는 것은 안 보인다.

　신용과 의리는 있는데 옛날 이야기 잘 하고 묵은 소리 곧잘 하며 金인 상식이 부족하니까 곧이 곧대로 살아가고 일을 하는데 요령이 없다. 술친구는 많아도 진정한 친구는 없다. 배다른 형제 있다.

　가색격으로 火土용신이다. 월에 戊辰이 있어서 항시 남의 떡이 커보이고, 형에게 치여서 산다. 고로 아무리 공부 잘 해도 1등은 못한다. 여자가 丁㊌○○／巳○○○라면 남의 자식 키워준다.

사주 예(178)

己 ㊛ 丙 癸
丑 酉 辰 丑

辛金일주가 지지로 순수한 金국을 놓아 의리있고 용감하나 냉정한 것이 흠이다. 丙이 癸水에 극 받고 있고 辰에 회기되어서 꺼져가므로 丙辛합, 辰酉합으로 辛金여자가 丙서방과 丙辛합으로 저녁내 껴안고 잤는데 아침에 일어나서 보니까 베개였다. 헛보였다는 것이다.

　金일주에 辰酉金국, 酉丑金국이니까, 지나치게 완전무결한 것이 흠이며 냉정하고 멋쟁이고 청격이다. 金이 왕하고 土생金에 辰酉합金으로 완벽한데다 辛酉일주는 베어링과 같아서 전차가 지나가도 끄떡없다. 고로 "바늘로 찔러도 피 한 방울 안 나오겠네요." 어지간한 충격에는 끄떡도 안하고 동요 안 하더라.

고로 이 사람이 성공하려면 대인관계에 있어서 마음을 비우고 조금은 어리숙하게 보여야만 상대방이 나와 대화가 되어서 들어오지 너무 꽉 차있어서 들어오지를 못한다.

土생金으로 인수가 많아서 공부는 많이 했는데 金생水가 안 되니까 못 써먹고 만다. 辛이 土가 많아도 金으로 변하니까 매금(埋金)은 안된다.

인수가 변해서 비견겁으로 되었으니 보증만 섰다고 하면 모두 내가 물어줘야 한다. 辰월은 양력 4월이니 木火가 살아있다고 보아야 한다. 고로 木火용신으로 木火가 필요하니까, 자극이 필요하고 자립정신을 키워주어야 한다.

火가 부족하니 명랑성이 부족하다. 고로 살고 싶으면 항시 스마일 작전하고 어디 가서든지 잘난 체 말고 항시 "한 수 배우러 왔어요." 하면서 굽히고 들어가야 한다. 남자라면 대운이 역행으로 木火운이 빨리 가버리고 金水운이 오니까 "용 못 된 이무기이다." 단단한 체구에 멋쟁이이고 틀은 좋은데 운이 나쁘니까 얼굴값 못한다고 하더라.

사주 예(179)

甲 ㉠ 壬 壬
寅 亥 子 申

癸水일주 申子亥子水국으로 신왕에 시주 甲寅木에 설기를 잘 하고 있어 지혜있고 인내심이 강하며 또한 마음이 깊다. 申子水국으로 아주 신왕하고 水생木으로 잘 빠져나가니까 지혜가 좋으며, 水일주에 水가 많아서 마음이 깊고 항시 비밀을 가지고 있는 듯이 보여서 크레믈린과도 같더라.

영리하고 마음이 깊고 무슨 일이든지 당황하지 않고 甲寅木으로 배짱과 손도 크다. 단, 의처증, 의심은 많다.

이 사주는 학으로 나가고 사업가는 아니다. 왜냐하면 甲寅木이 용신이냐, 寅중丙이 용신이냐인데 추우니까 火가 필요하지만 丙을 용신으로 하면 水인 비겁이 많아서 뺏아가는 놈이 많으니 木이 용신인데, 물론 丙이 용신이면 사업가로 간다. 木용신이든, 火용신이든지 木火운이 좋고, 운으로 보면 火운이 더 잘된다. 따뜻함이 필요하니까. 木인 봄보다 火인 여름이 더 좋으니까.

이 사주는 윽박지르면 안되고 살살 꼬셔야 된다. 일지에 亥 천문성(天門星)이니까 꿈자리가 잘 맞고 무에서 유를 창조한다. 한류를 亥가 난류로 바꾸어 놓는다. 이 사주는 火가 재니까 장가 가면서부터 더욱 잘된다. 金水인 근심, 걱정을 뒤로 하고서 甲寅木인 희망을 가지고서 살아가지만 항시 년, 월의 壬인 형들이 뒤따라다니면서 "동생아, 나 좀 도와주라." 하는 것이 보여야 한다.

火운을 만나면 근심, 걱정이 많은 성격이 후천적으로 성격이 변화되어서 그렇게 명랑해지더라. 火용신이지만 巳운은 巳亥충이고 寅巳형으로 寅亥합을 깨버리고 들어가니 나쁘다. 亥卯未 기준해서 子가 도화니까 월의 壬子인 형이 천하의 바람둥이다.

甲寅木인 상식이 잘 구성되어 있으니까, 사내답고 담력 있으며 모험심도 강하고 고로 세상 사는 것이 스릴 있다. 여자라면 남편궁은 나빠도 자식 하나는 잘 된다. 남편보다는 자식 사랑이 우선이고, 큰 교육자로 연결되고 잘난 체해서 서방에게 얻어터진다. 집에서 울다가도 학교 와서 甲寅木인 학생만 보면 근심걱정이 없어지고 명랑해지더라. 申운이면 용신이 깨지니까 실수 연발이다.

사주 예(180)

甲 ㉸ 辛 戊
寅 丑 酉 辰

癸水가 월봉(月逢) 인수에 득국하였고 또 시주 甲寅木에 설기를 잘 하고 있어 순박하고 용모가 단정하면서 지구력이 있다. 酉丑金국으로 부모 모셔야 한다. 월에 인수니까 선비형이고 학자이며 정직하고 깨끗한 청격이다. 월에 도화인데 辛酉로 녹방도화이다. 인수가 도화로 사주가 좋으면 인품이 좋고 사주가 나쁘면 기생오빠이다. 남자라면 인수의 도화니까 꼭 여자대학만 다니는데, 인품이 좋으니까 여자들이 줄줄이 따르고 선망의 대상이다. 단, 바람끼와는 조금 차이가 있다.

金생水 받아서 水생木으로 연결되니까 배운 것 이상으로 응용하게 되고, 똑똑하고 잘났다. 윽박지르면 안되고 살살 달래고 힘 빼기 작전 하라.

관인상생으로 공직생활 인연이고, 직인관리 인연이며, 국공립학교와 인연 있고, 성격으로는 협상의 명수이고, 원수가 은인이 되는 것이 관인상생이다. 즉 戊辰土가 土극水 하려고 해도 土생金, 金생水로 오히려 도와주러 오니 잡아먹지 못한다. 고로 戊辰土가 말하기를 "애당초에는 너를 죽이려고 했는데 너의 부모를 보고서 너를 살려준다." 한다는 것이다.

甲寅木이 용신이다. 순국(順局)이다. 인수로 인해서 강해져 있으므로 뼈없이 착한 사람이고 깡다구가 없다. 비견겁이 있어야만 깡다구가 있더라.

사주 예(181)

己 ㉡ 己 乙
卯 卯 卯 卯

木일주 견겁태왕하며 방종하고 독주하며 안하무인에 의심도 많다. 木이 너무 많아서 태강즉절에 해당한다. 木생火가 없어서 빠져나갈 데가 없으므로 요령없이 멍청하게 고집만 부린다. 저 죽어도 오라이다. 만약 火가 있으면 고집부려도 요령있게 부린다. 고집 중에서도 똥고집이고 만용이며 안하무인이다. 고집으로 망한 팔자고 바람(風)만 많고 꽃(花)도 없고 열매(金)도 없어서 무화과(無花果)니까 사람 노릇 못한다. 火도 金도 없으니 배우자도 자식도 없다. 여자면, 서방이 없으니까 자식도 없으니 "하늘을 보아야 별을 따지."

자연으로 비유하면 태풍이 불고 있다고 봐야 하고 모두 날아가 버린다. 단교관살이 많아서 건강도 나쁘고 모두 신경성으로 연결된다. 木이 태강에 해당하니까 인정이 많은 것이 아니라 잔인하고, 배짱이 아니라 똥배짱이다. 즉 주위환경이 재, 관, 인이 없어서 막 가는 인생으로 잔인할 수밖에 없고 세상 사는 데 3대 요소가 하나도 안 갖추어져 있다는 것이다.

土가 아버지인데 木극土로 아버지 꺾는 팔자요, 水인 인수가 없어서 어머니도 꺾는 팔자니까 제멋대로 독불장군으로 자랐다. 결혼도 늦게 하게 되니 좋은 여자는 이미 남이 골라갔고 찌꺼기만 고른다는 것이다. 火를 넣어 이름 지어주고 개명(改名)시켜라.

사주 예(182)

甲 ㉘ 辛 壬
寅 酉 亥 辰

癸水일주 득령에 인수국으로 신왕된 중 甲寅상관에 설기 잘하고 있어 표현력, 응용력, 예지력이 남달리 뛰어나다.

일지에 효신살이다. 중, 말년 지나서 공부해야 하고, 인수 놓아서 멋쟁이다. 辰亥귀문이고, 귀문은 일지에 없어도 그 작용은 나온다. 亥천문이 있어서 영리하고, 신강사주니까 자신 있고 지구력 있다. 지혜(상식) 있고, 배짱(木) 있다. 원래는 壬水, 辰중癸水, 亥중壬水로 탁수인데

癸酉로 와서 깨끗한 물로 변화된다. 고로 선탁후청(先濁後淸) 사주이다. 水生木 해서 木生火로 나가니까 요령 있고, 水生木 木生火이니까, 각각 1세기씩, 2세기 앞을 내다보고서 세상을 살고 있다. 즉 먼훗날을 내다보고서 세상 사는 사람이다. "당신은 참 좋네요. 두 수 앞을 내다보고 사네요." 하더라.

甲寅木이 용신이니까 이 사람이 세상 살아가는 데는 水生木으로 내가 먼저 베풀고서 희생할 줄 알아야 한다. 그래야 희생이 갱생(更生)으로 본인에게 유익하게 되는 줄 알아야 한다는 것이다. 즉 甲寅木이 활동하면 火가 저절로 나오는데 이것이 돈이요 재물이다.

子년이 되면 子酉귀문으로 괜히 신경질만 부리더라. 달달 볶는데 사람 미치겠더라. 己亥일주 여자가 庚辰년이면 상관운에 辰亥귀문으로 자식도 서방도 꼴보기 싫어서 미치겠더라. 그런데 상관 다음이 식신운이니까 "저렇게 좋은 사람을 왜 미워했을까?" 하더라. 이것이 개인적인 심리다.

"올해는 서방님이 밥먹는 것도 꼴 보기 싫어지고 자는 것도 꼴보기 싫어지지만, 조금만 참으시오. 내년 가면 좋아집니다." 하고 상담하라.

사주 예(183)

甲 ⓑ 辛 癸
午 寅 酉 未

丙火일주 월봉(月逢) 재성에 신왕하여 계산이 빠르며 통솔력에 매사 자신이 있고 또한 말도 잘하고 있다. 월에 재를 놓았고, 丙辛합이다. 신강하니까 무(無)에서 유(有)를 창조하고, 金水용신이고, 재가 필요하니까 통솔력이 좋고 계산이 빠르다.

酉월의 丙火꽃이 寅午火국으로 꽃 피워서 辛酉金으로 멋지게 열매를 맺으니까, 무슨 일이든지 이 사람에게 맡겨놓으면 마무리는 확실히 하더라. 寅午火국에 丙火로 남에게 선망의 대상이다. 寅未귀문으로 조금은 까다롭고, 金水용신이니까 명예를 무지 좋아한다. 돈과 가정에 대해서 너무 집착하는 것이 이 사주의 약점이다.

재용신에 재와 합을 하고 있으니까, 고로 이 사람을 협박하려면 마누라 손 댄다고 들먹이면 꼼짝 못한다.

사주 예(184)

己 ㉛ 丙 丁
丑 酉 午 未

辛金일주가 일지녹근(祿根)에 酉丑으로 金국하여 신왕한 중 丁未, 丙午로 관왕하여 인품 좋고 직무에 충실하며 타인의 모범이 되고 있다.

신왕관왕이다. 관살이 많아서 일이 중복되기도 하고, 겸직하기도 해야 하는데 신강하므로 능히 감당하고 책임감이 있다. 매사에 성실하고 인품도 좋다.

돈 보다도 명예가 우선이다. 월에 정관으로 신왕하니까 이 사람의 말은 믿어도 된다. 원래 관살이 많은 사주는 세상 사는데 주눅들어 있다. 시키는 대로 일하고 주는 대로 받아 먹고 살아야 한다. 그러나 이 사주는 아니다. 최고로 깨끗한 팔자는 최고로 더러운 행동을 하더라. 극과 극은 통한다는 것이다. 이 점도 주의해야 한다.

2. 육친관계

가. 부부관계(夫婦關係)

부부는 인륜(人倫)으로 만났으면서도 동심일체(同心一體)가 되어야 하기 때문에 촌수(寸數)마저도 없이 가장 가까운 사이가 되고 있으나 때로는 가장 멀어질 수도 있는 것이다. 따라서 부부는 서로가 서로를 어떻게 이해하며 조종하느냐에 따라 행(幸), 불행(不幸)은 달라지는 것이다.

상대성원리로 볼 때 가장 가까이 있는 자, 가장 멀어질 수 있다는 것과 또 너무나 가까운 곳에 있는 것은 보이지 않으며 너무나 큰 음덕은 느낄 수 없다는 이치를 항시 생각하여 사회구성의 일원이 되고 국가의 중요한 초석이 되고 있는 가정의 화목에 힘을 기울여 한 나라가 발전하는데 좋은 몫을 하기 위하여 다함께 노력하여야 되겠다.

인간은 남녀가 결합함으로써 성년(成年)이 되나 개체적으로 볼 때는 남자나 여자나 완전한 인간으로 군림하지 못하고 있다가 그 부족한 것을 남자는 여자를, 여자는 남자를 상대로 하여 구하고자 노력하고 있다. 그러면서 때로는 그 자체를 망각하고 자신만은 완전한 것처럼 상대가 없이도 삶 할 수 있다는 착각에서 심한 경우는 이혼마저도 불사하고 있다. 또 한편으로는 본래 인간 자체가 미완성이면서도 남자는 남자대로 여자는 여자대로 각기 장단점이 있는데 사람들은 한 남편이나 또는 처로부터 다른 사람은 몰라도 나의 남편이나 처만은 완전하기만을 바라고 있고 또 완전할 것이라는 기대 속에서 삶하고 있다가 그 기대가 무너질 때에는 걷잡을 수 없는 실망과 더불어 방황을 하게 된다. 아마도 기대가 크면 클수록 실망도 크기 때문인가 보다.

남녀의 관계를 오행의 생극과 연결하여 보자.

남자 水의 여자는 火이다. 전기(火)는 물(水) 속에서 잘 통한다. 부부는 일심동체이다. 水인 남편이 화가 나서 火인 마누라를 패대기치려고 해도, 火인 얼굴을 보면 뜨거운 불에 물이 녹아서 수그러지더라.

남자 木은 여자가 土이다. 나무는 흙이 있어야 뿌리를 내리고, 흙도 나무가 없으면 산사태나서 떠내려가버린다. 즉, 부부는 서로 공존한다.

남자 火는 여자가 金이다. 金일주 여자는 시집가면 얼굴이 난다. 쇠가 불을 만나서 그릇이 되었으니까 더욱 예뻐진다. 가령 ◯㊛◯◯ / ◯未午◯ 은 누가 도화이다. 火가 국을 이루었으니 남자만 오면 전기가 와서 정신없다. 그러나 ◯㊛◯◯ / 丑酉申午 는 金인 동선은 굵은데 火인 전기는 약해서 남자 봐도 전기가 안 오더라.

남자 土의 여자는 水이다. 흙으로 물을 가두어서 사용하면 여러 가지로 유용하게 사용한다. 여기서 여자의 심리를 보면 土인 서방에게 생각하더라. "水인 나를 잘만 이용하면 다목적으로 써먹을 수 있어요. 그런데도 시시하게 나 하나도 이용 못해요? 에잉, 물에 배 띄우고 물 막아서 다목적으로 쓰고, 공업용수, 농업용수로 마음대로 쓸 수 있는데…. 그래 나 하나 다스리지 못해서 바람나게 만들어요?" 하더라.

남자 金은 여자가 木이다. 木은 金이 있어야 다듬어지고, 金은 木이 있어야 할 일이 있는 법이다. 고로 金과 木은 서로 공존하고 있는 것이다.

남녀의 궁합은 합보다도 남자 일주를 생해주는 여자 일주가 가장 좋다. 가령 남자가 木일주이고 여자가 水일주라면, 土날이 왔다고 하면 남자에게는 마누라요, 여자에게는 서방이다. 고로 서로 사이클이 잘 맞더라. 그러나 남자가 甲이고 여자가 己면, 甲己합으로 잘 맞는 것처럼 생각되지만 木날이 오면 여자는 서방님 생각나는데 남자는 친구 생각 나거나 형제들과 어울리더라. 즉 부부끼리 사이클이 잘 안 맞더라.

잘 생각하여 보면 부엌일 잘 하는 여자 바느질이 부족하고, 바느질 잘 하는 여자 부엌일이 부족하기 마련이요, 또 집안일 잘 하면 밖에 일에 어둡고, 밖에 일에 밝으면 집안일에 어두우며, 얼굴이 예쁘면 마음이 못되고, 얼굴이 미우면 마음씨 하나만은 곱듯이 완전할 수 없으며, 남자도 또한 인정이 많은 자 의리가 부족하고, 지혜가 많은 자 예의가 부족하며, 가정적이면 사회생활에 부족하고, 사회생활에 두각을 나타내는 자, 가정에서는 부족할 수밖에 없는 것이 인간인데 어찌 완전한 것을 바랄 수 있겠는가?

고로 상대방의 부족한 면만 들추어 탓하기 전에 장점을 가지고 부족한 면을 감싸주는 아량이 있어야 하겠고 또 각자가 자신의 장점을 가지고 최대한 노력하여 단점을 보완하고자 한다면 이는 반드시 상쇄되어 장점만이 나타나게 될 것이다. 또 서로가 이해하고 상대방이 무엇이 부족하며 무엇을 요구하고 있는가를 잘 살펴 대처하면서 부부간 서로가 상대방을 위하여 무엇을 하여야 할 것인가를 스스로 생각한다면 무언의 대화가 잘 되어 신뢰를 돈독히 하는 결과를 가져와 어떠한 고난과 역경도 반드시 극복하리라고 본다.

부부관계에 있어서 "모든 게 내 탓이다."라고 생각하면 책임감이 생긴다. 특히 金일주는 그러한 특성이 가장 강하더라.

모자가 왔다. 며느리가 카드 가지고 백화점 가서 긁는데 못 살겠단다. 나에게 물어보고서 이혼시키려고 한단다. 남편 사주를 보니까 辛卯일주였다. 일지에 편재 놓았으니까 다른 여자를 끼고 놀았겠고, 마누라를 잘 감싸지 않았다는 결론이다. 고로 "이혼 안 합니다." "왜요?" "댁의 아드님은 마누라가 그런 일을 하는 것도 그 책임의 일부가 본인에게 있다고 생각하니까 이혼은 안 해요." 정말 그렇단다.

일기(一氣) 하나에서 분류된 것이 음과 양이다. 음은 음전자고 양은 양전자고 정자이다. 중성자는 태자이다.

음전자+양전자가 중성자에 의해서 결합되면 원자가 되고,

원자+원자가 중성자에 의해서 결합되면 원소가 되고,

원소+원소가 중성자에 의해서 결합되면 개체가 된다.

인간도 마찬가지다. 정자+난자가 태자에 의해서 어머니 뱃속에서 잉

태되고서 출생된다. 처녀, 총각은 아직은 미완성으로 장가가고 시집가서 완전한 인간이 되는 것이다. 즉 3번의 변화를 거쳐서 한 인간이 된다는 것인데, 태어나고, 결혼하고, 자식 낳고, 다 똑같이 부합된다.

처(妻)는 마누라다. 서식(丯)·둥지 밑의 여자(女子)이다.

첩(妾)은 애인, 소실이다. 설 립(立)이니 언제 갈지 모르는 여자이다. 본처는 서방이 무슨 잘못을 했어도 용서할 수 있는 마음이 있지만 소실은 그렇지가 않다. 남자는 귀소본능이 있어서 본처에게 가더라.

보편적으로 남편은 부인을 나의 아내이면서도 어머니와 같은 인자함과 동시 포근하게 감싸주는 것을 바라고 있으며, 부인은 남편에 대하여 나의 남편이면서도 친정 아버지와 같이 든든하고 믿음직스러운 면을 요구하고 있다. 이와 같은 현상은 남자는 어머니를 여자는 아버지를 일찍 잃어버렸거나 또는 떨어져서 성장하였을 때에 더욱 강하게 나타나고 있다. 즉 무엇이 부족하게 자랐는가를 알고서 결혼생활 해야 한다.

여자는 잔정(情)이 제일 필요하므로 세세한 것에 신경 써주면 만사 O.K이다. 마누라 손목잡고 위로하고 감사하면 된다는 것이다. 여자는 20대에는 육체적인 사춘기요, 50대면 정신적인 사춘기인데 남편은 사업에 바쁘고, 자식들은 다 컸고 대화 안 해주니 방황한다. 여자는 연애는 할지라도 절대로 성(性)의 노예는 되지 말라. 결과가 비참하다.

여자는 혼자 살면 3년에 한 번씩은 자궁을 청소해주어야 한다. 과부가 성이 축적되기 시작하면 자궁이 뻣뻣해지기 시작한다. 이것이 뻗치기 시작하면 한 걸음 가기도 전에 주저앉아버린다. 따뜻한 방에 누워 있다가 화장실 가서 쏟는다. 그때의 느낌은 남자와 잘 때와 같은데 이러한 여성의 몸에 대해서도 알아야만 상담할 수 있는 것이다.

부부의 참된 사랑은 밥맛처럼 하라. 쓰지도 달지도 않게 하면서도 항시 필요하고, 질리지도 않는다. 또 부부의 이별에도 사별(死別)과 생별

(生別)이 있다. 사별은 재가 완전히 파괴되어 버릴 때이고, 생별은 재가 조금 근거지가 있을 때이다.

- 결혼도 평생을 두고 몇번이나 하는 횟수가 있는데, 재 되는 오행의 수리에 연결하면 된다. 그러나 가령 戊⑰戊戊 의 경우에는 4번은 결혼해야 된다. 戊가 癸를 얻어서 년, 월, 시의 戊에게 한 번씩 주고나서야 내 차지니까. 단 예쁜 것은 모두 먼저 주고 나중에 내 차지니까 제일 못생긴 여자이다.
- 또 작첩하는 팔자는 재가 부족하거나, 재가 과다할 때는 모두 만나보아야 하니까 작첩이다.
- 마누라 학대하는 팔자는 견겁태왕이면 자연히 재가 부족하니까 마누라가 못나게 되어 있어서 자연히 마누라 학대한다.
- 마누라가 품밖으로 도는 팔자는 재가 도화에 걸려야 한다.
- 마누라가 음독하는 경우는 탕화살이 寅午丑인데 이들이 재일 때와, 丑午 또는 午丑일 때 처첩이 음독자살한다.
- 마누라에게 신세지는 팔자는 재다신약 팔자가 마누라에게 신세지고 살며, 그러면서 마누라 컴플렉스 있다.
- 여자가 상식이 많거나 비견겁이 많으면 남자가 바람난다.
- 火일주 여자나 火가 많은 여자는 남자에게 싫증 빨리 느낀다.
- 남편이 불구되는 팔자는 급각살, 단교관살, 백호대살이 남편일 때.
- 매 맞고 사는 팔자는 관살혼잡일 때, 관과 암합일 때는 다른 남자 만나니까 매 맞고 산다.

부부궁합에서 가장 유념할 것은 서로의 성(性)문제이다. 성격이 안 맞는다는 것은 성적(性的)인 부부생활이 안 맞는다는 것이다.

궁합을 보는 것은 욕심에서 오는 것이니 두 번째이고, 먼저 그 사주가 좋은 부부의 인연을 가지고 태어났는가가 제일 중요하다. 결국 궁합도 필요없다는 것이다.

궁합도 1년 맞는 궁합이 있고, 10년 맞는 궁합이 있고, 싸우고 살더라도 평생 해로하는 궁합이 있다. 고로 궁합 맞추어서 결혼해도 해로한다는 보장은 없다는 것이다. 가령 乙亥일주가 庚辰년이면 乙庚합으로 결혼했지만, 辰亥원진에 귀문이니까 억지 결혼했다. 다음이 辛巳년인데 乙辛충, 巳亥충으로 만세부른다.

고로 "辛巳년 넘겨서 결혼하시오." 한다.

1 처덕(妻德) 좋다

① 신왕관왕(身旺官旺) 사주

신왕은 일주가 강하여 건강하고 똑똑하여 한 남편으로서의 임무를 충실하게 이행할 수 있으며 또 관왕은 좋은 직위에 임하게 되니 처로부터 존경을 받을 수 있기 때문이고 또 관살은 제거견겁으로 재성을 보호하기 때문이다. 정치가나 장, 차관 팔자로서 똑똑한 사람이니까 처덕이 좋다.

② 신왕재왕(身旺財旺) 사주

재왕자는 부(富)로 처에 부족됨이 없게 하여줌으로 처의 내조를 받을 수 있으며 또 재생관하여 자체를 보호할 수 있기 때문이다. 처갓집이 재벌 2세고, 자기 집도 부자이고, 마누라도 똑똑하고, 잘 살고 고로 처덕 있다. 신약사주라도 재가 삼합국을 이루고 있으면 마누라는 똑똑한 여자 얻는다.

③ 재가 용신인 사주

재가 용신인 사주는 재가 필요한 사주이고 처가 필요하기 때문에 처를 아끼고 사랑하니 부부화합하며 백년해로하게 되므로 모두 처덕이 있다고 한다.
여기서 처덕과 처궁을 구분하여 이해하여야 한다. 처덕은 여자가 잘해주느냐를 보는 것이고 처궁은 몇번 장가가느냐의 개념이다. 재혼을 한다 하여도 처의 내조가 좋으면 처덕이 있고, 종재격이 불운이면 처가 벌어서 먹고 산다. 또한 위 ①②항에 해당하는 자도 불운이면 처의 신세 면할 길 없다. 재다신약도 처의 신세지고 산다.

오행별로 처의 성격을 보면
- 木이 마누라면, 인정 있고 대쪽 같다. 나무는 자주 옮기면 죽으니까 마누라를 밖으로 내보내면 안 된다.
- 火가 마누라면, 예의 바르고 마누라 앞에서는 거짓말하면 안되니까 실토해야 된다. 시각이 발달해있어서 척 보면 눈치챈다. 말 잘하니 심심하지 않다. 火일주 여자는 말하고 싶은 것은 내뱉어야 시원하다.
- 土가 마누라면, 고전적이고 유교적이며 묵은 소리 잘하고 옛것 잘 지키고 한복 입으면 맵시가 좋다. 신용 잃어버리면 안된다.
- 金이 마누라면, 뒷처리는 잘하는데 나쁠 때는 칠면조로 새것을 좋아하고 바꾸기 좋아한다. 金이 많으면 뼈대가 굵다.
- 水가 마누라면, 직업 가져서 돌아다녀야 한다. 임기응변 잘하고, 나쁘게 작용하면 크레믈린 같아서 마누라 앞에서는 土가 꽁꽁 얼더라.

또 木은 길고, 火는 역삼각형이고, 土는 둥글고, 金은 각지고, 水는 타원형이다.

사주 예(185)

丙 ㉚ 辛 癸
戌 午 酉 丑

庚金일주가 酉丑으로 신왕하고 午戌丙으로 관왕하여 처덕 있다. 丙庚성(星), 午戌火국이다. 양인격, 신왕관왕격, 시상일위귀격으로 하루아침에 장관되는 팔자이다. 양인격이니까 군인출신이다. 만약 군인이라면 丙이 관으로 벼슬이니까 丙이 하나에 午戌火국이니 따블이라고 보면 별이 3~4개는 된다.

큰 쇳덩어리가 火인 용광로 속에 들어갔다가 癸水인 물을 만나서 강도 조절이 되어서 큰 그릇이 되었다. 보신각 종과 같아서 나라에서 관리하고 있다.

서치라이트를 비쳐주고 있는 빛나는 보석과 같다. 木이 재인데 木생火로 들어오니까 처덕은 좋지만 마누라보다 자기 명예와 책임감이 우선이다. 또한 마누라보다 아들이 먼저다. 자극 받아야 하고 사랑의 매가 필요하다. 서울대 가고도 남고, 어디 가나 존경받는 팔자이다.

사주 예(186)

甲 ㉚ 辛 戊
午 寅 酉 辰

丙火일주가 寅午로 신왕하고 辛酉, 戊辰으로 재왕하여 처덕이 좋은 사주다. 정재격으로 신왕재왕이다. 월령도화이다. 丙辛합으로 연애한다.

연상의 여인으로 처갓집도 잘 살고 마누라도 똑똑하고 예쁘다. 똑소리 난다. 월에 재니까 아버지 유산이 많고, 고로 유산만 가지고도 먹고는 살며 돈을 쓸수록 생기는 팔자이다. 酉월의 丙火꽃이 寅午火국으로 국화꽃인데 辰酉金으로 멋지게 결실 맺었다. 酉월은 火기가 죽어가는 계절이니까 키는 그렇게 크지는 않겠다. 이처럼 사주가 좋으면 寅酉원진의 작용은 안 생긴다.

사주 예(187)

丙 甲 癸 癸
寅 子 亥 亥

甲木일주가 水다(多)로 부목(浮木)되어 土재성이 필요라 처덕이 좋다. 시평생 하나 잘 타고났다. 만약 인수가 많아서 사주가 나쁘면 마마보이고 모자멸자이다. 甲木이 상류에서 둥둥 떠내려오다가 하류에서 寅木에게 녹근하고서 멋지게 꽃 피었다. 亥子水인 밤과 어둠을 뒤로 하고 丙火로 희망과 광명만 있다. 水생木 잘 받아서 木생火로 잘 나간다.

월에 인수니까 교육자 집안에 학자형이다. 처덕은 좋다. 단, 사윗감으로는 안 좋다. 왜냐하면 학문과 학생과 연애한다. 처갓집을 무시한다. 인수가 많아서 모처불합(母妻不合)은 자연히 생긴다. 고로 이 사주가 결혼하려는데 "어머니가 간섭하면 결혼 못 합니다." 하라. 甲木이 己土여자 데리고 와서 인사시켜도 엄마 눈에 며느리가 눈에 안 들어온다. 고로 "네 눈에는 명태 껍질 붙였느냐? 저것도 여자라고 데리고 왔어?" 한다는 것이다. 재가 부족하니까 "명주 고르려다 삼베 고른다."

庚辰년에 申子辰이 일지합으로 결혼하는 해이지만 水국으로 변하니까 좋은 운이 아니다. 선생 팔자이고 인수격이다. 득국했고 土인 아버지가 안 보이니까 어머니가 대장이다. 火용신에 水가 병이다. 식신용신이다. 식신유기(食神有氣)면 승재관(勝財官)이다. 인수용식신격이다. 가르치려고 또 후배 양성하려고 공부한다. 丙火가 큰 학생이므로 대학교수이다. 亥子水가 인수니까 물리학, 유전공학전공이다. 청격으로 돈 모르고 가정 모르는 팔자이다. IQ는 높지만 돈버는 IQ는 80도 안 된다. 庚辰년에 학생이라면 甲庚충이니 머리 아파서 공부 안 되고 子辰합으로 자꾸만 밖에 나가려고 한다.

사주 예(188)

己 丁 辛 戊
酉 丑 酉 辰

丁火일주가 실령, 실지, 실세로 최약이라 종재가 되어 처덕이 좋아 결혼하면서부터 더욱 출세하였다. 종재격이다. 재용신이다. 木火운만 안 만나면 좋다. 종재격이면서도 삼합국이라 좋은데, 삼합국이면 상식이 저절로 끼어든다. 즉 火생土, 土생金으로 내가 가고 싶어서 간다.

마누라 예쁘고, 처덕 좋고 모두 좋은데 똑같은 酉가 양쪽에 있어서 양팔 베개 하고 있으며 丑이 재고니까 작첩은 한다. 호루라기 불면 여자집합이다. 이러한 종재를 부종처화(夫從妻化)라고 하는데 처가살이 가는 것이다. 종재격이 신왕재왕과 똑같은 위력이 나온다. 단, 종재격이 운이 나쁘면 마누라가 벌어서 먹고 살아야 한다. 고로 마누라 구박하지 말고 너무 부려먹지 말라. 언젠가는 마누라 신세질 테니까.

② 본처해로(本妻偕老) 못하는 팔자

① 사주에서 재가 허약한데, 흉살이 임하고 있을 때는 100% 해로 못한다.

주중에 재성이 허약하면 처가 대단히 약하고 있는데 거기에 또다시 흉살, 즉 백호대살, 공망, 형, 충 등이 재차 임하고 있으면 그 재성이 더욱 약화되기 때문에 심지어는 사별하고 아니면 생별한다. 여기서 흉살이라함은 위의 형살 외에 탕화, 귀문관살, 원진살까지 포함된다. 귀문은 정신이상이고, 재와 원진이면 "이 집은 부부가 전생의 원수가 인연 되었네요." 한다. 가령 ○庚○○과 ○庚甲○ / ○申申寅 ○申申○ 등의 경우는 해로하지 못한다.

참고로 속궁합과 겉궁합을 정리하고 가자. 속궁합은 일지와 일지를 대조했을 때의 관계이며, 육체적인 부부생활, 겉궁합은 띠와

띠를 대조했을 때의 관계이며, 정신적인 부부생활을 각각 추론하게 되는 것이다.

② 재가 많은 사주

재성이 지나치게 많으면 동서남북에 처가 있는 형상이요, 또 여자가 많이 따라 자만에 의하여 종내는 해로하지 못한다. 또 재가 많으면 여자가 많다는 것이니까 여러 번 장가 간다. 또한 이런 팔자는 마누라가 품 밖으로 돈다. 마누라에게 신세져야 하고 마누라 컴플렉스에 해당한다. 본인이 노력해도 마누라와의 격차가 심해서 마누라를 못 따라간다.

③ 상식이 많은 사주

상식은 생재하기 때문에 상식이 많으면 재성이 많은 결과와 같다. 다만, 상식으로 연애하고 장가가면 천한 여자를 데리고 산다. 노비, 식모가 마누라 노릇한다. 또한 상식은 위법하고 똥배짱이니까 감당도 못하면서 눈에 걸리는 대로 모두 내 것이다. 火일주가 金 다하면 재다신약으로 조루이다. 水일주가 재다(火다)하면 재다신약이지만 이것은 조루가 아니다. 건강은 안 좋지만 여자 다루는 복은 주었다. 火일주만 조루다.

④ 일지가 마누라궁인데, 형, 충, 공망, 원진, 상처살 놓은 자

일지는 처의 자리가 되는데 충이나 형을 만나면 파괴되었고, 공망은 비어있으며, 원진은 불만이 가득하고, 상처살은 처가 죽기 때문에 본처해로 못한다. 상처살은 위치에 구애받지 않는다. 좀 더 상세히 보자. 형, 충은 파괴이다. 고로 찌그러진 방에 누가 들어오겠는가? 배우자가 도망간다. 공망은 안방이 비었다는 의미이니 배우자가 없다. 원진은 원수가 인연 됐다는 것이고, 상처살은 일명 고과살이라고도 하고, 상처살의 공통분모는 寅申巳亥이다.

년지기준해서 방합의 다음 글자이다. 그러나 여기서 ○壬○○의 寅
                                        午寅子丑
이 상처살이다. 寅이 午를 木生火로 도와주고 있어서 상처살 작
용이 안 나온다. 생극제화가 최우선이다.

⑤ 재고 놓은 사주

재고는 마누라의 무덤이고, 마누라의 한을 가지고 있으니 "마누
라 때문에 긴 한숨 들이쉬고 내쉬고 해야 한다."

⑥ 비견겁이 많은 사주

비견겁은 재를 두드려 부순다.

※참고사항

① 水일주, 土일주가 왕하고 子未가 있으면 처산망(妻産亡)이다.

가령 ○癸○○의 경우, 水일주가 신왕하고 子未가 있다. 水에 의해
   子未子子
서 火가 꺼진다. 未중의 丁이 마누라인데, 심장이 약해서 애 낳다
가 죽는다. 또한 ○戊○○는 土일주가 신왕하고 子未가 있다. 子중
        未子未未
의 癸水가 마누라인데 조토에 물이 들어가면 흙이 흡수하고서 안
내놓더라. 여자가 들어가면 못 나온다. 허약한 여자가 水生木으
로 자식 낳으면 간다. 子마누라의 피가 흙이 들어가서 피가 탁하
여 병이다.

② 양인태왕에 일점의 재(財)인자, 처가 산망(産亡)하고, 처 시집살
이시킨다.

가령 ○甲己○은 木이 己土를 木극土 했는데 卯가 양인으로 칼이
   ○子卯卯
다. 己卯년, 乙卯년이면 마누라가 도망간다. 이 남자는 여자 찾으
러 돌아다니는데 卯가 양인이니까 품속에 칼을 품고 다니다가 역
학자에게 오거든 "그 여자가 죽거나 다치면 너도 죽는다. 네 품속
에 있는 칼 이리 내놓아라." 하라는 것이다.

③ 견겁태왕에 재성이 암합하면 처가 바람나고 헌 여자 얻는다.
○㊉壬丁
○子子亥 이면 비견겁이 많고 丁壬합이 되니까 마누라가 바람나고 헌처녀 얻는다. 의처증이다. 친구에게 마누라 소개시키지 말고 친구모임에 마누라 동행하지 말아라.

④ 재가 약한데, 일과시에 丑午가 있으면 처첩음독이다. 재성이 아주 약하거나 재가 너무 많을 때에 丑午가 있으면 처가 음독한다.

⑤ 재다신약사주가 재에 흉살이 임하면 처첩이 음독한다. 특히 甲辰, 乙未일주 남자.

⑥ 재다신약자는 재운에 이별한다. ○㊉丁○
丑丑巳○ 는 酉년이면 재운이고 巳酉丑으로 丁은 하나인데 갑자기 재가 늘어나버렸다. 마누라를 못 이겨먹으니까 이혼수 걸린다. 내 소박 당하는데 酉金마누라가 이혼하자고 한다.

⑦ 신태왕사주는 쟁재운(爭財運)에도 이별한다.
壬㊉壬○
寅子子○ 는 신태왕한데 천간으로 丙, 丁인 火재운만 오면 이별한다. 丙년이 오면 丙壬충으로 인연 끝나고 丁년이 되자 丁壬합으로 새 여자 만나게 되어있다.

⑧ 재운에 재성합거나 견겁이 태왕해도 이별이다.
가령 甲㊉甲○ 가 己년이 오면 마누라가 월상의 甲, 시상의 甲과 甲己합 되어서 도망간다. 군겁쟁재와 같다. 또한 ○㊉己○의 甲木이 甲己합으로 잘 살고 있는데 甲년 만나니까 甲己합으로 가더라. 단, 이런 경우에 己土와 해로하게 되어 있는 사주는 이혼 안한다. 항상 운에서 오는 것은 새 것이다. 숙녀도 새 것을 좋아한다.

⑨ 간극지충, 간충지충되는 운에도 이별한다. 甲戌일주가 庚辰년이면 이별수, 부모상 당한다. 간충지충이다. 乙亥일주가 辛巳년이면 이별수이다.

⑩ 재성이 삼합 또는 충, 형 되면 처궁에 변동 있다.

신수 볼 때도 일지가 마누라 자리니까 일지에 삼합이 걸려도 마누라가 뭐 좀 해보겠다고 들썩거리더라. 乙未일주가 未가 마누라인데 亥년, 卯년이면 亥未, 卯未木국으로 재는 없어지고 비견겁만 남았다. 결국 자신이다. 木이니까. "금년 신수 이상하네요. 마누라는 어디로 가고 혼자만 있으라는 운이네요." 亥년이 甲己암합으로 더욱 해당한다.

⑪ 대운, 세운에서 약한 재성을 공격하면 상처(喪妻) 또는 이별이다.

항상 대운에서 어느 육친이 어느 운에서 살고 죽느냐 하는 것을 보고, 년운을 대입해서 나이를 연결해서 몇살 때가 제일 위험하다는 것이 나와야 한다. 가령 ○甲○○는 언제 내가 죽겠는가? 82 辰子亥○ 살부터 10년간 庚申 대운인데 편관칠살인 염라대왕이 문밖에서 대기하고 있다가 庚子년이면 84살인데, 칠살 염라대왕이 일지가 삼합으로 연결되니까 영원히 가는 운으로 염라대왕이 안방으로 들어오더라.

두 여자가 혼자 살고 있다. 서방이 죽은 여자, 이혼한 여자 둘이다. 어느 여자와 살아야 하나요? 서방이 죽은 여자와 살면 나도 죽을 확률이 70%이다. 고로 이혼한 여자를 골라라.

⑫ 암장의 재까지도 모두 살펴라. 암장도 암장 나름인데 가령 辰중의 乙木이다. 戌중의 辛이 재라면, 재의 역할이 미세하다. 가령 丙戌일주 남자라면 戌중의 辛이 정재지만 戌土는 크고 양인데, 辛은 작으니까 土속의 辛이 너무 미세해서 丙의 기억에서는 멀리 있다. 고로 丙辛합 한다고 하지 말고, 암장의 재 역할이 미세하다. 똑같은 원리로 木일주 여자면 戌중의 辛이 남자인데 역시 미약하다는 것이다. 辰, 戌 속의 乙과 辛이 재면 암장재의 작용이 미세하고 丑

중의 癸水는 그 자체가 겨울이고, 未중의 丁火는 그 자체가 여름이니까 암장이지만 펄펄 살아있다고 보라. 고로 암장의 역할이 큰 것으로는 寅중 丙火, 申중 壬水, 巳중 戊와 庚金, 亥중 甲木 등의 암장만 잘 보면 된다.

⑬ 년, 월의 재성은 연상의 여인과 인연 있다. 또는 이른 나이에 여자와 인연 맺는다. 이성을 빨리 알고 장가 빨리 간다.

⑭ 결혼의 횟수는 보통 재가 되는 오행의 수리로 분류하지만, 일주의 강약에 따라서 재성의 과부족을 대비해서 흉살을 살려서 가감하여야 한다. 가령 金일주강이 木재부족이 셋이 된다면 두 번이 아니라 세 번으로 안정되고 또 거기에 흉살이 병림하면 네 번으로 끝난다고 하여야 한다.

사주 예(189)

己 ⓩ 乙 癸
卯 卯 卯 亥

乙木일주의 시상己土재가 木다(多)에 붕괴되어 27세 己丑년에 이혼하였고 다섯번이나 결혼하였다. 음팔통사주다. 조후가 안 되어있다. 卯월의 바람이 너무 세서 모두가 날아가버린다. 신태왕으로 너무 왕하고, 卯월에는 바람신이 동하고, 바람이 부는데 卯가 3개니 강풍에 부, 모, 처, 자식이 모두 날아가니까, 집안 망하려면 이런 사주 나온다.

옛날 속담에 머리 큰 놈, 손발 큰 놈, 물건 큰 놈이 나오면 집안 망한다고 했다. 몸은 작고 머리 크면 저능아, 몸은 작은데 손발 크면 도둑놈, 물건 크면 주색잡기라며 말이다.

木일주가 지지에 木국이니까 곡직격(曲直格)이다. 그러나 월상에 乙이 있어서 선장이 둘이다. 거기에 조후가 안 되어 있어서 음지나무요, 태강즉절(太剛則折)이다.

己가 재인데 많은 木으로 木극土 당해서 허물어져 버리니까 해로 못하고 5.10土니까 5번은 가야 한다. 己土가 부재(浮財)니까 어떤 여자든지 이 사람과 살면 마음이 떠서 보따리 싸서 집 나가는 데는 1등이다. 돈으로 보면 뜬구름 잡는다. 己乙/卯卯 사각의 링의 코너에 몰아놓고서 몽둥이로 때리고 있는 형상인데 木은 길다. 고로 혁띠 풀어서 구타한다. 여기서 木이 많으면 인정 있는데 반대로 잔인하다. 火가 많으면 반대로 거짓말쟁이고, 土가 많으면 신용이 없다. 火가 필요하니까 무조건 자기가 한 걸음 물러서고 양보해야만 사는 길이 나온다. 장성이 3개니까 "죽어도 오라이"이다. 金인 관살이 들어오지 못하니까 남의 말은 안 듣는다.

己土여자가 어떻게 견디고 살겠는가? 그럼 언제 이혼하겠나? 천간이 己년이고 일지와 삼합되는 해이다. 己亥, 己卯, 己未년에 이혼한다. 이때 신수 보러 오면, "이혼하시게요?" 또는 "금년에 이혼수 걸렸네요." 여기서 외소박과 내소박을 정리하면, 외소박은 서방이 쫓아내는 것이고, 내소박은 마누라에게 쫓겨나는 것이다. 이 사주는 외소박일까, 내소박일까?

사주 예(190)

甲 丙 丁 己
午 寅 卯 酉

丙火일주의 정재 酉金이 년지에 있는데 卯酉충파에 양인이요, 일지공망에 火다소용(銷鎔)으로 여러 번 결혼하였다. 한의사 사주인데 木火가 당권해서 마누라가 자기방 놔두고 할머니방에 있다. 옛날로 이야기하면 년지가 조상궁이니까 "산지기방에 가 있네요." 어머니가 쫓아냈다. 재인투전이다. 이유는? 어머니의 마음에 안 들었다. 寅卯木국으로 내 집안은 좋은데 마누라 집안은 별 볼 일 없고, 寅酉원진으로 "원수가 인연 되었다." 4.9金으로 4번은 장가가야겠다.

丙火가 木生火 잘 받으니 멋쟁이고, 卯가 도화인데 인수도화니까 옷걸이가 좋다. 木火용신이다. 酉金은 충으로 깨져서 못 쓴다. 이 사주는 꽃으로만 살다가 가야 한다. 열매를 기대했다가는 꽃이 서리맞아서 되는 일이 없다. 시작의 명수이고 펼치기만 좋아했지 수습은 못하는 사주이다. 丙火로 눈은 큰데 酉金인 마누라가 바늘만한 게 눈에 안 보이더라.

이혼하는 해는 언제인가? 천간에 庚金 놓고 寅午戌을 만들어라. 庚寅, 庚午, 庚戌년에 이혼한다. 卯년도 卯酉충으로 해당한다. 이때는 쟁재(爭財)가 된다. 火가 많아서 金이 녹아버린다. 삼합이니까 없는 것은 들어오고, 있는 것은 나가는데 있는 마누라가 나가니까 이혼이다. 총각이면 결혼이고 유부남이면 이혼이다. 핵(核)이 火로 집결되었다. 火는 태양이고 꽃이고 눈이다. 水운을 만나면 태양이 구름 속으로 들어간다. 金운을 만나면 해가 서산에 기운다. 꽃이 서리 맞는다. 水운 오면 "앞이 안 보이는 운이네요. 당신은 눈 뜨고 다닌다지만 눈 감고 다니는 해이네요. 한발 잘 못 디디면 어느 귀신이 채가는지 모르게 그냥 가는 해네요." 金은 재로 돈인데 돈 때문에 죽겠는데 돈 나간다. 원래 火극金으로 내가 이기는데 지니까 약오른다.

> ※참고
> ① 甲戌일주 여자다. 庚辰년에 천충지충이다. 이혼수 또는 부모님 돌아가시는 해인데 상담시에 그 소리는 하지 않았다. 대신 "상제수 걸렸네요." "누가요?" "시아버지나 시어머니가 돌아가시겠네요." "괜찮은데 이상하네요." 하더니 한 달 뒤에 교통사고로 시아버지가 죽었다고 소식 왔다.

② 乙②丁壬의 여자인데 중매시키겠단다. "하지 마시오." 했다. 酉丑
酉丑未子
金國으로 金극木 해오니까 火로 火극金 해야 한다. 木火용신으로
식신제살이니까 서방보다 자식이 우선이고 酉가 도화로 천하의 바
람둥이 남자를 만나게 되어 있다. 고로 "중매 서지 마시오." 했다.
관식투전으로 매맞고 산다. 여자가 식신제살이면 자동적으로 관식
투전이 되어 매맞고 산다. 여자가 상식만 많아도 남자 무시한다고
매맞고 산다.

③ 戊⑨辛丁 나이 좀 먹은 여자가 신수 보러 왔다. 나이 계산하니 당시
辰子亥丑
64세였다. 시에 무진이니까 서방보다도 돈이 우선인 팔자이다. 월
에 인수고 인수가 많아서 자기가 최고이다. 丑이 관고이고 辛인 정
관이 亥子丑水국으로 金침(沈)되어 있다. 음지나무이고 부목(浮木)
이니까 소실팔자이다. 그런데도 모르는 줄 알고 "우리 서방님 최고,
우리 서방님 최고" 하면서 거짓말을 하더라. 은근히 화가 나서 한
마디 했다. "같이 살지도 않으면서 무슨 놈의 서방님이오? 서방님
이 보고 싶어요?" 하면서 기를 죽였더니 눈물 흘리고 말더라. 즉 자
신이 소실인데도 모르는 줄 알고 감추니까 한마디 해버렸다. 언제
죽겠냐고 물어오더라. 82살 庚申대운에는 水가 많아져서 풍(風) 맞
아서 2~3년 고생하다가 84살 庚子년에 죽겠소이다." 했다.

④ 己⑨乙癸 28세 처녀였는데 木火용신이다. 음팔통사주이고 조후가
亥酉卯丑
안 되어있고 火인 관이 없어서 남자를 보아도 전기가 안 오니까 아
직까지 시집갈 생각을 안 한다. 법관에게 시집갈 것이라고 했더니
법관 사주만 가지고 오더라. 월에 재니까 아버지가 사업하더라. 丙
辰, 丁巳, 戊午, 己未 대운까지는 시집가서 잘 산다. 운에서 관운이
들어오니까 잘 사는데 庚申대운인 金운부터는 辛인 보석이 고철을
만나니까 녹슬고 폐차장에 가 있다. 비류천척(飛流千尺)이다. 즉 낭
떠러지로 떨어진다. 어제의 사모님이 오늘은 이혼하고, 돌아다니
는 것을 상상해보라.

사주 예(191)

庚 ㊉ 戊 丁
子 子 申 未

壬水일주의 재성 丁火가 년상에 있으나 申子水局과 양인중봉(重逢)에 子未전(全)하여 처산망(産亡)하였다.

申이 상처살이고 일지가 도화에 양인인데, 상처살이 金生水해서 양인을 도와주고 있다. 편인격이다. 편은 모두 성질이 급하다. 번갯불에 콩 구워 먹으려고 한다. 申월의 장마이다. 물이 범람한데 신체적으로 보자면 성욕이 너무 강하다. 火라는 재가 부족하니까 동서남북에서 얼어 채워야한다. 고로 해로 못한다.

水일주가 水기태왕에 子未면 처첩산망이다. 丁火인 마누라가 아기 낳다가는 심장판막증으로 죽는다. 申월은 삼복더위이지만 木火용신이다. 비견겁이 많아서 의처증이 있다. 이 팔자가 어느 해에 불행한 일을 당하겠나? 丙子, 丙辰, 丙申년에 이혼하거나 마누라가 죽는다. 실제 丙子년에 처산망(妻産亡)했다. 여기서 왜 丙午년은 제외시켰는가? 이 사주에서는 火가 필요하니까, 싸우기는 하지만 이혼은 안 한다.

사주 예(192)

庚 ㊉ 己 庚
辰 申 卯 辰

庚金일주에 재성월지 卯중乙木이 金다(多)에 패몰(敗沒)되고 일지공망이요, 원진살이 임하여 36세 乙卯년에 처가 도망갔다.

정재격이다 卯가 우산지목(牛山之木)이다. 조후가 안 되어 있어서 남자 구실 못해서 마누라가 도망갔다. 乙卯년에 이혼했는데 甲寅년에 간충지충으로 시작됐다. 乙년이 되니까 乙木 마누라가 乙庚합 많이 하는 해이고 군겁쟁재가 되는 해이다. 火가 필요하니까 火극金해야 木이 살아난다. 甲申, 乙酉대운에 卯나무가 申酉운을 만나니까 서리맞고 대들보 부러진다. 더구나 천간에 甲, 乙이 들어오니까 군겁쟁재되어서 어찌할까?

사주 예(193)

戊 ㉿ 壬 庚
午 丑 午 午

癸水일주의 재성 火가 년월시지 午중丁火로 태과한중 원진살이 임하여 38세 丁未년에 처가 음독자살하였다. 동서남북에 재이다. 도화에 재가 연결되니까 소실덕으로 먹고 사는 사람이고 나쁘게 연결하면 여자 등쳐먹고 사는 팔자이다.

丑午귀문관살의 작용으로 다른 재주는 없어도 어떤 여자든지 미치게 하는 데는 일가견이 있고, 그러면서도 원진이니까 원수가 된다. 고로 많은 여자를 상대하니까 어느 여자가 좋아하겠는가? 거기에다 丑午가 탕화, 원진, 귀문, 육해가 걸리니까 여자가 음독자살을 할 수밖에 없다.

木火로 따라가야 한다. 丑중의 癸水는 쓰지 못한다. 재인 午가 일지와 합하거나 들어오는 게 아니라, 여기저기 흩어져 있어서 여자마다 여기저기 분산시켜놓았지, 모아서 살지는 않는다. 丁未년에 충으로 싸운다. 워낙 바람둥이라서 헤어지는 걸로 보라. 이런 사주도 있다. ○㉿壬○ ○未午○ 은 癸의 친구(형제) 壬이 밑에 午를 가지고 있다. 午가 여자이고 壬의 밑에 있는데, 午未합이니까 친구 마누라가 내 방으로 들어온다. 또는 형수가 내 방으로 들어오고 썸씽 생긴다.

사주 예(194)

庚 ㉿ 己 甲
戌 丑 巳 申

丁火일주의 土상식태왕에 일지형하고, 巳丑으로 재다요, 일지탕화살 놓아 26세 己酉년에 마누라가 바람나서 이혼했다. 甲己합에 巳申형이니까 곧랑

도화이다. 丑戌형으로 土가 더욱 많아져서 火생土를 심하게 해야 한다. 巳월의 꽃이 火가 약해서 피다가 말았다. 火기가 약하니 조루이고, 신약이니까 기본체력이 약하다. 심장기능은 약하고 간도 나쁘다. 일지에 丑이 탕화이고 재고니까 마누라 무덤인데 백호도 된다. 가만히 두어야 하는데 丑戌형을 하고 있다. 申, 巳중의 庚, 丑중의 辛, 戌중의 辛, 庚으로 완전한 재다신약이다. 거기에 火운이 지나고 나면 운도 나쁘다.

만약 운이 좋을 때 궁합 보러 오거든 "현실적으로 신랑이 100점인데 40대 후로는 운이 없네요" 하라. 金水운이 오니까. 내가 생하는 것이 아랫사람인데 항시 아랫사람에게 당하고 산다. 상식이 꾀니까 "제 무덤 제가 판다." 丁이 火생土해서 巳酉金국으로 열매 맺으려고 하는데 불이 꺼져버리니 "항시 죽 쒀서 개 준다." 관리능력이 없으니 다른 사람이 차지한다.

己酉년에 巳酉丑金국으로 완전히 재가 많아지니까, 여자가 품밖으로 돌고 보듬어지지가 않더라. 고로 이혼된다. 申子辰에 酉가 도화니까, 도화재가 걸리면서 이별이면 마누라가 바람나서 이혼했다는 결론이다. 이유는? 남자가 조루라서.

사주 예(195)

壬 ㉛ 壬 丁
寅 申 子 亥

壬水일주가 申子, 亥子로 水기가 태왕한 중 년상 火재는 丁壬합거요, 일시가 寅申충하여 본처해로 못하였다. 3번 장가 갔고 본처도 바람났다. 월에 도화이고 양인이다. 壬水의 마누라인 첫사랑 丁火를 친구에게 인사시키면 그날로 눈 맞아서 가 버린다. 항상 가까이 있는 게 우선이다. 丁에게는 월상의 壬이 가깝다는 것이다. 寅중의 丙이 있지만 寅申충으로 깨져있다. 고로 재가 부족하니까, 자꾸 火인재를 얻어와야 한다. 水가 6개니까 6번째 가서야 안정된다. 동짓달로 꽁꽁 얼어있어서 난로가 6개는 필요하다. 木火용신이다.

이 물은 흘러보내야 하는데 寅木이 수문(水門)인데 寅申충 되어서 수문이 열렸다 막혔다 하니까 어떤 때는 영리했다가 멍청했다가 한다. 즉 내가 생하는 것이 두뇌회전이니까.

무조건 丙子, 丙申, 丙辰년 만나면 이혼인데 가장 가깝게 연결하면 丙子년이 50세이다. "어허! 50살 고비는 어떻게 넘기셨어요?" "49살에서 50살 넘어가는 게 그렇게 어려웠어요?" 하여보라. 월상의 壬水 때문에 재결합은 안 된다. 이 사주는 水氣 태왕으로 항상 바람피우게 되는데, 그것이 오히려 좋을 수도 있다. 이 많은 水가 약한 火를 덮치면 火인 마누라는 숨막히겠다고 하더라. 고로 壬이 3개고 丁이 하나니까 마누라가 3일에 한번씩 내 방에 들어오는 것이 원칙이다.

사주 예(196)

甲 ⓢ 壬 癸
午 未 戌 酉

辛金일주의 재성 甲木이 무근이고 일지재고요 또 未戌로 형하고 있어 본처해로 못하였다.

처궁으로만 보면 일지에 재고 놓았다. 재고는 마누라의 한이고 마누라의 난치병, 불치병이다. 甲木이 마누라인데 午未, 午戌火국으로 타고 있다. 화다목분(火多木焚)으로 재만 남는데 회비인멸(灰飛因滅)이다. 재는 바람이 불면 날아가버린다. 멸해버린다. 마누라가 木생火로 아기 낳다가 불에 타버렸으니 아기 낳다가 죽었다. 처산망(妻産亡)했다.

戌이 관고니까 자식의 집합으로 두 마누라에게서 자식 얻는다. 막내가 제일 똑똑하다. 여자라면 壬이 상식으로 유방인데 壬 밑에 戌土라는 암석이 있으니까 유방암 주의하라. 戌이 급각살에 未戌형이다.

사주 예(197)

庚 ㊕ 丙 甲
子 申 寅 子

壬水일주의 재성 월상의 丙火가 丙壬충으로 충한 중 재부족되어 본처해로 못하였다.

水기태왕으로 丙壬충에 寅申충이다. 火가 부족해서 해로 못한다. 만약 떨어져서 살면서 일요부부가 되면 해로하는 경우도 있다. 木火용신이니까 처덕은 있으며 마누라 말을 들어야 한다. 마누라와 싸워서 마누라가 화내면 火가 더욱 많아지니까 마누라와 싸우면 재수가 있더라.

午가 마스코트다. 만약 학생이라면 庚辰년에 水국에 金생水 들어오고, 火가 金에 꺼지니 공부해도 효과가 안 나온다. 辛巳년에 丙辛합에 寅巳申삼형으로 인수가 형 받으니 문과에서 이과로 진로 바꾼다. 壬午년에 午火가 들어오니까 "19살 진학은 걱정마시오." 만약 庚辰, 辛巳가 나쁘고 壬午년이 좋다고 하면 "우선 전문대라도 들어가 놓고서 壬午년 좋을 때에 나중에 편입시험 보시오." 하라.

※참고

① 戊㊅己甲
　午未巳午
종재격으로 돈 있다. 두 여자에게서 자식 낳았다. 본처에게도 자식 있고, 소실에게도 자식 있다. 木火용신에 庚辰년이 오니 인수운이다. 종을 안 하니까 빛 좋은 개살구요, 뒤로 넘어져도 코가 깨진다. 가만히 앉아있는 것이 돈 버는 것이다.

② 丁㊊甲乙
　卯戌申酉
모 국회의원 사주다. 申월은 火기가 남아있다. 이 점을 놓치지 마라. 甲木이 卯에 뿌리를 내리고 있으며 시상상관에 木이 담력이니까 똥배짱 하나로 살아왔다. 국회의원 사주로는 너무 약하다. 대운이 좋게 간다. 木火운이 좋다. 월에 편관칠살로 가문은 별 볼 일

없고 인수도 없다. 고로 자수성가로 가문을 빛내고 있다. 일지에 재이고, 寅午戌에 卯가 도화이고, 木일주로 끼가 있어서 바람둥이다.

③ 辛㊉乙丁
　亥辰巳未

모 강력범 사주다. 金水용신이다. 辰亥귀문이고 辰巳 천라지망이다. 재다신약으로 남의 것이 내 것인 도둑 팔자이다. 월에 재지만 재다신약이니까 부모덕이 없고 辛이 뿌리 내릴 데가 없으니 壬水가 亥水에 뿌리 내리고 있다. 水가 살아나야 한다. 재다하니까 여자 꼬시는 데는 1등이다. 아버지 형제간에 배다른 형제 있고 성질 급하며, 壬辰괴강으로 힘은 좋지만 오래 버티는 힘은 약하다. 이 사주는 酉金으로 공부시키면 사람이 된다. 辰酉합에 巳酉金으로 金생水 들어오니까. 철쇄개금으로 역학, 종교, 철학이다. 상담할 때 감옥 들어가있는데 나오겠냐고 물어오면, "이번에 나오겠어요?" "못 나와요." 한다. 뭐가 걸려도 걸리니까 물어볼 것이다. 이것이 술(術)이다.

③ 작첩(作妾)한다

① 신태왕사주에 재가 부족할 때

신태왕은 지나치게 건장(健壯)하여 단처생활(單妻生活)이 불만인데다 재부족은 또다시 처가 부족함과 동시에 자연 처의 잔병으로 만족할 수 없을뿐더러 물귀즉탐(物貴則貪)으로 작첩하게 되어 있다. 재가 부족하니까 재를 보태어야 하니까. 단, 바람피우는게 마누라의 건강에는 도움이 된다.

② 재다신약 사주

재가 많다는 것은 동서남북에 여자가 있기 때문이다. 고로 절구통에 치마만 둘러놓아도 좋다고 한다. 양손에 꽃 들고 있다고 한다. "꽃밭에서 노네요." 가령 ○㊉○○
　　　　　　　　　　　　　　　　　　○酉申○ 이면 재가 많다. 고로 이 남자와 사

귀는 여자는 누구든지 金으로 변화되고 金이 상하지 않으니까 여자가 자꾸 따라든다.

③ 도화살이 있는 사주

도화살은 작첩하는 흉살이다. 총칭도화를 子, 午, 卯, 酉라 하고, 진짜로 나의 도화는 삼합기준에서 첫째 다음 자가 나의 도화이다. 그 차이는 무엇인가? 가령 ○酉○亥은 亥卯未의 子가 도화인데, 일지에 酉가 있다. 남의 도화니까 총칭도화이다. 이런 경우에는 남의 덕에 바람피운다. 즉 친구가 바람둥이기 때문에 덕분에 바람피우는 것이다. 원님 덕에 나팔 분다.

④ 상식태왕 사주

상식다봉은 생재로 여자를 불러오기 때문이다. 상식이 멋지면 교직자인데 여기서 도화까지 연결되면 학생이 애인으로 보인다. 고로 만날 학생 건들다가 걸려든다.

⑤ 관살이 많을 때

관살이 자식이니까 동서남북에서 자식 구하려고 바람핀다. 관살다봉하면 양처에 득자하게 되어 있다.

상식태왕, 관살혼잡, 재다신약은 모두 여자에게 뒤통수 맞고 쫑코먹는 팔자이다.

※참고사항

① 일지에 도화면 작첩에 동거한다. 도화가 일지로 합을 해도 일지에 있는 것과 같다.

② 시지에 도화면 말년에 바람핀다. 늦바람은 늙어서 미치니까 못 잡는다. 상담할 때에 서방 사주가 확실한 바람둥이일 때는 반드시 걸고 넘어져라. "얼마나 속상하고 사세요?" 하고 한마디 하고 넘어

가라. 왜냐면 바람피워 속상한데 그런 말도 안 하면 허전해하더라.
③ 원내도화(園內桃花)는 유부녀와 바람난다. 일지기준해서 월에 도화면 원내도화인데, 년월은 뒤고 후원이다. 고로 감추어놓은 여자라는 것이다.
④ 인수도화는 유부녀에 연상의 여인이다. 인수는 어머니니까 연상의 여인이고 옷걸이가 좋으며 첩모봉양에도 해당한다.
⑤ 도삽도화(倒揷桃花)는 연상의 여인, 노땅남자이다. 일지기준해서 년에 도화면 도삽도화로 거꾸로 놓았다는 것이니 연상의 여인, 또는 노땅과 인연있다.
⑥ 비겁에 도화이면 여자로 인해서 손해보고, 친구관계가 나쁘고, 술친구요, 도박 좋아한다. 재다신약이 도박꾼에 많다. 즉 남의 돈이 내 돈으로 생각된다.
⑦ 상관도화는 명예손상이다. 관을 치니까 명예손상이다.
⑧ 재성도화면 첩으로 인해서 부자된다. 단, 이것이 재가 즉 용신이어야 한다. 가령 ○丙○○ / 酉辰午寅 이면 신왕사주에 辰酉金이 용신인데 酉가 도화로 일지로 합을 해서 들어온다. 마누라도 예쁘고 첩으로 연결해도 된다. 여기서 작첩치부(作妾致富)하는 사주는 마누라가 남자를 모르는 체질이다. 고로 "바람피우고 나는 돈만 벌어다 주셔요." 한다. 만약 卯년이면 寅午戌에 卯가 도화니까 또 애인이 생긴다. 卯酉충으로 체인지 파트너이니 옛날 애인은 가고 새 애인 만나야 한다. 하지만 결과는 나쁘다. 木火가 기신이니까. 고로 "구관이 명관인데…" 하더라.
⑨ 관성도화면 첩으로 인해서 승진하고, 총각득자에도 해당한다. 관성도화면 바람피우는 것이 직업이고 총각득자에도 해당한다. 좋게 작용하면 소실이 알랑방귀 뀌어서 승진시켜준다. 가령 丙辛乙○ / 午丑卯○ 이

면 寅午戌에 卯가 도화이다. 관성도화다. 총각이 울산 갔다가 아가씨가 하나 따르자 보듬은 것이 임신됐다. 3·8木으로 해결하는 데 800만원 들었다더라. 어머니가 나서서 해결했다. 즉 관성도화면 총각득자이다.

⑩ 살성도화(殺星桃花)이면 망신(亡身), 득병(得病), 관재(官災)까지 해당한다. 가령 戊乙辛戌/寅丑酉申 이면 관살태왕이고 申子辰에 酉가 도화인데 칠살이고 귀(鬼)가 되니 병까지 연결된다. 고로 몸 다치고 심하면 관재구설까지 연결된다. 酉월의 나무에 서리가 많이 와서 가지가 꺾어지고 있는 상태이다. 金木상전이고 만고풍상(萬古風霜)을 겪어야 하는 팔자이다.

⑪ 곤랑도화(滾浪桃花)는 화류병(花柳病)이다. 곤랑도화는 천간합, 지지형인데 辛丙/卯子 또는 己甲/巳申 등인데 형은 병이다. 고로 합하면서 병을 얻었으니까 화류병이다. 안 보면 보고 싶고, 보면 웬수고, 지지가 형이니까 헤어질 때는 송사해야 하겠고, 먼저는 좋다가 나중에는 나쁜 것이 곤랑도화이다. 가령 ○戊癸○/○戌未○ 이라면 천간합 지지형이다. 이것도 곤랑도화이다.

⑫ 재성이 길신이면 처덕있다.

⑬ 재성이 흉신이면 첩으로 인해서 패가망신(敗家亡身)이다. 가령 辛丙庚戌/卯申申申 이면 동서남북에 여자인데 여자로 인해서 패가망신이다. 금다화식이다. 金이 많아서 불이 꺼지고 있다. "못다 핀 꽃이 서리 맞았네요." "못된 송아지 엉덩이에 뿔 났네요." "성질머리가 급해서 바늘허리에 실 꿰어서 쓰려고 하는 사주요." "사람 노릇 못해요. 철 안 듭니다." 午火가 필요하니까 친구 잘 사귀어야 하고 무조건 공부해야 한다.

⑭ 어느 운에서 바람피우나, 작첩하나.

- 도화운이다. 단, 도화에 형, 충이 걸리면서 들어오면 바람도 못 피고 벼락 맞는다. 꿀도 못 먹고 벌만 쏘이는 운이다.
- 재운이다. 도화운과 재운이면 회춘이 되어서 성감이 살아난다. 고로 세상의 여자가 모두 예뻐보인다. 성감도 바이오리듬처럼 주기가 있다.

⑮ 상관운, 일지와 삼합, 일지와 육합되는 운에도 바람피운다.

상관은 재를 생해오니까 바람피운다. 단 여기서는 왜 상관만을 말했는가? 식신은 바로가는 정(正)이고, 고로 식신은 정재를 생해오니까 마누라 곁으로 가는데 상관은 편재를 생해오니까 다른 여자 한테 가서 바람피운다.

합은 인력이다. 고로 모든 것이 따라서 들어온다. 돈, 여자, 자식, 어머니 등등. 여기서 왜 삼합, 육합만 말했는가? 삼합은 이질+이질의 합이니까 가장 강하다. 육합은 부부의 합으로서 역시 강하다. 방합은 비견겁으로 연결되고 합작용이 가장 약하니까 여기에 안 들어가 있는 것이다.

⑯ 재성이 충하거나 형이 되거나 또는 견겁운에서 들통난다. 바람났다가 들통나는 경우다. 재 자체가 충이거나 형이면 여자와 싸우니까 들통난다. 견겁운에서도 들통나는데, 들통나는 것도 직접이냐, 간접이냐로 두 가지가 있다. 여기서 간접은 친구가 먼 데서 보는 것 등을 말한다. 가령 壬寅일주가 巳나 申을 만나면 충, 형 되어서 암장에 있던 寅중 丙火가 튀어나오니까 들통난다. 남자는 재운이면, 여자는 관운에, 스스럼 없어져서 또한 들통난다. 가령 ○癸○○/寅○○○의 경우, 癸에게 寅중의 丙이 숨겨논 애인인데 丙午년인 재운이면 寅午火국도 되어지니까 여자에게 미쳐버린다. 고로 몰래 만났던 것을 팔짱 끼고서 밖으로 나오니까 들통난다. 乙巳일

주가 庚이 애인인데, 남자면 戊가 애인이다. 亥년을 만나면 巳亥 충으로 "올해 들통나니까 조심하시오."
"선생님, 여관하는데 요즘 장사가 안 돼요." 하더라. "그 여관에 뒷문이 없구만." "그걸 어떻게 알아요?" 뒷문 즉 비밀문이 있어야 되는데 뒷문이 없으면 안된다. 고로 "빨리 팔아!"

⑰ 일지에 재성 있는 자는 여자가 항시 바뀐다. 떨어지면 또 생기고 떨어지면 또 생기고 항시 여자를 달고 다닌다. 甲辰, 乙未, 丙申, 丁酉, 戊子, 己亥, 庚寅, 辛卯, 壬午, 癸巳 일주.

⑱ 土일주가 火土가 많으면 여자가 많이 따르나 바로 떨어진다. 가령 ○戊○○/戊午未○ 이면 癸가 여자인데 戊癸합으로 멋모르고 따라 들어갔다가 흡수되어서 죽겠으니 가버린다.

⑲ 水일주가 金水태왕하면 성욕이 대단하다.

⑳ 재다신약자도 성욕이 강하다. 다른 복은 안 주었어도 성에 대한 복은 주었다. 단 火일주는 조루이니 제외시켜라.

㉑ 운에서 도화가 지배해도 바람핀다. 여기서는 대운에서 도화가 지배해야 하고, 단 바람둥이 사주는 년운에서만 지배해도 바람난다.

㉒ 남자가 丁未, 戊午일주는 성욕이 강하다. 丁未는 음인이고, 戊午는 양인에, 효신살에, 午가 도화이고 말이다. 火土중탁으로 보고 성욕이 강하다. 단 여자면 스님 팔자이다.

㉓ 본인이 바람둥이 사주인데 아니면 처첩이 바람난다.
가령 ○戊癸癸/○子亥未 은 水가 많고, 亥卯未에 子가 도화이다. 고로 바람둥이라고 했더니 자기는 깨끗하다고 한다. 정보부에 근무하더라. 대신 마누라가 바람나서 왔다고 하더라. "어찌해야 합니까?" 즉 남자가 바람둥이 사주인데 바람을 안 피우면, 즉 내가 바람을 안 피우면 대신 마누라가 바람피워줘야 한다.

여자가 남편궁이 나쁘면 재취로 시집가면 두번 시집가는 것과 같아서 그 나쁜 것이 해소된다는 것인데 부부는 일심동체이기 때문이다.

사주 예(198)

庚 壬 丁 庚
子 子 亥 午

壬水일주가 亥월에 득령하고 子일 子시로 양인태중(太重)하여 있는 중, 처丁, 午火가 부족하여 작첩하였다. 水기태왕이다. 태평양 같은 물로 물이 너무 강하여 범람하고 있기에 성욕이 강해서 주체못한다. 火인 재가 부족하고 丁壬합이 음란지합이다. 이런 경우에는 천간에 무조건 丙丁火만 만나면 여자가 생긴다.

"여자가 항상 둘은 있는데요." 즉 마누라 말고 두 여자 있거나, 작첩하는 경우이다. 寅木이 이 사주를 살려준다. 고로 丙寅년에 만난 여자는 좋은 여자 만나게 되고 丙子년은 유부녀에 丙壬충에 子午충되니 하룻밤의 풋사랑이다. 丁丑년에는 丁壬합, 子丑합으로 만나서 너무 좋아 연애했는데 丁火에 뿌리가 없고, 丑이 탕화니까 헤어지자고 하면 "너희 집 앞에서 약 먹고 죽어버리겠다."고 한다. 丑중의 癸가 있으니까 과거있는 여자이고 丑이니까 딸자식도 있는 여자다.

사주 예(199)

庚 庚 丙 甲
辰 午 寅 戌

庚金일주 신약에 재다하여 작첩하였고, 또 관살다봉 하여 득자(得子)까지 하였다. 寅午戌火국으로 재(木) 관(火) 동림인데 寅午합으로 들어오니까 총각득자이다. 과부 만나서 딸 2명 낳아 장가갔다. 결혼하고서 또 한 여자 만났다. 관살이 많아서 동서남북에 자식이다. 첫 여자는 甲木인데

甲庚충이니까 떨어져서 살고, 두 번째 여자는 寅木인데 寅午합으로 일지로 합해서 들어오니까 같이 산다. 甲木, 寅木 재가 寅午火국으로 타버렸다. 남의 돈은 잘 벌어주는데 내 돈은 못 벌더라. 남의 캬바레 운영해주는 사장이다. 종살격이다. 시주의 庚辰 때문에 가종살격이다. 고로 종살격으로 보면 장관같은 틀인데 사는 것은 못 산다. 즉 가짜로 종을 한 사주이다. 金일주로 싸움꾼이다. 선거철에는 바쁘더라.

甲寅일진에 왔길래 한마디 했다. "길 가다가 아는 여자 만나겠어요." 寅午합이니 만나고, 寅이 역마지살이니까 길거리에서 만나고, 재가 일지로 합해서 들어온다.

사주 예(200)

己 ㊂ 壬 丁
酉 子 子 卯

壬水일주가 子월 子일 酉시로 신왕한 중 년상 丁火 미약하고 월지일지 도화 있어 본처 이별하고도 바람이 심하다. 도화 많고 水기태왕이다. 재가 부족이다. 의처중에 잘못되면 상처(喪妻)에 해당한다. 양인에 형살까지 있으니까 고약하고 水생木으로 못 빠져나가니까 자제능력이 없어서 마누라 학대한다. 子酉귀문이다. 고로 水생木이 안되고 자제능력이 부족하니 성질이 나면 미친놈 같다.

사주 예(201)

己 ㉹ 丁 甲
巳 未 卯 子

己土일주가 관살다봉에 도화가 임하여 작첩득자 하였다. 子未원진으로 원수가 인연됐다. 卯월에 未로 卯未木국이니까 火土용신이다. 巳未火국으로 조토이고, 土일주로 여자가 잘 따른다. 辰년이면 재고니까 "옛날 애인 만나네요." "묵은 돈 만나네요." "나이 많은 여자와 많이 어울리겠어요."

※참고

壬⑯辛辛 섣달에 너무 춥다. 섣달의 辰시니까 깜깜하다. 木生火가 없
辰午丑丑 어서 고등학교만 나왔고, 월에 상관에다 인수가 없어서 욕을 무지 잘 하
는 욕쟁이다. 성질나면 마누라도 패버리더라. 마누라는 장사시켜놓고 저
는 자가용 타고 스쿠버 하고 다니더라. 丑午귀문이 2개다. "성질 나면
반또라이 같은 놈아 정신차려라." 연상의 여인과 연애한다. 丑이 재고이
니 늙었고, 丙辛辛이니까 쌍립선다. 丙하나 놓고 여자끼리 차지하려고
싸우더라.
아버지가 일찍 돌아가셨고 월과 일이 丑午원진으로 형제와도 원수이
다. 어머니가 혼자 사는데 저희들끼리만 살더라. 어머니는 동생과 산다.

4 국제연애(國際戀愛)

① 남자는 무조건 역마지살에 재나 관이 있을 때이다.

재는 직접적인 여자이고, 관은 자식이다. 역마나 지살로 해외인
데 재가 임하면 해외여자요, 관은 해외자손 즉 혼혈아가 되므로
국제결혼 내지는 국제연애하여 본다.

② 여자는 역마지살에 상식이나 관이 있을 때이다.

상식은 자식이고 관은 남자이다. 혼혈아 낳는다. 역마나 지살은
해외요, 관은 부군이니 해외남자요, 상식은 자손, 즉 혼혈아가 되
므로 여기에 해당하는 자 국제결혼 또는 연애하여 본다. 그러나
부군이 외교관, 외국상사, 외국기관, 외인부대, 해외지점 또는 외
환부에 근무하거나 해외동포와 결혼하고 본인이 해외에 나가도
여기에 해당하나 역마나 지살이 일지로 합이 되어야 하고 또 주
중에 寅申巳亥 중 1자만 있어도 역마지살로 간주한다.

사주 예(202)

辛 ⓩ 癸 丁
巳 卯 卯 丑

乙木일주가 巳중戊土 역마재를 놓아 국제연애 하여 보았다. 巳火가 역마이고 지살이다. 巳중의 戊가 재인데 木이 많아서 일본 여자와 인연이다. 戊戌대운이 전성기이다. 卯戌합으로 여자가 또 생긴다. 이런 때는 스님이 마누라로 둔갑해보이고 부처님이 돈 벌어다 준다. 丁酉대운에 丁이 꺼져서 들어오고 巳酉丑으로 처음엔 火로 가다가 나중에는 서쪽으로 가고 卯酉충이니까 너무 뿌리가 없어서 내가 설 땅이 없고, 金국이니까 용신火가 없어져버렸다.

酉가 딸인데 딸내미 하나 잘못 교육시켜서 내 신세가 망쳐버렸다. "당신은 말년에 자식 때문에 충격 받으니까 자식을 인간교육 잘 시켜야 합니다." 丑은 조상자리이고 巳는 자식 자리니까 "큰일났다. 조상부터 자식까지 모두 동했으니까 나는 못막겠네요."

庚辰년에 乙庚합은 좋지만 용신火가 죽으니까 알고서 꼼짝없이 당한다. 합으로 나쁘니까 수족을 꽁꽁 묶어놓은 것과 같으니 아무 것도 안 된다.

사주 예(203)

丁 ㉄ 壬 壬
巳 未 子 申

癸水일주의 역마지살 재관이 巳火인데 일지 未와 巳未로 합하고 있어 국제결혼하여 자손까지 있다. 水일주에 水기태왕이다. 세 번째로 태어났지만 장남노릇을 해야 한다. 년, 월의 壬, 壬형들은 모두 한신(閑神)이다. 방해자이고 도둑놈들이다. 巳未火국으로 아주 좋은데 木이 없는 것이 흠이다. 木이 없으니 요령이 부족하다. 水극火로 그냥 막 잡으려고 하니까 "막고 품는 식이다." 정확하지 않으면 손대지 않는다. 준재벌에 해당하는데 형들을 먹여살려야 하니까 혼자 벌어서 두세 집 살림 해야 한다. 巳火가 역마지살이니 국제결혼이고 여자가 火이니까 말 잘 한다. 그러나 가끔 가다 丁巳 고란살 나와서 여자가 자기 혼자 자려고 한다. 견겁태왕격에 신왕재왕으로 巳未火국이 용신이다.

사주 예(204)

丁 丁 丁 丁
未 亥 未 亥

丁火일주되어 亥가 지살관이라 미국에서 영주하고 있으며 또 국제결혼하였다. 역마지살 관이고, 일지에 역마지살 놓아서 이민갔다. 亥중의 壬이 역마지살의 관이니 국제결혼한다. 亥水가 亥未木국으로 남편이 없어지고, 또한 비견겁이 많으니까 해로 못한다. 木火용신이다. 壬서방이 나에게 오려면 丁이 4개니까 4일마다 한번씩 온다. 火다 해서 똑똑하고 잘났으며 말 잘한다. 단 서방 고르는 데는 명주 고르려다 삼베 골랐다. 항상 어느 일면으로 똑똑하다는 것이다.

직업은 未월의 꽃처럼 예쁘고, 火일주에 역마지살이 관이니까 관광가이드가 좋겠다.

사주 예(205)

甲 己 己 己
子 亥 巳 卯

己土일주의 관성이 亥중 甲木으로 있는데 역마가 임하여 국제결혼하였다. 亥卯未에 子가 도화이다. 견겁태왕격이고 재살태왕격이다. 명암부집(明暗夫集)이다. 정인격에 관살혼잡격이다. 월에 인수니까 원래 학자집안에서 자랐는데 주위환경이 나빠졌다. 비견겁이 많아서 배다른 형제 있고, 관살혼잡이니까 동서남북에 서방 있고 행실이 좋지 못하다.

재살태왕은 내 것 주고 뺨 맞는다. 명암부집이니까 아기 낳고 살다가도 도망가야 하는데 음지전답이니까 이것이 소실이고 기생팔자니까 양공주(洋公主)가 되었고, 흑인에게 시집갔다. 자식도 없더라. 亥子水가 흑색이니까 흑인이다. 자식 입양하려고 조국에 왔더라. 壬申대운에는 火용신이 꺼져버리고 집안 망해서 돈 벌러 나서야 한다. 癸酉대운에는 재운이지만, 죽도록 돈 벌어도 재생살이니까 내 돈이 안된다. 쓰는 사람은 따로 있더라. 庚辰년에는 甲庚충으로 서방이 없어졌고, 辰亥귀문으로 "이국땅에서 남모르는 눈물 많이 흘렸겠네요."

> ※참고
> ① 丙癸甲丁 / 辰亥辰丑 64세 비구니 스님이다. 습이 당권해서 몸이 아파서 죽겠단다. 사주에서 조후가 안되어 있어서 마음은 앞서고 몸은 안 따라주니까 자꾸 넘어진단다. 木火 용신이다.
> "실제 나이는 64살이지만 사주 나이로는 70살이 넘었네요. 운동을 해야 합니다." 庚辰년에 이동하고 싶단다. 그러나 삼합이 아니다. 내년 辛巳년에 巳亥충으로 자리변동해야 한다. 3월은 亥卯로 삼합이니까 "3월에 해야 합니다." 辰亥귀문에 까다롭고, 丑, 辰, 辰으로 화개가 많다. 丑중의 癸, 辰중의 癸, 亥중의 壬, 辰중의 癸 水로 배다른 형제가 있다. 그런 일로 인해서 스님이 되었다고 보면 된다.
> ② 상담할 때에 인수가 필요하면 살살 추켜세워주면서 대화하라. 만약 신왕해서 관살이 필요하면 있는 대로 쫑코 한번 주어놓고서 상담을 시작하라.

5 악처 팔자(惡妻八字)

악처란 것은 뒤집어서 본다면, 본인이 못난이로 처를 관리할 수 없는 사람으로 통솔력이 없으니까 마누라가 품 밖으로 돈다는 것이다. 여자가 의부중이 있어도 악처 아닌 악처이다.

① 재다신약 팔자

일간이 허약하면 사주 장본인이 허약하고 병들고 못났으며 약자에 해당한 반면, 처는 왕하고 강하며 똑똑하고 건강하여 도저히 처를 다스릴 수 없어 악처가 된다.

② 재살태왕자

재살태왕 역시 재생살하여 일간을 공격하므로 일간은 더욱 허약하여지며 재는 왕성하여 처가 기승을 부리기 때문에 악처로 인하여 패가망신하게 된다. 거의 같은 작용이 나오는데 재다신약도 종래는 재살태왕의 작용이 나오지만 간접적인 작용이 나온다.

즉 재다신약은 가령 火일주라면 火극金으로 원래는 내가 이긴다. 이기는 것이므로 처음에는 시원찮게 생각하다가 나중에 金이 점점 많아지니까 金생水해서 水극火로 나를 칠 것을 누가 알았겠는가? 고로 "호미로 막을 것을 가래로 막고 있다." 주객이 전도되어서 안방 내주어야 한다.

재살태왕격은 火극金으로 가는 방망이, 申子水국으로 水극火 하니까 오는 홍두깨이다. 신약하니까 악처가 되는데, 그러다가 신왕해지는 운이 오면 "우리 서방 최고다." 한다. 처갓집, 마누라 컴플렉스이다.

※참고사항

악처는 모두가 일주허약해서 원인이 발생하고 있기 때문에 운에서 일주가 강하여지면 현처가 되었다가도 또다시 운이 나빠 일주가 허약해지면 악처가 된다. 여기에 해당하는 자는 처에게 가권(家權)이 있고,

처의 신세를 톡톡히 지게 되며, 처가 더 똑똑하고 생활력이 강하며, 신약자는 여자한테 배신당하고, 신강은 처 시집살이시키며 처를 배신하고, 견겁태왕은 처가 바람나고 의처증 환자요, 재다신약도 의처증 있으며, 재성합거나 도화 또한 부부 중 한 사람이 풍류가 있으며 운에서 도화도 또한 같고 악처에 해당하는 자 이별이 틀림없으며, 처첩음독이 많이 있다.

비견겁이 많은 남자는 마누라를 시집살이시킨다. 견겁태왕과 재다신약은 의처증 있다. 재다신약은 내가 못나서 뒤집어 씌우니까. 재다신약 사주에서 재가 삼합으로 잘 되어있으면서 탕화로 되면 음독한다. 여자가 똑똑해서다. '못난 남편 때문에 살아서 뭐하나?' 하고 음독자살 하더라.

사주 예(206)

壬 丁 庚 乙
寅 酉 辰 酉

丁火일주가 庚辰酉酉金재로 신약하고 있어 악처로 고생하고 있다. 乙庚합에 辰酉金에 금다화식(金多火熄)이다. 寅木이 용신이다. 金의 냉기가 너무 세다. 丁이 火극金으로 庚에게 결혼하자고 하자, "木생火로 엄마 젖 좀 더 먹고 오너라. 나는 여자고 너는 남자니까 가능은 하지만 네가 木생火로 공부 많이 해서 벼슬하면 그때 내가 너에게 시집 갈게." 하더라. 또는 남자는 2살이고 여자는 4살이니까 남자가 아기같이 보인다. 여자는 똑똑하고 남자는 못났고 조루이니까 마누라가 무섭다. 辰酉합으로 똘똘 뭉쳐있으니 丁이 항상 말하더라. "저 지독한 년, 바늘로 찔러도 피 한 방울 안 나올 만큼 독한 년!"하더라.

아무리 火극金해도 눈 하나 깜짝 안 하더라. 고로 마누라에게 실권을 주어야 한다. 마누라가 더욱 똑똑하고 잘났으니까. 학마가 많아서 공부가 어렵고 아버지에게 쫑코 먹는 팔자이다. 죽었다 깨어나도 아버지 못 따라간다. 아버지가 완고하고 아버지가 무섭다. 금다화식으로 계란으로 바위치기이다. 아버지 金이 화나면, 金생水해서 水극火로 얼굴에 손 올라온다. 申이 제일 무섭다. 寅申충으로 재니까 여자에게 안방 내주어야 한다. 巳酉丑에 申은 망신이니까 망신수이다. 대들보 부러진다. 여자 때문에, 돈 때문에.

丁巳년에 친구 만나는데 일지삼합으로 여행 가자고 한다. 그러나 金이 나쁘게 작용하니까 돈은 내가 내게 된다. 午년이 제일 좋다. 寅부모에게 의지해서 살다가 午를 만나니 寅午火국에 丁이 午에 녹근(祿根)하니까 자립하게 되어서 사람 되어간다.

사주 예(207)

己 ⓛ 己 癸
卯 未 未 丑

乙木일주의 재성土가 丑己未未己로 득왕하고 있어 재다신약이라 그 처 악을 부리다 못해 음독자살 하였다. 未가 재로 처이다. 그런데 입묘로 乙木이 죽는 곳이고, 늙은 것이므로 마누라에게 항시 말하더라. "내가 너 때문에 늙고, 너 때문에 죽어야지 못 살아!" 가령 甲ⓛ辛甲 / 申酉未戌 는 未가 부(父)이다. 자기 고장이다. 고로 아버지 때문에 죽으려다 살았다. 火가 용신이다. 내가 火극金 해야 내가 산다.

未는 양력 7월로 여름이니까 土가 많고, 시상의 己土로 여자가 많은데 丑未충으로 바람피우면 꼭 들통난다. 재가 충 받아서 들통 잘 나고 신약해서 일주가 약해서 감출 곳이 없다. 재다신약이다. 卯木용신이다. 卯未가 木국이지만 절반밖에 못 봐준다. 未월이니까. 고로 신약이다. 乙未백호로 처가 음독자살했다.

6 남편덕, 부덕(夫德) 있다

① 신왕관왕 사주

신왕관왕자는 일주도 왕하고 부군관성도 왕하여 부군을 출세시 키는 운명이 되어 있다. 신왕이니까 본인도 똑똑하고 관왕이니까 서방도 똑똑해서 곁눈질 안 한다. 고로 10년마다 한 번씩 정관운 이 올 때면 바람나는 것이 아니라 남편의 승진운으로 보라.

② 신왕재왕 사주

신왕재왕 역시 재생관하여 부군을 출세시키며 시댁 부자 만들어 줌으로써 남편덕에 부군의 사랑을 받으나 재생관을 할 수 있어야 한다. 재생관을 할 수 있어야 남편덕이 있고, 신왕재왕해도 재생 관을 못하면 돈복까지만 주었고 남편복은 안 주었다. ○卯○○/卯亥○○ 의 경우는 亥卯木국이지만 습목이라서 木생火 못한다. 서방이 木생 火 해달라고 해도 안 해준다. 고로 서방보다 돈이 최고다. 돈복은 있지만 남자에게는 돈 안 주더라. "돈 많은 과부네요."

그러나 ○卯○○/寅亥○○ 로 이때는 木생火 잘 한다. 寅亥합목으로 돈 벌어 서 木생火를 잘 해주니까 서방에게 돈 잘 준다.

③ 신왕에 재관이 왕한 사주

신왕은 일주가 왕하여 한 주부로서의 임무를 충실하게 이행할 수 있는데 재관이 동림하면 재는 생관하여 부군을 뒷받침하여 출세 시키고 또 명관과마로서 부군의 뿌리가(재) 튼튼하여 어떠한 난 관도 충분히 극복할 수 있다. 재관은 2덕이고, 부귀겸전해서 돈 있고 신랑이 똑똑하다. 이처럼 재관이 구비되면 명관과마로서 남 편을 출세시키는 팔자요, 집안도 좋아서 명문가에서 출생했다.

④ 관인상생 사주

관인상생은 관은 인수를 생하고 인수는 나 일주를 생하여 줌으로

써 관은 일주를 극하는 것이 아니라 오히려 뿌리가 되며 또 나를 생함은 부군의 사랑도 되니 부군유덕(夫君有德)이라고 한다. 여기서 주의할 것은 관인상생이 되면서도 관이 몰(沒)해버리면 남편복이 없으니까 해당되지 않는다. 이때는 혼자 살아야 한다. 가령 戊丙丙己 (戊寅寅亥)면 亥가 서방인데 水생木, 木생火로 관인상생이 되었지만 寅亥합木으로 관이 몰(沒)해 버렸다. 이처럼 관인상생이지만 관이 몰해버리면 남편 없이 혼자 살아야 한다. 관인상생은 서방이 공부시켜 주더라. 못되게 연결하면 어린 여자를 키워서 잡아먹는 것이 관인상생이다. 水가 남자인데 水생木, 木생火해서 火를 키우더니 결국은 나의 여자로 만들더라.

⑤ 재나 관이 필요한 사주

재는 시댁이요, 관은 부성인데 필요하게 되면 시댁과 부군에 온갖 충성을 다하니 자연 부군의 덕과 사랑을 독점하게 되어 있어 여기에 해당하는 자 모두 부군덕 있다고 하게 된다. 재와 관이 용신도 되고 필요하니까 거기에 온갖 정성을 다하게 될 테니까 서방덕이 있다.

※ 참고사항

① 여기에 해당하는 여자는 행복한 운명이다.
② 신왕관왕은 부군이 고관으로 정경부인(貞敬夫人)이다.
③ 신왕재왕은 경제, 경영, 국영기업체 등의 장이거나 사업가, 재벌 2세와 인연 있고
④ 아니면 일반 기업체나 회사에 종사하며
⑤ 재관 겸비자는 복록, 즉 재록이 따른다. 여자 사주가 재관이 겸비하였으니 시댁이 발전하고 부자되게 만든다. 또한 출생하면서부

터 집안이 일어났고 만약 시집가면 친정 재산은 기울기 시작하고 시댁은 일어나기 시작한다. 이걸 예방하는 방법은 신부 옷감 중에서 몰래 하나를 빼놓아라.

⑥ 관인상생자는 공무원이나 교육자와 인연이 있다.
⑦ 서방되는 오행이 土라면, 서방이 키가 작고 뚱뚱하다. 고로 水일주 여자라면 "본래 당신 서방 되는 사람은 키가 작아야 해요." 가령 壬㊀㊀/戌卯㊀㊀라면, 여자인데 간호사이다. 戌土가 서방이니까 "남편이 키가 작네요." 또한 "남편의 직업이 의사네요." 했더니 자기가 간호사라고 한다.
⑧ 火관성은 조급하나 명랑하고 거짓이 없으며
⑨ 木관성은 착하기는 하나 큰일을 못하고 교육자다.
⑩ 木일주에게는 서방 되는 글자가 金인데, 군인 등으로 성깔 있는 남자 만난다.
⑪ 水관성은 작첩으로 속 썩는다.
⑫ 관성이 도화면 서방이 바람둥이다. 가령 ㊀己乙戊/㊀酉卯寅의 여자인데 서방 乙卯가 대학교수인데 卯가 도화이다. 교수인데도 바람피우는 데도 1등이더라. 거기에 卯酉충으로 밤낮 패더라. 己土일주가 의지처가 없어서 맞고 살더라.
⑬ 여자 사주가 너무 신강하면 남편 꺾는다. 조금 신약하면 좋고, 미덕이다. 단, 너무 신태약하면 파격으로 건강이 안 좋다.
⑭ 여자가 관성이나 일지가 천라지망이거나 형살, 수옥살이 되어 있으면 서방이 무관, 경찰, 형무관과 인연이 있는데 이것이 만약 나쁘게 잘못 작용하면 서방 감옥 보낸다. 여자 사주에서 수옥살이 좋게 작용하면 "남자 꼬셔서 꼼짝 못하게 하는 재주는 있더라."
⑮ 재고나 관고자는 재정계의 남자와 인연 있다.

⑯ 火고관 즉 戌은 전기기술자와 인연 있다. 火는 전기로도 보니까.
⑰ 천문성 戌亥나 철쇄개금 卯, 酉, 戌이 관이면 의사, 법관, 역학자와 인연 있다.
⑱ 신왕사주에서 재관운에는 부군이 승진한다. 단, 바람둥이 팔자라면 본인이 바람난다.
⑲ 관성과 합이 되면 연애결혼한다. 여자가 음일주라야만 정관과 합이 된다.
⑳ 재나 관이 용신인 여자는 시집가면서부터 자리잡고 행복해진다. 고로 재나 관이 용신인 여자가 와서 "선생님, 저는 언제나 잘 살게 될까요?" 한다면 "빨리 시집가!" 시집 가면서부터 잘 살게 되니까 하라는 것이다.
㉑ 사주에 관이 없고 재가 용신이라면 시어머니가 좋아서 결혼한다. 신랑보다 시어머니가 좋더라. 여기서 만약 시어머니가 나서서 여자를 꼬시면 그 신랑은 뭐가 문제가 있는 경우가 많은데 즉 헌신랑이거나 뭐가 하자가 있어서 시어머니가 나선다는 것이다. 가령 ○㉣庚己
○丑午丑 은 여자인데 월에 도화이고 배다른 형제 있다. 아버지가 작첩해서 소실 두고서 거기서 자식까지 낳았다. 午월의 조토니까 水가 필요한데 水가 시어머니로 시어머니가 꼬셔서 갑작스럽게 결혼했는데 서방이 바람둥이더라.
㉒ 신왕재왕한 사주는 받을 복이 있다. 여자가 재가 잘 형성되어 있으면 받을 복이 있는 여자이다.
㉓ 관성운에 시집가고, 사주가 나쁘다면 바람난다.
㉔ 운이 좋을 때 만난 인연은 좋고 오래간다.
㉕ 악운에 인연은 이별하기 쉽다.
㉖ 처녀는 상식운에서 결혼한다. 그러나 유부녀라면 이혼한다. 처녀

가 상식운에는 자식운이 들어왔기 때문에 자식이 필요해서 시집 간다. 고로 결혼수이지만 좋은 운은 아니라는 것이다. 부인이라면 상식운에는 관을 치니까 "이혼수 들어왔네요." 또한 사주가 나쁘면 반항하고 싶어서 바람난다.

㉗ 여자가 종재격이나 종살격도 남편덕이 있다. 종재격은 시댁이고, 종살격은 부창부수니까 남편이 부르면 "예" 하고 바로 대령한다. 나이기 전에 남편으로 일심동체가 되니까 서로 사이클이 잘 통한다. 즉 나를 버리고 남편을 위해서 따라간 것이 종살격이다. 고로 좋은 것이다.

사주 예(208)

丙 ⑳ 癸 甲
戌 午 酉 申

庚金일주가 申酉로 신왕하고 丙午戌로 관왕하여 귀부인에 남편 사랑 받으나 甲木이 무근하여 시모가 없다. 신왕관왕으로 귀부인에 서방을 좋은 남자 만났다. 木火용신이다. 단 甲木이 시어머니인데 살지 위에 있어서 날아가 버렸으니, 시어머니가 없더라. 병경성(丙庚星)으로 법관 남편이다. 이런 사주는 자극받아야 하고 남편 없이는 못 산다. 壬申, 壬子, 壬辰년에는 서방의 근심이 계속 들어오고, 서방의 직장이 흔들린다. 庚子, 庚申, 庚辰년에는 비견겁이니까, 도둑놈 옆구리에 끼고 다니고 서방도 회기되니까 되는 일이 없더라.

사주 예(209)

己 ㉛ 丙 己
丑 酉 寅 亥

辛金일주가 酉丑으로 신왕한 중 관성 丙火가 寅亥木재국에 생조받고 있어 부군 사랑에 세월 가는 줄 모르고 또 고위직에 재복도 있다. 丙辛합에 寅亥

합木에 재관이 모두 구비되어 있어서 고위직에 재복 있고, 명관과마에 최고로 좋은 사주다. 보석 辛金을 丙인 서치라이트로 비추어주니까 아주 예쁘다. 寅亥합木 해서 木生火를 잘 하고 있으니 신랑 출세시키고 서방이 丙辛합으로 출장 가면서도 이 여자 데리고 간다.

丙寅으로 참 똑똑한 남자이다. 신랑도 마누라도 모두 재관인 2덕을 갖추고 있다. 본인도 잘 살고 시댁도 잘 살고 남자도 똑똑하다. 이처럼 여자가 정관과 합이면 이혼 안 되고, 이혼해도 다시 재결합하는 경우가 많다. 남편이 이혼을 안해주려고 한다.

사주 예(210)

乙 ⓚ 己 丙
酉 申 亥 寅

庚金일주가 申酉로 신왕인데 火관성 丙火가 寅亥 木국에서 잘 생조받고 있어 부덕이 있는데 金水냉한으로 火관이 필요한 사주다.

丙이 편관이지만 충이 안 걸렸고, 金水가 많아서 추운데 丙서방만 보면 따뜻해지니까 좋다. 寅亥합木에 木生火 하니까 좋은 서방 만난다. 寅申충으로 충과 편관으로 연결하면 만약 첫 번째 남자와 이혼하더라도 두 번째 남자는 더욱 좋은 남자를 만나게 된다. 金일주니까 남편에게 온갖 정성을 쏟더라.

사주의 핵이 丙에 집중되고 있어서 이 여자는 丙서방에게 온갖 정성을 다하고 있더라. 庚申일주니까 남자 같은 여장부다.

※참고

① 乙ⓛ戊丁
酉亥申酉
의 사주다. 음지나무이다. 서방도 없이 남의 소실노릇 하고서 있다. 팔자 도망 못 간다. 본래는 시집 3번은 가야 하는데 지금 4살 연하의 남자와 사귀고 있다. "이 여자를 본 마누라로 데리고 살아도 되나요?" "소실 팔자를 정실로 맞이하면 누가 다쳐도 다칩니다. 소실은 소실대로 살아야 해요." 했다. 월에 정관이고 일지 인수니까 착하기는 더럽게도 착하다. 시키면 시키는 대로 일한다. 이것을 뒤집으면 착한 것의 반대는 악질이니까, 본처가 악처라는 심리가 나온다. 고로 이런 여자를 좋아한다는 것이 나와야 한다.

② 丙甲○○
　 寅子亥○ 이런 여자를 보자. 20대 중반부터 子丑寅운이 오면 30살 가까이 丑운까지는 시집갈 생각을 안 한다. 꽁꽁 얼어서 혈액순환이 안 되니까 자율신경마비가 되어서 성감이 둔화되어 있으니 남자를 찾지 않다가 寅운이 오자 혈액순환이 살아나니까 성감이 되살아나더라. 丙火자식 낳고 싶고 젖꼭지가 부풀어오르기 시작해서 시집간다고 하더라.

7 본부(本夫) 해로(偕老) 못 한다

① 관성이 미약하고 흉살이 있을 때

관성이 미약함은 부성(夫星)이 허약하고 있다는 것인데 여기에 다시 흉살이 임하면 부성이 더욱 약화되어 존재하기 어렵기 때문에 부부해로 못한다는 것이다.

여기서 흉살이란? 충, 형, 공망, 백호, 육해, 탕화 등이 있을 때이다. 가령 ○㉠○○
　　　 ○巳申寅 은 寅중甲木이 서방인데 寅申충이다. 역마지살의 형살로 납치, 감금에도 해당한다. 申년, 巳년에는 교통사고 조심하라.

② 일지가 충, 형, 공망 등 흉살이 있는 사주

일지는 부군의 위치인데 충, 형, 공망 등을 만나면 남편의 자리가 파괴되어 흠이 가고, 또 공망은 남편이 없어 해로 못 한다. 일지가 배우자 자리이다. 안방이고 남편 자리이다. 고로 형, 충이면 안방이 무너졌다. 공망이면 공방(空房)살이다. 혼자 살아야 한다.

년지 기준해서 일지가 공망일 때를 말한다. 공망은 왕자는 물공
(勿空)이고 쇠자(衰者)는 진공(眞空)이다. 즉 왕자의 공망은 그 작
용이 안 나타나고, 쇠자의 공망은 진짜 공망이다.
○己甲○
○○申○의 경우, 己土는 甲己합 하고 있지만 甲은 죽어있는 나무
니까 베개를 보듬었다. 申아들 낳고서 서방은 간다. "당신은 아들
낳고서 서방이 갑니다." "우리 서방 잘 살고 있어요." "어허, 9살
못 넘겨요." 여기서 9살은 아들이 9살 되기 전에 서방이 간다는
의미이다.

③ 관살태왕, 재살태왕, 상식태왕, 견겁태왕, 인수태왕자, 재다신약
포함

관살태왕은 남편이 많아 해로 못 한다. 2~3번 시집간다. 동서남
북에 서방이고 남자이다. 재다신약은 시모가 많고 또 재생살하여
내것 주고 배신당하며, 재살태왕은 역시 재생살로 배신당함과 동
시에 자연 신(身)이 허약하여 처로서의 임무를 다하지 못하므로
자격상실이다. 내 것 주고 뺨 맞는 팔자이고 '정에 속고 사랑에 속
고 그 몇번이나 눈물을 흘렸던가?' 이다. 또 상식태왕은 일주가 허
약함과 동시에 극관살, 부성하므로 관이 몰하여 해로 못 한다. 남
편 농사가 안되니까 남편이 존재 못 한다. 관을 잡아먹어버린다.
남의 자식 키워줘야 하고 무시한다고 매 맞고 산다. 이상은 모두
가 일주가 허약하여 남편에 배신당하는 것이다.

견겁태왕은 관성, 부군이 자연몰하고 탈부된다. 남편 뺏기고 산
다. 이성관계는 빵점이다. 인수태왕 역시 관성이 몰하므로 해로
못 하는데 부군이 무능력하거나 아니면 여자 자신이 부군을 싫어
한다. 친정 어머니가 이혼시켜 버린다.

④ 고란살(孤鸞殺) 놓은 자, 혼자 살라는 살이다.

甲寅, 乙巳, 丁巳, 戊申, 辛亥일주가 고란살이다. 독수공방, 문학소녀, 시집 안 가려고 한다.

⑤ 괴강살 놓은 자. 너무 강해서 부군을 꺾는다. 서방이 군인과 인연 있고 통반장이라도 해 먹어야 한다.

⑥ 상부살(喪夫殺) 놓은 자. 일명 과부살이고 서방이 죽는 살이다. 辰, 戌, 丑, 未다.

- 寅卯辰년생이 丑이면 과부살이고, 木의 서방은 金인데 丑은 관고이다.
- 巳午未년생이 辰이면 과부살이고, 火의 서방은 水인데 辰은 관고이다.
- 申酉戌년생이 未이면 과부살이고, 金의 서방은 火인데 未는 木의 관고이고, 火의 쇠지이다.
- 亥子丑년생이 戌이면 과부살이고, 水의 서방은 土인데 戌이 土의 고이다.

⑦ 관고 놓고 있는 여자다. 관고는 서방의 무덤이고, 남편의 한이다.

⑧ 관성이 불균(不均), 즉 불균형되는 사주. 여기서 불균이라 함은 관성이 너무 많거나, 너무 부족할 때를 말하는데 이렇게 되면 해로 못한다.

⑨ 위의 요건들이 중복되면 더욱 확실하고, 심하면 사별이요, 약하면 생별이다.

※참고사항

① 관성이 허약한 사주가 관성이 충, 형 또는 극되는 때에 즉 상관운에 이별한다. ○⑷○○는 酉가 서방인데 卯酉충할 때 이별한다. 卯
　　　　　　　酉寅卯○

월의 甲木나무에 酉라는 열매가 하나 달렸는데 卯년이 되니까 卯
酉충으로 열매가 떨어지더라. 고로 남편이 가더라.
신생아가 태어났는데 아버지는 교통사고로 가는 경우도 있고, 여
자가 상식용신이 시집 오니까 시할아버지 돌아가시고, 첫 애 낳
으니까 시할머니 돌아가시고, 둘째 낳으니까 시아버지, 셋째 낳
으니까 시어머니가 돌아가시더라. 즉 하나 낳으면 하나가 가고 하
더라. 이것은 가족의 구성원이 정해져 있어서 하나가 불어나면 하
나가 가고 하더라는 것인데, 참으로 어려운 데가 있더라.

② 관살혼잡, 재살태왕자는 재운이나 관운에 이별수이다. 가령
○甲○○가 庚辰년에 辰酉金국으로 관이 국을 이루어서 나무가 치
卯申酉酉
인다. 도저히 서방을 따라잡을 수 없고 보조할 수 없어서 "서방
이 품밖으로 돌고 배신당한다." 여자가 관살운에 이혼하면 잘못
하면 "꿀도 못 먹고 벌만 쏘인다." "서방질했다고 누명쓰고 쫓겨
나더라."
재운인 土운을 만나면 土생金으로 남편을 주었는데 다자무자에 걸
렸고 남편의 사업이 망하니까 뒤집어 씌워서 마누라 쫓아내더라.

③ 상식태왕자는 상식운이나 관운에 이별한다.
상식운에는 많은 상식에 관이 존재 못하니까 이별한다. 가령
丙乙丙丁는 상식이 많은 사주이다. 이런 사주가 庚午년에는 이별수
戌未午未
가 들어온다. 乙木이 火인 상식이 너무 많아서 서방이 없는 팔자
이다. 고로 결혼하면 서방이 딴짓하게 되어서 바람나서 살림차리
게 되는데 이때 庚午년이면 乙庚합, 午未합으로 천간으로는 서방
이 들어오고 지지로는 자식이 들어오는데 하늘을 봐야 별을 따지.
고로 서방이 생각나서 바람나서 나갔던 서방에게 애걸복걸 사정
하더라. "내가 언제 당신 바람피운다고 무어라 하였나요? 그러나

올해는 내가 미쳤나봐요. 당신 없이는 못 살겠으니까 올해 1년만 나와 살아준다면 내년부터는 당신이 무슨 짓을 해도 상관 안 할 게요." 하더라. 고로 불쌍해서 乙庚합, 午未합으로 들어왔다가는 火극金으로 서방이 작살나더라. 그동안에는 이 많은 火들이 金을 잡아먹고 싶어도 원명에 金이 없어서 火극金을 안 했었는데 제 발로 들어오니까 작살난다는 것이다. 火가 많으니 전류는 강하고 金인 동선이 약해서 퓨즈가 나가버린다. 고로 복상사 당한다. 모처럼 만나서 乙庚합, 午未합을 하는데 庚金이 무리가 와서 "몸이 조금 이상하다."고 해도 마누라는 乙庚합, 午未합으로 놓아주지를 않더라. 庚午년에 신수 보러 오면 "나가 있는 남편을 불러들이면 서방이 죽습니다. 불러들이지 마세요." 하라는 것이다. 단 庚申년에는 金이 살아서 들어오니까 괜찮다.

④ 견겁태왕자는 견겁운이나 상식운에 이별한다.

가령 ○㊛丙○ 은 견겁태왕인데 庚辰년이면 서방 뺏기는 운이다. 丙
　　　○酉申酉
서방이 金인 재가 많은데 庚년이면 다시 여자가 생긴다. 신사는 항상 새것을 좋아하더라. 거기에 일지가 삼합이 되면 여자 달고 다시 나가는 운이 된다. 辛金입장에서 보면 남편을 뺏기는 운이다. 그래서 "이혼수 들어왔네요."

⑤ 인수태왕자는 견겁운이나 상식운에 이별한다.

견겁운에는 남편 뺏기고 상식운에는 남편을 때린다. 가령 ○㊛○○
　　　　　　　　　　　　　　　　　　　　　　　　　　　　子亥子子
의 경우, 乙木의 서방은 金인데 수다금침(水多金沈)으로 술독에 빠졌다. 동사(凍死)이다. 물에 떠내려 갔다. 낚시하러 가더니 안 나오더라.

⑥ 간극지충, 간충지충 되는 해에는 이별한다.

庚辰년이면 甲戌일주, 丙戌일주가 해당한다. 庚子년이면 甲午일주, 丙午일주가 해당한다. 또한 천간은 관성이고, 일지가 합되는 해에는 이별수이다. 가령 甲子일주가 庚辰년, 甲辰일주가 庚辰년, 甲申일주가 庚辰년에 각각 천간은 충이니 남편과 인연이 다 되었다. 지지는 삼합이니까 없는 것은 들어오고 있는 것은 나간다. 고로 그 자체가 변동수이니 서방은 가야 한다는 것이다. 壬子일주가 丙辰, 丙子, 丙申년에는 여자와 이혼한다. 즉 천간에 재가 걸리고 일지가 삼합될 때이다. 그 이치는 같다는 것이다.

⑦ 서방 되는 글자인 관살이 많을 때는 그 오행적 특성으로 통변할 수 있는데, 木이 왕한 자, 목 매어 자살하거나 매 맞아 죽고,

⑧ 火기 태왕자, 화재 또는 음독, 폭발물 사고로 죽고

⑨ 土가 많은 자, 매몰사고에 암이 두렵고

⑩ 金이 태왕자, 교통사고나 총기, 칼, 중금속 중독을 주의하고

⑪ 水기 태왕자, 익사, 동사, 취중사, 음독으로 사망한다.

⑫ 역마지살에 형, 충이면 교통사고나 실종이다. 가령 ○乙○○ / ○巳寅申 은 申이 역마지살로 관인데 형살이다. 배부기자(背夫棄子)의 팔자이다. 남편, 자식 버리고 야반삼경에 도주하는 팔자이다.

⑬ 상관운에는 서방이 미워지고 서글퍼진다. 주는 것 없이 남편이 미워지고 서글퍼진다. 또한 여자가 50대의 갱년기에는 '내가 누구를 위해서 종을 울렸을까?' 하는 생각이 든다. 상관운에는 ⅰ)이유 없는 반항이다. ⅱ)누구를 위하여 종을 울렸나? ⅲ)괜히 서글퍼지고 눈물이 저절로 나온다. ⅳ)남편이고 자식이고 모두 미워지고 필요 없단다.

⑭ 견겁운에는 남편을 빼앗기거나 또는 남의 남편을 빼앗는다. 신약이면 뺏기고 신강이면 빼앗아온다.

⑮ 관살태왕자는 전생에 시집 많이 갔고 이성기피중이다. 이성기피

증이 되려면 불감증 사주에 연결되어야 한다. 그 체질 자체를 봐야한다는 것이다. 가령 ○乙乙丙/丑丑未申는 관살이 많아서 이성기피증이다. 만약 ○己乙戊/○酉卯寅은 木인 관살이 기신이라서 이성기피증이다. 남자만 봐도 다리가 떨린다더라. 원인은? 여자가 허리가 약하고 아파서 남자 모른다. 또 卯酉충으로 자궁폐쇄증이니까 남자 모른다. 이성기피증 여자는 남편 퇴근시간만 되면 가슴이 떨린다더라.

⑯ 관성합거는 서방이 무능력해진다. 여기서 합신은 일주로 들어오니까 연애결혼이다. 합거는 배 맞아서 도망가니까 무능력이다. 가령 ○戊甲己/○○戌卯은 甲이 서방인데 甲己합, 卯戌합으로 천간 지지가 합으로 묶여버렸다. 두 손발이 묶였으니까 무능력이다. 보신탕 장사하는데 서방은 불심부름만 하더라.

⑰ 관살혼잡 여자는 기생이고, 직장의 꽃이고, 위협결혼이고, 강간당하고, 정부(情夫)둔다.

⑱ 재살태왕은 아재생부(我財生夫)에 반성기욕(反成其辱)이다. 내 것 주고 배신 당하고 천격이다. 가령 丁丁癸甲/未酉酉申는 酉가 닭인데 재이다. 재살태왕이고 재다신약이니까 가난하다. 고로 옆집에서 달걀 꾸어다 金생水로 후라이 해서 서방을 처먹여 놓았더니 丁癸충, 水극火로 나를 패더라.

⑲ 명암부집(明暗夫集)은 정통(情通)해서 도주한다. 명암부집은 천간과 지지의 암장에도 관이 있는 경우인데, 가령 庚乙庚丁/辰巳戌未의 巳중 庚 때문에 庚이 많아서 날라리이다. "아따, 기똥찬 딸내미 하나 두었네요." 庚중에서도 巳중의 庚을 제일 사랑하더라. 丙으로 자식까지 임신해보았으니까.

⑳ 상식태왕은 자식낳고 이별한다. 가령 ○乙丙庚/○巳戌午은 庚이 서방인데 火가 많다. 丙이 중간에서 庚을 가로막고 있다. 여기에다 자식인 火

를 낳으면 火극金으로 이별한다.
㉑ 관식동림(官食同臨)은 부정포태(不正胞胎)이다. 이것을 잉태 잘 하는 체질로 바꾸어 보아도 된다. 동림은 암장으로 관과 상식이 같이 있을 때와 일지로 관과 상식이 합해서 들어올 때를 말한다. 乙巳일주는 巳중庚과 丙이 관식동림이다. ○⑳○○/酉巳○○는 巳酉로 일지에 합이 되어서 들어오니까 관식동림이다. 60갑자 중에서 관식동림은 甲戌(辛, 丁), 乙巳(庚, 丙), 丙辰(癸, 戊), 丁丑(癸, 己), 癸未(己, 乙), 壬辰(戊, 乙)이다.

이 중 丁丑은 동토로 연결되면 자연유산되기가 쉽고 壬辰은 괴강이니까 애인이 군인, 무관계통이다.

㉒ 편관사주는 혼전에 동거하고 재취팔자이다. 가령 ○甲庚○은 충이 걸려서 해로하지 못한다. 그러나 ○戊甲○이나 ○庚丙○은 편관이지만 충이 아니다. 고로 혼전동거이다.

㉓ 관식투전은 남편에게 매맞고 산다.
관과 상식은 극으로 되어 있어서 그 자체가 전쟁이다. 그러나 균형을 이루고 있으면 투전이 아니고, 균형을 못 이루고 있을 때가 투전이다. 즉 관이 많고 상식이 부족하거나 상식이 많고 관이 부족할 때 투전이 성립된다. 가령 丙甲辛戊/寅午酉辰의 이런 사주는 관과 상식이 균형을 이루었다. 남편 좋고 자식 좋아서 좋은 사주다. 단, 甲木이 근이 없어서 부모 없이 고아로 자랐지만 잘 산다. 그러나 庚甲辛戊/午申酉辰의 경우는 金인 관이 많고 火인 상식이 부족해서 관식투전이 되니까 매맞고 산다. 관살이 많으면 매가 무섭다. 만약 庚甲戊戊/午申午辰이면 상식이 많고 金인 관이 부족하다. 이때는 서방이 때려도 맷살이 올라서 끄떡도 안한다. "아이구, 저 불쌍한 것이 나 하나도 말로 다스리지 못하고 그래도 사내라고 때리다니!" 하면

서 맞으면서도 "아이구! 저 불쌍한 것." 한다. 여자가 무조건 상식이 많으면 매 맞는다. 남자가 자기 무시한다고 팬다.

㉔ 년, 월에 관성입묘면 혼전과부이다.

연애할 때에 남자가 간다. 또는 혼인날을 받아놓고서 약혼자가 죽는다. 丙戌→壬辰, 乙未→辛丑 의 경우는 앉은 자리에 묘궁이다. 이것이 서방되는 글자로 있으면서 년, 월에 있으면 혼전과부이다. 이미 묘궁으로 무덤에 들어가 있다. ○戌○乙／○戌○未의 戊土의 서방은 乙木인데 未 위의 묘에 있다. 무덤 위에 있으니까 먼저 가야 하니까 혼전과부이다. 조토이고 토다목절(土多木折)이고. 이런 사주라면 신체상으로 이상이 있는 남자를 찾아가라. 그러면 면하고 나간다.

㉕ 일지도화이면 서방이 작첩하면서 의심받고 살고, 정부(情夫)를 두며 바람끼가 있다. 연애결혼한다.

㉖ 년주에 관성이면 노랑과 인연 있다.

㉗ 시주에 관성이나 도화라면 유랑에다 말년에 바람난다.

㉘ 壬, 癸의 水일주나 신왕사주에 관이 부족하면 노랑 아니면 유랑에게 시집간다. 신왕사주라면 유랑이요, 신약사주라면 노랑이다.

㉙ 일지가 편관이면 서방궁이 부실하고 중말년에 이혼한다. 己卯일주 여자는 己土전답이 卯木인 살아있는 나무에 木극土 받아서 허물어진다.

㉚ 음양차착살(差錯殺)은 서방이 작첩하고, 시댁의 형제가 망친다. 차착살은 60갑자 중에서 12개이다. 丙子, 丁丑, 戊寅→丙午, 丁未, 戊申, 辛卯, 壬辰, 癸巳→辛酉, 壬戌, 癸亥

㉛ 고란살은 독수공방이다.

고란살은 甲寅, 乙巳, 丁巳, 戊申, 辛亥이다. 이 중에서 乙巳일주는 빼라. 巳속의 庚이 있고 丙도 있어서 처녀포태요, 부정포태에 연결되고 항상 애인은 있다. 또한 ○乙○○/巳巳巳巳 와 같이 乙木이 상식이 많으면 이것도 고란살 작용이 나온다. 木이 火에 타버렸고, 너무 약해서 연애할 힘도 없다. 너무나 건조해서 남자 모르는 체질이다. 만약 ○甲辛戌/午寅酉辰 의 이런 때는 고란살 작용이 안 나온다. 신왕관왕으로 멋지게 이루어져서 있으니까 고란살은 안 맞는다.

㉜ 신왕사주에 관이 없으면 시집갈 생각을 안하고 화토중탁(火土重濁), 金水쌍청은 독신녀나 종교인이다. 가령 丙乙己丙/子亥亥午 는 子가 도화이다. 乙木의 관이 없다. 지금까지 혼자 산다. 독신여성은 거의 성감과 관계가 깊은데, 이 사주도 水木응결로 성감이 둔화되어 버렸다. 음지나무요, 소실팔자이다. 子가 도화인데 애인이다. 여자에게 관도 남자고 도화도 남자로 보라. 여자는 성감이 살아나면 혼자는 못 산다. 火土중탁도 시집갈 생각 안 한다. 火일주나 土일주가 火土가 많은 사주이다. 가령 ○丙己○/未戌未戌 는 火土중탁에 상관이 많다. 水가 서방인데 이 속에 들어가봐야 존재 못 한다. 관도 없고 상식도 많다. 또한 ○戊○○/午戌未未 는 火土중탁인데 스님팔자이다. 남자 모른다. 남자보다도 부처님이 더욱 좋다. 金水쌍청도 독신이다. 가령 ○庚○○/子子子子 는 결벽증이다. 金水냉한으로 성감이 둔화되어서 결혼 못한다. 추우니까 냉방살이 공방살이니 혼자 산다. 할머니 무덤에 물들어서 시집 못 간다. 할머니가 너무 많아서 그 업(業)이 이 여자에게 떨어졌다.

㉝ 여자가 신왕에 관이 약하면 콧대가 높다. 콧대가 높으면 밑이 안 보이니까 남자가 눈에 안 들어서 늦게 결혼한다. 고로 명주 고르려다 삼베 고른다. ○辛丙○/○酉申○ 은 신왕에 관이 약하다. 丙辛합 했더니 헛거더라. 또한 丙辛합 했더니 임자있는 남자더라.

㉞ 여자가 관운에는 여드름이 나고 이성이 따르며 결혼한다. 가령 木

일주라면 金운이 관운이다. 고로 남성호르몬의 분비가 잘 되어서 축적되면서 위로 상기(上氣)가 된다. 고로 얼굴에서 나타나는데 이것이 여드름이다. 정관과 합이 되어 있으면 묘하게 남자가 많이 따르더라.

㉟ 견겁태왕은 남의 남편을 빼앗거나 뺏긴다.

㊱ 상식태왕이나 견겁태왕은 속임수 결혼 당한다. 여기서 견겁태왕 사주는 본래 신랑을 뺏기거나 신랑이 바람피운다. 그래서 상대 여자 집에 가서 한번 깽판치고서 결국은 서방과 만세 불렀는데 나중에 보니까 내가 남의 남자를 빼앗더라. 고로 "아이구야, 내가 이럴 줄 어찌 알았나?" 하면서 신세한탄 하더라. 상식태왕자, 견겁태왕자는 헌신랑 고를까 염려된다. 상관운에 결혼은 신랑의 뒷조사를 잘 하라. 비겁견운이나 상식운에는 바람 들어가니까 신랑의 약점이 노출되므로 약혼했다가도 파혼하는 경우가 많다. 木이 바람·풍(風)이다. 육친으로는 비견겁이 바람이다. 고로 비견겁운에는 바람 들어간다.

㊲ 관과 상식이 충이나 형되면 배부기자(背夫棄子)이다. 남편 버리고 자식 버린다. ○乙○○ / ○巳寅申 은 申이 서방이고 巳가 자식인데 형 걸렸다.

㊳ 암장의 관과 합되면 의심받는다. 일지의 관도 의심받고 도화의 관도 의심받는다. 乙巳, 辛巳, 癸巳, 丁亥, 己亥 일은 암장관과 암합된다. 즉 앞의 일주 여자는 애인이 본 남편으로 둔갑해보인다. 또한 巳와 亥는 그자체가 교체심리다.

㊴ 양간일주에서 비겁이 관성합거는 동생이나 친구가 남편 뺏어 간다. ○甲乙庚에서 甲庚충으로 만날 싸우더니 어느날 乙木이 乙庚합으로 서방을 뺏어 가 버리더라. 乙木이 동생이나 친구이다. 고로 친구에게 남편 소개시켜 주면 그 날로 뺏긴다. 가령 ○甲乙庚 / ○寅酉辰 은

친구한테 남편 뺏겼다. 친구에게 인사시켰더니 천간합 지지합으로 그 날로 눈 맞아서 나가버렸다.

㊵ 재인이 투전하면 시댁과 친정이 불합한다.
투전이란 어느 한 쪽이 기울 때이다. 가령 ○丙○○/寅申酉丑는 寅木이 친정이고 申, 酉丑이 시댁인데 친정이 기운다. 고로 시댁이 항상 친정 흉만 보고 있더라. 3.8木으로 친정의 어머니는 팔푼이다. 그러나 ○丙○○/申寅亥寅는 寅亥寅이 친정이고 申이 시댁으로 친정은 잘 산다. 시댁은 못 산다. 친정엄마와 시어머니가 寅申충으로 사이가 나쁘다.

㊶ 종재격이나 재국자는 시집간 후에 친정이 망한다. 가령 ○丙○○/寅辰丑酉는 시집가면 친정재산이 줄어든다. 이런 사주는 출생되면서부터 가문이 일어났다. 말년에 운이 나쁘면 친정으로 다시 온다.

㊷ 인수가 많으면 친정 어머니가 이혼시킨다. 남녀 모두 인수가 많으면 친정엄마의 눈에 드는 신랑이 없더라. 가령 ○乙○○/申亥亥○는 申 속의 庚이 남편인데 亥水의 친정엄마의 눈으로 보면 사위가 품속으로 오다가 물속에 퐁당 빠져버릴 것 같아서 사위가 눈에 안 들어오더라.

㊸ 재다신약은 시어머니에게 매 맞고 양가(兩家)가 모두 망(亡)한다. 가령 辛丙庚戊/卯申申申는 재다신약으로 파격이다. 친정도 시댁도 별 볼 일 없다. 고로 밑바닥을 기어야 한다. 재다하니까 음식점에서 식순이 노릇이나 하거라. 시어머니에게 매맞는 것은 ○丁壬○/○亥申○의 경우, 壬이 서방이고 申이 시어머니이다. 申 중의 壬水가 또 있다. 고로 申인 어머니가 壬水 보고 말한다. "아들아! 네 여편네 단속 좀 잘 해라." "왜요?" "네 마누라가 丁壬합(亥중壬과) 하는 것을 내 눈 앞에서 들켰는데 왜 믿지를 않느냐?" 고로 매 맞더라.

㊹ 재살태왕은 시어머니와 남편이 합세해서 학대한다. 가령 ○丁癸○/○酉酉○

의 경우, 金水가 합작해서 丁癸충에 水극火로 나를 공격한다. 시어머니가 교사해서 나를 때리게 하더라.

㊺ 상관이 많은 사주는 말 한번 잘못하고서 이혼당하고 서방복, 돈복도 없다. 상식이 많으면 내가 생하는 상식은 말도 되고 극관도 하니까 쓸데없는 말이 많다. 가령 ○甲丙○/○午午○은 상식이 많다. 甲이 목이다. 金이 관으로 칼이다. 고로 목에 칼을 들이대고서 죽인다고 해도 눈 하나 깜짝 안 하더라. 火극金 하니까 목에 칼이 들어와도 할 말 다 하더라. 월에 상식이 있는 따님이라면 "어이구, 따님 무섭죠? 말로 한번씩 따지면 어머니라도 눈물이 쏙 나오도록 하죠?"

㊻ 상식생재면 남편덕은 없으나 재복은 있다. ○辛○○/寅亥子亥는 식상생재이다. 金水가 많아서 丙이 꺼질 수밖에 없고 고로 남편복은 없어도 재복은 있다. 이때는 火가 필요하니까 자꾸 남자를 바꾸면 火가 많아지니까 더욱 좋아진다.

㊼ 辛金일주가 丙이 약하고 金水가 많으면 서방이 복상사이다. 가령 ○辛丙○/子亥子申의 경우, 丙辛합까지는 좋았지만 丙辛합水가 되고 水가 많아서 水극火로 丙을 죽이니까 복상사다. "남편이 죽는다고 하던데 어찌하면 좋죠?" "네, 그건 사실입니다. 그러나 이것을 때우는 방법이 있어요. 즉 당신이 처녀시절에 남자관계가 많았다면 괜찮아지는데 몇사람이나 거쳐갔나요?" 했더니 손을 꼼지락거리더니 5명이란다. "그럼 괜찮아요." 했더니 얼굴이 환해지면서 마음이 평안해져서 가더라.

㊽ 己土일주가 甲이 있는데 지지에 火土가 많을 때도 서방이 죽는다. 여자가 甲己○○/戌未○○이라면 조토 위의 甲木이 살지 못한다. 甲己합화土이다. 甲木이 없어지고 나만 남았다. "甲己합 하면서 서방은 어디 가고 너 혼자만 있느냐?" 거기에 未戌형으로 악기가 들어와서

있다. 고로 甲己합 했더니 아침에 보니까 죽었단다.

㊾ 일지에 역마지살이면 친정을 멀리 떠나서 산다. 요즘은 해당 안된다.

㊿ 인수가 용신이거나 인수가 많은 사주는 친정어머님 모시고 친정 뻗치고 산다. 가령 ○丙○○/○寅子辰은 여자가 똑똑하다. 일지에 인수이고 용신이다. "다 좋은데 친정을 뻗치고 살겠네요." 인수가 많은 여자는 결국은 친정살이해야 한다. 己己癸辛/巳巳巳巳는 火가 많고 천라지망으로 순경에게 시집 갔는데 친정살이 하더라. 결국은 남편이 없다.

㊴ 여자가 신왕사주면 시아버지, 시어머니를 무시하고서 살며, 제가 벌어서 제가 먹고 살아야 하니까 본인이 가구주 노릇하고 살며 남편을 존경하지 않고 무시한다.

㊵ 여자가 신태약사주는 남편에게 무시당하고 살고 시집살이한다. 가령 己己乙癸/巳卯卯亥는 己일주가 관살이 많아서 시댁의 종노릇 하더라. 시집살이가 고달프다. 음지요, 지형천리이다. 재살태왕으로 못 사는 대로 시집가고, 없이 사니까 시댁 식구들이 모두 와서 살더라. 시댁 형제들 뒤치다꺼리 하다보니까 죽겠더라.

㊳ 재가 많은 사주는 재가 시어머니이니까 시어머니가 많다.

㊴ 상식재합은 음식 솜씨가 좋다. 실제적으로는 재국자가 음식솜씨가 좋다. 상식은 재료이고 재는 음식이다. 음식 솜씨는 솜씨에 해당하니까 손 끝에서 나온다. 亥는 돼지불고기 장사하고 丑은 등심, 안심 장사하라. 상식, 인수는 돈을 만드는 것이니 수표이고, 재는 돈이다.

㊵ 급각살이나 단교관살이 관성에 있거나 일지에 있으면 남편이 수족에 이상 있다. 이것을 궁합볼 때 쓰라. 가령 ○癸○○/○丑子○은 丑이 관인데 동축진(冬丑辰) 급각살에 백호에 탕화에 연결되니 수족에 흠

있는 남성과 인연이 맺어진다. “자고나서 보니까 다리 하나가 굽어있고 가늘더군요. 이것이 과연 내 팔자인가요?” 하더라. “당신의 팔자입니다. 만약 안 그러면 살다가 남자가 불구됩니다.”

(56) 水일주가 관성이 충, 형이면 서방이 곰보되기 쉽다. 壬(癸)甲甲/戌丑戌午는 종격사주이다. 火土로 따라가야 한다. 백호에 丑戌형이다. 남편이 곰보이다.

(57) 여자가 상식이 많으면 중년에 남편이 실직한다. 심하면 결혼하면서 남편의 직장이 흔들린다.

(58) 비견겁이 많으면 의부증에 연애할 때 방해가 많다. 상식이 많아도 의부증에 해당한다. 남편이 자꾸 겉돌아서 거리감이 있으니까.

(59) 귀문관살은 변태성이나 불감증이다. 극과 극인데 어떻게 구분해야 하는가? 신왕이면 변태성으로 보고, 신태약이면 불감증으로 보라. 가령 壬(癸)癸癸/戌巳亥酉는 巳戌귀문으로 변태성이다. 또한 水일주에 水기태왕이니까 소실팔자이고 변태성이다. 또한 丁(戊)○○/巳戌未○는 신왕이지만 火土중탁이니까 남자를 모른다. 불감증이다. ○(辛)○○/丑酉子子는 金水로 몰아야 한다. 子酉귀문이지만 결벽증으로 남자 모른다. 火가 죽어있어서 전기가 안 온다.

(60) 관인상생은 연애할 때 어머니가 도와준다. 가령 ○(己)丙甲 은 甲木이 己土를 만나려면 꼭 엄마가 중간에 나서더라.

(61) 子, 午, 卯, 酉가 모두 있으면 사랑 따라 잘도 간다. 子, 午, 卯, 酉는 총칭도화니까 사주가 나쁘면 날라리이다.

(62) 寅申巳亥가 모두 있으면 음란할까 염려된다. 子午卯酉는 대놓고 바람피운다. 寅申巳亥는 안 그런 척 하면서 바람 잘 피우는 것을 음란하다고 한다.

(63) 子요(遙)巳, 丑요巳, 육음조양, 육을서귀, 형합, 비천녹마격은 사

랑 찾아 헤맨다. 요(遙)는 멀리서 동경할 요이다. 고로 상사병이고 짝사랑에 해당해서 저 혼자 가슴 태우는 것이 된다.

- 자요사격(子遙巳格) : ○甲○○/子○○○는 子중의 癸水에 巳중戊가 戊癸합으로 따라든다. 그러자 巳중丙이 辛을 합해서 온다. 甲에게 辛은 남자(정관)이니까 자요사가 한 다리 걸쳐서 애인이 하나 들어오는데 귀신도 모르더라.

- 축요사격(丑遙巳格) : ○辛○○/丑○○○는 丑중의 癸와 辛이 있는데 巳를 불러들이니 巳중의 戊와 丙이 戊癸합, 丙辛합으로 부부합이니까 따라든다. 辛에게 丙이 애인이다. 그런데 원래가 丙의 애인은 丑중의 辛이었는데 한다리 걸쳐서 들어왔으니 아무도 모르는 애인이더라. 만약 남자사주라면 비밀자식 하나 두었다.

- 육음조양격(六陰朝陽格) : 육음은 辛이고 조양은 이른 아침으로 子시이다. ○辛○○/子○○○는 子가 巳를 불러들이는데 巳중의 戊가 戊癸합이다. 巳중의 丙이 丙辛합으로 암장으로 들어오니까 애인이다. 子水를 걸쳐들어오니까 한다리 걸쳐서 들어온다. 金생水로 자식이니까 자식으로 인해서 애인 하나가 생긴다. 남의 남편이 내 남편으로 둔갑해보인다.

- 육을서귀격(六乙鼠貴格) : 丙乙○○/子○○○는 子중 癸에 巳중의 戊와 庚이 들어가는데 乙木에게 정재와 정관이다. 여자면 이것이 애인이다. 여기서 子가 인수인 친정이니까, 친정으로 한다리 걸쳐서 애인 하나 두었다는 것이다.

- 형합격(刑合格) : 甲癸○○/寅○○○는 寅이 巳를 형한다. 巳중의 戊丙庚이 癸의 재, 관, 인으로 삼기(三奇)를 얻게 된다. 戊가 암장으로 들어오니까 애인이다.

- 비천녹마격(飛天祿馬格) : 癸亥, 辛亥일주만 본다. 비천은 암충이

다. 지지에 같은 자(字)가 셋 이상일 때에 암충은 성립한다. 녹(祿)은 정관이고 마(馬)는 정재이다. 정인도 포함시켜라. 즉 재관이 모두 있는데 집 하나 없겠는가? ○辛○○/亥亥亥亥는 亥水가 집단을 이루니까 군중심리로 巳를 충해온다. 巳 속에는 戊丙이 있다. 관인이다. 亥 때문에 辛은 관인을 불로소득했다. 이것을 이성관계로 본다면, 辛에게 丙은 정관으로, 암장으로 들어오니까 애인이다. 辛이 똑똑한 亥水인 부하덕에 출세하더라.

㉞ 곡직, 염상, 가색, 종혁, 윤하격은 일신은 좋으나 혼자 살아야 하고 이혼해야 한다. 단 삼합이 좋다. 방합이라면 격이 한참 떨어진다. 본인 하나는 여장부로서 좋으나 경파채분(鏡破釵分)이다.

㉟ 관살혼잡에 관성암합은 정사기도(情死企圖)하여 본다. 이 세상에서 이루지 못한 사랑, 저 세상에서나 이루어보자고 함께 자살하는데, 귀신은 만능이라서 혼자 산다. 甲癸○○/寅巳亥戌는 癸가 巳 중의 戊와 戊癸합 하는데 寅巳형에 巳亥충이다. 이석영 선생님에게 상담 왔는데 경상도 말씨 중에서 부산 말씨 같더라. 戌亥천문이고 지지에 巳가 있어서 癸水 밑에서 불을 때니까 구름이 되고 亥가 있어서 부산에 있는 해운대가 생각나더라. "죽어서나 우리 사랑 이루어보려고 해운대에서 정사 맹세하고서 서로 끌어안고서 풍덩했는데 너만 살고 상대 남자는 죽지 않았소? 당신은 水가 용신이라서 물 속에서도 살아납니다. 그후로 꿈속에서 자꾸 나타나서 '나만 죽고 너만 살았냐?' 하면서 귀신이 울부짖어서 오셨소?" 하니까 깜짝 놀라면서 "그래요, 어찌해야 하나요?" 하더라. "천도제 하시오." 했더니 그후로는 괜찮더라. 이 여자의 품에서 남자가 넷이나 자살했단다. 음독자살, 한강철교 등등 참 기구한 팔자이다. 癸가 巳중의 戊와 戊癸합을 하는데 사귄 지 조금 되면 괜찮지만 오

래되면 水극土로 한방에 날리더라. 金水용신이다.

⑥⑥ 木일주(甲, 乙)가 寅巳申을 만나면 서방이 알콜이나 마약중독이다. 이 경우도 배부기자(背夫棄子)이다. ○乙○○ / ○巳寅申 은 자식(巳)도 별 볼일 없고, 서방(申)도 알콜중독이고 마약중독이다. 그 이유는? 이런 사주가 시골처녀라면 시장에 난장판이 왔다길래 부모 몰래 나가서 보았는데 乙木일주라서 음악 좋아하는데 서커스에서 춤추고 노래 부르는데 홀딱 반해 버렸다. 거기서 악기 잘 부르는 申金남자 따라서 도망가 버린다. 거기까지는 좋은데 사람이 악기를 잘 불려면 폐활량이 좋아야 하고 건강해야 하는데 건강이 안 좋은 사람이 악기 불면은 잘못하면 폐병이 오고 고로 그것을 이기려면 마약 놓아야 하고 알콜을 먹어야 한다는 것이다. 고로 寅巳申 삼형으로 모두 쫓아버리니까 결국은 "아이구 내 팔자야." 하는 소리가 저절로 나오게 되어있다. 서방, 자식 버리고 도망가버리는 팔자이다.

⑥⑦ 지살, 역마에 관인데 하격은 양공주(洋公主)가 된다.

⑥⑧ 일지에 관성에 수옥살, 형, 나망살은 서방을 감옥 보낸다. 나쁘게 연결될 때이고, 가령 ○○⑭○○ / ○卯酉酉 은 巳酉丑에 卯가 수옥살이다. 또한 卯酉충이고 金극木으로 서방을 패대기치고 있다. 관식투전으로 사고뭉치이다.

⑥⑨ 지살, 역마에 관이면 차중연애이다. 寅, 申, 巳, 亥가 지살, 역마인데 辛은 寅중丙, 丁은 申중壬, 乙은 巳중庚, 己는 亥중甲이 각각 관이 된다. 辛巳일주, 癸巳일주, 乙巳일주도 각각 역마암장관이다.

⑦⓪ 관인상생과 인수도화는 스승에게 사랑받고 연애한다. 선생을 좋아한다.

⑦① 상관운과 견겁운은 약혼했다가도 파혼한다. 상관이나 견겁이 많은 사주도 그렇다.

⑫ 甲己합화土에 木을 만나면 시댁형제가 결혼 방해해서 이혼한다.
○甲己○은 甲己합해서 결혼하려는데 木이 있으면 甲木에게는
木이 형제고 여자己土에게는 시댁형제가 되어서 방해하더라.

⑬ 乙庚합화金에 火가 있으면 자손으로 인해서 파정(破情)이다. ○乙
庚○은 乙木이 庚 만나서 乙庚합으로 잘 사는데, 火인 자식 낳고
나니까 火극金으로 남편을 극하니까 좋던 금슬도 멀어지더라.

⑭ 丙辛합화水에 土를 만나면 친정어머니 때문에 풍파 많다. ○辛丙○
○○戌 이면 辛이 멋진 남자 丙 만나서 丙辛합으로 연애해서 水라고 하는
자식낳고 사는 것으로 결혼하려고 戌土인 어머니에게 허락받으
려고 했더니 "내 눈에 흙이 들어가기 전에는 결혼은 못한다." 하
더라. 이유는? 辛에게 戌은 친정어머니인데 친정어머니 戌을 낳
아준 것은 丙이니 어머니의 친정이더라. 즉 진외갓집 사람이 丙
火이니까 엄마가 죽어도 못하게 하더라.

⑮ 丁壬합화木에 金을 만나면 시어머니나 친정아버지로 인해서 헤
어진다. ○丁壬○은 丁壬합木 하는데 金을 만나면 金극木 한다.
丁火에게 金은 친정아버지나 시어머니이다. 그 이유는? 丁과 壬
이 서로 좋아하기 이전에 시어머니와 친정아버지가 썸씽이 있었
나 보다. 같은 金이니까 서로 사이클이 잘 맞았다.

⑯ 戊癸합화火에 水를 만나면 형제나 동서로 인해서 이별한다. ○癸
戊○은 癸가 戊 만나서 戊癸합해서 결혼하려는데 水가 있으면 水
극火 하니까 형제가 방해한다. 癸水 여자는 노랑과 결혼한다. 고
로 癸의 형제들이 말한다. "언니 재취로 테이프를 잘못 끊으면 자
기들도 따라야 하니까 안 돼요." 하더라.

⑰ 木일주가 金관살이 형하거나 충하면서 신약이면 목에 칼침 맞는
다. 가령 甲申일주 여자라면 일단 木일주가 신약하니까 木은 목

이고 申은 칼인데 申은 양날이 선 칼이다. 고로 연하남자이고 칼침 맞는다.

⑱ 정관합이 많으면 삼각관계에 인정 많아서 흠이다. 여자들은 남자에게 쓸데없는 인정 베풀면 골치 아프다. 壬丁壬○는 이 자체가 바로 삼각관계이다.

⑲ 부부끼리 일간이 같으면 친구하다 사랑했다. 甲木남자와 甲木여자와 친구하다가 己년이 오자 친구가 여자로 둔갑해보이더라. 여자로 보이면 몸에 전기가 오게 되어 있다.

⑳ 재성 속의 암장관합은 돈 때문에 사랑했다. 재는 본래 생관(生官)이다. 고로 여자는 금전관계를 남자와 했다가는 관으로 변해서 결국엔 먹힌다.

㉑ 상식 속에 암장관합은 자식으로 인하여 애인 생긴다. 乙巳일주 여자가 巳인 상식 속에 庚이 있어서 자식 때문에 애인 생긴다. 고로 자모회 회장하지 말라.

㉒ 인수 위에 관합은 공부하다 바람나고, 친정에 애인 있다. 가령 壬丁○○ / 寅○○○ 의 경우 寅木이 친정인데 친정 위에 관이 있으니까 친정에 애인 있다.

㉓ 견겁도화는 친구로 인하여 바람나며, 원님 덕에 나팔분다. 가령 ○壬壬○ / ○子子亥 은 亥卯未에 子가 도화인데 비견겁도화니까 친구 때문에 바람난다.

㉔ 일간끼리의 합은 연애결혼했다.

㉕ 일주끼리의 간합, 지합은 찹쌀궁합이다. 가령 甲戌일주 남자와 己卯일주 여자는 찹쌀궁합이다.

㉖ 일지기준해서 상대의 일지가 도화가 되면 사랑을 느낀다. 甲子일주가 己酉일주 여자를 보더니 甲己합에 申子辰에 酉가 도화가 되

니까 뽕 가서 子酉귀문으로 미쳐 돌아가더니 도망가버리더라.
⑧⑦ 관인이 일지와 합은 친정부모와 같이 산다. 가령 ○丁○○는 寅亥
○寅亥○○ 합이다. 단, 여기서 친정부모가 오갈 데 없어야 한다. 즉 재다신
약이거나 월에 상관 놓으면 친정이 망했다.
⑧⑧ 상식태왕 사주가 정관과 합이 되는 운에 남편이 들어오면 남편이
죽는다. 위 ③번 참조할 것.
⑧⑨ 곤랑(滾浪)도화나 관형은 서방이 성병을 옮긴다. 천간합, 지지형
이 곤랑도화이다.
⑨⓪ 견겁운에는 사랑이 들통난다. 암장관 그 자체가 충, 형을 받아도
들통난다.
⑨① 암장관합에 형, 충 운도 또한 같다.
⑨② 도삽(倒揷)도화 놓은 자는 노랑이요,
⑨③ 원내(園內)도화 놓은 자는 유부남과 정을 통한다.
⑨④ 관식동림은 연애하면 잉태한다. 여자는 바람나면 자식수까지 따
라들어온다. 고로 애인 있다고 하면 "애까지 뗐네요." 하라.

사주 예(211)

丁 丁 壬 癸
未 未 戌 丑

丁火일주의 관성 壬, 癸水가 다봉상식土에 유색되고 상부살에 관성백호되어 두번이나 과부되었다. 壬, 癸水인 관이 토다유색(土多流塞)되었고 백호에 걸려서 관이 살아있기 힘들다. 상식인 土가 너무 많다. 관이 백호대살이고 몰(沒)해 있다. 고로 해로 못 하고 두번 과부 되는 팔자이다. 남의 자식 키워주어야 하고 인정많고 기분에 살고 기분에 죽는 기분파이다. 서방이 癸丑으로 하나 죽어야 하고, 또 壬戌로 하나 죽어야 한다. 자왕모쇠(子旺母衰)이다. 고로 서방덕도 없고 자식덕도 없다. 土가 병이다.

월에 상관이니 상관격이다. 진상관격이니까 진짜 과부팔자이다.

　인수가 없어서 부모덕도 없고 일을 하는 데 순서가 없다. 戌月의 丁火꽃이 피다가 말았다. 열매가 없다. 상식이 많아서 남의 걱정에 늙어가는 줄 모른다. 자궁암, 유방암이 걱정된다. 木이 없어서 해독작용이 약하다. 다자무자는 육친관계에서 써먹는다. 고로 未가 木의 고장이니까, 어머니가 둘이고 土가 상식으로 많으니까 할머니가 둘이다. 丑戌未 삼형살은 왕자형발이다. 집안이 망하려니까 자식끼리 치고받고 싸우고 송사한다. 이 사주에서는 卯가 해결책이다. 작명이나 개명 시에 벼슬 경(卿) 자를 넣어주라.

사주 예(212)

```
甲 丁 丙 壬
辰 未 午 午
```

　丁火일주의 관성 壬水가 무근(無根)에 절지요, 상부살에 관성입묘 丙壬충거하여 종내는 상부(喪夫)하였다. 壬水관이 충받고 증발되었다. "서방님이 구름 타고 갔네요." 관고 辰이 있다. 과부살이고 신태왕이고 견겁태왕격이다. 잡꽃이다. 丁이 丙 만나니 음양이 섞여있고 丁달과 丙태양이 같이 있으니까, 丁火가 항시 치여서 살고, 배다른 형제 있게 된다. 또한 남의 밥의 콩이 커보인다. 항상 일등은 못한다. "참 팔자도 이상하다. 너의 첫사랑 신랑은 丙인 오빠가 패대기쳤구나. 丙午양인으로 고약하게 생겼다. 丁壬합 하려는데 오빠가 중간에서 가로막았다." 이 사주는 木火로 몰아라. 辰土 못 쓰고 辰중癸水도 못 쓴다. 고로 꽃으로만 살다가 가야 한다. 만약 결실하려면 金까지 가야 하는데 그러면 해 넘어가 버리고 꽃이 서리맞아 버린다. 고로 항시 시작만 해놓고 팔고서 다시 시작한다.

　심장병이고 폐활량이 부족하다. 직업으로는 미장원이 좋다. 火가 많아서 파마 전문이다. 남자 무시하고 남편이 눈에 안 들어온다. 비견겁이 많은 사주라서 낭비가 심하고 목돈 가지고 푼돈 만든다. 고로 돈 관리시키면 안되고 살림 맡기지 말라. 기분만 맞추어주면 따봉이다. 여자 사주에서 관고는 '서방님 열중쉬어' 만드는 것이다.

사주 예(213)

戊 己 甲 甲
辰 丑 戌 午

己土일주의 관성甲木이 년월상으로 둘이나 무근(無根)에 토다목절(土多木折)이요, 일지형에 辰상부살 놓아 이별하였고 유부남과 연애하고 있다.

甲木정관이 서방인데 쌍립섰다. 午戌火국이니까 서로가 아는 사이이다. 그러나 甲木이 모두 죽어있다. 또한 丑午귀문으로 미쳤다. 년은 선조이고 누가 인수니까 집안 아저씨와 미쳤다. 시집가면 죽인다고 하더라.

甲己합 때문에 가는 데마다 유부남 남자들이 따른다. 회사 나가니까 사장을 비롯해서 이놈 저놈이 건드려서 애인이 5명이더라. "선생님, 저 어떡해야 해요?" 하더라. "그 회사를 빨리 나와서 다른 데로 가시오." 했다. 시주의 戊辰土가 己土의 앞을 가로막고 있다. 고로 답답하다. 내 집은 단층집인데 앞집은 5층이다. 고로 음지이고 소실팔자이다. 음지니까 火가 필요하다.

사주 예(214)

癸 己 乙 戊
酉 酉 卯 子

乙卯木 관성이 편관에 卯酉충이요, 酉도화다봉 하여 본부해로 못하였다. "선생님 저 시집 몇번이나 가야 돼요?" "3번은 가야 됩니다." 乙卯木이 편관이니까 결혼도 안 하고 살더라. 본 남편과 이혼했고 두 번째 남편과도 이

혼했고, 처녀 때에 무지하게 날라리였다더라. 子午卯酉가 모두 있어서 바람둥이이고 조후가 안되어 있어서 소실팔자요, 卯酉 놓아서 역학하고 있다. 卯酉충이니까 관식투전으로 매맞고 산다. 얼굴이 예뻐서 어느 높은 남자가 가끔씩 만나서 돈 대주더라. 원래 살거선식거후에 해당된다. 고로 남편은 버려도 자식은 못 버리겠다. 일주가 약하고 뿌리가 없어서 원래는 박씨인데 3개월째 신생아 때 엄마가 김씨한테 시집와서 김씨로 성을 바꾸어 쓰고 있다. 庚辰운은 상관운이다. "울고 싶어라."이고 지출 많고 손해 많다.

사주 예(215)

庚 乙 庚 庚
辰 巳 辰 辰

乙木일주가 정관합다에 재살태왕하여 己酉년에 이별하고 삼각연애에 정부 두었다. 동서남북에 괴강인 군인만 있는데 그게 서방이니까 군부대에서 선술집하면 좋겠다. 명암부집(明暗夫集)이다. 기생팔자이다. 합다합귀(合多合貴)이다. 乙木에 金인 열매가 많아서 가지가 찢어지기 일보직전이다. 재생살이 된다. 辰巳는 손풍(巽風)이다. 고로 바람피운다.

乙木 하나 놓고 3명이서 서로가 서방이라고 우기니까 죽겠단다. 년, 월, 시에 庚이 있어서 늙은이, 젊은이 할 것 없이 모두 모여든다. 그러나 巳중의 庚이 제일 그립더라. 丙火인 자식까지 잉태했었으니까. "庚辰운이 오니 또다시 옛날 애인 만나는 해이네요."

사주 예(216)

丁 甲 辛 乙
卯 寅 巳 卯

甲木일주 견겁태왕에 정관辛金이 목다금결(木多金缺)이요, 乙辛충거되어 庚寅년에 이별하였다. 辛이 서방인데 乙辛충에 火극金으로 극받았고, 목다금결로 날아가버렸다. 첫자식 낳고서 이별한다. 이 팔자는 독신은 안된다. 신왕사주이니까 그렇고, 木일주라서 끼가 있기 때문이고, 卯도화가 둘이나 있고, 도화 위에 丁火가 있기 때문에 도화 위에 꽃이 피었다. 고로 도화가 더욱 가중치가 되어서 있다. 다만 이 사주는 애인으로 만족해라. 왜냐하면 木火로 되어 있는 사주니까 金인 남편이 들어오면 되는 일이 없고 남편이 나가면 평안하다.

남편보다 자식이 우선인데, 丁이 딸인데 도화 위에 있어서 딸내미가 바람둥이다. 寅巳형에 丁이 있어서 木火통명이 안된다. 이 사주는 제가 벌어서 제가 먹어야 되니까 직업 가져라. 甲寅일주에 木火이고 형살이고 卯가 있어서 약대 보내라. 대운을 보니 壬午, 癸未운에 고이 자라서 甲申, 乙酉운에 시집 가고 난 후부터 인생 죽쒔다. 丙戌대운에 안정되겠다.

사주 예(217)

```
庚 丁 戊 癸
戌 卯 午 丑
```

丁火일주의 관성癸水가 癸丑으로 백호요, 戊癸합거에 戊상부살 있어 31세 癸未년에 과부가 되었다. 癸서방이 戊癸합거로 가버렸다. 戊가 산이니까 남편이 산 넘어 갔고 재 넘어갔다. 戊가 첫자식인데 자식 낳고서 서방이 갔으니까 이별수이다. 월에 午가 도화이니까, 어머니가 재취이고 戊이 과부살에 상관이니까 그 작용이 더욱 심하다. 庚은 부재(浮財)이고 뜬 재물이다. 木火로 몰아야 한다. 庚이 戌土가 조토니까 土생金 못하고, 丑은 너무 멀리 있어서 뿌리 내리지 못한다.

사주 예(218)

癸 ⓣ 癸 癸
卯 巳 亥 亥

丁火일주가 다봉관살에 음팔통이요. 고란살 놓아 癸巳년에 이별하였다. "눈 떴어도 눈 감고 살아야 하는 팔자네요." "왜요?" "저렇게 패대기치는 것들이 많은데, 내가 지고 살아야 하니까, 눈 감고 살아야 됩니다."

"주중에 丁巳 놓고 충, 형, 극을 많이 받으면 앞 못 보는 맹인이다." 癸는 편관칠살이고 구름이고, 근심, 걱정으로 연결해도 되고 샌드위치 되고 있어서 남자들이 丁하나 놓고서 몰이를 하고 있는 형상이다. 음팔통이고 남자 때문에 심장병이다.

군음(群陰), 군양(群陽)은 청등자수(淸橙自守)이다. 여자가 양팔통, 음팔통 사주는 맑은 등잔불을 홀로 지켜야 한다. 즉 독수공방해야 한다. 여자가 음팔통이면 음다양사이고, 양팔통이면 여장부에 선머슴이다. 이런 팔자가 이성기피증이다. 남자라고 하면 이가 갈린다. 본래 癸亥水는 좋은 물이다. 고로 남들은 서방 잘 만났다고 하지만, 나를 쥐어 패는데 좋기는 뭐가 좋은가?

癸亥년, 壬子년에 신수 보러 왔다면 "금년에 밤길을 혼자서 다니면 몸을 버리니까 각별히 주의하시오." 하라. 이 사주는 未가 해결책이다. 亥未, 巳未합으로 좋다. 이런 사주는 건강에 먼저 초점 맞추어라. 건강이 최우선이다. 관살이 많으니까 무조건 기를 살려주어야 한다. 누가 윽박지르면 주눅이 들어서 丁火 혀가 굳으니까 말도 못한다. 양쪽에서 癸水가 윽박지르니 땅만 보고 걸어가고 양어깨가 축 처져 있다. 만약 고개를 빳빳이 쳐들면 癸水가 "이~썅~" 하면서 패대기치려고 하니까 땅만 보고 가더라. 심하면 정신이상도 온다.

未가 필요하니까 상서로울 상(祥)자를 넣어서 이름 지어라. 흑염소 먹여라. 신생아라면 水가 기신이니까 목욕 자주 시키면 기겁한다.

사주 예(219)

乙 ㊃ 丙 丁
未 寅 午 亥

丙火일주의 관성 亥중 壬水가 寅亥木국으로 변화하였고 견겁태왕하여 해로 못 하였다. 재가 없어서 아버지를 무시한다. 똑똑한 것이 너무 지나쳐 버렸다. 셋째 딸인데도 이렇게 태어났다. 월에 양인이니 간호사이다. 金이 시어머니인데 시어머니를 깔아뭉갠다. 亥水관성이 水극火 못하고 한쪽 방으로 밀려나있다. 꽃으로만 살다 가야 한다. 잡꽃이다. 무조건 자기가 제일이라고 칭찬해주어야 한다. 염상격(炎上格)인데 천간에 丙, 丁이 없고 삼합이라면 좋은 사주가 된다.

사주 예(220)

丙 ㊃ 丙 庚
子 卯 戌 午

乙木일주의 관성庚金이 火상식태왕에 수제된 중 일시지 도화 놓아 첫자손 낳고 이별하였다. 庚서방이 완전히 녹아서 없어졌다. 乙庚합으로 연애했는데 丙인 첫자식 낳고서 이별했다. 卯가 도화이고, 子가 도화이고, 시상상관이니까 혼자서는 못 산다. 어느 남자든지 이 여자와 살게 되면 火극金 받으니까 저만 코피나더라. 金은 코다. 양쪽으로 丙이 있으니까 乙木이 庚보고 같이 살자고 하자 丙인 자식 때문에 싫다고 한다. 들어갔다가는 丙에게 쥐어터진다고 안 들어간다고 한다. 乙庚합으로 연애할 때는 예쁘게 보이다가 갈수록 火극金 하니까 '아니올시다' 더라.

※ 참고

① 여명에는 관성이 부군으로서 가장 중요한 위치를 차지하고 있기 때문에 관성에 의하여 여자의 행, 불행이 결정되므로 관성을 제2의

용신이라고까지 할 수 있으니 우선 관성을 잘 살펴야 한다.
② 또 때로는 부성, 관성이 약하여 이혼을 해야 하거나 개가(改嫁)를 하여야 될 사주는 서방이 애인을 두면 상쇄가 되므로 해로할 수 있으니 어떻게 생각하면 일방적인 미움은 삼가야 하겠다.
③ 또 관성이 다소 부족한 여명이 개가를 한다면 부족된 관을 보충한 결과가 되어 오히려 귀부인이 된다.
④ 독신녀나 과부가 봉(逢) 관성은 그대로 넘기지 못한다.
⑤ 신태왕에 무관성은 독신녀나 노처녀에 많다.
⑥ 여자가 상식이 많으면 서방이 불쌍해서 살아준다. 단, 남자가 바람 피우는 것은 면하지 못한다.
⑦ 土金이 왕한 자는 의리 때문에 꼼짝 못하며
⑧ 金水쌍청자는 너무나 깨끗하여 병이라 이별하고
⑨ 火土중탁자는 신앙생활이 부군보다 좋고
⑩ 상식이 용신인 자는 자식에게 집착하다 서방 뺏긴다.
⑪ 관이 용신인 자는 무엇보다도 사랑이 우선하니까 서방이 자식보다 우선이다. 가령 용신잡기가 애매하면 물어보라. "당신은 자식이 더 좋아요, 서방이 더욱 좋아요?" 자식이 더 좋으면 식상용신이고, "서방이 없으면 못 살아요." 하면 관용신이다.
⑫ 식신제살격은 서방보다 자식이 우선이다.

8 소실(小室) 또는 정통도주(情通逃走)

소실과 정통도주를 같이 놓아둔 것은, 바람나서 도망가면 소실밖에 더 되겠는가?

① 일지의 암장 속에 있는 관과 합하고, 주중에서 관이 투간된 사주, 즉 명암부집(明暗夫集)을 말한다.

일지는 배우자궁이고 또 일주에 직접적인 영향을 미치고 있는데, 암장은 비밀이고 관합은 이성과 합이니 비밀남자와 합하고 있는 중 또다시 주중에 관성이 천간으로 나타나있으면 여기저기 남자가 있는 것과 같은 형상에다 정부가 있음을 말함이라. 이와 같이 출생되면 정부를 두게 되고, 종내는 정부 따라 가출해 소실밖에 안되며 따라서 정통도주와 소실에 모두 해당한다. 가령 ○乙庚庚 / ○巳辰辰 은 명암부집으로 동서남북에 남자 모아 놓았다. 또한 ○丁壬壬 / ○亥子子 은 일지의 亥중壬과 丁壬합하고 있는데 년월상의 壬과도 丁壬·丁壬이니 소실팔자요, 정통도주이다. 여기서 소실, 정통도주한 여자는 사주에서 성감이 살아서 있는가를 보라. 성의 노예가 되어서 있으면 아무도 못 말린다. 성감을 억누르려면 무지 힘들다. 또한 소실치고서 목소리에 애교 없는 여자는 없다.

② 일지에 도화관성 있는 여자

일지는 배우자궁인데 바람피우는 서방이 들어와 있고, 자신도 도화살에 앉아 있기 때문에 서로가 부정(不正)으로 만났으니 소실이고, 또한 일지에 도화관성이면 바람피우는 게 직업이고 서방이 바람둥이로 연결된다.

③ 일지에 편관 있는 사주

여자가 일지에 관이면 90%가 거의 편관이다. 일지편관자는 정부(正夫)가 아니라 편부(偏夫)가 자리하고 있어 소실이 아니면 재취부인이 되는데 주중에 편관다(多)는 더욱 정확하다. 편관은 편부(偏夫)이기 때문이다. 단 辛巳, 丁亥일주는 일지가 정관이나 암장이니까 애인이다.

④ 관성이 불균형되어 있는 사주

주중관성이 불균(不均)이라 함은 관성이 너무 많거나 모자라는 사주를 말하는데 많은 것은 이 남자 저 남자 품에 옮겨다니며, 모자라는 것은 혼자서 독차지 못하고 둘이서 섬겨야 됨과 동시에 정이 그리워 방황함이라, 소실이 아니면 정통도주요, 또 반대로 남편을 빼앗긴다.

⑤ 정관과 합이 많은 자

정관합이 많은 자, 정도 많고 사랑도 많이 받게 되는데 이렇게 되면 여러 남자의 정을 받아야 되므로 자연 소실생활을 하여 보고 정통도주하게 된다. 정관합이 많은 사주는 껌 하나만 가지고도 꼬신다. 말만 잘 해도 꼬신다.

※ 참고사항

① 여기에 해당하는 자 의심받고 삶하며 남편 뺏기고 산다.
② 부군이 작첩한다고 이별하는 자, 오히려 본인이 소실 노릇 한다. 첩(妾)은 서서 있는 여자이고, 소실(小室)은 작은 방인데 같은 뜻이다. 통계적으로 남편이 바람피우는 여자 치고 본인도 남자를 좋아한다. 그래서 서방이 바람피우는 것을 싫어한다. 가령, 남편이 바람피워서 이혼하고 싶다고 여자가 왔다면 물어보라. "당신 남자 없이 혼자 살 수 있겠소? 남자 좋아해요? 싫어해요?" "남자 없이는 못 살아요." 하면, "그럼 안방을 지키시오! 이혼해봐야 소실 밖에 더 되겠소? 남의 남자를 뺏어서 즐겨야 하니까."
③ 여자가 관살운, 도화운, 일지합년에 바람난다. 상관운에도 바람난다. 반항하고, 엇가고 싶어서.
④ 소실 팔자로 가장 강하게 작용하는 일주는 乙巳(庚), 辛巳(丙), 癸巳(戊), 丁亥(壬), 己亥(甲), 甲申(홍염, 목에 칼맞는다), 丙子(子는 총칭도화, 밤에만 왔다 가는 남자), 戊子(음지전답, 매간득재), 戊寅(편관), 己卯(편관, 총칭도화), 庚午(총칭도화), 庚戌(괴강이

면서도 관고이다. 어느 남자든지 자기 앞에다가 무릎 꿇려야 하는 것이 일지의 관고이다), 壬辰(괴강, 편관), 癸丑(백호, 편관), 癸未(편관), 乙酉(편관), 丙申(재살지, 편관, 내 것 주고 뺨 맞는다) 일주이다.

⑤ 견겁 태왕 사주는 탈부이니 남편을 뺏기거나 빼앗는다.
⑥ 丁壬합은 합 중에서 음란지합이고 제일 음란하다.
⑦ 지지에서는 巳子의 戊癸암합이 제일 잘 되고, 巳丑의 戊癸, 丙辛 암합이 제일 잘 된다.
⑧ 신태왕에 무관성하고 상식이 몰(沒)하면 불감증이고, 일지에 귀문관살이고 신약일 때도 불감증이나 신강할 때는 변태성이다. 또한 신쇠에 상식왕도 불감증이다.
⑨ 여자는 잔정과 사랑에는 약하며, 남녀칠세부동석(不同席)은 성의 문란을 예방하기 위함이다.

사주 예(221)

庚 乙 庚 丙
辰 巳 子 辰

乙木일주가 巳中 庚金정관과 乙庚으로 암합된 중, 일시상 庚金과 또 합하고 있어 삼각연애에 정통도주요, 소실 노릇 여러 번 하여 보았다.

乙庚합이 많고, 巳 중의 庚과 乙庚암합이다. 동짓달에 얼어있는 乙木인데, 子辰水局이다. 乙木이 실제적으로는 뿌리가 없다. 巳火용신이다. 庚辰이 괴강이다. 고로 "이 여자는 어떤 경우든지 오빠 군대 갔을 때 면회 보내면, 군인에게 乙庚합 당하니까 면회 보내지 마시오."

양쪽에서 乙庚합이니까 종내는 살이 된다. 고로 庚이 乙木을 때릴 때는 웃으면서 뺨 때린다. "乙木아 시상의 庚이 그렇게 좋더냐, 응?" 삼각관계에 소실이고 정통도주했다. 관살이 많은 사주가 미인이 많다.

그래야 여러 번 시집가지.

사주 예(222)

甲 ㉡ 己 戊
戌 卯 未 寅

己土일주가 일지도화에 관살이요, 견겁다봉에 혼잡하여 소실노릇하고 있다. 명암부집이다.

己土의 서방이 寅, 卯, 甲이다. 寅午戌에 卯가 도화이다. 도화관이니까 바람둥이 남편이고 바람피우는 것이 직업인데, 시주의 甲木이 甲己합, 卯戌합으로 또 들어오더라. 단, 모두 유부남이다. 년지의 寅木도 유부남이니까 지지로 들어오니 감추어져 있는 남자이다. 未가 친구인데 卯未木국으로 관국이 되니까 未친구가 애인을 소개해 준다. 비겁 많고 관살 많아서 소실팔자이다.

조토이고 상식이 죽어있어서 남자를 모르는 체질로 보고도 싶지만, 도화관만 가지고도 남자를 아는 것으로 추리하라.

사주 예(223)

辛 ㉡ 丁 甲
巳 巳 卯 寅

乙木일주가 월봉도화에 일지망신이요, 巳중 庚金 암합에 辛金관 무근으로 정통도주에 소실 노릇하였고 국제연애까지 하였다. 乙木이 巳중의 庚이 2개이고 辛이 있다. 이 사주의 원인규명을 하자면 월에 도화이다. 고로 가문(출생) 자체가 잘못되어 있다. 어머니가 재취요, 소실이다. 또한 寅午戌에 巳가 망신으로 망신이 둘이다. 또한 관식동림이니까 부정포태이다. 乙木으로 끼가 있고, 도화가 있어서 어찌할 수가 없다. 辛이 본래 서방인데 乙辛충으로 사이클이 서로 안 맞다가 巳중의 庚을 만나자, 乙庚합으로 미치더라. 辛인 서방님보다도 庚이 더욱 더 잘나고 좋아서 관식동림으로 애인의 자식까지 잉태했으나 아기 낳고서 살다가 정통도주했다. 木火로만 구성되어 있어서 단순한 사람이다. 고로 넘어가려면 쉽게 넘어간다.

　가정을 가지고 있는 유부녀가 애인을 두었다면, 그것도 소실 아닌 소실팔자이다. 乙辛충 하면서 지지고 볶고 서방과 살다가, 상식도 많아서 자식도 쑥쑥 잘 낳았다. 그런데 어느날 역마지살의 巳火자식이 넘어져서 울고 있어서 나가보았더니 巳중의 庚金인 잘생긴 남자가 자식을 부축하면서 서 있더라. 乙木이 庚을 보자 乙庚합으로 끌리더라. 결국은 어찌어찌 하다가 乙庚합해서 巳중의 丙火까지 잉태했더라. 그러나 寅巳형으로 들통나버리고 나니까, 乙木은 도망가 버렸더라. 巳火자식들이 火극金으로 아빠를 달달 볶는다. 엄마가 어디 갔냐고. 결국은 辛은 乙木을 용서하고서 다시 찾아서 데리고 왔더라. 그러나 결국은 살지 못하고서 巳중庚을 또다시 만나서 살았더라. 소실 노릇했고 국제연애까지 했더라. 일본인 현지처 노릇 했다.

사주 예(224)

壬 ㉰ 戊 戊
戊 丑 午 戌

癸水일주가 戊土정관다(多)에 또 지지戌중 戊土 암장관합이요, 월지도화에 재살혼잡하여 소실을 면치 못하였다. 동서남북에 남자다. 壬戌, 癸丑이 백호이고, 丑戌형이다. 午가 도화이고, 고로 천하의 바람둥이 남편이다. 戌중의 戊가 더 있고, 丑이 백호이고 丑午가 탕화니까 천하의 악질 남편을 만난다. 火土로 종하는 사주인데 정관이 둘이고 丑戌이 형이 되어서 모두 분산되어 있으니 모아지지가 않으니까 癸水가 더러운 물이 되었다. 丑이 이 사주 버려놨다. 더러운 물이니까 더러운 년이다.

사주 예(225)

```
甲 己 甲 甲
戌 卯 戌 戌
```

己土일주가 甲己합다(多)에 일지도화관되어 여러 사람의 소실을 하였다. 정관합이 많다. 음지전답이다. 소실 노릇하면서 두 성의 자식 낳았다. 甲木이 아름드리 나무라서 주로 장관, 사장들의 소실 노릇했더라. 이태원 아파트에서 70년대에 무지 잘해놓고 살았다. "이렇게 잘해놓고 살아도 아침에 일어나면 혼자니까 손발 끝이 시릴 겁니다." "그래요." 하더라. 甲己합이 필요해서 전기관련 공기업 사장(戌土)과 살다가 헤어지고서 당시 법무부장관과 살다가 자식 하나 낳았는데, 어느날 우연히 전 사장이 찾아왔더라. 침대 위에 앉아있는데 하필 그때 현 장관이 들어오더라. 그대로 나가고 말더라. 고로 "甲寅년에 장관이 만나주겠어요?" 甲己합, 寅卯, 寅戌합이니까 학(學)으로는 만나지만 "안 만나줍니다." 했다. 그 대신 다른 남자가 생기더라. 평생 4명은 만나봐야 한다. 법무부장관과의 인연은 丁己일에 재관격이고 卯戌이 있기 때문이다.

庚辰년은 상관운이다. 辰戌충이니까 자식 때문에 속 썩는다. 자식들이 산다, 안 산다 한다. 특히 아들에게 이혼수 걸린다. 己土에게 木은 며느리인데 甲庚충, 辰戌충으로 이혼수 걸린다.

9 재취(再娶), 노랑(老郎), 그리고 유랑(幼郎)

본인의 서방궁이 안 좋으면 재취로 가면 본인이 두 번 시집 간 것과 같다. 노랑은 10년 이상의 나이 차이다. 유랑은 연하의 신랑이다. 癸水일주가 신약이면 노랑이고, 신강이면 유랑과 인연 있다. 노랑과 인연은 정신연령이 높아서 동년배와는 대화가 안 된다. 가령 甲癸○○ / 寅卯○○ 는 시에 상관으로 남자를 깔아뭉갠다. 여자가 머리가 영리해서 앞서 나간다.

① 관이 부족하거나 또는 과다할 때

관살은 부군인데 부족하거나 또는 과다하면 부궁이 부실하여 개가(改嫁)를 하여야 되는 것은 사실이나 만약 처녀로서 재취로 출가하면 본인이 두 번 출가하는 것과 같아 오히려 재취혼이 좋다. 관이 부족하면 채워야 하니까 2~3번 시집간다. 또 인수, 견겁, 상식다봉 등으로 관성이 부족됨은 본인이 신왕하여 젊고, 씩씩한 것이 필요하여 나이가 아래이거나 하다 못해 생일이라도 늦은 남자와 인연이 되어야 한다.

② 편관사주일 때

편관사주는 편된 부군이기 때문에 정(正)으로 인연을 맺기 어렵기 때문이다. 편관사주는 재취로 시집가지만 甲庚, 乙辛, 丙壬, 丁癸로 충이 걸려서 해로 못 한다. 그러나 ○戊甲○의 경우는 충이 아니라 재취로 가도 해로한다.

③ 壬·癸水일주 여자

壬·癸水일주는 水로서 약하고 어리며 1수에 해당하나 관이 되는 土는 후중하고 완고요, 노(老)며 5수에 해당하여 어리고 연약한 처녀가 나이 많은 남자와 인연이 되니 노랑이다.

④ 년주에 관성이 있을 때

년주는 조부의 자리인데 이곳에 관성이 있으면 자연 노랑과 인연이 있게 되는데 아니면 반대로 유랑이요, 또 노랑이니 재취녀가 될 수밖에 없다. 년주에 관성이 있으면 노랑도 되고, 첫사랑도 되고, 또는 이성이 빨라서 빨리 시집 갈 수 있는 팔자이다.

⑤ 년월은 먼저요, 노(老)가 되며, 일시는 후(後)요, 젊음이 되는데 일지관은 나의 아래 남편임과 동시에 도화관이면 부정으로 만나게 되니 연하의 남자가 틀림없다. 일지가 子午卯酉이면 도화인지 자

세히 보라.

⑥ 또 시주는 자손, 즉 아랫사람의 자리인데 여기에 관성이나 도화가 임하면 연하의 남자와 인연이 있게 된다. 시에 도화 놓았으니까 말년에 바람나고, 말년에 연하의 남자와 인연이다. 도화 자체도 이성으로 보라.

※ 참고사항

① 도화
- 子午卯酉는 총칭도화이다. 이 중에서 午가 도화작용이 가장 잘 된다.
- 오행으로는 水일주, 木일주인데 水는 기운이 좋아서이고, 木은 바람이다.
- 辰巳는 손풍(巽風)이다. 고로 도화이다.
- 남자는 재가 도화이고, 여자는 관이 도화이다.

② 연하의 남자와 인연을 가졌던 여인은 정상생활이 어렵다.

③ 상식이 많은 여자는 관 부족이 틀림없고, 항시 아랫사람과 인연이 있다. 아생자(我生者)가 상식이니까 내가 정을 주어야 하는 것이고, 못되게 비유하면 총각을 내가 가르쳐서 살아야 한다. 심하면 불쌍해서 살아주고, 그러면서도 배신 당하는 것은 상식이 많으니까 관은 자연히 겉돌게 되고, 남자는 바람나게 된다.

④ 역학은 바닷가가 제일 세다. 충무, 제주도 등. 부적과 굿도 잘 먹힌다. 대구의 역학 수준도 높다.

사주 예(226)

戊 ⓘ 戊 辛
午 辰 戌 未

이 사주는 戊土일주가 견겁태왕으로 신왕하고, 무관성에 상부살이요, 未관고를 놓아 재취로 입가(入家)하였다. 火土중탁이다. 관이 없다. 비견겁이 많아서 서방이 바람피웠다. 자식이 없어서 남편 뺏기고 산다. 未는 관고요, 辰은 과부살이고 견겁이 많다. 木이 남편이고 토다목절(土多木折)에 걸렸다. 10리 가다가 나무 한 그루 있으니까 남편의 얼굴 보기가 힘들겠다. 火土중탁격이고, 견겁태왕격이다. 시집가면 괜히 남의 집 남자(서방) 하나 꺾으니까 혼자 사는 것이 좋다. 土가 많아서 오천평으로 뚱뚱하니까 남자가 안을 수가 없더라.

사주 예(227)

丙 ⓘ 庚 辛
戌 子 子 未

이 사주는 일지도화에 관부족이요, 상식태왕에 견겁이 많아 재취입가에 부군이 바람둥이이다. 이 사주는 상식에 비견겁이 많아서 소실 아닌 소실 팔자이고 남편 꺾는 팔자이고 속임수 결혼 당하는 사주이다. 직장동료와 결혼했는데 유부남이었다. 첫날밤 지나자 3살짜리 딸이 들어오더라. 속임수 결혼 당했다.

서방이 丙戌로 전기기술자이다. 해외 나가서 있다. 丙寅년에는 서방과 같이 살게 되는 해이다. 주로 관이 합해서 들어오는 해이다.

金水냉한으로 남자를 모르는 체질이니까 서방이 바람을 많이 피우더라. 金水쌍청은 얼굴이 깔끔하고 하얗더라. 비듬이 많다. 피부가 하야면 비듬이 많고 피부가 억세다. 이 사주는 未戌형이 있어서 물이 흐려지니까 얼굴이 새까맣다. 木火용신이다. 卯는 子卯형이고, 왕자를 건드려놓고 습목이므로 木生火 못한다. 庚辰년에 친구가 일지로 삼합되니까 자꾸 여행 다니자고 하더라. 미국 간다면 子辰水국으로 자식이 불러서 해외여행 갔다. 60살 정도에 이혼했다면 돈 문제로 이혼하는 경우가 많다. 같이 살다가는 모두 물어주어야 하니까.

사주 예(228)

乙 ㉠ 辛 壬
卯 巳 亥 戌

癸水일주에 시지도화요, 일지충에 귀문관살 놓고, 관부족에 암장관합하여 15세 연하와 동거하였다. 시지卯가 도화이고 자식이니까 바람나서 얻은 자식이니 비밀자식이고 부정포태이다. 巳중의 戊, 戌중의 戊가 남자이고, 巳亥충이 되어서 탁수이다. 巳戌귀문, 원진이다. 원수가 인연 됐고, 남자를 신경쓰이게, 미치게 만드는 팔자이다. 남녀가 자식 낳고 산다면 혼인신고 안 해도 사실혼으로 인정된다.

사주 예(229)

辛 ㉠ 壬 戊
未 卯 戌 午

己卯일주에 도화관이요, 또 관부족하여 8세 연하와 동거하였다. 일지에 편관이고 도화관이다. 고로 남의 남편이 내 남편으로 행세한다. 寅午戌에 卯가 도화이다. 중말년에 이혼한다. 午戌火국에 火생土 받아 똑똑하다. 丁己일 재관격이니까 소실 노릇해도 법관의 소실 노릇한다. 일지에 관은 동거이다. 타주의 관이 일주와 합이 되어서 들어오면 동거한다.

甲寅년에는 甲己합으로 이성이 생겨오는데 고란살이니까 홀애비다.
사주에 재가 많으면 먹을 것이 많이 들어온다. 사주에 인수가 많으면 옷 선물이 많이 들어온다.

사주 예(230)

壬 ㉠ 癸 癸
戌 巳 亥 酉

癸水일주에 신왕이요, 관부족하고 또 귀문관살 놓아 소실이요, 음란하고 연하의 남자와 연애하였다. 水일주가 水기태왕이고 비견겁이 많다. 음지이고 음란하고 남의 남자 뺏어서 살아야 한다. 소실이니까 이렇게 말했다. 巳戌귀문으로 신강해서 변태성이다. "아유, 무슨 놈의 잠자리가 이렇게 시끄러워요. 세 집 건너 네 집 건너도 들리겠네." 했더니 웃더라.

巳중의 戊와 戊癸합으로 자기 자가용 운전기사와도 썸씽 있었다. 壬寅운이면 寅巳형으로 시끄럽지만 수습은 된다. 午(말띠)를 개입시켜라. 木火 용신으로 돈이라면 정신 없더라.

庚辰년에는 동축진(冬丑辰) 급각살이다. 나이가 60대 후반이니까 낙상수이다. 水기태왕이니까 긴 병 앓다가 죽어야 하니까 풍(風) 맞는다. 壬辰년에는 급각살에 자고이니 역시 낙상 조심해라.

사주 예(231)

癸 ㉡ 壬 丁
卯 子 子 亥

壬水일주가 다봉도화에 水기태왕 하고 水木응결 되었고, 무관성하여 소실 노릇하였다. 水기태왕에 관이 없고 子도화가 많다. 土가 서방인데, 고로 이 여자는 항시 "나를 이길 사내 있으면 나와봐라." 한다. 亥子水인 물이 子卯형이니 물이 가만히 있지를 않는다. 고로 "이 세상에 태어나면서부터 풍파를 끼고 산다." 木火용신이다. 卯가 습木이니까 "아이구, 이 답답아!" 한다.

⑩ 남편의 납치(拉致), 실종 또는 무책임(탈부 포함)
① 괴강 또는 차착일에 출생하고 관불균자

괴강살을 놓은 여명은 지나치게 강하여 부군을 꺾게 되어 있는 중 또 辰과 戌은 나망살로 일지 부군의 자리에 있으므로 부군이 납치당하거나 가출하고 또는 무능력자로 만들어 본인이 가구주가 될 수밖에 없다.

음양차착살 또한 부군이 바람나는 살인데 이는 진신(進神)에서의 12일 외에 출생되어 방외(房外)로 취급되기 때문에 부군이 집을 비우기 쉬워지는데 여기에 관성부군이 불균되어 있으면 흉이 가중되므로 틀림없다.

남편이 없어지는 것이 납치이다. 6·25 등으로, 또한 다른 여자가 나의 남편을 뺏어 가는 것도 납치이다. 역마지살이 형, 충 되면 납치이다. 길을 잃어버리는 것이 되기 때문이다. 나망살, 수옥살도 납치이다. 괴강살도 납치인데 단, 사주가 나쁠 때이다. 음양차착살도 음양차착살에 출생하고 사주가 나쁠 때 해당한다. 음양차착살은 丙子, 丁丑, 戊寅, 丙午, 丁未, 戊申, 辛卯, 壬辰, 癸巳, 辛酉, 壬戌, 癸亥일을 말한다.

② 견겁태왕 또는 상식태왕자

견겁이 태왕하면 자연신왕되고 신왕된 만큼 관성이 부족되기 때문에 탈부되고, 상식은 본래가 극관살하는데 상식이 태왕하면 관살은 존재하기 어렵기 때문에 남편은 가출하고 탈부되며 무책임하다.

③ 남자가 무책임인 팔자, 남편 농사가 안 되는 팔자

관고 있는 사주다. 상식이 많은 사주는 남자가 기를 못 펴니까 책임 못 진다. 또 재살태왕자는 마누라의 돈 뺏고, 쥐어패기까지 하더라. 관살태왕자는 하격으로 여러 번 시집간다. 즉 재다신약, 관살태왕, 재살태왕자 모두 부군에게 배신당하는데 재다신약은 재생살하며 관살태왕은 천격이요, 여러 번 시집가며 또 남편은 똑똑하고 본인은 못난이가 되어 부군을 모시기 어렵고, 또 왕한 관살이 일간 본인을 업신여겨 부군 마음대로 행동하며 배신하기 때문이며 또 재살이 함께 태왕자는 재생살하여 일주를 극하기 때문에 내 것 주고 배신 당한다.

※ 참고사항

부군의 납치라 함은 크게는 6·25 전쟁 당시 이북으로 끌려간 것으로부터 적게는 소실에 빼앗기는 것까지도 해당하며, 무책임이란 아무것도 하지 않고 놀고 먹으며, 또는 남편이 소실에 정신이 팔려 가정을 전혀 돌보지 않는 것도 해당한다.

그리고 흔히들 남편이 바람을 피우고 있다 하면 당장에 뿌리를 뽑으려고들 하는데 잘못 하면 오히려 화를 자초하게 되므로 이러할 때일수록 상황판단을 잘 하여야 한다. 다시 말하여 무조건 막으려고만 하지 말고 현재 남편과 소실 사이가 얼마나 미쳐 있는가를 알아야 되니 만약 너무 미쳐 있다면 그 순간만은 피하여야 할 것이다. 이유인즉 누구든 한 가지 일에 너무나 집착되어 있으면 주위를 망각하게 되며 또 아무것도 보이지 않기 때문에 아무리 좋은 말을 하여도 먹혀들지 않기 때문이다.

따라서 미치는 것도 한 순간에 지나지 않을 것이니 미치고 난 다음 해이하여질 때를 이용하여 회유한다면 별 탈 없이 다시 나의 곁으로 돌아오게 되는데, 만약 억지를 부린다면 반드시 예기치 않은 결과가 발생하는 것이다. 가령 미치면 미친 도수에 따라 그만큼 빠르게 달리고 있는 것과 같으므로 무조건 한꺼번에 막으면 넘어지게 되어있으니 어찌 자연의 이치를 거역할 수 있겠는가?

사주 예(232)

庚 ㊉ 壬 丁
戌 辰 寅 卯

이 사주는 壬辰괴강살에 차착살이요, 상식다봉에 관살충파로 본부 납치당하고 노랑에 재가하였다.
"남편이 살아서 올 수가 있을까요, 없을까요?" 그러면 역학자는 말한다. "남쪽으로 갔어요, 북쪽으로 갔어요?" "남쪽이오." 火생土로 관이 살아나니까, "살아서 옵니다." "북쪽이오." 水생木, 木극土 하니까 "못 옵니다."

辰戌이 나망살에 충이고, 壬辰이 괴강이고, 寅辰木국으로 土인 남편을 木극土해버린다. 즉 상식이 많아서 남편궁이 나쁘다. 식거선살거후이다. 상식인 木이 많고, 土인 관살이 부족하니까 제살태과가 된다. 고로 관을 살려야 한다. 火土용신이다. 고로 火土운이 좋다.

卯운이면 卯戌합으로 서방이 활동중지다. 용신이 활동정지이다. 상식이 많아서 남의 자식 키워주어야 한다. 재고가 충 받아서 음식솜씨는 별로이다. 남편이 庚寅년 6·25 때 납치 당하고 노랑에게 재가했다.

사주 예(233)

己 ㊉ 戊 辛
未 午 戌 未

戊土일주 견겁태왕에 무관성이요, 未관고 놓아 부군이 작첩하고 본인은 무자(無子)다. 火土중탁이다. 자식이 없으니까 남편이 바람났다. 비견겁이 많아서 이복형제가 있다. 고로 친정아버지가 바람둥이다. 水인 재가 없으니까 친정아버지와 인연 없고 시집 와서는 시어머니 무시하고 살고 시어머니 꺾는다.

스님 팔자와 같아서 자식, 남편, 돈과는 인연 없다.

사주 예(234)

乙 ㉡ 庚 己
亥 卯 午 卯

이 사주는 己卯일로 일지편관인데 또다시 관살다봉에 신약하여 부군에 배신당하였다. 지형천리 팔자다. 월에 인수니까 자라면서는 귀여움 받고 자랐으나 밖에만 나가면 木극土로 들어오니까 시집가면서부터 고생이다. 친정으로 가면 양지요, 밖으로 나오면 음지니 아이구 죽겠다. 辛未대운에 귀여움 받고 잘 자랐고 壬申대운에 집안 망했다. 癸酉대운에 결혼해서 배신당하고 사는 것이 고통이다.

甲戌대운에 간합지합으로 시집간다. 몇살에 갈까? 36살 甲寅년에 대운과 세운에서 甲己합이다. 고로 결혼한다. 개 키우면 이 사주는 좋다.

사주 예(235)

丁 ㉥ 壬 庚
未 戌 午 申

이 사주는 壬戌괴강에 양차살이요, 관성백호에 未戌로 형하고 부(夫) 상부살에 재살태왕하여 그의 남편이 6·25 당시 전사하였다. 壬水는 백호, 괴강에 未戌형으로 물이 완전히 탁수이다. 재살이 많다. 재가 午戌火국으로 많다고 해도 다재무재가 된다.

애당초 시어머니가 둘이다. 戌이 火의 고이고, 未중의 丁, 午중의 丁이 있다. 丁壬합 未戌형으로 시작은 좋으나 결과는 나쁘다. 戌이 재고요, 관고로 남편의 무덤이다. 건강이 나쁘고, 지구력, 인내력이 약하고 생리불순이다. 이 사주의 병은 욕심이다. 마음 비워라.

사주 예(236)

壬 ㊅ 甲 癸
戌 卯 寅 卯

이 사주는 상식태왕에 관성백호요, 또 관부족에 卯戌합으로 묶여 부군이 무능력하였다. 癸卯일주 풍파 끼고 산다. 월에 망신으로 어머니가 재취이다. 년에 癸卯이고 일주가 癸卯이니까 나가도 풍파요, 들어와도 풍파로다. 거기에 상식이 많다.

남편을 卯戌합으로 꽁꽁 묶어놓았다. 남편의 무능력이다. 상관격이고 득령, 득지, 득세 못했다. 식거선살거후인데 너무 심하게 木극土하고 있으니 제살태과로 戌을 살려야 한다.

남자가 제살태과면 석양의 무법자이고, 여자가 제살태과면 성질 났다 하면 남편도 몽둥이로 쥐어패버린다. 水木으로 연결되니 겁이 없다. 데모 선봉장이다. 무서운 게 없다.

土극水로 매를 맞아야 하는데 木극土 하니까 때리지를 못한다. 木과 土가 전쟁이다. 즉 식거선살거후 그 자체가 바로 관식투전이다. 오직 火만이 모든 것을 평안하게 할 수가 있으니 무조건 돈 벌어야 하고, 돈 있어야 서방이 나를 안 팬다. 몸은 뚱땅하다 戌이니 종교 가져야 하고 戌이 합으로 들어오니까 연애결혼한다. 결국은 여자의 기가 너무 강해서 남편 꺾는다. 월에 상관 놓아서 水생木으로 할 소리 다 하면서 산다. 이런 팔자는 "바보, 멍충이!" 하면 약 오른다. 화내게 하는 방법이다. 사주에 木이 많으면 바람이 심하니까, 세상 사는 데 그 자체가 바로 풍파로다.

※참고

①상식이 많은 사주는 매가 튕긴다. 매살 있다. 간첩이고 해결사이다.

겁이 없어서이다. 가령 金에게 火가 "너 때린다." 하면서 火극金 하니까 찰싹 달라붙으면서 "때려봐라" 하고 "꽁!" 하며 힘을 쓰자 金 생水로 水가 나오더라. 水극火 하니까 매가 톡 튀더라. 이것이 상식이 많은 사주의 특성이라는 것이다.

관살이 많은 사주는 매가 엉덩이에 철썩 달라 붙는다.

② 乙戊辛壬
　卯午亥辰 서방 죽은 지 1년 지나서 상담하러 왔다. 寅午戌에 卯가 도화로 관이 보인다. "연하의 남자가 당신 문 앞에서 기다리고 있을 테니까 조심하시오." 했더니 자기에게는 그런 일 없다고 장담하고 갔다. 乙卯木이 도화니 바람둥이고, 천하의 날라리 남자다. 3년도 못 되서 다시 찾아왔다. "큰일났어요, 선생님. 선생님 말씀대로 3살 연하에게 코 꿰어서 4천만원 날렸어요." 하더라.

나. 자손론(子孫論)

남자의 자손은 관살이요, 여자의 자손은 상식이 되는데, 이유는 여자는 본인이 직접 자손을 낳기 때문에 아생자 상식이 되고, 남자는 자기의 처가 낳은 자손이 본인의 자손이 되므로 재가 생하는 관살이 자손이 되는데, 주의할 것은 나의 자손이 아닌 남의 자손은 상식이 된다.

남녀가 결합하여 부부가 되고 또 그 부부의 결정체가 자손으로 변화하여 파생하고 있으니 자손은 바로 각자의 개체적인 영생은 물론 정신적인 영생이 되므로 본인은 비록 노쇠하여 이 세상을 떠난다 하여도 알고 보면 가는 것이 아니라 남는 것이며, 죽는 것이 아니라 변신하여 삶하고 있는 것과 같다 할 수 있으니 어찌 죽음에 대하여 두려워하겠는가. 상생의 원리로 볼 때 木은 木생火함으로써 火에 분소(焚消)된다고는 하나 알고 보면 木은 火로 변화하여 존재하고 있는 것과 같기 때문에 동서고금을 막론하고 자손을 얻고자 함은 곧 자신의 변신을 보고자

하는 욕심에서일 것이다.

자손은 이와 같이 자신의 변신이면서도 또 자기 자신을 보호하고 있는데, 이는 자손이 어렸을 때는 부모의 양육을 받으나 자손이 성장하고 부모가 노쇠하면 자손에 의지하게 되니 이것이 바로 부모와 자손, 자손과 부모는 공존하고 있음이다.

그러나 이와 같이 고귀한 자손이라 하여도 모두가 바란다고 얻어지는 것도 아니고 또한 자손이 있다 하여도 노년에 의지처가 되는 것도 아니니 운명에 따라 자손으로 인하여 부귀영화를 누리는가 하면, 자손 때문에 패가망신하고, 또 어떤 사람은 곰보든 째보든 하나라도 낳아보았으면 하고 애타게 기다리는 자도 있으니 세상사가 그만큼 고르지 못함인가.

우리가 일반적인 생각과 의학적인 견해로 볼 때 여자의 배란기에 합방하면 모두가 잉태될 것 같으나 꼭 그러한 것도 아니니 역시 의학도 전부는 아니며, 그 이전에는 한 인간이 출생되는 데는 물론 당사자의 노력과 건강, 그리고 환경이 중요시되고 있으나 이보다 더 중요한 것은 부모님 및 조부모님 등의 유전인자가 각자에 미치는 영향이 더욱 중요하기 때문에 선천과 후천, 형이상학 등이 균형을 이루고 조화가 될 때 비로소 제2세는 출생되는 것이다.

그리고 자손은 관으로서 본인의 결실이 되므로 만년지영욕을 좌우하고 있기에 가장 소중히 하여야 되겠고 또한 부모와 자손은 천륜으로서 끊을래야 끊을 수 없는 관계이므로 혹 자손에게 잘못이 있더라도 일방적으로 자손에게만 책임을 전가시키지 말고 함께 풀고자 노력하고 또 자손이 불구라 하여도 그 아픔을 같이 할 줄 아는 부모의 입장이 될 때에 비로소 부모와 자손간의 정은 더욱 돈독할 수 있을뿐더러 대화가 원만하고 나아가서는 가정도 화목하게 될 것이다.

한 가정을 100이라는 수치로 볼 때 부모와 자손이 50:50으로 균형을 이루어야 발전이 있는 것이다. 만약 부모가 차지하는 범위가 80이라면 자손의 몫은 20밖에 안되므로 종내는 자손은 부모에 의하여 밀려나고 소멸되며 부모의 그늘에 의하여 자손의 존재는 잊혀져간다. 이것이 곧 부모가 돈을 너무나 많이 벌면 자손은 벌지 않고 쓰기만 하게 되어 있고, 부모가 너무 똑똑하면 자손은 허약하고 못났으며, 심지어는 정신박약이나 불구가 있고, 또 오래 살면 자손은 꺾어지게 되어 있는 것이 모두 이러한 이치에서다.

그리고 아버지와 아들의 관계는 엄격하게 구분되어 있으나 어머니와 딸의 사이는 모녀간이면서도 때로는 친구같기도 하는 것이 남자와 여자와의 차이이다. 또 아버지가 지나치게 엄하면 엄할수록 자손의 반발을 사기 쉬우니 엄하기 전에 모범이 되어야 하겠고, 자손궁이 약하여 흠이 된다면 남의 자손을 양육함으로써 모자람을 보충할 수 있어야 한다. 이것이 곧 본인의 자손에 대하여 보이지 않는 큰 도움이 되는 길이다. 또 젊어서 낳은 자손은 몸을 아끼지 않으나 노래(老來)에 얻은 자손은 머리만 쓰고, 자손이 없는 팔자가 자손을 얻으면 그 자손으로 인하여 망신이 중중함으로 무자식이 상팔자라는 말이 저절로 나오게 되어있다. 그리고 다음 자손이 그 사주에 귀성이 되면 자손을 얻고서 가정에 발영(發榮)이요 또 성장함에 따라 발전하게 될 것이지만 만약 흉성이 된다면 자손을 얻고서 가패(家敗)가 될 것이니 이러한 때에는 빨리 분가시키는 것이 좋다.

아직도 우리 사회에서 아들에 대한 선호도가 높은 것은 동양의 도가종적으로 구성되어 있기 때문이며 또한 운명에서 딸 자손은 타가문으로 시집 가기 때문에 자손 즉 아들로 인정하지 않는다.

또 아들이 많은 가정이 딸이 안 되고, 딸이 많은 집은 아들이 안되며 남녀를 불문하고 지나치게 예쁘면 자손이 없기 쉬운데, 이는 꽃 중에서도 너무나 예쁜 꽃은 열매가 없는 이치와 같고, 또 사주가 중화를 잘 이루고 있으면 아들 딸 모두 낳을 수 있으나 일간이 지나치게 약하면 딸 자손이 많으며 심지어는 무자요, 지나치게 강한 자는 자손을 편생(偏生)하기 쉬우니 아들이나 딸을 계속해서 낳게 된다. 또 남편의 기가 강하면 아들이요, 부인의 기가 강하면 딸이 되고, 일간 허약자가 아들을 얻고자 할 때는 일간이 왕성한 운에 득자하여야 되며, 또 지나치게 냉한하거나 건조하여도 딸만 편생한다. 미국의 의사가 악어알을 34℃ 이하로 부화를 시켰더니 암컷이 많았다는 실험이 실감나는 것이다.

그리고 여자의 일주가 허약하면 자력으로 출산하기 어려우니 병원에서 출산할 것이며, 자손궁과 충형살 등이 임하면, 자손과 동거하기 어렵고, 물려준 재산도 간직 못한다. 부모님들이 특히 주의할 것은, 본인들이 성취하지 못한 꿈을 보편적으로 자손한테서 구하고자 하는데 이는 자손의 적성을 파악하기 전에는 지극히 위험한 장난이 될 것이라는 점이다.

지금까지 자손에 관한 일반론을 전개하였고, 다음은 실체적인 측면을 논해보자.

남자는 관살이 자식이고 여자는 상식이 자식인데, 이때 실제적으로 음자손은 딸이 되고 양자손은 아들이 된다는 것이다. 가령 남자가 甲일주면 辛이 딸이고 庚이 아들인데, 아들과는 甲庚충으로 뜻이 잘 안 맞는다는 것이다.

남녀 모두 다 자식되는 글자가 용신이면 자식 없으면 못 산다. 서방보다도 마누라보다도 자식이 제일이다. 가령 丁甲○○/卯子○○는 丁이 용신이지만 습목으로 木생火 못하니까 자식 때문에 근심걱정이 끊일 날이 없더라. 丙甲○○/寅子○○는 丙이 용신으로 자식 때문에 살아간다. 그러나 ○乙壬丁/○○子亥은 乙에게 丁이 딸이다. 丁壬합에 丁亥(壬)합에 음란지합이니 "딸내미 하나 기똥찬 애 두었네요." 딸이 바람둥이라서 마음 아프다는 것이다.

남자의 경우 ○甲丙丁／○午午未은 金이 관살로 자식이다. 火가 많아서 자식이 없다. 火는 상식으로써 할머니가 많은데 할아버지가 바람 많이 피워서 할머니를 자꾸 바꿔치기 했더니 그 업으로 손자대에서 대가 어렵다는 것이다. 자손은 관살이므로 결실이다. 부와 아들은 엄격히 구별했지만, 모와 딸은 친구요, 모녀지간으로 격의가 없다. 할 소리 다 하면 좋다.

甲壬戊戊／辰申午申의 여자다. 역마지살에 인수이다. 영어강사인데 己卯년에 결혼했다가 그 해에 이혼했단다. 壬水일주가 水기가 많아 혼자는 못 산다. 고로 "정신연령이 높아서 그러니까 나이가 좀 많은 남자와 결혼하시오." "혼자 살아야 해요? 시집을 또 가야 해요?" 한다. "그것은 본인이 더욱 잘 알 겁니다." 성감이 발달해있어서 남자 없이는 못 사는 체질이면 시집 가야 하고, 남자 모르는 체질이면 혼자 살아도 됩니다.

월에다 재나 살을 놓은 사주는 아버지가 호랑이처럼 엄하다. ○丁辛○／卯丑酉○는 아버지 되는 글자가 강해서 도저히 아버지 따라갈 수가 없다. 또한 丁이 월에 재 놓아서 공부 못한다. 金인 아버지가 丁을 볼 때는 마음에 도저히 안 찬다. 고로 아버지 컴플렉스다.

자손궁이 약해서 흠이 된다면 남의 자식을 양육함으로써 모자라는 자식을 보충할 수 있어서 이것이 자손에 도움이 된다는 것이다. 자손이 없는 팔자가 자손을 얻으면, 그 자손으로 인해서 망신이 뻗치니 무자식이 상팔자라는 말이 나왔다. 자손이 용신이면 자손이 커갈수록 가정이 발전하고, 자식이 기신이면 자식 얻고서 집이 기울기 시작한다. 고로 빨리 분가시키는 것이 좋다. 자식이 흉신이면 자식에게 능멸당하고 자식이 본인을 위하지 않는다. 남녀 모두 너무 예쁘면 자식이 귀하다. 일년 중에서 자식 낳는 좋은 시기는 가을이 제일 좋다. 왜냐하면 인간은 온혈동물이므로 70%가 木火용신이니까 대운이 앞으로 가든지 뒤로 가든지, 중말년에 木火대운이 들어온다는 것이다. 악어같은 동물의 경우 34도로 부화시키면 암컷이 90% 이상이고, 35도로 부화시키면 수컷이 90% 이상이다.

1 귀(貴)한 자식을 낳는 사주
〈남자〉
① 신왕관왕사주

남자는 극아자 관성이 자손이 되는데 신왕하고 관왕하면 건강한 체질에 좋은 자손 즉 귀자가 되며 또 좋은 자손을 충분히 양육할 수 있어 좋다. 신왕하면 본인도 똑똑하고, 관왕으로 자식도 똑똑하다. 단 삼합국이어야 한다. 양대정승(兩代政丞)이다. 아버지도 정승, 자식도 정승이다. 요즘은 총리다.

② 재가 왕한 자

재왕자는 자연재생관하여 좋은 자손을 낳게 하고 키울 수 있게 하는 바탕이 되기 때문이다. 재가 삼합국으로 이루어지고 재생관을 할 수 있어야 귀한 자식을 둔다. 만약 재생관이 안 되면 돈복은 있지만 자식복은 없다. 가령 ○○辛○丁／○○卯亥의 경우, 亥卯는 재국이지만, 木생火는 안되므로 돈복은 많지만 丁자식복은 없다. 남자에게 관자식 되는 글자는 재라는 마누라에 근거지를 두고 있으므로 마누라가 없어지면 자식도 같이 간다. 재관은 동주니까. "밭이 좋아야 자식이 좋습니다." 남자는 돈 벌어서 자연히 재생관으로 자식에게 가게 되어 있다.

③ 신왕에 재관이 왕하거나 관국자

재관왕에 신왕은 자손 되는 관성이 재의 힘을 얻어 잘 성장하며,

관국자는 자손이 득국이라 귀자가 되는 것이다.

〈여자〉

① 신왕사주에서 상식이 득국된 사주

여명은 아생자 상식이 자손인데 신왕하고 상식이 득국하면 좋은 어머니에 좋은 자손이 되어 귀자다. 여자에게 상식이 자손이지만 관이라는 서방과 대비시켜서 추리해야 한다. 즉 상식이 좋지만 남편궁이 미약하면 자식이 똑똑할 수 있겠는가?

② 신왕에 상식이 득장생한 자.

신왕은 모체가 튼튼한 중 상식이 득장생하였으니 좋은 자손이 충분하게 꽃을 피울 수 있으므로 이 모두가 귀자를 얻게 되는 것이다.

가령 丙㊛○○ / 寅子寅○ 는 丙자식이 寅에 장생하고 있다. "서방복은 안 주었지만, 자식복은 주었네요."

※참고사항

① 양자손은 아들이요, 음자손은 딸이고

양자손의 수기(秀氣)는 아들이, 음자손의 수기는 딸이 잘 된다. 여기서 수기라 함은 천간에 있는 자(字)가 통근해서 힘이 있는 것을 말하고, 투출(透出)이라 함은 천간에 나와있는 것을 말한다.

② 손궁 즉 시주에 卯, 酉, 戌이나 형살이나 천문성인 戌, 亥가 임하면 의약업의 자식이나 법관을 둔다.

③ 일시에 합은 자손과 화합한다.

④ 양일음시는 선남후녀이고, 음일양시는 선녀후남이다.

양일양시에 일주강이면 아들연생(連生) 또는 쌍둥이, 년년생이고 음일음시에 일주약이면 딸 연생이다. 쌍둥이 잘 낳는 일간은 金일주이다. 쌍둥이 낳는 사람은 인중에 점이 있다.
⑤ 자손이 삼합권에 들면 자손에 변화 있고, 자손이 생조받는 해에 자손의 경사가 있으며, 자손의 오행에 따라 자손의 직업을 분류하여도 된다.

사주 예(237)

甲 ㊁ 己 己
寅 辰 巳 未

戊土일주의 아들 甲寅木이 寅辰으로 득왕하고 또 좌하寅에 녹근(祿根)하여 귀자를 두었다. 아들이 교육가이고, 戊土는 쌍己土로 말 잘한다. 편인격, 건록격, 견겁태왕격이고 시상일위귀격이다.

甲寅木이 아름드리 나무로서 편관이니 자식이다. 아들이다. "아이구, 자식 하나 잘 두었군요. 어디를 가나 대들보 노릇은 하겠네요."

이 사주에서는 辰이 습土로 작용하기 때문에 내 자식이 잘 되게 된 것은, 나의 형제가 힘이 되어주었다는 것이다. 나는 戊土로 조토가 되니 자식 키우기가 힘이 드는데 辰인 삼촌이 甲木 내 자식을 서울로 데리고 가서 공부시켰더라. 甲木이 辰에 뿌리내려서 잘 되었다는 것이다. 庚辰년에는 甲庚충으로 자식이 공부 안 되고 취직도 어렵다. 만약 庚申년이면 간충지충이다. 사고수, 관재수, 이혼수이다. 역마지살에 충이니까 교통사고 조심하라. 午, 戌년이면 삼합이니 자식의 변동수이다. 申년이면 申辰水국에 寅申충이다. 직장(寅)은 떨어지고 水인 돈은 많아진다. 직장퇴직해서 퇴직금 받는다. 戊辰백호에 辰이 재고니까 마누라가 항시 아파서 걱정이다.

사주 예(238)

壬 ㊄ 甲 丙
辰 申 午 寅

丙火일주가 丙午로 신왕하고 또 申辰水국에 壬水로 관왕하여 부자가 모두 귀하게 되었다. 양인격, 신왕관왕이고 시상일위귀격이다. 壬이 자식인데 申辰水국으로 멋지게 국을 이루니 자식이 길하다. 丙壬충은 충불충이다. 壬이 辰에게 입묘되니까 자식 중에서 속 썩이는 자식 있다. "다 좋은데 자식 중에서 속 썩이는 자식 있네요." 양인이므로 군인 출신이면서 총리 한 자리는 한다. 申이 재로 부(富)이고, 申辰水국으로 귀이니 부귀겸전이다. 水가 없어져도 申이 金생水 해온다. 명관과마이다.

7년 대한(大旱)에 봉감우(逢甘雨)의 사주이다. 火가 많아서 7년 가뭄인데 水국으로 비가 내리고 있다. 고로 어딜 가든지 환대받는 사주다. 정신적으로 미치는 그 영향은 지대하다. 외교관 사주이다. 나도 잘 되고 자식도 모두 귀하게 되었다. 丙일주로 할 말 다 하고 산다. 만약 이 사주가 신생아 사주라면 "이 사주는 그냥은 못 보아줍니다. 어디 배 짱껏 상담료 한번 내놓아보시오." 해보라. 조금 내 놓으면 "어허 좋은 사주 버렸소이다. 이 사주 키우려면 투자 좀 해야 하는데 그렇게 그릇이 작아서야 어디 되겠소?"

사주 예(239)

己 ㊁ 辛 辛
酉 巳 丑 酉

丁火일주가 巳酉丑金국에 종재한 중 충분하게 생관水 자손할 수 있어 귀자를 두었다. 종재격이다. 자식이 잘 되었다. 가끔은 종을 안 할 수도 있다. 이런 때는 얼굴을 보라. 또는 火운에 길인지 흉인지 물어보라. 종재라면 얼굴에 밥이 붙어있으니까 턱도 두툼하게 퍼져 있어서 좋고, 만약 종재격이 아니면 재살태왕이니까 갈비씨가 된다. 파격이다. 깨끗한 사주이고, 水가 없어도 金국이니까 金생水 해온다.

종재격은 신왕재왕격과 똑같고 처세가 참 좋다. 종은 자의(自意)에 의한 것이 있고, 타의(他意)에 의한 것이 있다. 이 사주에서는 하고 싶어서 종을 한다. 火생土, 土생金으로 가니까 내가 종을 하고 싶어서 한다. 만약 상식이 없으면 어쩔 수 없이 간다. 즉 火金상전으로 내가 죽으니까 어쩔 수 없이 종을 한다. 金水운이 좋고, 木火운이 나쁘다.

종격사주는 특이성 체질이 많다. 오장육부로 봐서는 종재니까 金이 당권하고 있어서 폐가 다른 오장의 역할을 모두 대신해주고 있다. 고로 특이성 체질이 된다.

사주 예(240)

癸 ㉙ 壬 壬
亥 子 子 申

戊土가 水다로 종재이나 재성이 과다투출하여 본인은 평민이나 亥水가 생관木 할 수 있어 자손이 의사요, 법관이다.

사주 예(241)

辛 ㉙ 戊 己
酉 辰 辰 巳

戊土일주가 火土다(多)로 신왕한 중, 자손金이 득록(得祿)에 국(局)하여 군의관으로 출세하였다. 辛인 딸만 잘되고 아들은 안된다. 木인 정충이 약하니까 아들은 안된다. 木이 서방이고 정충인데 암장으로 되어 있다.

酉가 도화이고, 미인이니까 미스코리아감이다. 辰酉합金으로 강하니까 딸의 사주에는 신왕관쇠가 되어서 해로하기가 힘들다.

丙寅년이면 丙辛합으로 따님이 丙에게 미쳐서 돌아가다가, 丁卯년이면 火극金, 卯酉충으로 만세 부르더라. 辰酉합으로 딸과는 함께 살아야 한다.

이 사주는 戊土산에 木인 나무가 없어서 보석광산으로 살아야 하니까 편법으로 살아야 한다. 고로 소실로 사는 게 더욱 행복하다.

사주 예(242)

甲 ㉵ 己 辛
寅 丑 亥 亥

癸水일주가 水다로 신왕하고 甲木자손이 득근이요 寅亥로 木국하여 자손이 공학박사요 3자를 두었다. 癸水가 동(冬)丑辰 급각살로 土인 서방이 모두 얼어 있다. 그러나 다행히 甲寅木인 자식이 용신이니까 자식만 싸고 돌더라. 서방이 癸水 앞에만 오면 꽁꽁 얼어버린다.

甲寅木, 亥중甲木, 甲木으로 상식다(多)니까 남의 자식 키워줘야 한다. 水다(多)하니까 水생木으로 흘려보내야 한다. 甲寅木이 흡수 잘하니까 시원하게 잘 살아간다. 단, 庚申년 만나면 수로가 막히고 물이 범람한다. 귀인이 아니라 원수이다.

2 무자팔자(無子八字) (남자기준)
① 일간 심약(甚弱)에 관살태왕이나 또는 상식태왕자

일간이 허약하면 우선 기(氣) 약하여 자손을 얻을 수 없는 데다 관살이 태왕하거나 상식이 태왕하면 일간이 더욱 약하여지고, 또 관살태왕은 다자무자에 해당하며 상식태왕은 극관살 자손하여 무자가 된다.

가령 戊㉡庚戊 는 관살태왕이다. 다자무자로 아들 낳을 힘이 없
    寅酉申申
고 하더라. 신약해서 金이 내 것이 아니다.

庚㉡庚戊 는 상식태왕이다. 木인 관살이 죽는다. 고로 자식이 들어
午酉申申
오지 못하니 자식 없다. 상관은 할머니로 할머니 산소에 바위가 있어서 손자가 없단다.

② 자손궁에 즉 시주에 공망이나 또는 형이나 충이 임한 자

시주인 자손의 자리에 공망이 임하면 자손이 없는 것으로 해석되며 또 형살이나 충이 임하면 손궁이 파괴되어 자손이 없게 되는데 본항만은 타주의 관살여부를 잘 살펴 결론을 내려야 한다. 자손궁이 형충이면 깨졌다는 것이다. 남편 사주에 자식 없고, 부인 사주에도 자식이 없으면 해로한다.

③ 지나치게 건조하거나 한냉한 사주

사주가 지나치게 건조하거나, 지나치게 추우면 씨앗이 발아되지 않으니 정충이 살아나지를 못한다. 지나치게 건조하거나 냉한하면 만물이 고갈되거나 또는 응결되어 성장할 수 없기 때문에 무자하게 되는데 1, 2, 3항이 중복되면 이는 피할 수 없게 된다.

그리고 혹 무자의 운명에 해당한다 하여도 후천적인 운에서 자손되는 관이나 재생관하는 재운이 잘 들어와서 자손을 얻는다 하여도 그 운이 지나가면 선천적인 원명대로 다시 무자를 면하기 어려운데, 단 피할 수 있는 것이 있다면 그 자손을 내 자손이 아닌 양 멀리 보내면 후일을 기약할 수 있는 것이다.

※ 참고사항

① 관살태왕 무자는 5대 조부님의 죄의 대가 때문이고, 증조부의 풍류가 무자를 만들었다.
② 상식태왕의 무자는 조부님의 풍류가 원인이요, 득손 후 자손이 사망한다.
③ 일시상충, 형살, 공망 등은 말년 무자에 상심한다.
④ 火土중탁, 金水태왕은 선대에 종교와 인연 때문에 무자다.

사주 예(243)

乙 ㊊ 戊 甲
卯 申 辰 子

戊土일주가 허약한 중 관살태왕하고 손궁이 공망이요, 귀문관살 놓아 무자가 되었다. 신약하고 조후가 안되어있다. 조후가 안되고 水국이니까 풍습(風濕)이 내왕(來往)하여 항상 몸이 찌뿌듯하다. 음지전답으로 허리 아프고 위장병이 있다. 卯申귀문관살이니까 "당신은 평생토록 자식 때문에 근심걱정이 떠날 사이가 없다고 했는데 어찌된 일입니까?" 하고 해보라. 火가 필요하다.

사주 예(244)

壬 ㊋ 丁 甲
寅 子 卯 寅

이 사주는 壬水일주가 寅卯木국으로 상식태왕한 중 손궁이 공망되어 무자다. 진상관(眞傷官)이다. 土가 관살로 자식인데 木다 하니 토붕(土崩)이다. 정충이 소멸되어서 자식을 못 낳는다. 똥배짱 하나는 있다. 木이 간, 담이고 상식이니까 배짱인데, 金생水를 못 받으니까 배운 것도 없이 배짱이니 똥배짱이다. 상식이 많으니까 할머니가 소실이었다. 卯가 도화니까. 水가 적고 년, 월, 시로 모두 흘러가야 하니까 세상 사는 데 있어서 기준 없이 세상 산다. 丁壬합으로 연애는 잘 하더라. 만약 이 사주에서 土인 관이 하나 들어가면 불구되고 관식투전이 된다. 관식투전 사주는 하루도 편할 날이 없이 지지고 볶고 살아야 한다.

사주 예(245)

己 ㊊ 己 己
巳 巳 巳 巳

己土일주가 지지전 火국을 만나 조土요 무관성하여 자손이 없다. 火土중탁이다. 너무 건조해서 자식이 없다. 木이 자식인데 火다木분(焚)으로 모두 타버리니까 자식이 안 된다. 종교인 팔자이다.

사주 예(246)

乙 ㉿ 己 戊
卯 丑 未 午

癸水일주가 다봉관살에 丑未로 충이요, 손궁공망에 백호가 임하여 무자가 되었다. 관살태왕으로 자식이 없다. 여자라면 일지가 탕화이니까, 긴 한숨 들이쉬고 몰아쉰다. 동서남북이 남자다. 丑이 인수고이다. 어머니의 한이다. 관살태왕으로 자식이 없는 것은 5대 할아버지의 죄 때문이다. 상식태왕으로 자식이 없는 것은 할아버지의 바람끼가 업이 되었다. 火土중탁과 金水태왕은 선대에서의 종교와의 인연 때문에 자식이 없다.

③ 소실득자(小室得子)

소실득자라 함은 소실 통해서 자식 낳는 것으로 혼외자식이다. 옛날에는 자식 없으면 소실 통해서 자식 얻었는데 요즘은 드물다.

① 신왕사주에서 관성이 허약한 사주

신왕하면 극재하므로 자연 재관이 허약하여 자손 두기가 어려운데, 작첩하면 부족한 재가 보충되어 강왕하여짐으로써 재생관하니 소실득자가 된다. 관인 자식이 약할 때 여자인 재, 즉 소실을 하나 더 얻으면 재생관으로 관이 보충되니까 소실득자 하면 자식이 똑똑하다는 것이다.

② 신왕사주에서 상식이 태왕한 사주

상식이 왕한 자 극 관살자손하여 자손이 귀하므로 물귀즉탐(物貴則貪)이라 소실득자가 된다. 상식이 태왕한 자는 관이 부족하고 극을 받고 있는데 소실을 얻게 되면 재가 들어와서 상식→재→관으로 통관시킨다는 것이다. 고서에서 관귀중중(官鬼重重) 패망극

(敗亡剋), 여무서출(如無庶出) 필명령(必螟蛉)이라고 했다.
"남자 팔자에서 자식되는 글자가 약하면 소실 통해서 자식 얻거나 양자 세운다." 는 것이다. 요즘은 양자 세우는 이가 없더라.
여기서 필명령(必螟蛉)이라 함은 명령, 즉 곤충으로 날아다니는 벌레인데 날아다니면서 내는 소리가 "나 닮아라, 나 닮아라." 하는 소리를 낸다. 즉 '나 닮아라' 하고 양자를 세우는 게 필명령이다.

③ 관살이 많고 일지와 합이 되는 사주는 소실득자한다. 또는 재다자도 같다.

관살이 많은 자 자손이 많음이라 여기저기서 자손을 낳은 형상이라 배다른 자손을 두게 되는데 일지합이면 더욱 정확하고, 재다자는 여러 처가 있음으로 인하여 소실득자가 된다. 단, 전자는 본처에 자손이 없어 소실득자하게 되나, 후자는 본처 자손이 있는데도 소실득자하는 것이 다르다 하겠다. 관살이 많으면 본처에서도 자식이고 소실에서도 자식이다. 만약 관살태왕이면 일주는 자연히 약해진다. 고로 "키우지도 못할 거면서 뭐하러 자식은 많이 낳으세요?" 재가 많으면 바람 많이 피우고, 재는 재생관을 하게 되니까 소실득자한다. 소실득자하는 경우, 그때는 언제인가? 관운에 낳는다.

④ 도화관일 경우에도 소실득자이다.

도화는 바람피우는 것이고 관은 자식이니까 소실득자이다. 도화관은 총각득자에도 해당된다.

※ 참고사항

① 관은 결실이고 벼슬이다. 고로 남자는 자식 생기면 벼슬을 얻는 것

이고, 여자는 시집가면 벼슬하는 것이다. 여기서 남자는 관이 자식이고, 여자는 관이 서방이니까 여자가 한 단계 낮다는 것이다.

② 사주의 관살이 약하면 손자 같은 자식이다. 가령 丙㊛○○/戌申酉丑는 손자 같은 자식이다. 금실무성(金實無聲)이다. 丙火관이 죽어 있다. 시는 말년이다.

③ 재살태왕사주는 자식 낳고서 득병한다.

④ 관살태왕자는 자손이 두렵고, 자손한테 무시당한다. 자식이 나를 능멸한다. 만약 형, 충이 되면 자식에게 멱살 잡힌다. 가령 ○㊛庚○/巳申申寅는 寅巳申 삼형으로 자식에게 멱살 잡힌다.

⑤ 재살합국, 즉 재살태왕은 처자 즉 마누라와 자식에게 왕따 당한다. ○㊁癸○/未酉酉丑는 癸가 자식이고 酉丑金국이 마누라이다. 金생水 해서 水극火 당한다.

⑥ 관살이 기신이면 자손 때문에 망한다.

여기서 관살이 남자에게는 자식인데 원명뿐만 아니라 대운에서도 잘 대비해서 추론하라. 가령 丙㊛癸○/寅寅亥○는 상록수이고 대쪽 같다. 水생木, 木생火로 丙이 이 사주의 핵이다. 내 자식보다 남의 자식을 더 위해 주는 팔자이다.

내 자식보다 남의 자식을 키워주는 게 목표고, 말년 되면 재산을 사회에 환원한다. 木火통명이므로 남녀 모두 같다. 그런데 庚申 대운이 말년에 오면 金인 자식 때문에 木火용신이 죽으니까 자식 때문에 골병들어 죽는다. 재산이 많은데 모두 사회에 환원하니 자식이 아버지 목에 칼(金) 들이댄다. 돈 내놓으라고….

"당신은 말년에 자식 때문에 죽으니까, 자식 교육을 어렸을 때부터 철저히 시키고 자식에게 유산 좀 주셔야 합니다."

사주 예(247)

```
癸 辛 丁 丙
巳 酉 酉 辰
```

이 사주는 辛金일주가 태왕한 중 무재(無財)에 허관(虛官)하여 본처득자 후 상처하여 또 재취하여 득자하였다. 酉월이므로 丙丁이 가물가물 꺼져간다. 辛에게 丙은 아들이다. 丙辛합으로 끌어안고 잤더니 아침에 보니 베개였더라. 즉 죽어있는 것은 필요가 없다. 신강사주이다. 시지의 巳火는 巳酉金국이니 巳火는 50%밖에 작용하지 못한다. 고로 관이 약한 사주다.

이 사주는 금실무성(金實無聲)이다. 金이 너무 실하면 소리가 나지 않는다. 酉가 도화인데 둘이고, 火인 관이 너무 미약해서 자식 두기가 어렵다. 고로 火가 살아나는 午년에 소실득자한다. 巳酉丑에 午가 도화이다. 단, 쓸 만한 자식은 어렵다. 용신은 火이므로 자극받아야 하고 원수가 은인이고 사랑의 매가 필요하다. 辰중乙木이 마누라인데 辰酉합金으로 없어졌고, 木이 약해서 부부해로 못한다.

庚辰운이면 辰酉합이다. 알고도 당하고, 도둑놈 옆구리 끼고서 살아야 하고, 마누라가 아프고, 믿는 도끼에 발등 찍힌다.

사주 예(248)

```
壬 壬 庚 丙
寅 子 子 子
```

壬水일주가 신태왕에 무관성이요, 재부족된 중, 손궁공망되어 소실득자 하였다. 시지가 공망이고 무관성으로 土인 자식이 없다. 여자라면 서방되는 글자가 없구나. 양인격으로 양인이 셋이다. 양인 놓은 사람은 왼손잡이, 거꾸리, 성질 고약하다. 통뼈이다. 전이불항(戰而不降)이고 임전무퇴이다. 비겁태왕사주, 水기태왕, 수취왕양(水聚汪洋)으로 태평양 물이다. 흘려보내야 하는 사주니까 寅木용신이다. 고로 살살 꼬셔야 한다. 丙이 재인데 아버지와 마누라가 많은 水에 의해서 꺼져버리니 "아버지 꺾고, 마누라 꺾고, 돈 날리고, 도대체 너를 어디다 써먹을거냐?"

여자라도 장녀고 형제 뒷바라지 하느라 정신 없다. 긴병 앓다가 죽고, 술 먹어도 술이 안 취한다. 어느 대운에서 자식 얻을 수 있을까? 대운이 戊丁丙乙甲癸壬辛 / 申未午巳辰卯寅丑 인데 丙午대운에서 50대에 자식 얻는다. 고로 여자여손(如子如孫)이다. 즉 손자 같은 자식이다. 甲辰대운은 子辰水局에 백호대살이니 안되고 乙巳대운은 자손궁에 형살이니까 안되고 丙寅이 51살이고, 庚午가 55살이다. 그리고 戌년이 59살이다. 戊申대운에 寅申충으로 죽는다. 81살 申년에 죽으면 늦둥이의 나이가 20대는 넘겠다.

양인이 많아서 "손대지 않고 마누라 죽인다. 목돈 갖다가 푼돈 만든다." 술고래이다. 약 먹어도 약발 잘 안 받는다. 고집이 세서 평양 한고집이고 죽어도 오라이이다. 양인이 셋이니까 3번 수술 받아 본다. 木火가 필요하니까 마누라 말을 들어야 하는데, 이 사람 눈에는 丙마누라가 조그맣게 보여서 마누라 말을 안 듣더라.

사주 예(249)

庚 乙 丁 丙
辰 巳 酉 寅

이 사주는 乙木의 자손 酉金이 월지에 있는데, 巳중庚金이요, 시상庚金에다 巳酉로 작첩하여 본처첩득자하였다. 乙에게 庚이 자식인데 庚, 巳중庚, 酉 등으로 관살이 많아서 소실득자이다. 월에 편관이고 신약하니까 칠살격이다. 시상에 庚이 있어서 관살혼잡이다. 재살태왕이다. 乙庚합이불화(合而不化)이다. 자연으로 비유하면 酉월의 乙木나무에 열매가 과중하다. 가지가 찢어지기 일보직전이다. 서리 맞았다. 만고풍상(萬古風霜)이다. 乙木이 근(根)이 없어서 성씨 바꾸어서 산다. 이 사주는 자식을 많이 낳으면 다치는 것은 저이다. 남자가 자식 낳고 죽는 팔자는 관살이 많은 사주이다.

乙巳로 乙木이 巳火를 木生火로 키워놓았더니 巳酉로 金인 관이 되니 아랫사람이 나의 상관이 된다. 여자라면 木生火로 인정을 베풀었더니 巳酉로 서방 노릇 하겠다고 한다. 木生火로 죽도록 도와주었더니 결국은 金극木으로 나의 뒤통수치더라. 木生火로 연결하면 상관이니 바른말 곧잘 하고 아랫사람을 끼고 도니까 노조위원장 시켜놓고서 金극木으로 치더라. 나무 위에 올려놓고서 밑에서 흔들어버린다. "소쿠리 비행기 탔다." 즉 올라가기는 했는데 감당 못한다.

木火용신이다. 午가 들어와야 내가 살아난다. 내가 생하는 것이 火이니까 "두뇌(머리)가 보물이다. 고로 머리 쓰는 직업을 택하시오."

庚辰년에는 乙庚합, 辰酉합으로 철삿줄로 손발을 꽁꽁 묶었다. "나무가 서리 맞는 해이네요."

사주 예(250)

辛 ㉛ 己 甲
卯 丑 巳 寅

이 사주는 辛金일주가 재살이 태왕하여 소실득자 후 비명횡사(非命橫死) 하였다.

재살태왕격으로 살인 자식이 병으로 작용한다. 火극金으로 辛을 녹인다. 丑土용신이다. 고로 午년에는 寅午火국, 巳午火국이고 未년에는 丑未충이니 "이때는 자식 낳지 마시오. 큰 재앙이 생깁니다." 巳丑金국은 50% 이상 안 간다. 巳월이고 寅巳형으로 인마살상(人馬殺傷)하는 불이니까. 불 때문에 누가 다쳐도 다쳐야 한다. 火는 관이고 자식이다. 이 사주에서는 辛이 다쳤나보다.

④ 불구자손(不具子孫)

불구자손은 자손흉사와 거의 비슷하다. 고로 "자식 하나 흉사했네요." "아닌데요." "그럼 불구자손 하나 있겠네요." "그건 맞아요." "불구자손 있네요.""아닌데요.""그럼 자식 하나 흉사했네요.""맞아요."
한다는 것이다.
① 남자의 경우 관살이 허약하고, 여자의 경우는 상식이 허약하고 각각 흉살이 임해 있을 때 불구자손이다.

　　남명에는 관살이 자손이 되고, 여명에는 상식이 자손이 되는데 그 자손이 허약한 중 또다시 흉살이 임하면 득병하기 쉽고 또 난치병이 되어 불구가 되기 쉬운 것이다. 그리고 흉살이라 함은, 충, 형은 약화시키는 데 한 몫을 하고 급각살이나 단교관살은 소아마비, 기형아, 건각(蹇脚), 즉 수족이상이 되며, 탕화살은 화상, 음독, 총상, 파편상, 폭발물 등으로 불구가 되고 귀문관살은 정신이상, 미친아이다.

　　참고로 남자 사주에서 재성 또는 재고에 급각살이나 단교관살이면 마누라를 수족에 이상 있는 여자 얻으면 부자로 산다. 물론 재가 용신일 때이다.

② 또 오행으로 구분한다면 오행의 증상과 연결된다. 모든 육친에다 똑같은 방법으로 응용해도 된다.

- 木이 자손인데 허약하면, 정신이상, 간질, 수족이상이요
- 火가 자손인데 허약하면, 정신이상, 안맹, 시력장애, 사시(斜視), 심장병 등이 있고
- 土가 자손인데 허약하면, 농아(말 못하는 것), 난쟁이, 하반신불구, 척추 등에 이상이 있으며 성장장애이다.
- 金이 자손인데 허약하면, 발육부진, 백혈병, 조로증(早老症), 유행성출혈, 폐병, 피부병, 뼈니까 정상발육이 안된다.
- 水가 자손인데 허약하면, 성불구, 농아(귀머거리) 등이 있다. 사람은 귀머거리가 되면 말을 못한다.

※ 참고사항

① 손궁 즉 시가 자식궁이다. 고로 여기에 흉살이 있어도 불구자손이다. 사주에서 寅巳형(刑)은 인마살상(人馬殺傷)하는 불이다. "인마살상하는 불인데 사람을 몇명이나 상했어요?" "제가 대출관계로 부정대출로 뒤집어 씌워서 공무원 6명을 옷 벗게 했습니다." 하더라. 그것도 여자가.

② 일과 시에 고초살도 장자가 건각이다. 고초살 일진날에 씨앗 안 뿌리고 결혼 날짜 택일 안 한다.

③ 시주에 급각살, 단교관살은 자식 키울 때 소아마비 주의하라. 또 잘 넘어진다. 소아마비 예방주사를 꼭 놔줘라.

④ 관성입묘는 자식이 잔질이거나 난치병이다. 고로 자식의 한(恨)이다.

⑤ 자식되는 자나 손궁에 귀문관살이면 자식 때문에 신경써야 한다.

⑥ 자식되는 자나 손궁에 탕화살이면 자식 음독, 화상, 화재, 폭발물 주의하라.

⑦ 水일주에 土관성이 木의 수제로 극 받으면 자식이 벙어리가 된다. 土가 입이 되기 때문이다. 가령 ○㊋己○/○卯卯卯의 경우, 己가 자식인데 벙어리와 같다. 土는 입이고 木은 길므로 긴 실과 같다. 실로 입을 꿰매었다. 해당하는 육친에도 걸린다. "○○ 입 닥쳐요. 하면서 말도 못하게 하더라."

사주 예(251)

甲 ㉡ 戊 己
子 巳 辰 亥

이 사주는 亥중 甲木은 巳亥충이요, 시상 甲木은 패지에 급각살이라 불구자손 두었다. 수족에 이상 있다. 甲木, 亥중甲木이 관살인데 모두 급각살이다. 巳亥충이고, 亥가 공망이다. 辰중乙木은 백호대살에 목절(木折)이다.

이 사주는 신약이면서 조후가 안 되어 있다. 巳火용신이다. 양적으로는 土가 많은데 질적으로는 신약하다.

庚辰년에 甲庚충이 子辰水국으로 자식이 집 나가고 심하면 가출한다. 상관년이다. 직장 생활 한다면 사표낸다. 누명 쓰고 나온다.

격물치지로 응용하면, 자식이 속 썩인다면 "내가 올해는 직장이 어렵겠구나." 하고 생각하라. 자식은 관이니까 같이 돌아간다.

사주 예(252)

丙 ⓒ 壬 壬
子 寅 子 辰

庚金일주의 자손 丙火가 다봉水에 수제되어 본처의 딸이 맹인이 되었다. 辰이 동(冬)丑辰으로 급각살이다. 子辰水국으로 辰土가 없어져 버렸다.

辰이 급각살이고 子辰水국으로 없어졌는데 그 작용은 辰土가 水국으로 물 속에 들어가면 급각살 작용이니까 "쥐가 난다."로 보고, 물속에서 쥐가 나면 죽는다는 것이다. 이 사주에서는 丙이 자식인데 수다화몰(水多火沒)이다. 火가 시력이니까 딸이 애꾸눈이다. 丙은 양으로 아들인데 왜 딸인가? 金水인 음이 많아서 丙이 양이지만 딸이다. 관귀중중 패망극(官鬼重重 敗亡剋)이다. 관식투전이다. 하루도 편할 날이 없다. 식거선살거후에 제살태과이다. 木火용신이고 金水가 기신이다. 金水상관이면 요견관(要見官)이다.

관살이 있으면 상식이 내 편이다. 金水와 木火로 구획정리한다. 상식이 있으면 관살이 내 편이다. 가령 木火상관이면 金水운이 좋다.

사주 예(253)

乙 ⓛ 丙 丁
酉 巳 午 未

이 사주는 巳酉金이 용신이다. 火극金이 지나치다. 상식이 있으면 관살이 내 편이다. 이것을 추론해보자.

 乙木이 木생火로 자식을 몇명 낳았더니 서방은 火극金으로 가더라. 과부로 살던 중에 앞집에 사는 홀애비 酉金이 서방같이 추근대더라. 상식이 많아서 분한 생각에 火인 자식들 앞에서 눈물 흘린다. 火인 자식들이 떼거지로 몰려가서 酉金을 작살낸다. 酉金이 병원에 입원해서 고소하겠다고 하자, 乙木이 가서 사정한다. 酉金이 자기와 같이 살자고 하면서 꼬신다. 고소취하 하겠다고. 乙木도 왠지 싫지가 않더라. 관이 용신이니까. 고로 자식들에게 말한다. 결혼하면 괜찮겠냐고?
 丙午, 丁未로 다 큰 자식들은 나가서 살겠다고 하고, 巳火자식만 엄마와 같이 巳酉합이니까 酉金과 사이클이 맞아서 같이 살기로 했다. 행복하게 잘 살게 되었다. "자식 낳고 키우느라 고생했어요. 이혼하고서 나중에 좋은 남자 만나서 잘 살게 되는 팔자네요." 巳酉가 용신이니까.

사주 예(254)

癸 ⓑ 庚 甲
巳 午 午 子

丙火일주의 자손 子중 癸水는 子午충거요, 시상 癸水는 증발이 된 중 재성마저 몰하여 큰 아들은 벙어리, 큰 딸은 정신이상 등 자손이 모두 부실하다.

모 은행 지점장 사주다. 木火용신이다.
 6남매가 모두 이상 있다. 7번째는 똑똑하다. 子와 癸가 관으로 자식이다. 子午충에 水가 증발된다. 庚이 재로 마누라인데 밭으로 본다. 녹아버리니 金생水 못한다. 큰 아들은 학생 때 자전거 타고 놀다 넘어져서 벙어리가 되었고, 둘째는 딸인데 정신이상이다. "이유는 잘 모르겠지만 당신은 午탕화가 둘이 있어서 만날 죽고 싶어, 죽고 싶어 하십니까?" 해보라.

乙卯년에 신수 보러 왔다. 午卯파(破)에 木생火 못하고 인수이다. "세 사람이 찾아와서 木생火로 당신 보고 도와달라 할 텐데 거기에 끼어들면 큰일납니다." 과연 세 사람이 대출신청 하더라. 500만원이 한도인데 800만원 해주었는데 본점에 가서 찔렸다. 옷 벗었다.

사주 예(255)

```
丁 乙 乙 甲
丑 亥 亥 辰
```

乙木의 자손 丁火가 水다에 몰하였고, 백호대살에 급각살이 임하여 딸이 안경 쓰고 다리를 전다. 木다(多)하니 배다른 형제 있다. 丑중辛이 서방인데 水다하니 물에 빠지고 술독에 빠졌다. 자식이 丁인데 丁丑으로 백호이고 水다해서 몰광이 되고, 丑辰이 급각살이니 다리 절고 안경 쓴다. 이 사주는 마마보이다. 무화과이다. 부목(浮木)에 해당하고 음지나무다. 辰이 인수고이다. 辰亥귀문이다. 인수니 친정 끼고 살아야 한다.

丁이 자궁인데 꺼져 있어서 자궁이 미발달되었다.

사주 예(256)

```
丁 甲 甲 戊
卯 子 子 午
```

甲木의 자손 丁午火가 子午충파에 水극火 당하였고, 또 손궁에 형살이 임하여 딸 하나가 병신이다. 子午충으로 午火가 날아갔다. 년상의 戊土재산을 형님 甲木에게 木극土로 뺏겼다. 子卯가 도화형이다. 고로 화류병(花柳病)이다. "왜 당신은 자궁에 항시 병이 있어요?" 하면 금방 알아듣는다.

水木응결이다. 火가 필요한데 등잔불로 火가 죽어 있다. 동짓달의 卯

시의 丁火는 별인데 샛별로 비유하면 부지런해야 먹고 살 수 있다.
　무화과이고 子卯형이니까 풍파 끼고 산다. 춥고 배고프다. "냉방 살이 공방 살이는 혼자서 다 해야겠네요." 사주에 관이 없다. 여자가 사주에 관이 없으면 서방님이 아무리 잘 해주어도 항시 마음이 허전하다. 또한 서방이 나가서는 똑똑한데 집에 들어와서는 기를 못 편다. 고로 서방이 시원찮게 보인다.

5 자손의 흉사 및 실종

　관살, 상식이 자식인데, 흉사(凶死)란 흉살로 연결하라. 백호, 형, 충, 귀문, 급각살, 탕화, 공망 등이다. 실종(失踪)이란 역마지살에 형, 충이 걸리는 경우이다. 寅申巳亥에 형, 충이 걸리면 실종, 납치, 감금이다. 寅申巳亥가 길이므로 역마지살에 형, 충이면 가기는 갔는데 돌아보니 길이 없어졌다는 것이다. 그러니까 못 온다. 탕화에 자식이 있고 공망이나 백호면 자식이 죽는데 먼저 탕화를 불로 보면 "화상이 너무 커서 흉터가 보기 싫었는지 그것이 비관이 되어서 자살한다."고 추리하라.

① 남자의 경우 관성이 허약하고 흉살이 재임했을 때 자손이 흉사한다. 남명에 관성은 자손인데 허약하면 성장할 수 없는 중, 흉살이 임하면 더우 가중하여 흉사하게 된다.
② 여자의 경우, 상식이 허약하면 남자와 같이 성장할 수 없는 중, 흉살이 임하면 더우 가중하여 자손이 흉사하게 된다.
③ 관식이 역마나 지살에 임하고 또다시 형살이나 충이 있는 자, 자손의 흉사, 실종이다. 관, 식 즉 자손에 역마나 지살이 임하여 있는 중, 형이나 충을 만나면 도로가 막히고 두절되며 길을 잃어버리는 것과 같아 자손 실종이 있게 되는데 해외에 나가 있으면 면

할 수 있다.

여기서 흉살은 백호대살, 탕화살, 형, 충, 공망, 귀문관살, 급각살 등이며 백호살은 수술사, 급사, 혈광사(血光死), 자살 등이 있고, 탕화살은 음독, 총살, 폭발물, 중독, 가스 등으로 상하고, 귀문관살은 정신이상, 급각살이나 단교관살은 추락사, 역마지살충은 교통사고요, 자손이 허약한 중 다봉수제(多逢受制)는 병사 또 己未일 甲戌시나 己未일 甲戌월, 丙戌월 乙일, 乙일 丙戌시는 연애자금 달라는 것 거절하면 그 자손 자살하고, 庚辰일 庚辰시는 1자(子) 익사 있다.

※ 참고사항

① 庚辰일 庚辰시에 1자 익사는 辰이 水고(庫)에 천간庚金이 金생水하여 金水태왕으로 해당하고, 남명은 火자손이 몰하고, 여명은 水자손이 입묘된다.
② 己未일 甲戌시는 일지자손입묘에 甲木이 토다목절(土多木折)된 중 또 甲己합화土 하여 자손이 없어진 중 손궁형이기 때문이다.
③ 乙木丙戌시와 丙戌월 乙木일주는 관성백호에 상관丙火가 당권하고 있기 때문이다. 戌중辛이 자식인데 辛이 다 크면 火가 상관으로 관을 잡아먹어버리니 "다 큰 자식 하나 죽겠네요." 한다.
④ 오행으로는 木자손은 목 매어 죽거나 매 맞아 죽으며, 火자손은 화재, 폭발물, 감전사 등에 속하고, 土자손은 매몰사고요, 金자손은 교통사고, 중금속 중독, 백혈병 등이며, 水자손은 익사, 투신자살 등에 해당한다.
⑤ 자식이 세상 떠나면, 자식 물건은 모두 없애라. 괜히 그 물건 보면 생각나서 울음이 나온다.

⑥ 자식이 실종된 것을 언제 올지 물어올 때는 실종된 지가 얼마나 됐는지 물어보고, 오래 됐다면 대운에서 찾아야 한다. 실종된 자식 생각이 난다는 것은 자식이 올 때가 됐다는 것이다.

사주 예(257)

丙 ⓛ 戊 辛
戌 亥 戌 卯

이 사주는 자손 辛金이 卯木에 절(絶)하고, 戌중 辛金은 백호에 해당된 중, 乙일 丙戌시라 연애자금 안 준다고 자살하였다. 광산왕 최 모씨의 사주다. 乙木 丙戌시로 한 자식이 죽는다. 乙木의 자식이 辛이다. 卯인 절지에 있고 乙辛충으로 년에 있어서 첫 자식과 인연이 없다. 또한 戌중의 辛이 자식인데 백호대살이다. 辛이 어렸을 때는 火극金 안 받다가 다 커서 올라오면 火극金으로 잡아먹는다. 고로 다 큰 자식 죽이는데 연애자금을 주라고 했는데 안 주면 음독자살하는데 자식 하나 흉사했다.

戊戌이 정재인데 산이다. 돈이 산더미처럼 쌓여서 있는 금곡지원(金谷之園)이다. 金이 골짜기를 이루었다는 것이다. 신약으로 木운에서 부자 되었다가 운이 지나가자 끝나더라. 乙酉년에 해방되고 재산몰수 당하고서 거지 됐다. 亥卯木국을 卯酉충으로 뿌리를 때렸다. 걸음이 축지법하는 것처럼 빨랐다고 하더라.

사주 예(258)

辛 ⓛ 丙 甲
丑 戌 寅 子

이 사주는 戌중 戊土자손이 백호요, 丑중 己土와 丑戌로 형된 중 공망에 탕화라 아들 하나가 음독자살하였다. 壬戌이 백호이고 戌이 공망이며 丑戌형이다. 丑은 탕화다. 고로 자식 하나가 음독자살했다. 재복은 잘 타고 났다. 이런 사주는 득령, 득지 따져서 용신 잡으면 틀려진다. 寅월은 입춘이 엊그제 지났으면 아직은 추우니까 木火용신이다.

  어느 때에 자식이 상할까? 未년이면 丑未충, 未戌형이니 未년을 주의하라. 辰년도 辰戌충으로 해롭다. 戌이 재고니까 돈 들어가면 안 나온다. 처덕 있다. 가끔 가다 마누라와 丙壬충으로 싸우는데 寅戌로 합해서 이혼은 안 한다.

사주 예(259)

庚 ⓖ 甲 癸
辰 辰 子 丑

  이 사주는 자손 癸水가 백호에 급각살이요, 庚辰일 庚辰시가 되어 1자 익사하였다. 水기태왕이다. 辰은 水의 고(庫)이고, 子丑水국이다. "웬 놈의 물귀신이 이렇게 많아요?"

  庚ⓖ○○ / 辰辰○○ 는 남녀 모두 1자 익사이다. 辰이 水의 고장으로 물이 모여든다. 고로 물에 빠져죽는다. 子월의 庚金으로 물이 얼었다. 괴강이 둘이다. 괴강 4일이 최우선(魁罡四日이 最又先), 첩첩상봉(疊疊相逢)에 장대권(掌大權)이다. 즉 괴강이 많으면 대권을 거머쥔다는 고전의 얘기다.

  그러나 이런 문장에 너무 휘둘리지 마라. 여자가 괴강이 많으면 혼자 살아야 하는데 남편을 꺾어야 하니까 남편이 납치, 감금된다.

  동(冬)丑辰 급각살로 자식이 수영하러 갔는데 쥐가 나서 못 나왔나보다. 金水로 몰아야 한다. 金水용신이다. 甲庚충으로 만날 여자와 싸운다. 이 남자에게 시집 오는 여자는 甲木인데 뿌리 내릴 데가 없어서 항상 마음이 떠서 있다가 결국은 보따리 싸서 가더라. 甲木을 충할 때 충거로 가더라. 종교인이 좋다.

사주 예(260)

丙 ⓵ 壬 甲
戌 亥 申 寅

이 사주는 寅중 丙火 자손은 寅申으로 충파당하고 시상丙火자손은 백호에 임하여 비행기 추락사고로 죽었다. 여자 사주인데 申월의 장마로 丙이 용신이다. 乙은 金을 싫어한다. 丙ⓛ○○/戌○○○로 자식 하나가 제주도 비행기 추락사고로 죽었다. 丙戌이 백호대살이고, 서방도 저격당해서 갔다. 寅중의 丙도 寅申충으로 갔으니 자식이 가는 것이 두 군데서 나온다. 金생水, 水생木으로 남편에게 사랑은 받았는데 역마지살에 충이니까 객사요, 흉사이다. 사주 그릇은 좋다. 육영사업하고 인수로 연결되니 학교 설립자이다. 또한 戌亥천문(天門)은 제도(濟度)를 하는 것이 된다.

사주 예(261)

丁 ⓵ 戊 壬
丑 巳 申 寅

이 사주는 자손火가 탕화에 백호요, 역마형이 되어 자손을 화재로 잃어버렸고 본인도 정신이상까지 있었다. 여자인데 木火용신이다. 壬寅은 壬水가 木으로, 木이 다시 丙으로 두 번 변했다. 고로 壬을 잡으려면 火를 잡아야 한다. 乙巳가 고란살이고, 寅巳申삼형을 모두 놓았다. 배부기자(背夫棄子)이다. 乙木이 무근지목이니 성씨도 바꾸어서 살아야 하고, 인수가 없어서 일의 순서가 없다. "내일의 빵이 걱정이 안 되고, 오늘의 술 한잔이면 O.K이다."

수술관재가 항시 따라다니고, 관식투전에 걸려 있다. 여자가 관식투전이면 매 맞고 산다. 코가 삐뚤어지도록…. 왜냐하면 巳중의 庚으로 애인이 있다. 원래 申속의 庚이 서방인데 巳申합이 되니까 정통으로 들켜서 형의작용이 생기니 죽인다고 하더라. 고로 "만고풍상을 겪어야 하고, 매 맞고 살고, 乙木의 근이 없어 내가 설 땅이 없네요."

丁자식이 백호고 탕화니 화재나서 잃었고, 본인도 정신이상까지 왔었다. 이 사주는 인덕도 없고, 세상을 어렵게 살아왔고, 정도 받아보지 못한 게 약점이니까, "지금까지 어떻게 살아왔어요? 내가 뒷바라지 해 줄게요." 하고 정(情)만 조금 주면 정신 없다. 무근지목으로 파격이다. 巳酉丑 金국에 寅巳申 삼형으로 형살로 연결하면 "매 맞고 살고 영광의 상처만 남았군요."

정신이상은? 木火일주가 너무 신약하면 정신이상이다. 木이 간인데 간경이 뒤집히면 미친다더라.

사주 예(262)

庚 庚 辛 庚
辰 申 巳 寅

이 사주는 寅중 丙火 자손이 寅巳申으로 역마살 형, 충이 되어 1자 실종하였다. 남자사주인데 木火용신이다. 庚寅생이니까 6.25 때 태어났다. 寅木이 우산지목(牛山之木)이고, 寅木이 기신이면 재살지이고, 木火가 용신이면 재관동림으로 본다. 金기가 너무 많아서 巳월에 서리가 너무 많이 왔고 우박이 내리고 있어서 巳월의 새싹이 목이 부러진다. 寅중의 丙, 巳중의 丙이 자식인데 형살, 충 받아서 자식 하나가 실종됐다. 관운이 올 때 자식이 오는데 丙戌대운이라면 丙이 戌에 입묘되니까 병 들어있는 자식을 만난다. 寅巳형 없애는 데는 午火가 좋다.

금실무성(金實無聲)이다. 형살이니 깨진 그릇으로 파음(破音)이 나온다. 이 사주의 대운이 3대운부터는 서북운으로 가니 너무 나쁘다. 고로 운 나쁠 때 하는 말이 "오라는 딸년은 안오고, 보기 싫은 애꾸눈 며느리가 들어오는 운이네요." 평생 빛 못 본다. 초년 午, 未운에는 "저놈 한자리 할 거야." 하지만 운이 나쁘니 반자리도 못한다.

庚辰년에는 친구로 인해서 申辰합으로 변동수이다. 土라는 문서를 내밀었는데 해주었다가는 제가 모두 물어줘야 한다. 비겁이 많으면 의심이 많고, 배다른 형제 있고, 5번은 장가가야 한다. 寅申충으로 각자에게 한번씩 안겨주어야 하니까. 일주 강하니 장남 노릇 해야 한다.

※ 참고

① 丁 乙 癸 甲
   亥 丑 酉 辰

   戊戊○丙
   午申○子

여자 사주인데 딸만 하나 있더라. "선생님, 저 아들 있어요?" 하고 묻는다. 즉시 "없어." 하였다. 있으면 뭐하러 물어보겠나? 가 딸 사주이다. 동생 터 하나 팔아야 하는데 엄마 사주에는 없고 그래서 "동생 하나 지웠구만." 했더니, 이 딸 낳고서 유산했단다. "그럼 딸 하나로 만족해야 됩니다." 라고 했다.

② 甲 壬 辛 戊
   辰 寅 酉 申

여자인데 과부팔자이다. 戊土는 힘이 없고, 水기는 태왕이다. 辰이 서방인데 甲辰백호에 공망이고, 申辰水국에 寅辰木국으로 없어졌으니 못 산다. 8살 연하와 궁합 맞냐고 물어보더라. 火인 재가 필요하니까 돈 많아야 시집간다. 쌍꺼풀이 2중으로 되어 있더라. 사자 눈으로 과부이다. 하나면 호랑이 눈이다.

6 무자운명(無子運命) (여자기준)

① 인수태왕한 사주

여명에 인수가 태왕하면 자손 되는 상식이 수제되어 존재할 수 없기 때문이다. 관성도 왕한 인수에 몰함으로 자손 두기 어렵다. 여자에게 상식은 자궁인데, 인극식(印剋食)이니 자궁이 막혀버리니까 자손이 존재하기 어렵다.

② 상식이 태왕한 사주

상식태왕자는 자연히 일간이 허약하여 자손을 낳을 수 없을 뿐더러, 관성도 다봉수제되어 부군이 몰한 중 다자무자되어 무자다. 난자와 정충이 약하다. 상식이 많으면 관이 몰해버리니 씨앗이 부실해져서 정충이 죽어버리니까 "하늘을 봐야 별을 따지요." 상식이 태왕이니까 자궁이 너무 커서 자식이 자궁 속에 헤매다가 안주를 못하고 난소에서 자리 잡으니 자궁외임신이고 나팔관 임신이 되니 긁어내야 한다. 난소를 제거해야 하는데 난소가 둘이니까 모두 떼내면 임신 못한다.

③ 자손궁이 공망이거나 형, 충이면 자식 없다.

사주인 자손의 위치가 공망되면 자손이 없는 것과 같고 또 충이나 형이 임하면 자손의 자리가 파괴되어 자손이 있을 수 없다.

④ 여명신약에 일시에 卯酉충이면 자궁폐쇄중이다. 卯는 동으로 해 뜨는 곳이고, 酉는 서로 해가 지는 곳으로, 아기가 들어오고 나가는 곳이 자궁인데 충 받아서 깨졌으니 자궁이 막혔다. 신강하면 해당되지 않는다. 특히 己卯, 己酉일주가 卯酉충이면 그 확률이 더욱 강하다. 酉가 상식으로 충 받으니까. 만약 처녀가 卯酉충에 신약이라면 "어머니와 같이 산부인과에 가서 사전점검 좀 해보시오. 미연에 방지하시는 게 좋습니다." 이런 팔자가 만약 자식 낳았다면 신강하니 걱정없는데, 단 자궁 파열이나 자궁암을 주의하라고 하라.

⑤ 남녀 모두 너무 건조하거나 추운 사주는 무자이다.

왜냐하면? 씨앗이 발아가 안되니까. 이처럼 무자팔자가 자식이 있으면 "무자식이 상팔자입니다."

※ 참고사항

① 인수가 많은 사주는 친정 가서 초산하지 말라. 가령 丁⓶癸癸는 乙木이 인수가 너무 많다. 丁이 자식인데 만약 친정(인수) 간다면 친정이라는 水가 하나 더 보태어지니까 水극火를 더하게 된다. 고로 "두 몸 갔다가 한 몸만 돌아온다." 또한 水인 인수를 죽이는 것이 재인 土니까 재는 시댁이다. 고로 자식은 시집에서 낳는 게 원칙이다. 또한 乙木이 木생火를 하는데 火인 설기처가 적다. 이때 土를 만나면 木생火, 火생土로 쑥 빠져나가니 설기구가 확장되어서 아기를 쉽게 낳더라. 단, 여자 사주에서 재다하고 신약하면, 인수가 필요하니까 친정 가서 낳아야 좋아진다.
② 일주 허약자는 기운이 약하니 애 낳기가 힘들다. 난산(難産)이다.
③ 상식태왕자는 득자 후 별부(別夫)하게 되고, 자연유산에 자궁외 임신이다. 무조건 냉한한 사주는 자연유산을 한번씩 경험한다. 몸이 차가우니까. 또한 상식 다(多)는 신약이니까.
④ 상식이 합되면 자식이 연애한다. 바람둥이다.
⑤ 관을 충하고 상식과 합이면 남편덕은 없고 자식덕은 있다.
⑥ 관을 합하고 상식과 충이면 남편덕은 있으나 자식덕은 없다.
⑦ 일간과 관성이 충하고 있을 때 상식이 중화시키면 이별했다가 자식 때문에 화합한다. 가령 辛⓶○○의 경우, 乙辛충으로 관과 충해서 못 산다. 그런데 辛서방과 丙자식과는 丙辛합으로 잘 맞는다. 이것이 巳丑으로 일지와 합해서 들어오면, 이별했다가도 할 수 없이 자식 때문에 다시 산다. 巳중 丙자식이 중간 역할을 해준다. 巳丑합으로.
⑧ 관식이 충파하면 야간에 도주한다. 가령 ○⓶○○이면 배부기자(背

夫棄子)이다. $^{庚⊙⊙⊙}_{辰巳寅申}$이면 정통도주(情通逃走)이다.

⑨ 水木응결, 金水냉한, 습, 급각살, 단교관살은 산후풍(産後風) 주의하라. 여자는 항시 아기 낳던 달에는 산후풍이 생긴다.

⑩ 상식이 충파되면 유종(乳腫) 알아보고, 낙태수술에 연결되고, 자궁파열에 또한 유방이 빈약하므로 젖가슴이 생기다 말았다.

⑪ 상식이 많으면 신약하므로 힘이 딸리는데 형충되면 수술해서 자식 낳는다. $^{⊙⊙丁⊙⊙}_{⊙丑未戌}$이면 자식이 형이다. 수술해서 자식 낳는다. 자식 때문에 속 썩는다.

⑫ 상식에 재살태왕하면 득자(得子) 후에 사망한다. 木일주가 火상식 土재 金관살인데 木생 火생 土생金하면 金극木으로 나를 잡아가더라.

⑬ 인수작합하면 사위가 바람난다. $^{⊙⊙乙壬丁}_{⊙⊙午⊙}$은 壬이 사위인데 丁壬합이다. 고로 사위가 바람난다.

⑭ 인수혼잡은 대방(代房) 딸을 둔다. 내 딸이 시집가서 죽고, 대신 시집온 여자가 대방 딸이다. 인수혼잡은 상식이 죽으니까 딸이 시집가서 죽고, 사위는 두 번 장가간다. 가령 $^{癸乙癸丁}_{⊙亥酉⊙}$의 경우, 丁이 딸이다. 丁이 丁癸충으로 간다. 水가 인수이니까 인수가 많으면 딸이 죽는다. 친정 엄마가 많은 죄이다.

⑮ 상식이 약한데 인수 만나면 자손에 상심이다. 딸에게 재앙이다. $^{⊙己⊙辛}_{⊙⊙⊙巳}$이 여자인데 乙亥년에 신수 보러 왔더라. 간충지충으로 상식이 깨지니 "딸내미 이혼수 걸렸네요." 하자, 일본으로 시집갔는데 속아서 갔다고 데리러 간단다.

⑯ 상식이 왕한데 상식운을 만나면 자식의 우환인데 자식도 나를 배신한다. $^{⊙⊙丙⊙⊙}_{辰戌未丑}$는 土운을 만나면 木火가 용신이고 土가 병이므로 "내가 낳은 자식한테도 배신당하는 운인데 누가 당신을 도와주겠

오?" 부모에게 와서 재산을 모두 빼돌려서 도망가버리는 게 상식
운이다. 辰戌충은 장이 꼬이고 배 아프다. "사돈이 논 사는구만."
배 아프다는 것이다. 甲戌일주가 庚辰년이면 辰戌충이다. 이혼수,
수술수, 50대 여자면 자식의 재앙수, 이혼수이다. 戌이 상식고니
까. 壬(癸)○○/戌巳戌○ 가 庚辰년에 辰戌충으로 맹장 수술했다. 申월에 했다.
申은 인수이고 인수는 병원이다.

⑰ 식신생재에서 재용신이면 자식 낳은 후에 재산이 불어난다.
○壬○○/午寅申○는 식신생재이고 신왕재왕이다. 득자 후 재취여산(財聚如
山)한다.

⑱ 상식이 용신인 자는 자식 낳고 만병통치가 된다. 가령 丙(甲)○○/寅子丑○는
처녀시절에는 水木응결로 죽겠는데 "시집가서 자식 낳으면 묵은
병까지 없어지고 아주 좋아집니다." 또한 여자가 관용신이면 시
집가고 나서 만병통치이다.

⑲ 관과 상식이 싸우면 매 맞고 살고, 운에서도 관식투전이면 쥐어터
진다. 관용신일 때 상식이 있거나, 상식용신일 때 관이 있거나 나
빠지는 것은 같다. 단, 그 원인제공자만 다르다. 상식이 용신이면
서방이 원인 제공했고, 관이 용신이면 자식이 원인 제공을 해서
나쁘게 되었다고 보면 된다.

⑳ 상식이 용신이면 자식 때문에 모든 것이 좋아지니까, "일흔 살 노
인도 세 살 애한테 모르면 배운다고 하지 않습니까? 내 자식이라
도 아는 길도 물어보시오. 그러면 살 길이 생깁니다."

㉑ 신약자는 신왕운에 아들 낳고

㉒ 인수운에 자손 친정 보내면 득병하고

㉓ 상식이 왕하여지고 일주가 약하여지면 자손이 돈 벌어다 주지 않고

㉔ 土金일주가 왕하면 쌍둥아 또는 년년생이요

㉕ 戊일 丁巳시는 타자양육 즉 남의 자식 키워준다. 이유는? 巳中庚이 상식으로 자식이 있다. 여자면 인수니까 친정조카이다.

㉖ 金水다봉자와 金水쌍청은 자손에 수액(水厄) 있다. 즉 물에 빠져 죽는다. 가령 ○癸乙癸 ○○丑酉은 乙木자식이 한강에서 수영하다 빠져죽었다. 酉丑金국에 丑이 급각살이다.

사주 예(263)

丙 ⓛ 己 乙
子 亥 丑 亥

이 사주는 亥子丑 水국에 丙火자손이 몰하고, 무관성에 관성입묘 丑이 있어 종내는 무자다. 丙火상식이 꺼져 있고, 辛이 서방인데 丑 급각살에 있고 물속에 있으니 무슨 힘이 있어서 자식 낳겠는가? 무자팔자(無子八字)이다. 모자멸자(母慈滅子)요, 결국은 친정 와서 살아야 한다.

사주 예(264)

戊 丙 甲 己
戌 戌 戌 未

이 사주는 상식태왕에 몰火가 된 중, 무관성하여 무자가 되었다. 자연유산되었다. 火土중탁사주이다. 무자팔자이다. 자식이 없는데 할머니 업(業)이다. 너무 뚱뚱해서 자식 못 낳는다. 남편 없다. 水가 관인데, 水가 土에 들어가면 자연소멸된다. 불감증이다.

사주 예(265)

甲 戊 丁 甲
寅 申 丑 子

이 사주는 戊土일주가 신약하고 寅申충에 공망이 손궁에 임하여 무자하였다. 신약에 寅申충에 시가 공망이다. 연하의 남자가 서방이다. 자꾸 싸운다. 시집 두 번 가야 한다. 관과 충이나 형이면 일요 부부가 많아서 떨어져 있는 시간이 더욱 많다. 즉 그 대가는 치러야 한다.

사주 예(266)

戊 ⓧ 庚 己
午 午 午 未

이 사주는 戊土일주가 다봉(多逢)火로 지나치게 건조한 중, 월상庚金 자손이 몰하여 무자하였다. 火土중탁이다. 木이 없다. 火土용신이다. 무자팔자이다. 상식이 金인데 金이 녹아서 자궁이 막혀버렸다. 만약 자식 두었다면 "무자식이 상팔자입니다. 결국은 본인 앞에서 자식이 먼저 가야 됩니다." 자기 위주로 세상을 산다.

사주 예(267)

庚 ⓙ 丙 丁
戌 未 午 未

이 사주는 丁火일주가 午未, 午戌火局에 丙丁火가 년월로 있어 지나치게 건조한 중 또 일시가 未戌로 형하여 무자하였다. 염상격(炎上格)이고 木火용신이다. 火土가 많고 무관성이고 너무 건조하다. 염상격이나 방합이고, 선장이 셋이니 배가 산으로 간다. 꽃 중에서도 잡꽃이다. 丁未일주가 월이나 시에 庚戌이면 의약(의사, 간호사)과 인연이다.

시상의 庚이 재인데 부재(浮財)이다. 고로 뜬구름 잡는다. 목돈 갖다가 푼돈 만드는 데 1등이다. 거짓이 없는 것까지는 좋은데 1급 비밀을 못 지킨다. 남의 밥의 콩이 커 보인다. 꽃으로만 살다가 가야 한다. 종격이니 특이성 체질이다. 피가 달라도 다르다. 金이 부족해서 빈혈에 가까우니까 헌혈도 안 받아주더라. 金이 약하니까 폐가 나쁘다. 피부도 나쁘다.

> ※ 참고
>
> 　여자가 관성입묘나 관성이 백호이거나 급각살, 단교관살이면 "당신은 신랑을 불구로 만드는 팔자요, 몸에 이상 있는 사람을 만나거나 큰 수술 자국이 있거나 큰 흉터가 있는 사람이면 면합니다."

7 타자양육(他子養育) (남의 자식 키워주는 팔자)

① 남자가 관살다봉에 일지와 합이면 남의 자식 키워준다. 남명에 관살은 자손인데 다봉즉 자손이 많고 또 여기저기에 자손이 있어 남의 자손을 만나게 되어있는데 일지와 합이면 나와 만남이 되어 남의 자손 키워준다. 관살이 많으면, 조카들을 키워준다. 나도 죽겠는데 친조카가 들어온다.

② 남자가 상식태왕은 남의 자식 키워준다. 상식은 극관살 자손하는데 상식 다봉즉(多逢則) 자손이 희귀하게 되므로 물귀즉탐(物貴則貪)이라 타자양육이나 또 상식은 남의 자손에게도 해당하기 때문이다. 남자가 상식이 많으면 내 자식 놔두고, 남의 자식을 끼고 도는 것이 상식태왕자이다.

③ 여자가 상식이 일지와 합할 때 남의 자식 키운다. 여명은 상식이 자손인데 다봉즉 여러 자손을 만나게 되어있는 중 일지합은 본인과 인연이 있게 되므로 타자양육하게 된다.

④ 여자가 인수가 많은 사주

　인수다봉은 극상식 자손으로 자손이 희귀하게 되어 타자양육하게 된다. 인수가 많으면 상식이 죽는데 그러므로 남의 자식을 키워주면 상쇄가 되어서 자식이 보충되어 내 자식에게 흠이 있는 것이 감소된다.

※ 참고사항

① 남자가 자식이 있는데 재혼한다면 남의 자식을 키워줄 수 있는 여자 사주라야 한다.
② 아이들을 예뻐하는 여자는 남의 자식을 키워줄 수 있는 요소를 가지고 있다는 것이다.
③ 타자양육하는 팔자에 해당하는 자, 꼭 동거하지 않고 학비를 대어 준다든가 양자를 하여도 되며
④ 여자는 보모, 유모 등 하다 못해 조카를 키워주어도 되고 특히 타자를 돌보아 줌으로써 남편이 작첩하여 자손을 얻어오는 것을 미연에 방지할 수 있다.
⑤ 보편적으로 남의 자손을 예뻐하는 자는 본인이 낳은 자손과 함께 살지 못하고 있어 항시 자손을 생각하고 있는 중 남의 자손이라도 눈 앞의 자손을 봄과 동시에 본인의 자손이 생각이 나서, 그 생각은 바로 그 자손을 예뻐하여 주고 안아 주고 함으로써 자기 자손을 안고 있는 것처럼 착각을 일으키게 하며 또 그러한 생각 속에서 대하고 있기 때문에 남의 자손이라 하여도 예뻐질 수밖에 없는 것이다.
⑥ 고장(庫藏)은 꼼짝달싹 못하게 하는 것이고 집합이다. 고로 남자가 상식의 고장있는 사주, 여자가 상식의 고장 있는 사주는 각각 아기 달래는 데는 1등이다.
⑦ 여행할 때 재고날은 할머니가 옆에 앉고, 재가 생지(生地)일 경우에는 처녀가 앉고, 재가 왕지이면 아줌마가 앉고, 비견겁일 때는 남자가 앉고, 도화날에는 예쁜 여자가 앉는다. 만약 남자가 앉았다면 그 남자는 틀림없이 바람둥이 남자일 것이다.

⑧ 40대 여자가 재혼하려고 한다. "남자가 혼자된 지 얼마나 됐어요?" "한 10년 됐다고 해요." "아이들은 있어요?" "중학생 정도의 딸들이 두 명 있다고 해요." 그럼 사주 볼 것도 없이 "이 결혼은 안 됩니다." 한다. "왜요?" "어렸을 때부터 아빠가 딸들 목욕시키고 키웠다면 그 딸들은 아빠가 우상이고, 아빠의 사랑을 가지고서 아빠와 연애하고 살고 있는데 거기에 들어가서 살 수 있어요? 죽습니다. 딸들이 자기 아빠를 순순히 빼앗기겠어요? 아마 이럴 겁니다. '아줌마, 우리 아빠와 결혼하려거든 우리들 죽이고 하세요.'" 벌써 해답은 나왔다는 것이다. 또한 남자가 혼자서 오래 살았으면 살림을 알아버려서 여자에게 살림을 맡길 것 같나요? 힘들다는 것이다.

⑨ 여자의 젖가슴이 위로 새가슴처럼 올라있는 여자는 자식이 속 썩인다. 불구자손이다. 젖가슴이 밑으로 있는 여자는 남의 자식 키워준다. 아무나 와서 빨아먹으니까. 양쪽 젖가슴의 간격이 넓은 여자는 이별수가 있다.

사주 예(268)

甲	㉿庚	戊	丙
申	午	戌	寅

이 사주는 火자손이 丙火 寅중丙火 戌중丁火, 午중丁火로 있는데 寅午戌로 일지합하여 남의 자손 키워주었다. 관이 국을 이루어서 재살태왕이다. 관살이 많아서 남의 자식, 조카 키워주었다. 월의 戊는 조토라서 土생金이 어렵다. 戌월의 庚金이 결실하려 하는데 가을의 날씨가 너무 더워서 오갈병이 들었다. 퓨즈가 나간다. 살기가 너무 어렵다. 언제 자식이 들어오는가? 火운인 관운에 들어온다. 신약으로 관살이 일복이니까 "뼈가 노곤노곤하도록 일해도 먹고 살 둥 말 둥하다." 木인 돈이 들어

오면 몸이 아프고(재생살) 돈 나가면 괜찮은데 이것이 자꾸 반복된다. 힘든 팔자이다.

　양팔통이지만 신약하니까 음팔통만도 못하다. 木火가 많고 金水가 부족하니까 金水가 필요하다. 고로 만날 용신 따라서 술집에서 살더라. 申金용신이다.

사주 예(269)

壬 ⑰ 戊 乙
辰 寅 子 亥

　丙火일주의 관 자손이 亥子壬으로 다봉하여 타자 양육 하였다. 寅木용신이다. 살인상생이다. 亥子水국으로 관살이고 壬이 관이고 辰이 관고이다. 고로 남의 자식 키워주어야 한다.

　사주의 흐름은 水(亥子)생木(寅)에서 木생火 해서 火생土로 빠져나가야 하는데 寅辰木국에 辰은 죽었고 戊土도 죽어 있으니까 이 사주의 핵은 丙火로 집결되어 있어서 "이 사주는 얼굴 하나밖에 볼 것이 없네요."

　木생火로 자기 몸 하나 아끼는 데는 1등이다. 누구도 못 따라간다. 모든 게 자기 위주로 일을 처리한다. 丙이 가는데 항시 壬이 길을 가로막고 있다. 절로공망이다. 木火용신이다.

　이 사주는 申이 와서 寅申충 하면 두 손 든다. 申년은 丙에게 申은 편재로 역마지살이니까 길거리에서 만난 여자인데 申 속의 壬水와 연결하니까 여자 한번 건드렸더니 임신했다고 하더라. 그러면서 寅申충으로 처박고 들어오면서 "안방 내 놓으라." 고 한다. 이것을 수습하려면 寅木이 날아가야 하니까 집 팔아야 한다. 된통 걸렸다. 안 그러면 申子辰水국으로 살이 되어서 죽인다고 한다. 결국 살아남으려면 寅木을 희생해야 한다.

　이 사주는 사업 안 되고 직장, 공직자가 좋다. 돈 벌려면 재를 따라가야 하니 탐재괴인에 걸린다. 巳火를 만나면 木생火로 부모에게 얻어먹고 살다가 巳火 만나서 녹근되니 독립한다고 한다. 木인 엄마가 "누구냐." 하고 묻자, 巳火 친구란다. 그러자 寅木엄마가 노발대발한다. "그 녀석은 이 어미와 寅巳형으로 원수가 아니냐?" 그러나 丙은 말 안 듣더니 결국은 寅巳형으로 집 날려 버리더라.

사주 예(270)

戊 ⑦ 乙 戊
戌 戌 卯 戌

丙火일주의 자손 土가 년일시로 다봉하여 타자양육 하였다. 木용신이다. 戌인 고장이 많다. 이렇게 자기 고장을 많이 놓고 있는 사람은 그 특징이 잔병치레를 많이 한다. 고장을 무덤으로 연결하면 죽었다 살아났다, 살아났다 죽었다를 반복한다. 戌이 3개니까 평생 3번은 겪어야 한다.

상식이 많아서 남의 자식 키워주어야 한다. 무관성이라서 항시 외롭고 고독하다. 월에 도화니까 혼자서는 못 산다. 土운에 자식 들어온다. 己丑이나 己未운에는 丑戌형, 未戌형이니 임신해도 유산한다.

戌亥 천문성이 많고 土인 화개가 많아서 종교에 독실하다. 인수가 용신이니까 책 보면 마음이 안정되는데 卯가 도화니까 연애소설 많이 본다.

월에 도화이고 인수이다. 고로 "내 팔자가 왜 그렇게 나빠서 2~3번 시집 가야 하나요?" 한다면 "어머니가 재취로 시집와서 그럽니다." 하라.

庚辰운이면 간극지충이다. 더구나 기신운이다. 고로 庚辰년이면 태세(太歲)라고 하는데 丙이 년을 극하니까 이것이 하극상이 나온다. 이별수 걸렸고, 부모상 당하고, 관재에 걸려든다.

사주 예(271)

```
丙 庚 庚 辛
戌 子 子 未
```

庚金일주의 자손 水가 子월로 일주水왕하여 타자 양육 하였다. 전처소생의 딸을 키워준 사주이다. 乙卯일주 총각과 결혼하였는데 첫날밤 지나자 3살짜리 여자 아이가 "아빠"하고 들어오더라.

상식이 많다. 고로 남의 자식 키워주어야 하는데 亥卯未에 子가 도화이다. 고로 子인 남의 자식 키워주어봐야 연애한다고 무지 속 썩인다. 金이 子에 사(死)이고 金침(沈)되니까 "내가 네년 때문에 죽겠다."는 소리가 나온다. 도화자식 때문에 庚이 힘들다는 것이다. 3살짜리 여자 아이 죽도록 키워서 시집 보냈더니 사위란 놈이 트럭 사달라고 해서 월부로 사주었더니 2달만에 차 팔아버리고 도망가버리니 남은 할부금 꼬박 물어주었단다.

金水다(多) 하니 근심걱정 끼고 살고 비겁이 많고 金생水가 많으니 버는 놈 따로 있고 쓰는 놈 따로 있다.

8 총각득자(總角得子) · 처녀포태(處女胞胎)

총각득자나 처녀포태 모두 부정포태이다. 부정이란 과부도 해당하고 유부녀도 해당한다. 이것이 1급비밀이다. 결혼 전에 잉태하는 경우에도 해당한다.

총각득자되는 사주는 미리 알려주어도 괜찮다. "당신 아들이 총각득자니까 혹시 그런 일이 있어도 놀라지 마십시오."한다.

① 남자의 경우, 재와 관이 일지와 합한 자, 즉 재관동림(財官同臨)일 때인데 만약 여기에 형충이 임하면 유산시킨다. 일지와 합하면 동림과 똑같은 작용이다.

재는 처요, 관은 자손인데 그 재나 관이 일지에 있거나 또는 타주에서 재나 관이 일지와 합이 되면 총각이 득자하는데, 편재 편관이 더욱 확실하며 이는 약혼 중이라도 해당한다.
② 여자의 경우, 상식이 일지와 합한 자, 즉 관식동림일 때인데, 만약 여기에 형충이 임하면 유산시킨다. 일지와 합하면 동림과 똑같은 작용이다. 관은 부군이요 애인이며 상식은 자손으로 일지에 관이나 상식을 놓고 타주에서 관이나 상식이 합하여 오거나 또는 상식이나 관이 합하여 일지로 들어오면 처녀가 잉태하게 되는데 약혼 중 또는 정부(情夫)의 자손, 과부가 포태하여도 되며 또 재살이 태왕자는 처녀를 잉태시키고 도망가며, 상식태왕여명은 잉태하고 애인을 잃어버린다.

※ 참고사항

① 재관동림 중에서도 일간별로 보면 金일주가 가장 잘 된다. 다만 여기서 재관이 용신이면 임신해서 더 잘 되니까 떼지 말고, 재관이 기신이면 감당 못하니까 도망가게 되더라. 관리능력 없으니까 도망가야 자기가 살 수 있으니까 그렇다.
② 관상학적으로 보면 부정포태의 관상은 와잠(臥蠶)에 점이 있으면 비밀 자식이 나온다. 점은 어두움, 흑색이니까 그렇게 본다. 또는 자식 때문에 속 썩는다. "아이구, 아줌마! 남편도 모르는 1급비밀 자식 하나 있네요."
③ 여자가 乙巳일주는 巳중庚(관)丙(상식)으로 관식동림이다. 남자가 庚寅일주는 寅중甲(재)丙(관)으로 재관동림인데 木火가 용신이면 木火가 펄펄 살아있어 좋다.
④ 자손수(운)는 남녀 모두 연애하거나 바람나면 자손수도 저절로 따

라온다. 고로 처녀총각이 바람났다 하면 잉태한다.
⑤ 여자 중에서 土일주, 金일주가 사랑에 미쳐놓으면, 그것도 유부남에게, 상대방의 자식 하나 낳고서 그 자식 키우면서 천년 만년 살 수 있는 것이 土, 金일주이다. 특히 金일주가 독한 여자로 더 하다는 것이다.
⑥ 만약 남자가 ○庚○○/○申○寅 의 경우, 재관동림해도 寅申충이니까 유산시킨다.

사주 예(272)

己 乙 癸 己
卯 巳 酉 丑

이 사주는 일지에 재관이 있고 또 타주에서 재관이 巳酉丑으로 일지와 합하여 총각득자하였다. 木火용신이다. 巳酉丑金국이니 癸로 통관시켜야 할 것인가? 木火가 부족하고 金水가 많으니까 木火를 쓸 것인가? 木火용신이다. 巳중의 戊가 재이고 庚이 관이니 재관동림이다. 또한 巳중 戊인 재와 酉인 관살이 巳酉로 합했으니 재관동림이다.

이 사주에서 巳酉합의 작용은? 木生火로 내가 죽도록 가르쳤더니 巳酉金으로 관살이 되니 내가 가르친 사람이 나의 상사가 되더라. 또는 나무에 올려놓고서 흔들어버린다. 여자라도 巳중庚인 官과 丙인 상식으로 관식동림이니 부정포태이다.

그럼 이 사주가 총각득자되는 해는? 재관이 같이 들어오는 해이다. 己酉년은 己土여자 만났더니 酉金자식이 생기더라. 또한 천간에 관이 있고, 지지에 재인 경우에도 해당하는데 辛丑년에는 丑土여자 만났더니 辛자식이 생기더라. 庚辰년에는 乙庚합에 辰酉합金이니까 철삿줄로 꽁꽁 묶였다. 乙庚합이 잘못 됐다. 고로 죽도록 일해도 대가가 없다. 이래도 안되고 저래도 안된다.

사주 예(273)

辛 ㉾ 乙 戊
酉 未 卯 戌

이 사주는 자손 乙卯木이 일지 관성과 卯未로 합하여 처녀가 잉태하였다. 木火가 많고 金水가 부족하다. 일지에 未는 상식고이고 卯인 식신과 未인 관이 관식동림으로 일지와 합해서 들어온다. 고로 처녀가 잉태했다. 기생팔자이고 옅은 물이고 탁수이다. 卯가 도화이다. 상식이 많으니까 유방이 크다. 년의 戊土인 남자와는 戊癸합이지만 未戌로 형이다. 고로 종내는 내 사람이 아니다.

이 사주가 임신하는 해나 시집가는 해는?

戊寅년에 정관상관으로 관식동림이다. 임신이고 시집 가는 해다. 그런데 寅未귀문이니까 "뗄 수도 없고 안 뗄 수도 없고 신경이 무지하게 쓰인다." 이처럼 여자가 관식이 같이 들어오면 시집 안 가고는 못 배기게 된다.

사주 예(274)

戊 ㉾ 丁 癸
辰 寅 巳 丑

"이 여자 결혼할 수 있나요?" "결혼은 틀렸네요." 巳중 庚, 丑中辛金이 남자인데 이 아가씨가 너무 똑똑하고 콧대가 높다. 의상디자인 한다고 한다. 부모가 의류사업 하는데 이 아가씨를 기획실에 앉혀 놓고서 써 먹더라.

庚午년에 寅午합으로 庚인 관이 관식으로 같이 들어오니까 결혼수가 들어온다. 단, 寅午火국으로 자식은 살아남는데 庚은 甲庚충에 火극金 받아서 들어오니까 오래 존속하지를 못한다.

사주 예(275)

丙 ㉾ 丁 乙
子 寅 亥 酉

이 사주는 일지에 재관이 있고 또 월지 亥중 甲木이 일지와 합하여 총각이 득자하였다. 亥월의 子시로 겨울이니까 춥다. 고로 木火가 필요하다.

寅중 甲과 丙으로 재관동림이고 寅亥합이다. 총각득자했다. 乙木이 본 마누라인데 乙庚합은 좋지만 살지 위에 앉아 있어서 해로하지 못한다. 寅酉원진으로 원수가 인연 됐다. 寅亥합木으로 재국이다. 亥水인 장모와 寅木인 마누라가 합이 되어서 내 집 안에 있다. 고로 이 사람 집안으로 들어가면 처갓집 식구만 우글거린다. 장모와 마누라는 寅亥합으로 죽어도 안 떨어진다. 고로 장모 모시고 산다. 월과 일은 속이요, 년과 시는 겉이니 월지와 일지의 합은 집안으로 보면 된다.

만약 ○㉾○○ / ○寅子○ 의 경우에는 子가 장모이고 寅이 마누라이지만 합이 아니고 차가운 子水가 水생木 해준다고 해도 寅木이 싫다고 해서 장모 모시지 않는다.

庚寅일주는 午년이면 총각득자이다. 일지와 寅午합 하면서 午가 자식이니까 자식 얻는 해이다. 또한 巳酉丑에 午가 도화니까 바람나서 자식 얻는 해인데 寅午火국으로 용신이 되니까 똑똑한 자식이므로 걱정 없다.

사주 예(276)

庚 ㉾ 戊 丁
寅 子 申 卯

이 사주는 子중 癸水관이 일지로 있는데 월상 戊土 식신 자손이 申子로 일지합하여 처녀가 잉태하였다. 寅木용신이다. 결국 친정으로 다시 가야 한다.

丙에게 식신戊土가 자식이고 水가 남편인데 申子합으로 들어오니까 처녀가 잉태하였다. 또한 처녀 잉태란 것은 연애박사인 경우와도 통하니까 亥卯未에 子가 도화로 관이 되니까 바람피우는 것이 직업이더라.
　庚辰운이면 寅辰木국이냐? 申子辰水국이냐? 천간에 庚이 있으니까 申子辰水국이 더 잘 된다. 丙이 庚 만나면 편재인데 운이 나쁘면 나가고 운이 좋으면 들어온다. 고로 큰돈이 나간다.
　여기서 1학년짜리라면 만약 나갈지 들어올지 모르겠거든 "아따! 금년에는 당신에게 큰돈이 들락날락하네요." 하면 된다.

9 혼혈자손(混血子孫)

　혼혈자손은 국제파이다. 국제적으로 논다. 혼혈아가 참 영리하다. 혼혈자식은 타국에서 아기 낳는 것도 해당한다. 외국에서 낳는 자식들은 우리나라에 오면 몸이 아프고 적응 못하는 경우가 많다.
　① 남자의 경우, 역마지살 재관에 일지와 합된 사주, 역마지살에 재니까 외국여자란 이야기다. 역마나 지살은 해외요, 재는 처가 되며, 관성은 자손인데 일지와 합이 되면 해외여자와 자손이 본인과 합하는 것이 혼혈아를 얻게 되는 것이다.
　② 여자의 경우, 역마지살에 관식이 일지와 합된 사주, 단 역마지살은 寅申巳亥 뿐만 아니라 午, 未, 水도 역마지살이다. 여명이 관은 부군이요, 상식은 자손인데 일지에 합이 되면서 역마지살에 임하면 해외 남자와 자손이 본인과 합하는 것이 되어 혼혈아를 얻게 된다.

　※ 참고사항
　① 여기에 해당하면, 본래 일지와 삼합될 때에 해외 나가지만 월에 해당되어도 같다.

② 여기에 해당하는 자, 해외에서 득자하면 무관하며, 자출해외(子出海外)는 분명하고 또 차중연애한다.
③ 앞에서 공부한 국제결혼과 잘 대조하여 볼 것이며, 국제교류 활성화로 많은 사례가 예견된다.

사주 예(277)

乙 ⑭ 己 己
亥 子 巳 未

이 사주는 巳중에 戊庚丙이 있는데 戊土는 재요, 庚金은 자손이라 아울러 역마가 임하여 일본여자와 결혼하여 득남하였다. 巳가 역마지살인데 巳중庚이 자식으로 巳속에 있어서 자식이 녹고 있으니 잘 크기가 어렵다. 甲己 己로 결혼 시에 쌍립 선다.

사주 예(278)

丁 ⑰ 丁 丁
未 亥 未 亥

이 사주는 丁火일주가 亥지살에 亥중壬水로 관성이요, 未중己土 자손이 일지로 합하여 미국인과 결혼 득남하였다. 丁火는 국제결혼해서 뉴욕시청에서 근무했다. 亥중 壬水가 서방인데 亥未로 없어졌다. 壬이 서방인데 未중 己土와 亥未합이다. 상식이 일지와 합이니까 외국인과 결혼했다. 비견이 많아서 남편 뺏기고 산다. 혼자 살아야 한다. 木火로 몰아야 한다. 火일주니까 외국어 잘 한다.

다. 선조관계(先祖關係)

선조에 대한 모든 것을 알고자 할 때에는 고정위치인 년주와 유동적인 편인을 살펴 일주와 대조하여 일주에 미치는 영향이 길인지 흉인지를 살피고 또 편인 조부가 월령에서 받는 영향과 편인 자체로서 득근

여부를 잘 살펴봄과 동시에 길, 흉신 등을 파악하여 나쁜 것이 있다면 배제하고 바로 잡아 본인 이후로는 다시는 발생하지 않도록 노력하여 대대손손이 길영사(吉榮事)만 연발할 수 있도록 계도하며,

또 좋은 것이 있다면 더욱더 발전시켜 자자손손에까지 영광이 함께 있게 하고 나아가서는 뿌리를 찾아 경조사상(敬祖思想)을 고취시켜 상과 하를 유지하고 정신을 결속시킬 때 가정의 안녕은 물론 사회의 질서와 나라사랑의 근본이 될 것이니 이것이야말로 우리들의 행복을 스스로 불러들이는 결과가 아니고 그 무엇이겠는가.

따라서 목적 없는 행동은 있을 수 없으며 여러분들도 좀 더 많은 연구를 거듭하여 음으로 양으로 사회에 이바지하여야겠다.

실제적으로 보자. 선조관계를 볼 때는 년주와 편인으로 보는데 길신, 기신인지 여부를 살피고 편인의 왕쇠강약을 살펴야 한다는 것이다. 선조는 년주가 고정위치이고 궁(宮)이다. 육친으로는 편인이다. 편인은 할아버지이고 할머니는 상관이며 재는 아버지이고 어머니는 인수다.

할아버지 되는 육친이 사주에서의 길이냐 흉이냐를 따지는 것인데 용신 위주로 구분한다.

1 년, 월에 재관인 또는 관인, 재관을 놓으면 선대에 명문(名門)이다.

년주는 선조의 자리요, 월주는 부모의 자리인데 인수는 생아자로 나의 근원이 되며 관은 인수의 근원이고 재성은 관의 근원이 되므로 일간의 뿌리가 깊고 깊어 명문이 되며 또 재는 부요, 관은 귀(貴)가 되고 인수는 형복(亨福)으로서 년월에 재관인 삼기(三奇) 삼반물(三般物), 또는 관인, 재관 2덕을 놓으면 부귀가문을 자랑한다. 년월은 먼저이고 아버지, 할아버지의 위치이다. 일주의 뿌리는 인수이고, 인수의 뿌리는 관이고 관의 뿌리는 재이다. 고로 뿌리가 얼마나 깊은가로 명문가에서 태어났는지를 알 수 있다.

고로 사주에 인수가 없는 사람은 조상 없는 사람으로 연결해도 되고 또한 어머니가 없다고 생각하며 성장할 때도 공부를 많이 못한다. 또한 일을 하는 데 있어서도 계획성이 부족하고 두서가 없이 일한다. 가령 ○己丙○/○○寅亥의 경우, 己의 뿌리는 丙이 아니다. 오히려 寅을 거쳐서 亥까지 뻗쳐있다. 년월의 재관인으로 명문가문인데 만약 일이나 시가 나빠서 사주가 나쁘다면 가령 壬己丙○/申巳寅亥라면 "이 사람아! 정신차려. 왜 가문에 먹칠을 하고 있느냐?" 한다. 火용신에 寅巳申 삼형이 모두 들어가서 있다.

② 년주에 재고나 재국이면 선대에 부자였다.

선조의 위치 년주에 재고 즉 창고를 놓았고 재국자는 재산국을 놓고 있기 때문에 선대(先代)에 부자가 된다. 즉 조상 때에 부자였다. "조상 때에 벼 천석 했었구만." 재고는 火일주丑, 土일주辰, 木일주戌, 水일주戌, 金일주未이고 재국 즉 재삼합은 火일주 巳酉丑, 土일주 申子辰, 金일주 亥卯未, 水일주 寅午戌이고 木일주는 재국이 없다. 가령 ○壬○○/子申午戌라면 년지의 戌이 재고이니 할아버지대에 잘 살았고, 午戌火국으로 재국이 되니까 부모대에서도 잘 살았다.

이처럼 참으로 선조, 부모대에 잘 살았는데 알고 보니 壬申일주가 모두 차지하게 되어 있다. 또한 午戌이 재국으로서 아버지이다. 이때는 물어볼 것도 없이 아버지가 돌아가셨으면 명당자리에 들어가 있다.

③ 년주에 관국이면 선조대에 고관이었다.

년주는 선조의 자리이고 관은 벼슬인데 관국은 관이 득왕하였으니 고관이다. 여기서 관국은 삼합국이어야 한다. 가령 ○戊己○/○○亥寅이라면 寅亥합木국으로 관국이다. 3·8木이니 "3급 이상은 되었겠네요." 한다. 寅亥합은 육합이지만 삼합국과 같은 관국이다.

④ 편인이 삼합득국 했거나 장생이면 할아버지(조부)가 장수에 덕망이

있다.

편인은 조부요, 득국은 건왕이며, 장생은 힘이 있고 뿌리가 튼튼하기 때문에 장수하시고 덕망이 있다. 즉 편인이 멋지게 구성되어 있어야 한다. 가령 ○○戊丙○/○○寅午 이라면 丙火 편인이 寅午火국으로 멋지게 이루어져 있다. "할아버지 대에서 고관이었고 오래 살았고 덕이 높았고 인자하셨네요." 한다.

⑤ 편인이 혼잡하면 할아버지 형제에 배다른 형제가 있다.

편인은 조부님인데 혼잡은 여러 가지로 섞이어 있으므로 합중국과 같아 여러 조부가 있는 형상이라 배다른 조부님이 계시게 된다. 쌍둥이도 포함된다. 여기서 혼잡이란 투간, 암장 등으로 섞여 있을 때가 인수혼잡이다. 가령 ○○辛戊○/○未戌丑 의 경우, 未, 丑, 戊戌, 삼형 등으로 인수혼잡이다. 할아버지 형제간에 이복형제가 있네요. 할아버지가 서출 출신이네요. 증조 할아버지가 바람피웠다는 것이다. 또는 인수가 어머니라서 "당신 어머니가 둘이네요." 했더니 "아니오." 한다. 그럼 "당신 할아버지가 서출 출신이오.", "당신 할아버지 형제간에 배다른 형제가 있네요." 모르겠다고 하고서 아버지에게 물어보자 깜짝 놀란다. 즉 선조의 비밀이 나온다.

여기서 인수가 너무 많아서 사주가 나쁘면 "마마보이요, 모자멸자이다." 그 원인을 알아보면 "할아버지가 서출이었기 때문이다. 증조 할아버지가 바람을 많이 피워서 그 업(業)이 당신에게 떨어졌군요!" 하고 말해줘라. 또한 산소로 연결하면 土인 할아버지가 조토이니까 떼가 살지 못한다. 고로 "할아버지 산소가 말라있어서 떼가 자주 죽는군요. 그래서 당신이 되는 일이 없어요." 하라는 것이다.

⑥ 편인이 허약하고 흉살에 임하면 할아버지가 흉사했거나 단명이다.

편인은 조부님인데 허약은 의지할 곳 없이 힘이 없는 중, 여기에 또

다시 흉살 즉 형, 충, 공망, 백호대살, 탕화, 육해 등이 있으면 흉이 가중되어 조부님이 흉사가 있게 된다. 할아버지가 좋게 돌아가시지 않거나 또는 할아버지가 단명하다는 것이다. 여기서 흉살의 적용은 백호는 피 흘리고 죽는 것이고, 충은 다치는 것이고, 형은 사고와 연결하고 탕화는 음독자살, 귀문관살은 정신이상 등으로 모두 연결하라.

7 년일이 형충 등으로 불합하고 또는 공망이면 선조에게 봉사하지 않고 무성의하다.

년주는 조상의 자리요, 일주는 본인인데 여기에 충, 형, 원진, 육해, 귀문관살 등 흉살이 임하면 이탈, 쟁투, 불목, 원망, 형벌로 불화가 되어 선조봉사 무성의하게 되는데 이렇게 되면 자연 선조와 멀어지기 때문에 선조, 족보, 문집, 분묘 등을 잃어버리기 쉽다.

가령 ○庚○甲/○午○戌 이면 편인이 공망이고 년지가 공망이니까 "할아버지 산소가 어디 있는지도 모른다." 조상 잃어버린다. 족보도 잃어버린다. 여기서 선조에게 봉사하지 않는다는 경우는, 기독교 믿으니까 제사 안 지내더라. 선조가 공망 맞으니까 제사 안 지내더라. 선조덕이 없다면서 그런다. 년주에 용신이면 "선조의 제사를 잘 지내세요." "할아버지, 조상덕이 많네요." 가령 ○壬○○/申子寅午 라면 午火가 용신이다. 할아버지 자리에 용신이 있으니까 "할아버지 제사, 조상 제사에 빠짐없이 참석하시오." 조상 섬기는 것은 남의 조상, 남의 무덤 잘 해주어도 복을 받는다.

8 년월에 상관 놓고서 기신이면 할아버지, 아버지 대에 패망했다.

년월은 선조와 부모의 자리인데 상관은 관을 상하는 자로 관재, 송사가 끊일 사이 없어 재물이 손괴되고 또 도기로 일주를 도와주기는커녕 일주의 도움을 받는다는 것은 망했기 때문에 부조대(父祖代)에 패업(敗業)인데 상관자체가 기신이어야 한다. 상관은 관을 극하므로 월에 상관이 있고 상관이 기신이면 아버지 대에서 망했고, 아버지가 반항파였으며 년에 있다면 할아버지 대에서 망했다.

　상관은 관을 치니까 관재, 송사가 많이 발생하니 자연히 망하게 되고, 상관은 일주의 기운을 도적질해가는 것이고 일주가 도와준다는 것은 망했기 때문이다.

　가령 ○己○○/○申申 이면 할아버지대, 아버지대에서 망했다. 그런데 ○己○○/午未申申 로 되면 내 대에 와서 안정을 했고 午未火국에 火극金 하니까 부모, 선조의 누명을 벗겨주려고 많은 노력을 한다는 것이다.

⑨ 상관이 국을 이루거나 장생이면 할머니가 장수하셨고 현숙했다.

　상관은 조모님이요, 득장생이나 득국은 힘을 얻고 세력을 얻어 왕하고 있으므로 조모님이 장수하시고 현숙하다. 상관은 할머니인데 상관이 용신이어야 한다. 가령 ○乙丙○/子亥寅○ 이면 丙이 용신으로 상관이다. 木생火를 잘 받고 있어서 무지 똑똑하다. 丙이 태양이니 집에서도 할머니가 최고이고 안다리 박사이고 丙이 용신이니까 무슨 일이든지 할머니와 상의하면 최고 좋다. 할머니를 지성으로 섬겨라.

⑩ 상관이 허약하거나 흉살에 임하면 할머니가 흉사하거나 단명한다.

　상관은 조모님이요 허약은 질병인데 거기에 또다시 흉살이 임하여 있으면 즉 형, 충, 공망, 백호대살 등이면 흉화(凶禍)가 가중되어 조모님이 흉사나 단명할 수밖에 없다. 가령 ○庚○○/○戌未子 이면 土극水에 子未원진이니 할머니가 다치고 수명이 짧다.

⑪ 상식이 혼잡하면 할머니가 두 분이다.

　상식은 조모님인데 혼잡은 여기저기 많아 섞이어 있으므로 조모님의 합중국이라 조모님 양위(兩位)가 된다.

　상식혼잡이면 할머니가 두 분이고 상식이 장모도 되는데 고로 할머니가 둘인 죄로 장모가 둘이다. 여자는 상식이 자식인데 여자가 상식이 많으면 남의 자식을 키워주어야 한다. 고로 "나는 왜 남의 자식을 키워줘야 하나요?" 하거든, "그것은 당신 죄가 아니고 친정으로 할머니가 둘이죠? 그 업입니다."

여기서 내가 바람둥이면 손녀대에 가서 손녀딸이 시집 가서 못 살고 쫓겨나게 된다. 내가 똑바르게 살면 내 대(代) 이후에서는 안정을 찾는다는 것이다.

12 년주에 화개면 선조대에서 신앙에 독실하였고 역마나 지살이면 고향 떠나 산다.

년주는 선조의 자리인데 화개신앙이 임하여 있으면 조모님 신앙이 독실하였고 역마나 지살은 움직이는 것이 되어 선대에 고향을 떠나 오셨고 또 이와 같은 방법으로 길흉신을 육친에 의하여 얼마든지 추명하면 된다. 고향 떠나 사는 것은 옛날엔 큰 비중을 차지했지만 요즘은 신경 안 쓴다.

※ 참고사항

① 본래는 편인이 조부이나 정인도 조부로 통용되고 상관이 조모이나 식신도 조모로 통용되며 육친응용에는 암장까지 모두 살펴야 하고 어떠한 인소(因素) 하나만 가지고 단정하지 말고 복합될 때에 더욱 확실하다는 것을 명심할 것이며

② 운에서 편인이 피상되면 조부님이, 상식이 피상되면 조모님이 질병 내지는 사망하시게 된다.

③ 격정(格定)의 이유는 그 사주의 그릇을 알고자 격을 정한다. 부모와의 관계, 성장과정, 환경을 알고자 격을 정하는 것이다. 그리고 격정하는 방법을 보자.

- 일간대 월지장간의 본기를 위주로 한다. 월지는 부모관계니까 어떠한 부모 영향하에서 내가 태어났는가를 본다.

- 또 주중왕자도 격이다. 주중왕자는 환경이다. 가령 8월에 태어났지만 木이 많으면 木을 따라가고 火가 많으면 火를 따라가야 하니까 이것이 환경이다.
- 용신도 격이다.
- 격은 많다. 격에도 주(主)와 종(從)이 있다. 주는 원칙적인 격이고 본명이다. 종은 따라다니는 것이고 별명이다. 사주 놓고 이름 짓는 것이 격을 붙이는 것이다.

사주 예(279)

乙 ⑪ 癸 己
亥 寅 酉 丑

이 사주는 甲木일주가 년주에 己丑土정재요 酉丑金국 정관에 癸水인수 있어 재관인 구전(俱全)하여 명문에서 출생하였다. 癸酉는 깨끗한 물이다. 酉丑으로 들어오니까 년상의 己土가 土극水 못한다. 癸가 인수요, 酉가 정관이고, 丑은 정재이니 년월주에 재관인을 모두 가지고 있으니까 명문가의 출생이다. 酉월의 甲木이 寅亥합木으로 뿌리가 튼튼하여 제 발등의 불은 끄고 산다. 火용신이다.

신왕관왕으로 재관을 잘 갖추고 있어서 인품도 좋다. 월에 정관이니까 세상을 정직하게 살아간다. 관인상생이니까 공직 계통에 가야 하고 국립대학 가며 金생水, 水생木으로 金극木을 못하니까 적이 없다. 세상 살기가 편한데 모두 조상덕이다.

사주 예(280)

乙 ⑪ 癸 己
未 午 酉 丑

이 사주는 丙火일주의 丑재고가 酉丑으로 金국 하면서 월주에 재가 있어 명문이요, 선대가 부자였다. 재가 국을 이루었다. 재관 2덕을 갖추고 있어서 부귀겸전이다. 본인도 똑똑하니 장관 그릇이다. 酉월의 丙火가 午未火국으로 꽃이 만발하였다. 거기에 酉丑金국으로 결실을 멋지게 하고 있다.

사주 예(281)

丁 ⓧ 己 乙
巳 戌 卯 亥

이 사주는 戊土일주의 정관 乙木이 년주에 있으면서 亥卯木관국에 득왕하여 조부가 정3품까지 올랐다. 卯중 乙木이 투간했으니 정관격이다. 亥卯木국으로 국을 이루었고 乙木이 투간해 정관격이 튼튼하다. 관이 국을 이루었으니 고관대작이다. 정관격이니까 공직 사회로 뛰어들어야지 사업하면 안된다. 만약 사업한다면 亥水인 돈을 따라가야 하는데 亥卯인 관으로 변질되었으니 부가가치세부터 걱정한다. 어느 정도냐 하면 월에 정관이니까 정직하므로, 종교로 비유하면 굶어죽더라도 십일조는 바치는 것과도 같이, 부가가치세를 걱정한다. 시에 정사니까 인수격도 된다. 고로 말년에 공부하는 그릇이다.

할아버지 자리에 정관을 잘 놓고 있어서 할아버지가 정3품은 된다. 卯戌합으로 관이 나와 합하니까 어딜 가든지 환영받고 필수요원에 戊戌土가 중심으로 중심인물이다. 巳戌귀문으로 성질이 좀 까다롭다. 亥水인 마누라가 木으로 변질되었으니 자식 사랑이 우선이다. 酉년이면 卯酉충이니까 ⅰ)자식이 날아간다. ⅱ)관이니까 명예손상이고 직장 날아가니까 사표 낸다. 여기서 사표 내는 데도 내가 실수해서이냐, 아랫사람의 잘못에 의해서냐? 이 구분을 할 줄 알아야 한다.

정관이니까 원래 실수가 없는 사람이다. 고로 아랫사람의 잘못을 뒤집어쓰고서 사표 냈다. 신왕관왕격으로 장차관 팔자인데 정관이니까 승진이 조금 느리다. 년월에 있어서 "아따! 무덤 하나 잘 썼네요. 이 무덤 쓰고서 장관 하나 나겠네요." 戌戌, 丁巳가 조금 건조하게 말라 있는 것이 흠이다.

사주 예(282)

```
甲 ㉰ 辛 癸
寅 亥 酉 丑
```

이 사주는 癸水일주의 편인 조부가 酉丑金국에 辛金이 수기(秀氣)하여 조부 장수에 덕망이 대단하였다.

酉丑金국으로 편인국을 이루어서 할아버지가 똑똑하고 할아버지가 대장이다. 오래 살았다. 아버지는 寅중의 丙火로 못 살았고, 본인은 金생水 받아서 水생木으로 잘 나가니까 발달했고, 자손은 丑인데 酉丑金국으로 없어졌으니 자손대에서는 망한다. 손자대에서는 寅亥합에 甲寅으로 아름드리 나무로 손자대에서는 잘 된다. 즉 한 대에 흥하고, 한 대에 망하는 것이 가문의 흐름이다. 조부 땐 좋고, 아버지 땐 그렇고, 본인 때는 좋고, 자식 때는 별로고, 손자 때는 좋고라는 식이다.

사주를 구획정리해보면 ㉰辛癸/寅亥酉丑 와 같이 酉월의 물로 깨끗한 청백지수(淸白之水)이다. 거기에 金생水가 계속 들어오니 이 물은 절대로 마르지 않으니 남들이 나가떨어져도 본인은 끄떡없고 金생水에 水생木이니까 순국(順局)이고 청격(淸格)으로 깨끗한 사주이다.

월에 인수니까 인수격인데 인수가 득국했으니 이 팔자는 학자요, 선비이다. 水일주니까 유전공학 같은 것이다. 시에 상관이지만 용신이고 튼튼하니 식신보다도 더욱 좋다. 인수는 배움이요 상식은 가르침이니까 배워서 가르치려고 공부하고 甲寅木이 학생이니까 잘났고 큰 학생으로 대학생이고 그 학생들이 대들보 역할을 한다. 충파가 없는 사주이고 물 중에서도 흘러가는 물이니까 물줄기가 되는데 3.8木이니까 큰 물줄기 중에서 우리나라에서 3명의 인물 중에는 들어간다. 즉 자식이 똑똑할 것까지 내가 모두 똑똑해버렸다는 것이다. 木火용신이다.

庚辰년, 金생水로 죽도록 공부해도 水생木으로 나가는 것을, 나가는 수로를 庚이 甲庚충으로 부숴버린다. 辰이 辰酉金으로 인수가 되니까 배만 불렀지 빠져나가지 못해서 죽도록 공부해도 효과가 없으며 되는 일이 없고 辰亥원진으로 세상을 원망하랴, 내 자신을 원망하랴 한다.

辛巳년, 巳亥충, 寅巳형으로 寅亥합木을 깨버리고, 巳가 巳酉丑 金국으로 돌아버린다. 巳는 재이니 여자가 나를 배신한다. 역마지살의 충이니까 교통사고 주의하라.

壬午년, 寅午火국이니 "아이구, 나 살겠다. 기분 최고이다."

인수가 국을 이루었으니 부모, 선조가 똑똑하다. 그러나 부모와 같이 살면 金극木 하니까 자립하는 것이 좋다. 단 이 남자에게 시집가는 여자는 고달프다. 여자 위에서 군림하려고 하고, 종 부리듯이 한다.

사주 예(283)

```
壬 丁 己 乙
寅 未 卯 卯
```

이 사주는 丁火일주의 편인 조부가 년상 乙木, 卯중乙木, 未중乙木, 寅중甲木으로 다봉되어 조부에 이복있다. 인수가 많아서 어머니가 둘이고 할아버지 형제에 배다른 형제 있다. 金이 재로 아버지인데 사주에 없으니까 이 사람 낳고서 아버지가 다른 데로 갔다는 이야기다. 木火로 몰아야 한다. 卯未木국이고 寅未귀문이다. 잘 나가다가 시에서 삼천포로 갔다. 午가 들어가야 寅午, 午未로서 귀문관살이 해소된다. 卯월의 꽃으로만 살다 가야 되니까 열매가 없고 시작의 명수이다. 火일주니까 어문(語文)계열로 가야 하고, 돈과는 인연이 없어서 상경계는 안된다.

金이 약해서 피부가 약하고, 뼈가 약하며 木이 많아서 모든 병이 신경성으로 온다. 편인이 卯木으로 너무 강하니 잘못하면 할아버지 산소에 나무뿌리가 들어와 있다. 木생火 받았으니 火생土로 가야 하는데

己는 木극土로 붕괴되었고 未는 木으로 없어졌으며 壬은 수중기이니까 木火운만이 좋다.

사주 예(284)

丙 ⑭ 壬 癸
戌 申 戌 丑

이 사주는 庚金일주 편인 조부가 戌중戊土로 있는데 백호대살에 丑戌형이요 년지공망되어 조부가 미친 개에 물려 세상을 떠났다. 인수가 많아서 어머니가 둘이고 할아버지 형제에 배다른 형제가 있고 년이 공망이고 丑戌형이다. 戌이 개요, 丑이 소이니까 할아버지가 미친 개에 물려서 죽었다. 백호대살이 많다. 고로 무당집 가면 "아이구! 이 놈의 집구석에는 무슨 놈의 귀신들이 이렇게 많나? 나 점 못 쳐요." 한다. 즉 횡사죽음이 많다는 것이다. 木火용신인데 丙용신이 너무 약해서 金을 완전히 제련하기가 어렵다.

戌이 급각살이고 丑이 자기 고장이고 戌은 관고이고 화개인 丑戌형에 걸리니 여러 가지 종교로 개종하고 火극金이 필요하니까 쥐어패서 자극을 주어야 하며 사랑의 매가 필요하다. 木인 재가 없어서 사업가는 안된다. 여자라면 癸, 壬이 자식인데 백호대살에 있어서 자식 때문에 속상하겠고, 또한 상식이 유방인데 土를 깔고 있어서 유방암 걸리고 丑戌형이니까 수술받아 봐야 하고 유방 하나 떼어내야 한다.

사주 예(285)

丙 ⑭ 乙 戊
寅 戌 卯 辰

이 사주는 년일지가 辰戌로 상충하였고 일지공망되어 선조봉사에 무성의하다. 卯辰木국에 년과 일이 辰戌충이고 木극土이니까 선조 자리를 완전히 깔아뭉갠다. 고로 조상을 모르고 제사 안 지낸다. 인수가 없어서 부모덕이 없고 또한 월에 양인이니 장남 팔자이다.

水생木이 없어서 자수성가해야 하고, 월에 겁재 양인이니 돈 벌어서 부모에게 뺏겨야 한다. 장가는 두 번 가야 하는데 戊辰土가 첫사랑이고 戌이 나중에 만난 여자이다. 丙용신이고 木火통명이다.

공부 잘 하고 양인에 卯戌철쇄개금이 있으니까, 의사인데 정신신경과나 심리학의사이다. 木이 신경이고 火가 정신이다. 木火통명이니까 영리하고, 인수가 없으니까 공부해도 꾀로만 공부한다. 金이 가서 金극木을 잘못하면 오히려 당하니까 살살 꼬셔야 한다. 네가 이 세상에서 제일 잘났다고.

이런 사람은 배짱이 아주 좋은데 甲木일주가 卯辰木국으로 간덩이가 크고 심장에 털(木) 났다. 배짱이 너무 좋아서 金극木으로 목에 칼이 들어와도 木생火로 할 말은 다 한다. 寅戌火국으로 멋지게 꽃이 피었는데 金이 없어서 결실은 안 되니 마무리는 못한다.

사주 예(286)

己 ㊌ 丁 辛
未 申 酉 酉

이 사주는 戊土일주의 상관이 년월에 있고 일주 허약에 병이 되므로 조부대에 패가하였다. 상관태왕이다. 상식이 너무 많고 혼잡되어 있으니까 할머니가 둘이고 할아버지대에서 망했다. 년주에 상관이다. 할아버지가 바람피우다가 그 좋은 살림을 모두 주색으로 없애버렸다. 戊가 흙인데 땅 속에 철분이 너무 많아서 농사가 안된다. 지층이 너무 얇아서 농사 안 되고 감추어 둘 데가 없다. 씨앗 뿌려놔도 1m 자랄 것이 50cm 자라서 꽃 피고 열매 맺으니까 "못된 송아지 엉덩이에 뿔난 팔자"이다.

일주에서 년월을 생하니까 역국으로 세상을 거꾸로 사는 팔자이고 "뒤로 넘어져도 코가 깨지네요." 戊가 丁에게 火생土 받아야 하는데 丁

은 금다화식으로 꺼져버렸고 己未에 의존하니까 남자라면 누이동생에게 의지하면서 살아야 하니까 처량한 신세이다.

庚辰년에는 여름이 필요한데 가을이 왔으니까 신수 보러 오면 "이미 버스 지나갔구만." 申辰水局에 辰酉합金이니까 戊가 辰을 믿었다가 辰酉로 가버리니 배신당한다. 申辰水로 남의 돈 심부름 해주다 당하고 만다.

상식태왕격 즉 자왕모쇠격은 정규대학교는 어렵고 전문대학교 그릇이다. 상관이 많으니까, 고로 기술 배워야 한다. 金이 많아서 쇠 깎는 선반기술 등을 배워야 한다.

여자면 木이 없고 未가 木인 서방의 관고니까 과부팔자이다. 木이 있어도 金이 많아서 金극木 하니까 남자면 자식이 안 되고 직장이 어렵다. 金이니까 경비, 군인 등의 직업도 좋다.

사주 예(287)

丁 ⓛ 庚 丙
亥 亥 寅 寅

이 사주는 乙木일주의 상관 조모丙火가 좌하寅木에 득장생하고 있어 조모가 현숙(賢淑)하고 장수하셨다. 일지에 효신이고 寅亥합木이니 곡직격(曲直格)으로 교육자, 의사이다. 乙에 상관丙이 丙寅으로 펄펄 살아 있어서 할머니가 장수하고 현숙하다. 그러나 寅중의 丙·丙, 년상의 丙, 시상의 丁 등이 많아서 할머니가 둘이다. 火가 필요한 팔자이다. 재가 없어서 사업가는 안되고 직장에 가야 한다. 나무가 형충을 안 맞았으니까 반듯하다. 丙, 丁이 눈으로 음양이니까 눈이 크고 작다. 木다 해서 털이 많고 키는 1m 80cm는 되겠다.

辛巳년이면 乙辛충, 巳亥충, 寅巳형으로 사고난다. 운전 조심하고 관재구설이 따른다. 여자라면 서방인 庚이 목다금결로 이지러진다. 거기에 庚은 寅에 절지이고, 천간으로 나타나 있으면서 乙庚합에 寅亥합이니까 똑똑한 줄 알고 연애결혼했더니만 나중에 보니까 헛다리 짚었다. 첫눈에 乙庚합으로 좋았는데 갈수록 보니까 쭈그렁 바가지이고 火용신이니까 서방보다도 자식이 우선이다.

木일주에 木이 많아서 끼가 있고, 火인 상식이 살아있으니 독수공방은 못한다. 서방은 부실하고 독수공방은 못하니 어찌할까?

할머니가 둘이니 남자면 장모가 둘이다. 두번 장가 가는 경우가 있고, 장인이 소실 데리고 산 경우가 있을 것이다.

사주 예(288)

辛 ㊁ 壬 丁
丑 巳 寅 酉

이 사주는 상관 조모 戊土가 巳중으로 있는데 巳丑金국에 寅巳로 형된 중 공망에 임하여 조모가 산망(産亡)하였다. 丁壬합 寅巳형이니까 시작은 좋고 결과는 나쁘다. 천간합에 지지형이니까 곤랑도화이다. 巳가 巳酉丑金으로 돌아가버렸다. 寅木이 사주의 핵으로 木생火 받아야 한다. 그러나 일지와 형 걸려서 부모와 뜻이 안 맞는다.

역시 인수격인데 형살 걸려서 인수격의 작용이 반감되어 버린다. 巳중의 戊가 상관으로 할머니인데 형 받았고 巳酉金국으로 변해 버렸다. 또한 金이 많아서 土생金이나 金多土弱으로 허토가 되어 버린다. 즉 허약한 戊土 할머니가 土생金으로 金인 아버지 낳다가 힘에 겨워서 세상을 떠났다. 이 이치대로 산망(産亡)을 보면, 가령 ○庚甲○/○午午午의 경우, 庚의 마누라가 甲木인데 木생火로 자식 낳다가 화다목분(火多木焚)으로 가고 말더라. 丁에게 巳酉丑 편재로 큰돈인데, 신약하니까 내 돈이 아니므로 남의 돈을 관리해주는 데로 가야 한다. 만약 상경대학 나와도 은행 근무하고 운이 좋으면 회계사로 연결하라. 이런 사주는 申운 오면 寅申충으로 제일 무섭다. 丁에게 申은 재로서 여자 때문에 죽겠는데 역마지살로 연결되니까 길 가는 여자 잘못 건드리면 망신이다. 寅申충으로 집이 날아가고 부도나고 괴인(壞印)이고 보급로가 없어진다.

역마지살에 형충이면 미로에 빠져서 방향감각을 상실해버린다. 이럴 때는 교통사고 주의하고 재난보험, 교통상해보험을 꼭 들어놔라. 아기들이 자주 다치길래 상해보험 들어놨더니 그 뒤부터 안 다치더라. 보험회사 직원 왈(曰), "이것 들어놓으면 부적과 같아서 안 다치니까 들어놓으세요." 하더라.

사주 예(289)

乙 ⓑ 庚 辛
未 午 寅 未

이 사주는 丙火일주의 상관조모가 未중己土, 午중己土로 있는데 寅중甲木 편인 조부와 甲己로 암합하고 있어 조모가 재취로 입가(入家)하였다. 할머니가 두 분이고 재취로 시집왔다. 甲木할아버지와 己土할머니가 1:3이다. 庚, 辛이 재이지만 부재(浮財)니까 항시 뜬구름 잡는다. 木火로 몰아야 한다. 꽃으로만 살다 가야 하고, 金이 없어 결실이 없어서 시작의 명수다. 세상 사는 데 자신 있다.

라. 부신관계

부모님의 은덕은 한 인간이 성공하는 데 50% 이상을 차지하고 있으니 부모님은 정녕 나를 낳아주심은 물론 키워주시고 심지어는 나에게 찾아올 먼 훗날의 행복과 불행까지를 좌우하며, 또 직간접으로 나에게 미치는 영향이 지대하다. 그러므로 부모님의 유전인자가 나의 주중에서 어떻게 작용하고 있는가를 잘 살펴 되도록 부모님의 좋은 것만 본받아 나의 생활에 도움이 되게끔 각자가 부단한 노력을 하여야 할 것이다.

부친은 편재를, 모친은 인수를 각각 기준하여 편재부와 인수모가 일주에 미치는 영향과 또 부모님의 자리인 월주관계를 잘 살펴 결론을 얻어야 할 것이다. 좀 더 상세히 보자.

편재 즉 재성이 아버지(부, 父)이고 인수가 어머니(모, 母)인데, 고로 월에 재가 있으면 아버지 닮았고(친탁), 월에 인수가 있으면 어머니 닮았고 외탁이다. 관상학적으로는 이마가 부모 자리이다. 남좌여우니까 좌측이 부(父)요, 우측이 모(母)이다. 고로 이마가 좋으면 부모덕이 있다. 여기서 격국을 정하는 데의 기본처럼 일주를 기준해서 몇월에 태어났느냐에 따라서 부모님의 정서관계, 유전관계, 환경이 그 속에 내포되어 있다는 것이다. 가령 ○庚○○ / ○辰酉○ 은 월에 비겁이고 양인인데 이것을 연결하면 양인은 군인가족이므로 이 사람의 성장에는 군인에 대한 영향이 지대했다는 것이 된다. 고로 나는 커서 군인이 되어야겠다는 등의 생각이 든다는 것이다.

성격으로 보면 ○庚○○ / ○辰木○ 의 경우, 월에 木이니 아버지는 항상 인정(木)을 강조한다. 그러나 庚일주는 자라면서 의리를 따지게 된다는 것이다. 이러한 것이 격국을 정하는 요소인 것이다. 원칙적으로 편재가 아버지이지만 편재가 없으면 정재를 아버지로 삼는다. 고로 재성을 몰아서 아버지로 보면 된다. 재는 돈, 유산, 처이므로 아버지덕이 좋으면 처덕도 좋다는 것이 되고, 처의 성격은 아버지와 비슷하고 고로 나를 낳아준 아버지는 나의 밥, 음식이니 아버지가 똑똑하면 나의 생활이 풍족하게 된다. 월과 일이 형 되면 부모와 형제가 불합이고 모처불합이 되니 이럴 경우는 가급적으로 좀 떨어져 살아야 한다. 물귀즉탐(物貴則貪)이라고 없으면 생각나게 되고 욕심이 생긴다는 것이다.

1 재성을 득장생하거나 득국이면 부친이 장수하고 덕망이 있다.

재성은 부친이요, 득장생은 힘을 얻었고 또 득국하면 세력을 형성하여 강하므로 부친이 장수에 덕망이 있다. 가령 ○○丙癸○○ / ○○酉丑이면 재가 酉丑 金국이니 아버지가 똑똑하다. 월에 재 놓았으니 아버지가 돈 많다. 고로 丙이 아버지 따라서 사업하겠다고 하자 金생水로 관으로 가니까 "야! 이놈아, 우리집에 공무원 하나라도 있나 봐라. 내가 너 평생 먹을 것을 벌어놓을 테니까 너 보고 돈 벌라고 하지 않는다. 너의 뒷바라지 해줄 테니까 너는 고시공부해라." 이것이 재생관이다.

여기서 신강이면 능히 그것을 받아먹는데 너무 신약하면 안된다는 것이다. 가령 ○○丙癸○○ / 卯申酉丑의 경우는 아버지는 똑똑한데 丙은 공부 못한다. 卯는 습목으로 木생火 못하고 거기에다 아버지는 申酉丑 金국으로 金극木으로 패대기치니까 공부 못할 수밖에 없다. 이때는 아버지가 丙자식을 야단치게 되니까 丙은 아버지 컴플렉스에 걸려서 아버지 기침소리만 나도 안 나가게 된다는 것이다.

2 월에 관이 득국이면 아버지가 고관이다.

월주는 부모님의 위치요, 관은 벼슬인데 득국이면 힘을 모았으므로 부친이 고관이다. 가령 ○甲辛○ / ○寅酉○이면 월에 정관이 튼튼하니 얼마나 좋은가? ○㉑甲○ / ○丑寅○도 마찬가지다. 월은 부모궁이다. 고로 월에 정관이 튼튼하면 부친이 높은 자리에 있었다.

여기서 가령 장남 사주는 월에 인수가 있는데, 둘째는 월에 관이 있고, 셋째는 월에 재가 있더라. 이런 경우에는 장남이 태어날 때는 아버지가 공부했고, 둘째 날 때는 직장에 있었고, 셋째 날 때는 사업했다. 이처럼 자식들의 사주에 따라서 분석해볼 수도 있고, 또한 장남 사주에는 부모가 화합하게 되어 있는데 차남 사주에서는 부모가 싸우게 되어 있는 경우에는 장남을 낳고서는 부모가 사이가 좋았고, 차남 낳고서는 완전히 뒤틀렸다. 또한 두 부부가 사이좋게 있을 때는 장남이 들어오고 두 부부가 싸우고 있을 때는 차남이 들어오더라.

③ 월에 재성이면 부친이 재정계나 사업가이고, 또는 부친이 대단히 고집스럽고 유산이 많다. 즉 부친이 부자이다. 재가 좋을 때이다.

월주는 부모님의 자리인데 재는 경제계나 사업이요, 또 재성이 자기의 자리를 차지하고 있으므로 완고하시고 똑똑하며 재는 재물, 재산으로 부친이 부자요, 부자이기 때문에 유산을 많이 받을 수 있다.

만약 ○丙癸○/○辰酉丑 로 이런 사주는 辰酉, 丑으로 부모님의 유산을 수십억 받아도 관리를 못한다. "부모님의 유산만 관리를 잘해도 성공이네요." 그러나 ○丙癸○/午寅酉丑 의 경우에는 신강하고 재도 강해서 부모에게 유산을 많이 받았어도 본인이 더욱 재산을 불려놓는다. 이처럼 유산관리를 할 수 있느냐 없느냐를 보라. 유산 문제는 모두 재운에 유산이 들어온다. 관리하느냐 못하느냐는 별도 문제이다. 재는 현금으로, 인수로 들어올 때는 건물로, 土는 땅 덩어리로 들어온다.

④ 월에 재살국이면 부모로 인해서 내가 망하고 아버지가 놀고 먹는다.

월주는 부모님의 자리요, 재살국은 재가 생살하여 일주를 공격하므로 부모님 때문에 본인이 손상되어 패가 되고 또 태강즉절(太强則折), 다자무자의 이치로 지나친 자 모자라는 것과 같아 부친이 무능력하다.

가령 ○丙丙丁/○申申酉 의 경우, 재다신약이다. 출생되면서부터 집안 망했다. 서출에도 해당한다. 여기서 재가 국을 이루면 아버지가 똑똑해야 하는데 신약으로 다자무자로 없는 것과 같아서 아버지가 있으나 마나 하니까 무능력이고, 놀고 먹는데 金은 백호니까 성질머리도 저만 잘났다고 하더라. 고로 아버지 컴플렉스로 무섭다. 왜냐하면, 재가 많아서 하라는 공부는 안 하고 만날 꼴찌만 하니까 죽이 안 맞는다. 고로 이런 경우가 아버지 무능력으로 연결하면 된다. 또한 ○戊壬○/巳子申○ 는 재가 삼합으로 아버지가 아주 똑똑하다. 아버지에 비해서 나는 못났으니까 아버지가 무섭고, 아버지를 따라잡지 못한다.

⑤ 재성이 암합하면 부모가 연애결혼 또는 부친이 풍류다.

재는 부친이요, 인수는 어머니인데 암합은 비밀로 만났으므로 부모가 연애결혼하였다 할 수 있고, 또 아버지가 풍류지객(風流之客)이라고 한다.

⑥ 재성이 혼잡하여 너무 많으면 아버지 형제에 배다른 형제가 있고, 조실부모요, 유복동(有腹童)이고 남의 집 밥 먹고 자란다. 즉 타가기식(他家寄食)한다.

재성은 부친이요, 또 부친의 형제간인데 혼잡은 많고 혼합으로 여러 아버지에 이런 아버지, 저런 아버지가 있는 형상이 되어 배다른 형제가 있으며, 또 너무나 많은 것은 없는 것과 같아(다자무자) 조실부모에 유복동이요, 또 재는 음식으로 통하기 때문에 여러 집에 밥을 먹고 있는 것과 같아 타가기식이 되며, 또 재는 어머니의 부군으로 재다자는 아버지가 둘이 되는 것이다.

○⑰壬壬는 동합이니까 아버지 형제 간에 배다른 형제 있고, 조실부모
巳子子子
로 일찍 부모 잃어버린다. 그 이유는? 巳火인수는 水극火 받아서 없어지고 재는 다자무자로 없어지니까.

⑦ 재와 인이 투전이면 부모불합이요, 부모가 이혼경험이다.

재는 아버지요, 인수는 어머니인데 재인이 투전함은 부모가 의견충돌이고 불합이며 쟁투가 많고 심지어는 이혼하게 된다.

○⑰壬壬는 재인투전으로 水인 부는 많은데 火인 인수는 적어서 부와
巳子子子
모가 싸우는데 재인 부가 이긴다. ○⑰丙壬은 丙壬충으로 火인 어머니
○午午辰
가 水인 아버지를 쫓아내버렸다. 부모가 서로 이혼하고 또한 어머니가 아버지의 마누라를 쫓아낸다.

⑧ 편재가 허약하고 흉살이 임하면 부친이 횡사하고 유복동이다.

편재는 부친이요, 허약은 힘이 없는데 여기에다 흉살, 즉 충, 형, 공

망, 백호대살, 육해 등이 임하면 흉화가중(凶禍加重)으로 횡액을 면하기 어렵고, 심지어는 유복동이요, 단명하게 된다. 가령 甲辰, 乙未일주는 재가 백호대살이다. 고로 아버지가 일찍 세상 떠나고, 안 그러면 이것이 처에게 떨어진다. 여기서 만약 아버지가 일찍 죽었다 해도 항시 마누라가 죽을 수 있는 그 요소는 가지고 있고, 또한 일지에 편재니까 항상 여자를 달고 다니므로 마누라가 얼마나 속을 썩겠는가?

○㊛○○ 은 寅이 아버지인데 寅巳申 삼형이고 탕화니까 아버지가 일
○巳申寅 찍 세상을 떠난다. 사주에 재가 없으면 아버지에게 정이 없고, 아버지를 잘 안 섬긴다. 또한 사주에 재가 없으면 "아버지가 집에 안 계실 때 태어났군요." 여자가 임신만 했다 하면 똘아이 짓만 하더니 아기 낳으면 멀쩡해지더라.

⑨ 월과 일이 형살이면 즉 충, 형, 원진, 귀문 등이면 부모와 불합하고 의견대립하고 임종을 보기 어려우며 일도파산(一度破産)하고 유산 가지고 사업하면 백전백패 한다.

월주는 부모의 자리요, 일주는 본인인데 서로가 충, 형, 원진, 공망, 귀문관살 등이 임하면 이 모두가 충돌, 이탈, 형벌, 원망, 불목, 쟁투, 반목, 불합이 되므로 부모와 의(誼)가 나쁘고 떨어져 살게 되니 임종하기 어렵고 불합 속에 받은 재산이 되므로 유지하지 못하며 실패하고 또 중년에서 중말년으로 넘어가는 과정이 순탄치 못하므로 일도파산이라고 하는 것이다.

임종을 보느냐 못 보느냐에서 가령 丙寅일주가 일지에 인수이다. 어머니가 위급해서 돌아가실 것 같다고 연락이 왔는데 지금 사업상 중요한 일이 있어서 오늘 마무리해야 일이 성사되는 경우에 우리 역학자에게 물어온다. "지금 내려가야만 합니까?" 이때는 일지에 있거나 인수가 일지로 합을 해서 들어온 사주라면, 가령 丙寅일주나 ○○㊉○ 라면
                                                                                    寅亥○○

자신있게 대답하라. "걱정 마시오. 당신 볼 일을 모두 보고서 내려가도 어머니는 그때까지 안 돌아가시고 당신 보고서 돌아가실 겁니다." 그래서 일을 모두 보고 내려갔더니 "너 왔냐?" 하면서 얼굴을 보더니 엄마가 임종하시더라.

일도파산이란 살림을 한번 엎는다는 것인데 이것도 재가 되는 수리오행에 연결하라. 가령 ○㊍辛丙 / 丑酉卯子 는 월에 卯가 재인데 우산지목(牛山之木)에 卯酉충이 걸려서 아버지 꼴도 보기 싫단다. 재산으로 연결하면 살림을 3번 엎어야 하고 장가도 3번 가야 한다.

유산 가지고 사업하면 망한다. 이 말은 월과 일이 형충하면 부모가 준 유산 가지고 사업하면 망한다는 것이다. 즉 월과 일이 형충하면 부모와 불합인데 유산 줄 때는 부모가 할 수 없이 주게 되는데 그 내면에는 주기 싫은 것을 주게 되니까 그 이면에는 악기가 서려 있어서 "네가 어디 잘 되나 보자!" 하는 생각이 있어서 사업하면 망한다.

10 재성이 역마지살에 있는데 형, 충이면 아버지가 납치되거나 실종으로 온데간데없다. 또 차액이나 객사, 중독의 위험이 있다.

재성은 부친이요, 역마나 지살은 교통수단이며 도로가 되는데 여기에 충이나 형살이 임하면 교통수단이 파괴되고 길이 막히고 수족을 묶어놓는 것과 같아 납치, 실종, 차사고, 중독, 객사가 되며 때로는 부친의 수족에 이상이 있다.

寅申巳亥에 충, 형이 있고 그게 아버지 되는 글자면 아버지가 납치되거나 교통사고나 기타 중독으로도 봐야 한다. 역마지살은 교통수단인데 형, 충이면 파괴되어 있어서 길이 막히고 수족을 묶어놓은 것과 같기 때문인데 때로는 아버지의 수족에 이상이 있다. 가령 戊㊌丁丙 / 午申酉申 는 申중의 壬이 아버지인데 金水가 많아서 다자무자(多者無者)이다. 고로 부가 실종되었다. 壬子년에 행방불명되었다가 甲戌년에 午戌火局으로 인수가 살아나면서 아버지의 소식을 알게 되고 만나게 되더라. 어머니 사주가 己卯일주였는데 쭉 혼자 살다가 甲戌년에 "여보! 나요." 하면서 전화가 왔는데 壬子년에서 甲戌년까지 23년만에 소식이 왔더라. 甲木이 戌土 달고 왔으니까 서방은 재혼을 했겠고, 그러나 己卯일주 엄마는 甲己합 卯戌합이니 용서하고 반기더라.

⑪ 재성이 형충을 만나고 흉살이 있으면 아버지가 잔병치레를 많이 하고 혹은 불구이다. 잔병치레 많이 하는 것이 고장이다.

부친은 재성이요, 형은 병이며 피상되고 충은 파괴요, 허약인데 다시 흉살이 가임(加臨)하면 병이 가중되므로 그에 아버지가 잔병으로 고생하시거나 아니면 불구자가 된다. 따라서 재성에 급각살, 단교관살은 그의 부친이 신경통, 풍질, 혈압 등에 병이 오고 탕화살은 화상, 폭발물, 총상 등이 있고, 귀문관살은 신경질환이 있게 되는데 이외에도 소속된 오행으로 추명하여도 된다.

⑫ 재성이 기신이면 아버지와 뜻이 안 맞는다. 또한 아버지 덕이 없는데 결론은 본인이 못나서 그렇다.

재는 부친인데 재성이 기신이면 부친으로 인하여 골치 아픈 일만 발생한다. 가령 丁⑯壬壬 巳子子子 의 경우 火가 용신이고 재가 기신이다. 水가 병이고 水로 막혀 있다. 이럴 때에 "당신이 무슨 일을 하는 데 있어서 아버지가, 또는 마누라가 나서면 되는 일이 없습니다." 하라. 그러나 이렇게 되면 재가 왕성해져서 마누라가 앞장 서게 된다. 재인 마누라 입장에서 보면 서방이 어리게 보여서 못 믿겠단다.

※ 참고사항

① 부친에 준하여 숙백고모(叔伯姑母)도 같이 추명하고 장간까지도 모두 응용할 것이며, 편재가 없으면 정재로 대용하고, 흉살이 가

중될수록 확실하다.
② 일주에 비하여 지나치면 다자무자요, 태강즉절이 되고, 운에서 재성이 피상되면 부친에 재난질병 등이 발생한다.

사주 예(290)

辛 ㊉ 丙 甲
亥 子 寅 子

이 사주는 壬水일주의 편재 丙火부가 좌하寅木에 득장생하였고 寅亥木국에 생조 받고 있어 그 부가 장수에 덕망이 높으셨다. 甲木이 뿌리 없이 둥둥 떠 내려가다가 월에서 뿌리를 내리니 할아버지 甲이 아버지 낳고서 안정했다. 丙寅으로 아버지가 장수하고 덕망이 좋다.

丙이 부인데 태양이니 만인의 등불이고 丙이 寅에 장생하여 있다. 水생木, 水생火로 이 사주의 핵은 모든 중심은 丙에 있다. 고로 세상 사는 데 있어서 아버지가 아프다면 온 집안이 발칵 뒤집힌다. 즉 사주에서 핵이 어디에 집중되어 있느냐이다.

정월에 子水, 亥水로 추운데 火가 필요하니 이 사주의 용신이므로 모든 일에 아버지하고 토론하고 상의하면 된다는 것이다. 亥는 寅亥 합목으로 가니까, 쥐(子)띠는 내 것을 가져가지만(비겁) 돼지(亥)띠는 언젠가는 나에게 도움을 준다. 가져가도 꼭 갚는다는 것이다. 木火가 용신인데 丙寅월에 출생해서 대운관계로 보면 "전생에서 좋은 운을 10년이나 까먹고 나왔네요." 한다. 그만큼 나쁜 운이 빨리 온다는 것이고, 만약 木火가 필요한데 丙寅대운부터 시작되면 10년을 더 받아먹는다. 이 사주는 辛인 인수가 죽어 있어서 공부하라고 하면 꾀로 한다. 丙인 편재가 핵이므로 상경계가 좋고, 水일주에 寅역마지살이니까 국제무역관계나 무역법 등을 하면 좋다. 이러한 사주도 壬申년에 충 받으면 아버지의 사고가 붙는다.

사주 예(291)

己 戊 甲 癸
未 戌 寅 亥

이 사주는 戊土일주의관성 甲寅木이 월주에 자리하고 寅亥합木국으로 관국하여 그의 부친이 고관이었다. 癸亥는 음으로 시작해서 양으로 끝나고 대해수(大海水)이다. 水生木, 木生火를 잘한다. 亥는 아무리 많아도 水의 삼합과 같은 작용한다. 癸亥水가 甲寅木 만나니 木으로 변화되었다.

년월에 재관을 놓고 있어서 명문가에서 태어났고, 월에 관이 국을 이루었으니까 아버지가 똑똑하고 고관으로 살았다. 고로 본인도 아버지의 영향으로 공직으로 가야 한다. 그러나 아버지의 寅亥합木국으로 연결된 것을 戊土가 모두 못 받아 먹는다. 조토는 나무가 살지 못하니까.

未戌형으로 여동생과 밤낮 싸운다. 寅戌이니까 午火를 넣어서 이름 지어주라. 그러면 관인상생으로 멋지게 돌아가고, 未戌형이 午戌, 午未합으로 없어진다. 午가 인수로 덕이 저절로 갖추어지고 귀인을 만나니 좋다. 甲寅木이니 자식이 좋다. 그러나 未가 관고니까 乙木인 막내둥이 딸은 속 좀 썩히겠다. 乙딸의 서방은 庚인데 金이 사주에 없어서 딸내미가 시집 가서 잘 살지 못하겠다.

만약 여자가 ○丙○癸 ○○○○ 이라면 丙의 서방이 癸亥이니 남편이 참 똑똑하고 해로하며 좋다. 그러나 ○丙甲癸 ○○寅亥 이라면 이때는 해로하지 못한다. 癸亥水인 서방을 甲寅이 없애버렸다. 관이 변해 인수가 되었으니까 남편이 공부하러 간다더니 온데간데없더라.

사주 예(292)

丁 丁 己 丁
未 未 酉 丑

이 사주는 丁火의 재성 酉丑金국이 부모의 자리에 있어 부대(父代)에 금은방으로 크게 성공하였다. 丁丑일주라면 일지에 재고이니 세상 태어나서 돈 한번 실컷 쓰고 가겠고, 돈이 없어도 남이 돈 많다고 봐주는 사주이고, 丑이 재고니까 마누라가 몸이 아프고 丑탕화니까 만날 마누라가 죽겠다고 한다. 이유는 바람피운다고. 연애하면 연상의 여인이다. 丁未는 홍염살로 바람둥이이고, 未는 심술, 샘이 많다. 물을 싫어한다. 木이 없어서 火로 시작하니까 자수성가이고, 火생土, 土생金으로 金에 핵이 집중되니까 아버지가 대장이다. 酉丑金인 재국이 부모 자리에 있어서 아버지가 금은방으로 돈 많이 벌었다.

음팔통 사주로 酉월이라서 未土가 조토지만 설기되니까 일주가 조금 약하다. 木火가 필요하다. 부가 금은방 했는데 酉丑金국이 마누라이다. 金은 똑소리 난다고 하면, "아이구! 마누라 한번 똑소리 나네요." 처갓집도 잘 산다. 조금 소심하지만, 火일주니까 심장도 튼튼하다. 木생火 받아야 하니까 아버지에게 인정받으려면 "공부하고, 공부하는 척 해라. 그럼 자기에게 이득이 온다."

丁이 생己土 하고 己가 생酉 하니까 역국(逆局)이다. 단, 신강이면 순국으로 바뀌어진다. 신약이면 영원한 역국이다. 가령 ○壬○○ 午寅申○ 는 순국이지만 신약해서 역국이다. 그러나 ○壬○○ 申子寅午 의 경우는 역국이지만 신강해서 순국이다. 고로 거꾸로 가는 회사도 바로 잡아 놓는다. 그만큼 능력자이다.

卯년이년, 卯酉충으로 모처불합에 부와 모가 대판 싸운다. 심하면 巳酉丑에 卯가 재살이니 부와 모가 송사도 한다.

사주 예(293)

戊 己 乙 癸
辰 卯 卯 亥

己土일주가 년월일에 재살국을 놓고 일주가 허약하여 부모 때문에 패망하였다. 음지전답이다. 춘생 亥子가 급각살이다. 卯는 단교관살이다. 己卯일주 여자는 중말년에 이혼한다. 목다토약(木多土弱)이니 허토(虛土)이다. 부모자리에 재살국이니 부모대에 망했고 木극土로서 고향 떠나 살고 부모에게 정도 많이 못 받았으며 부모가 무능력이다. 부모 때문에 패망했다. 재살태왕격으로 건강은 木이 많으니 위산과다요, 木은 풍(風)으로 산소니 헛배 부르고 木극土로 土인 위장이 약하고 木은 신경이니까 신경성 위장병이고, 土는 허리니까 허리가 약하고 신경성이니까 신경만 쓰면 土인 허리가 아프고, 己土가 입이므로 입술이 부르튼다. 火가 적거나 많으면 신경만 쓰면 혓바닥이 부르튼다.

음지나무요, 가시밭길 천 리니 허리가 휘도록 일해도 먹고 살 둥 말 둥 하다. 고로 이런 사주는 시키는 대로 일하고 주는 대로 먹고 살아야 한다. 남의 종 노릇 아닌 종 노릇 해야 하고 재살태왕격은 창살 없는 감옥이니 밑바닥을 기어야 한다. 무조건 火가 들어와야 한다.

庚辰년에 18세로 고2인데 상관운이니까 깽판 놓는 운으로 청개구리 심정이다. 모든 게 거꾸로 간다. 공부 안 한다. 상관이 이유 없는 반항으로 모두 꼴보기 싫다. 사주에 인수가 없으면 본교와 인연이 없다.

사주 예(294)

己 ⓔ 庚 戊
未 午 申 午

戊土일주의 壬水부가 申궁壬水인데 午중丁火와 丁壬으로 암합하고 있어 부모가 연애결혼 하였다. 戊午는 화토중탁이다. 남자는 바람둥이이다. 癸가 흡수되어 온다. 申월이지만 조토니까 무조건 水가 필요하다. 조토는 분산되기 쉬우니까. 고로 여자가 필요하고 돈이 필요한데 申 속의 壬水밖에 없으니까 세상 여자가 모두 내 마누라로 둔갑해 보인다. 이런 남자에게 시집가면 여자는 몸이 아프고 남편이 바람피워서 골치아프다. 午중丁과 申중壬이 丁壬합이니까, 부모가 연애결혼인데 丁이 많아서 어머니가 많구나.

　金水가 필요하다. 金水용신이면 돌연변이와 같아서 특이성 체질이 되는지 꼭 검진 한번 해봐라. 金水용신자는 꼭 술집, 다방 등에 가 있더라. 그곳에 가면 나올 줄 모르고 계속 죽치고 있더라. 자기와 기운이 맞으니까. 떡애기라면 가습기 설치하지 않으면 기관지가 약해져서 자꾸 기침하게 된다.

사주 예(295)

甲 ㉎ 己 癸　　癸水의 재성, 음식 火재가 未중丁火, 巳중丙火, 寅
寅 巳 未 丑　　중丙火로 있어 배다른 고모에 다른 부모 밥 먹어 보
　　　　　　　았다.

　癸丑은 백호로 그 자체만 가지고서 보면 丑에 힘을 받는다. 그러나 丑未충 하니까 丑이 막히고 날아가 버린다. 고로 형제 하나가 갔는데 여기서 癸水인 형이 내가 출생한 뒤에 갔느냐, 출생 전에 갔느냐를 보자면, 巳丑으로 합이 되니까 내가 출생한 뒤에 간 것으로, 내가 형이 간 것을 알고 있다는 것이다.

　시상상관은 당전사환이고 寅巳형은 이 사주가 교통사고로 가기가 쉽다. 불조심 해야 한다. 巳未火국으로 寅巳형이니 불 중에서도 인마살 상하는 불로 재앙을 일으키는 불이고, 巳가 재이니까 돈에는 항상 재앙이 들어있어서 돈 받을 때는 항상 싸우고 송사해야 받는다. 안 그러면 못 받는다. 사주에 재가 많아서 다른 부모의 밥을 먹어본 사주이다.

　원래 癸巳일주는 재(丙) 관(戊) 쌍미격(雙美格)인데 이 좋은 것을 寅巳형이 되었으니까 재관쌍미격의 작용이 안 생긴다.

　여자라면 己가 본 남편인데 편관이다. 단, 나와 가까이 있어서 己土와 산다. 하지만 巳중戊가 정관으로 애인인데 정관이니까 애인이 지

서방으로 둔갑해 보인다. 고로 애인을 더욱 좋아한다. 그런데 寅巳형이니까 언젠가는 들통나게 된다. 형이라서 흔들어 놓으니까 巳중戊가 나와야 되고 戊가 튀어나올 때에는 애인이 있는 것이 들통나게 된다는 것인데 巳未가 합하니까 애인과 제 서방과는 서로 아는 사이다.

월에 편관으로 편관격이라서 처음엔 직장 다녔는데(편은 임시직도 해당) 관이 변해서 재가 되었으니까(巳未火국) 나중에는 직장 치우고서 장사, 사업한다. 午가 들어가면 寅巳형이 없어진다.

사주 예(296)

甲 庚 丙 甲
申 申 寅 申

庚金의 인수로 戊土와 재성 甲木부가 寅申으로 충하고 있어 부모불합에 이혼까지 하였다.

寅申충 되어서 寅木이 양쪽에서 협공 당하고 있는데 寅월이니까 寅申충을 당해도 완전히 寅木이 안 부서진다. 시상의 甲木이 완전히 날아가버리는데, 甲을 사각의 링에 몰아넣고서, 그것도 코너에, 金극木으로, 이 金인 철권으로 그것도 甲木 머리를 치는데 그것도 심하면 가위 가지고 木인 머리카락을 자르니 甲木이 기절초풍 하더라. 寅申충이니까 부모가 이혼했더라. 己土가 인수로 어머니인데 사주에 인수가 없다. 어머니 己土에게는 甲이 서방인데 셋 있으니 어머니가 3번 시집간다.

월에 편재로 편재격인데 충 맞았으니 파격이다. 격에 흠이 가 있다. 단, 흠이 가 있다고 모두 나쁜 것은 아니고 오히려 더욱 귀한 경우도 있는데 가령 돈 찍어내는데 1장이 잘못 찍혔다면 그 돈은 희소성으로 값이 무지 나가더라. 재가 충 받아서 돈, 마누라, 아버지 자리가 나쁘다.

대운이 癸壬辛庚己戊丁
       酉申未午巳辰卯 로 흐른다. 木火운으로 가니 좋다가 壬申대운부터 운이 없다. 壬申대운 중 甲申년이 61살 회갑운인데 寅申충으로 대

운과 세운에서 집중공격 당한다. "이 사주 어때요?" "회갑 넘으면 오래 살아요." 午나 戌이 들어가면 寅申충이 없어진다. 金木상전, 火金상전으로 치닫고 있는 사주인데 큰 흠이 있다면 자제능력이 없는 것이다. 참을성이 없다. 水가 자제능력인데 水가 없으며 또한 土가 부처님으로 자제능력인데 이것이 없다.

"이 사주 어때요?" "그 성질머리 뜯어고치라고 해. 안 그러면 힘들어." 火극金을 받아야만 저는 사는데 金이 많아서 남에게 간섭을 안 받으려고 하면 쓰겠나?

사주 예(297)

戊 甲 壬 庚
辰 戌 午 申

甲木의 재성 戊土가 戊辰으로 백호대살된 중 辰戌로 충하고, 재다신약으로 부친이 3·1절 운동 당시 왜경의 총에 맞아 돌아가셨다.

부가 己未년 3·1운동 시 돌아가셨고 본인은 다음해 庚申년에 태어났으니 유복동이다. 戊辰재가 백호이고, 辰戌충이고, 또 午중己가 탕화로 재가 되니까 아버지이다. 이처럼 재다신약한 팔자가 유복동이다.

무근지목으로 뿌리 없는 나무는 성씨도 바꿔서 살고, 내가 설 땅이 없고 일에 결실이 없다. 午戌火국으로 甲木이 타고 있으니까 나중에 재밖에 될 것이 없으니까 재가 되면 하늘로 날아간다. 이처럼 약한 사주는 정신이상이 많다. 년주의 金이 살아있으니 水木용신이다.

사주 예(298)

庚 壬 丙 己
子 申 寅 酉

壬水의 재성부丙火와 丙壬충으로 상충되고 또 寅申으로 충되어 부모와 불합하였고 임종도 못한 중 두 번이나 파산하였다. 월과 일이 충 받은 결과다.

辛酉운에는 火용신이 酉에 해 넘어가고 丙辛으로 용신이 합거로 묶여버렸다. 고로 "만권정지(萬權停止)"이다. 辛酉는 인수니까 "남의 보증서주고 그냥 열중쉬어" 이다. 인수운에는 집 짓는다. 그러나 인수가 기신이면 준공검사가 안 떨어진다. 또한 저는 새집 짓는다지만, 운이 나쁘니까 "헌집 짓고 있네요." 한다.

甲子일주가 子가 인수이다. 庚辰년에 子辰水가 되어서 집 지으려고 하더라. "운 좋을 때 집 지으세요, 壬午년에." 壬午년에는 子午충으로 火가 살아난다. 인수가 충 받으니 "헌집 때려부수고 새집 짓는 운이네요." 했더니 시골집을 헐고서 집을 짓겠다고 하더라.

사주 예(299)

己 壬 己 甲
酉 申 巳 寅

壬水일주의 丙火재가 寅중巳중으로 있으면서 역마지살 형충되어 부친이 실종되었다. 甲己합 寅巳형이다. 시작은 좋은데 결과는 나쁘다. 寅중丙, 巳중丙이 재인데 형충이 걸렸다. 역마지살에 형충으로 아버지가 온데간데없다. 역마지살이 형충 걸렸으니까 길이 없어져버렸다. 갈 때는 길이 보였는데 되돌아오려고 보니까 길이 안 보이니 미로에 빠지고 실종되더라. 寅申巳亥 역마지살에 형충이면 그 해당 육친이 실종된다.

운명학적으로는 집 나간 사람은 돌아올 때가 되어야 돌아온다. 고로 찾으려고 사람 사서나 히는 헛고생은 말라는 것이다.

사주 예(300)

壬 壬 辛 丙
寅 申 丑 辰

壬水의 부성 丙火가 丑辰습土에 회기되고 동절로 실시(失時)한 중 丙辛합거에 급각살이 임하여 그의 부가 건각(蹇脚)이다. 부는 건각이요, 처는 안맹이

라. 집에 웬 불구가 이렇게 많은가?

丙이 부인데 동(冬)丑辰 급각살이고 丙이 회기되고 丙辛합이 되니 건각이고 寅중丙이 처인데 寅申충이고 水극火 받았다. 巳년에 봉사가 되더라.

이북에는 맹인이 많다. 水극火 받아서다. 이남에는 소아마비가 많다. 열이 많아서다. 남남북녀라고 했다. 북녀는 음이고 남남은 양이기 때문이다.

사주 예(301)

庚 ㊚ 丁 丙
寅 申 酉 申

丙火일주의 재성金이 申酉申庚으로 당권하고 있어 재다신약이라 그의 부 무능력하여 백 원 한 장 벌지 못했다. 재다신약으로 태어나면서부터 집안이 망했다. 임신 중일 때부터 망해갔다. 어머니가 寅木인데 寅申충 받고 金극木으로 팔푼이에 정신박약이었다. 학교 다니면서도 공부도 안 했다. 壬子년에 17살인데 관운으로 시집가는 해인데 申子水국으로 관이 너무 많아졌다. 여관방에서 혼숙하고 있다가 경찰에 잡혀갔다. 미국 보냈더니 申중의 壬水인 흑인하고 놀아나더라. 천성은 고칠 수 없다더니 아쉽구나.

마. 모친관계

1 인수가 장생하거나 득국이면 어머니가 장수하고 현숙하다.

인수는 어머니요, 득장생이나 득국하면 힘이 강왕하여 어머니로서의 본분을 다할 수 있으므로 장수에 현숙하게 된다. 가령 ○㊚丙○ / ○○寅○ 이면 丙이 어머니인데 木인 인수를 가지고 있어서 배운 데가 있고 친정집이 잘 산다. 고로 장생이 좋다는 것이다. 그러나 ○㊚丙○ / ○○午○ 이라면 丙인 어머니가 양인에 인수가 없어서 자수성가하고 배운 데가 없다. 이러한 차이가 장생을 이야기하고 있는 이유이다.

② 월에 인수면서 왕하면 부모덕이 있다.

　월주는 부모의 자리요, 인수는 어머니이자 부모로도 통용되기 때문에 나를 생하여 주니 부모님의 덕이 있다는 것이다. 월에 인수면 부모덕이 있고, 여자도 월에 인수면 친정유산이 들어온다. 단, 월에 인수라도 인수 나름이다. 가령 ○甲○○/○○子○ 의 경우나 ○丙丁○/○○卯○ 의 경우에는 인수가 있으나마나 하다. 즉 인수가 제 역할을 해줄 때에 부모덕이 있다. 가령 ○丙甲○/○○寅○ 이면 부모자리에 甲寅木이 멋지다.

③ 인수가 재성에 비하여 강왕하면 어머니가 가권(家權)을 쥔다.

　인수는 어머니요, 재는 아버지인데 재보다 인수가 강왕하면 어머니가 아버지를 누르고 있는 형상이 되어 어머니가 살림을 주로 하게 된다. 가령 ○丙甲戊/申午寅子 이면 申이 재인데 寅申충에 火극金으로 아버지가 힘을 못쓴다. 고로 어머니가 그 집의 가권을 가진다. 그러나 ○丙甲戊/酉辰寅子 이면 재와 인이 균형을 이루고 있다. 고로 부모끼리 사이가 좋고 서로 존중해주면 그렇게 좋다. 金과 木이 서로 균등하니까, 부모가 서로 사랑해주고 존중해준다. 부부가 이혼했을 때 자식은 어떤 선택을 할까? 자식사주가 인수가 필요하면 어머니와 산다고 하고, 재가 필요하면 아버지와 산다고 할 것이다. 그러나 원칙적으로는 어린 자식은 아버지보다 어머니가 우선이다. 여자에게는 자식은 내가 생하는 것이고 남자에게 자식은 나를 극하고 들어오는 것으로 한 다리가 뜬다.

④ 월에 도화, 망신이거나 재와 인이 암합하면 어머니가 재취이거나 소실이거나 어머니가 연애박사이다. 즉 모외유정(母外有情)이다.

　월주는 부모님의 자리인데 도화는 주색으로 통하고, 망신은 정당치 못함이요, 암합은 정당하게 만나지 못함인데 여기에 재 아버지와 인수 어머니가 해당하면 그에 어머니가 재취로 시집왔거나 소실이요, 또는 부모가 연애결혼 하였는데 심지어는 어머니가 정부를 두게 된다.

　도화는 삼합의 첫 자 다음 자로 子午卯酉다. 망신은 삼합의 가운데 자 바로 앞 자로 寅申巳亥다. 월주는 부모자리인데 도화면 주색이고, 망신이면 정당하지 못하다는 것이다. 암합은 암장끼리 합하는 것으로 귀신도 모르게 한다. 또 천간과 지지가 합하는 것인데 하나가 노출되어 있어서 들통나기가 쉽다. 준암합이다.

　가령 甲午에서 甲과 午중의 己가 甲己합 하고 있는 것으로 준암합이고, ○亥午○의 경우는 암합이다. 亥중의 甲은 물속에 숨어있고 午중의 己는 불 속에 숨어 있다. 가령 ○庚○○/亥午○○는 아버지 甲과 어머니 己가 비밀리에 연애했다. 요즘은 연애도 일반화되어 있어서 시대에 따라 조금은 변화시켜야 한다.

　이런 경우에는 어머니가 재취로 시집왔거나 소실이거나 모외유정이다. 모외유정은 어머니가 아버지 놔두고 다른 남자 만나는 것이다. 여기서 자식의 사주에 재와 인이 암합하고 있으면 만약 어머니에게 다른 남자가 전화해도 "그럴 수도 있지." 하고 생각하는데 자식 사주에 재 인이 암합이 없으면 그때는 용납 안하더라. 가령 ○丙乙○/○○卯午이면 卯가 도화이고 木이므로 어머니가 끼가 있는데 庚辰년에는 乙庚합으로 어머니가 바람나더라.

　丙에게는 운에서 아버지가 생겨오는 해이다. 고로 "어머니, 왜 연애하세요?" 하면 "이 썩을 놈아, 내가 연애하고 싶어서 하느냐? 올해는 네 팔자에 내가 애인이 생기게 되어 있더라." 하더라.

　이처럼 원 사주에서 재와 인수가 암합하면 그 사주에서 어머니가 바람둥이인지 아닌지를 살피고서 결론을 내려야 한다. 만약 사주가 좋으면 부모가 다정하고 정이 좋은 것으로 보아야 하고 바람둥이 사주라면 어머니가 바람나는 것으로 보라는 것이다.

5 인수혼잡은 부모가 불합이고(재가 죽으니까), 편모슬하이며 어머니 형제 간에 배다른 형제가 있다.

인수가 지나치게 많으면 자연혼잡되면서 동서남북에 어머니가 있는 형상으로 어머니가 둘이 되며 또 너무나 많으면 어머니 이외는 다른 자가 보이지 않으므로 편모슬하가 될 수밖에 없고, 많음은 강왕하니 어머니가 너무나 억세어 부모가 불합하며 어머니 형제에 배다른 자가 있게 되는 것이다. 가령 ○甲癸戊／○辰亥子의 경우, 辰중癸水, 子辰水국, 癸亥로 인수가 혼잡되어 있어서 어머니 형제간에 배다른 형제 있다. 戊가 아버지인데 水에 의해서 떠내려가고 있다. 여기서 사주에 인수가 많으면 친구 어머니에게도 어머니라고 잘 부르더라.

또한 편모슬하라는 것은 아버지 戊가 수다토류(水多土流)로 떠내려가고 戊癸합으로 아버지는 어디로 가버리고 어머니만 남아있다.

6 효신살은 어머니가 둘, 즉 모외유모(母外有母)이거나 유실자모(幼失慈母)이다. 즉 어렸을 때 어머니를 잃어버리는 것이다.

이러한 것은 50%의 확률이더라. 어떤 사주는 맞고, 어떤 사주는 맞지 않더라. 여기서 유실자모의 경우에도 어머니가 일찍 세상을 떠나는 경우가 있고, 어머니가 다른 데로 시집가는 경우가 있더라.

7 인수에 역마나 지살이 임하면 어머니가 직업여성이거나 해외출입한다. 인수는 어머니요, 역마나 지살은 분주하게 움직여야 하므로 자연 직업을 가지게 되어있다.

역마지살은 寅申巳亥, 午, 未, 水가 역마지살이다. 이런 경우는 어머니가 직업여성인데 여기서도 사주가 좋고 인수가 잘 구성되어 있으면 국제적으로 활동하는 어머니이고 사주가 깨져있으면서 먹고 살기가 힘들면 어머니가 길거리에서 장사하거나 노점상한다로 연결하라.

가령 ○丙甲○／○○寅○의 경우, 어머니가 국제적으로 명성이 나있다. ○戊○○／○寅寅○

은 신약으로 가시밭길 천 리의 사주인데 寅중丙이 어머니로 사주가 나쁘니까, 어머니가 직업여성인데 식구들 벌어 먹이려고 애쓴다.

　어머니가 괴강살에 해당되어도 어머니가 어디 가든지 군림해야 하고 대장노릇 해야 하니까 어머니가 직업은 가지게 되어있다.

8 인수가 너무 허약하고 흉살이 임하여 있으면 어머니가 애 낳다가 죽거나 불구, 또는 잔질이다.

　여기서 흉살이라 함은 충, 형, 탕화, 원진, 귀문, 백호, 급각 등이다. 인수는 어머니요, 허약은 질병인데 흉살이 재차 임하여 있으면 피상되기 때문에 산망, 흉사, 불구, 잔질로 고생한다. 급각, 단교관살은 풍질, 수족이상이고, 귀문관살은 정신질환 등이다.

　가령 ○○戊○/○申亥巳 에서 巳가 어머니인데 巳亥충, 巳申형이고, 亥월의 불이니까 어머니가 잔병치레하는데 심장병에 해당한다.

9 인수가 역마지살에 충 또는 형살이 있으면 어머니가 실종이나 차 사고 난다.

　인수는 어머니요, 지살·역마는 교통수단·도로 등인데 여기에 형이나 충이 임하면 교통이 두절되고 차가 고장나며 파괴되고 충돌되는 것이라 어머니가 실종되거나 차액 또는 수술 받아 보고, 중독환자요, 객사라고 한다. 가령 ○○戊○/○申亥巳 이면 申년에는 巳申형이고, 亥년에는 巳亥충이 되고, 寅년에는 寅巳형이고 丑년에는 巳丑으로 인수가 없어졌다.

10 인수가 기신이면 부모와 별거하고, 희신이면 즉 인수가 필요하면 부모와 동거한다.

　인수는 어머니요, 기신은 그 사주에 방해자가 되므로 부모가 방해라 별거하여야 되며 희신은 그 사주에 없어서는 안될 귀물이기에 인수 즉 부모님과 함께 살아야 더욱더 좋은 일이 생긴다.

　가령 ○丁○○/酉丑寅○ 에서 丁이 약해서 寅木이 필요하니까 부모에게 의지해서 살아야 한다. 만약 분가시킨다면 몇년 못 가서 酉丑으로 사업한다고 하다가 홀랑 말아먹고서 다시 들어온다. 그런데 甲癸辛○/寅丑酉○의 경우, 金이 많고, 木火가 필요하니까 인수가 필요없다. 고로 부모와 떨어져 살아야 하는데 일지로 酉丑으로 합이 되어서 들어오니까 부모와 동거하게 되어 있다. 이런 사주보고 인수가 기신작용한다고 "당신은 부모와 떨어져 사시오." 하면 안된다는 것이다.

　가령 이런 사주 가지고 늙은 할머니가 와서 "우리 아들하고 같이 살아도 되겠어요?" 한다면 이럴 때 인수가 기신이라고 "이 사주는 어머니와 같이 살면 큰일납니다." 한다면 할머니는 울어버린다.

　"그럼 이놈의 노릇을 어찌 해야 하나요? 난 오갈 데가 없는데 내가 자식을 망하게 할 수는 없지 않겠어요? 내가 살아서 무엇하겠어요?" 하면서 난감해 한다. 고로 자식에 대해서 물어올 때는 잘 관찰해서 답해야 한다.

　"부모와 자식간에는 천륜(天倫)이니까 같이 살아도 걱정 없습니다. 만약 부모와 같이 살아서 망하는 팔자라면 그런 놈은 나가서 죽으라고 하십시오." 하라는 것이다.

11 재와 인이 투전하거나 일과 월지가 충, 형, 원진, 귀문관, 육해면 모두 모처불합이다. 여기서 육해는 子未, 丑午만 제대로 써먹는다.

　인수는 어머니요, 재는 아버지인데 상전은 서로가 불목함을 말하고, 월주는 부모님의 자리요, 일주는 본인인데 월일이 충, 형 등 불목은 나와 부모간의 불화요, 또 모처의 자리가 되어 모처불합이 일어난다. 즉, 어머니와 마누라가 뜻이 서로 안 맞는다는 것이다.

　가령 ○戊○○/子午未의 경우, 子가 처인데 午未火국인 어머니와 子午충이 걸려서 서로 뜻이 안 맞더라. 어머니의 눈에 드는 마누라가 없는데, 심하면 어머니가 마누라를 쫓아내어버린다. 여기서 戊土는 午未火국으로 火생土로 들어오니까 어머니 편을 든다. 나갔다 왔더니 子午충으로 어머니와 마누라가 싸웠다면 그날로 마누라는 작살난다. "어머니에게 대든다고." 그러나 ○㊗○○/○卯未亥 은 未인 인수가 木인 재로 변해버렸다. 이런 경우는 무조건 마누라 편을 드느라고 정신없다. 고로 어머니 눈에서는 눈물 나온다. "자식 놈, 키워놓아도 소용이 없구나. 아이구! 내 팔자야." 한다.

12 재성혼잡은 시어머니가 둘이다. 또 친정과 시댁이 불합한다.

여명에 재성은 시모요, 재다 즉 시모가 많은 형상이 되어 시모가 두 분이요, 즉 재취입가나 소실이다. 또 재다는 극인수 친정하기 때문에 시댁과 친정이 불합하게 된다. 형, 충이 되면 더욱 심하다.

만약 ○㊗乙○/○酉丑○ 이라면 乙木이 재로 시어머니인데 이 여자가 시집 오면 시어머니가 죽을 수도 있다. 乙辛충에 金극木으로 木이 작살난다. 또한 시어머니라고 하는 소리도 잘 안한다. 또 재가 시댁이고 인수가 친정이므로, 재인이 균형을 이루고 있으면 친정과 시댁이 균형을 이루어서 사이가 좋은데, 재가 적고 인수가 많으면 친정이 시댁을 무시해버리고 재가 많고 인수가 적으면 시댁이 친정을 무시한다.

여자가 재가 용신이면 다른 건 몰라도 살림 하나 하는 덴 1등이다. 또한 시어머니와 연애하고 서방보다도 시어머니와 더 잘 통하더라. 만약 재가 없으면 살림 안 하고 선머슴애처럼 돌아다니는 데 1등이다.

13 인수가 많거나 필요한 사주는 친정어머니 모신다.

인수는 친모인데 인수다봉이면 편모슬하라 본인이 친정어머니를 모셔야 하며, 또 인수가 필요하면 친모와 친정이 필요하기 때문에 자연 친정을 가까이 하여야 하므로 친모를 모시게 된다. 또는 친정을 너무나 좋아한다.

여자 사주에서 일지에 인수 있어도 중말년에 친정어머니 모시고, 인수가 많아도 친정 가까이 살고, 인수용신도 친정 가까이 살게 되고, 고로 궁합 보러 오면 "다 좋은데 친정을 뺄칠까봐 걱정이네요." 한다.

14 남자가 상식이 많으면 장모가 두 분이고, 인수가 많으면 장인이 두 분이거나 아니면 소실 몸에서 태어났다.

남자가 상식용신이면 장모만 끼고 살라. 인수용신이면 장인만 끼고 살라. 가령 甲癸辛○/寅丑酉○이면 甲寅木인 상관용신이다. 어머니보다 장모가 더욱 좋다고 하더라.

※참고사항

① 외삼촌, 이모 등 외가도 이에 준하여 적용할 것이다.

② 시가와 시모는 재성을 기준하여 응용하라.

③ 인수가 대운에서 피상되는데 또다시 세운에서 피상되고 있으면, 당년에 모친 사망 또는 재난, 질병이 발생한다.

④ 여자가 비견겁이 많다면 시집 가서도 친정 동기간 때문에 죽겠다 한다. 손 벌리고 등 미치겠단다.

⑤ ○壬○甲/○辰○戌이 庚辰년이면 壬이 辰인 입묘에 들어간다. 비견겁이 고장이니까 나이에 따라서 통변하는 법을 알아야 한다. 甲戌생이면 67살이니까 "친구가 무덤 속으로 들어가는 운이다." "금년에 가까운 친구가 갑작스럽게 세상을 떠나서 잘못하면 당신도 거기에 대한 충격으로 큰 병을 얻으니까 마음 약하게 먹지 마세요." 했더니 올해는 친구, 형제가 죽어가더란다. 만약 20대면 친구가 죽었다고 해도 충격 안 받는다. 그런 차이가 있다.

⑥ 똑같은 인수가 필요해도 월에 상관은 친정어머니 안 모시거나 억지로 모신다. 가령 ○癸○○/午亥申○는 월에 상관 놓아서 부모대에 망했다. 고로 친정어머니가 오갈 데가 없더라. 이럴 때는 인수용신이지만 내가 친정어머니 덕을 보는 게 아니라 친정어머니 안 모시고 싶은

데 억지로 모시게 된다.

⑦ 여자가 친정어머니 모시고 사는 팔자는 관 서방과 인 어머니가 일지와 합일 때이다. 壬⑦○○ / 寅亥○○ 의 경우, 寅亥합으로 일지로 들어오니 친정어머니 모셔야 한다.

사주 예(302)

丙 ⑰ 丙 己
辰 戌 寅 亥

戌일에 丙火인수가 월상에서 좌하寅木에 장생이요, 寅戌火국으로 득왕하여 어머니가 장수에 현숙하였다. 己亥일주는 亥중의 甲木과 甲己합이니까 여자면 연애박사이다. 戌亥천문으로 꿈이 잘 맞는다. 또한 亥가 역마지살로 재가 되니까 길거리 장사하는 데는 1등이다. 스님들도 역마지살에 재가 되면 길거리에서 탁발해도 돈이 잘 들어온다.

인수丙이 寅에 장생이고 寅戌火국이며 寅亥합木 해서 木생火를 잘 받고 있어서 어머니가 현숙하고 똑똑하다. 그러나 어머니가 둘인 것은 면할 수가 없는데 丙, 丙, 寅중丙, 戌중丁이고, 戌이 인수고니까 어머니 집합이다. 亥가 재로 아버지요, 어머니가 丙으로 寅戌火국이니 어머니를 따라서 산다고 한다.

인수고는 단독주택이요, 고가(古家)집, 한옥집이다. 또한 골동품 있고, 고서(古書), 장서가 있고, 공부한다면 고고학이고, 戌戌로 연결되니까 중국어에 해당하는데, 고(庫)니까 중문법(中文法)이다. 사주 자체가 水생木, 木생火, 火생土로 멋지게 이루어져 있다. 辰戌충이고 火土가 많지만 아직은 정월달이다. 그 점을 잊지 말라.

己亥생이니까 己巳년이 31살, 庚午, 辛未, 壬申… 壬申년이 34살이니까, "壬申년 34살에 고비를 넘기시느라고 혼나셨겠네요." 인수가 丙壬충 받고, 관이 寅申충이니 부모에게도 재난이고 지지고 볶고 했을 것이다.

사주 예(303)

```
甲 癸 辛 戊
寅 丑 酉 午
```

癸水의 인수 부모가 辛녹재酉로 녹근중 酉丑으로 득국하여 부모덕이 좋은 사주다.

인수가 酉丑으로 멋지게 국을 이루고 있어서 부모가 좋다. 酉丑은 편인격으로 인수격이면 국문학이지만 편인격이니 영문학과요, 선비팔자이다. 편인격 자체가 金국을 이루고 있어서 견실하고 튼튼하니까, 辛酉를 집으로 본다면 지진이 일어나도 끄떡없는 튼튼한 집과도 같다. 인수가 국을 이루었으니 대학도 가고 유학도 갈 수 있고 아는 것도 많은 지식가라고 할 수가 있다. 甲寅木이 상관이니까 인수격에 상관으로 후진양성 위해서 공부하려고 한다고 하더라. 水생木 하면 寅午火국으로 저절로 돈이 생기게 되어있다.

사주의 흐름이 년지 午가 火생土, 戊土가 土생金, 金생水, 水생木이고, 木이 다시 午를 생하니까 이런 팔자를 오행구전(五行俱全)으로 오복(五福)을 모두 갖추었고, 생생불이(生生不已)로써 사주가 막힘이 없이 기(氣)가 유통되고 있으니, 이런 사람은 세상 사는 데 어려움이 없다. 고로 팔자 안 믿는다. 청격(淸格)으로서 학자니까 사업가는 아니다. 고로 아무리 운이 좋아도 사업하면 망하게 된다.

여자도 재살이 많은 팔자는 시집이 개판오분전이다. 시어머니도 2~3명이고, 시댁형제도 배다른 형제 있고, 시댁 가문이 개판오분전이다.

궁합 보러 왔을 때에 남녀가 합이 되어있어서 죽고 못 사는데도 부모가 와서 궁합 보러 왔거든 가문관계를 보러 오는 경우가 많다. 즉 신랑은 인수가 잘 짜여져서 가문이 좋은데 신부 사주를 보니까 인수가 없더라. 고로 신부가 제멋대로 컸다는 결론이다. "왜, 신부의 가문이 마음에 안 드세요?" "마음에 걸리나요?" 하면 깜짝 놀란다. 酉월의 金水가 많아서 木火가 필요하다. 그러나 火운인 재의 운을 좋게 만나도 이 사람은 절대 사업 못한다. 水생木이니까 중소기업 사장들을 모아 놓고서 "사업은 이런 식으로 하시오." 하고 강의하면 기똥차지만, 실제로 회사 하나를 맡겨놓고서 운영하라고 하면 망해버린다. 증권투자 설명회에 가보면 투자하는 요령 등을 기똥차게 잘 알려주지만 실제로 투자해보라고 한다면 빵점이다. 즉 학(學)과 술(術)은 다르다는 것이다. 가는 길이 따로 있으면 사장을 키우는 사람이 따로 있고, 실제적으로 이론은 아무것도 몰라도 돈 버는 데는 1등인 사람이 있다. 사업하는 데 있어서도 상식이 모험으로 모험을 할 줄 알아야만 사업가이다.

만약 월에 인수이고 시가 午시로 火인 재가 용신이라면, 재용신이지만 이 사람은 사업 안된다. 월에 인수라면 부모대에서 잘 살았고 부모덕이 있으니까 경제학자로 가지, 사업가로 나가지는 않는다. 그러나 월에 비견겁이면 돈이 없었던 사람이고, 부모덕이 없었으니 그때는 사업으로 나간다. 이처럼 삶의 과정에서 부모덕이 있느냐 없느냐를 먼저 밝혀내게 되면 똑같은 재라고 해도 어느 길로 가게 되는지 나오게 된다.

이 사주는 지나치게 깨끗한 팔자로 사업은 안된다. 가령 ○○㊛○○는 金水쌍청으로 깨끗한 팔자니까 남을 가르치면서 살아야 하니까 사업은 어렵다. 고로 종교를 기대면서 사업하면 조금 괜찮을까. 이러한 金水쌍청 사주에서도 사업하는 사람이 가끔 나오는데 운이 좋으니까 돈은 벌더라. 단, 그 운이 지나니까 다시 원위치로이다. 그만큼 金水쌍청이 사업한다면 다른 사람에 비해서 큰돈은 벌기가 어렵다고 봐야 한다.

사주 예(304)

癸 乙 癸 戊
未 亥 亥 子

이 사주는 乙木일주의 인수가 癸亥, 亥子로 당권하여 어머니가 살림의 주도를 하고 있다. 乙木의 아버지가 戊土인데 "물 건너갔고 재 넘어갔네요." "아버지가 멀리 가셨네요." 인수가 많아서 인수 뺑뺑 둘러서 어머니가 주권을 잡고 아버지가 없어졌는데, 여기서 아버지가 일찍 세상을 떠났는가? 아니면 다른 여자를 만나서 사느냐? 이것을 구별할 줄 알아야 한다. 즉 戊癸합거 되었으니까, 다른 여자 만나서 살더라. 만약 재가 충이나 형을 받아서 나쁘게 연결되어 있으면 일찍 세상을 떠나게 되었는데 이 사주에서는 어머니가 너무 똑똑해서 이빨이 안 들어가니까 아버지가 다른 여자 데리고 살면서도 "이 똑똑한 년아, 혼자 잘 살아봐라." 하면서 나가더라.

未가 편재라도 나중에 있으니까 마누라인데 亥未木국으로 변했다. 고로 乙木이 뿌리내릴 수 있어서 좋은 역할을 하게 되니 乙木의 마누라는 乙木이 세상 살 수 있도록 기반을 닦아 놓은 후에 세상을 떠난다. 여기서 항상 년, 월에 먼저 있는 것이 정재건 편재건 아버지로 보라.

또한 己甲戊○의 사주라면 월의 戊가 마누라인데 나중에 己가 와서 "여보"하고 부르는데 이때는 어떻게 할 것인가? 戊를 버리고 己를 따라가야 할 것인가? 그러나 戊甲己○는 이때는 戊가 아무리 꼬셔도 己를 버리지 않는다. 사주에 火가 없어서 세상 사는 데 답답하다. 未중丁이 있지만 水가 많아서 火가 힘을 못 쓴다.

사주 예(305)

己 辛 癸 甲
丑 丑 酉 子

이 사주는 월봉도화에 甲己로 재인이 합하고 있어 어머니가 재취로 시집왔다. 酉丑金국에 丑중의 辛, 丑이 金의 고장이니까 배다른 형제 있다. 金水밖에 모르는 팔자이다. 고로 종교철학이 좋고 예체능이면 그림 그리면 좋다. 金일주가 그림 그리면 살아 움직이고 인테리어 같은 것을 해서 놓으면 살아있는 듯이 보인다. 金은 결실이므로 그렇다. 또한 辛金일주가 치과의사가 많고 피부과의사가 많다.

己土와 甲木이 죽어 있으니 부모와 인연이 없다. 고로 독불장군으로 혼자 살아야 하니까 종교철학으로 가야 하고 스님이라면 탱화나 그림 공부하면 좋다.

완벽주의고 金水로 꽉 차서 있으니까 다른 사람에게 마음을 열어주지 않고 너는 너, 나는 나이다.

사주 예(306)

辛 ㉛ 己 戊
卯 未 未 戌

辛金일주의 인수가 戊戌己未未로 다봉된 중, 효신살 있어 어머니가 두 분이다. 未戌로 왕자형발이고, 조토는 불능생金이니까 인수가 많아도 인수작용이 안 된다. 그러나 未가 卯未木국으로 재가 되었으니까 未土인 황무지를 사서 놓으면 나중에 택지개발이 되어서 돈덩어리가 된다. 未가 재고로 두 개가 되니까 돈 창고가 두 개가 되고 여자관계가 많으며 처갓집에 배다른 형제 있는 것은 면할 수 없고, 인수가 많으니 장인이 많다. 마누라가 고(庫)니까 아프다.

土가 인수니까 부동산학 공부하면 좋다.

庚辰년에 辛 보석이 고철장에 가서 노니까 값이 떨어졌고, 辛은 庚에 가려서 안 보이니까 "도둑놈 옆구리 끼고 사는 팔자다."

乙酉운에는 乙이 편재로 큰돈이고 횡재수인데 乙辛충이니까 돈이 따라 들어오는 것이 아니라 쫓는 운이다. 재수가 없다. 乙木마누라와 뜻이 안 맞아서 싸우고, 乙木이 酉金에 죽어서 들어오니까 "뜬구름 잡고 있고 꿈속에서 돈 번다." 卯酉충이니까 이미 있던 돈을 단속 잘 해야 한다. 친구가, 형제가 손 벌리러 오는데 빌려주면 못 받는다.

사주 예(307)

辛 ㉠戊 辛 辛
酉 午 卯 丑

이 사주는 효신살에 도화가 임하여 재혼하였고, 아버지는 丑중 癸水로 탕화요, 丑午로 육해가 임하여 자살하였다.

이 사주의 어머니가 남매 놔두고 결혼해서 갔다. 즉 자식보다 남자가 우선이라는 것이다. 巳酉丑에 午인 인수가 도화니까 어머니는 자식보다 남자 따라서 가 버렸다. 그런데 부모자식은 천륜이니까 어머니를 찾게 되는데 40대에 찾게 된다. 일지에 인수니까 그렇게 본다. 40대에 火가 지배하는 운을 찾아보면, 辛未가 31살, 辛巳가 41이니까 壬午년이냐, 丙戌년이냐, 어느 해가 엄마 만날 수 있는 확률이 많은가? 壬午는 壬水가 午火를 절반은 까먹었고, 丙戌은 午戌火局에다 丙이 천간에 나타나서 온다. 또한 戌은 火의 고장으로 묵은 것, 옛 것, 오래된 것이니 그동안 만나지 못한 오래된 어머니를 만나게 되는 것이다. "丙戌년에 어머니 만나겠네요." 그 해가 오면 마음의 변화가 와서 어머니를 찾게 된다.

辛卯는 우산지목(牛山之木)이다. 짧은 머리다. 辛인 가위로 卯인 머리카락을 자르겠단다. 戊에게 卯는 딸인데 일지기준해서 卯가 도화니까 딸이 바람피우면 戊土가 가위 가지고 딸의 머리 자른다. 왜냐면 이미 어머니에게 한이 맺혀 있는데 딸까지 그러니까….

午가 용신이지만 어머니의 한이니까 이것이 여자에게 복수하려고 하는 심리가 돌출되기도 한다.

사주 예(308)

己 ㉠戊 甲 戊
未 寅 寅 寅

戊土의 인수 丙火가 寅중 지살에 임하여 어머니가 직업여성이었다. 관살태왕격, 살왕신쇠격으로 충, 형이 없어도 관살이 많아서 파격이 되니까 잘 사는 팔자가 아니다. 고로 寅중丙火가 움직여야만이 火생土로 들어오는데 丙火가 어머니로, 어머니가 직업여성이었다. 水인 재가 없는데다가 寅未귀문관살이니까, "쥐뿔도 없는 것이 주는 대로 먹지 까탈스럽기는…." 한다.

土가 약하고 木이 많은 사람이 비위치레를 못한다. 土가 비위이다. 고로 조금 섭섭한 소리만 해도 "에잉!" 하고 가버린다. 고로 "쥐뿔도 없는 것이 비위치레는 해야지, 비위치레도 못하고서… 네가 그렇게 가면 누가 무서운 줄 아냐? 가라, 임마!" 하더라.

木극土로 寅탕화 최면에 걸린다. "약 먹어라." 하고, 저도 모르게 약사발 들고 죽고 싶은 생각이 난다.

사주 예(309)

甲 甲 甲 壬
戌 子 辰 戌

甲木의 인수 壬水가 백호대살이요, 辰중癸水 또한 백호로 있는데 辰戌로 상충하여 그의 모 자살하였다. 일지효신살이다. 백호대살끼리 충하니(甲辰, 壬戌) 이런 때는 악기가 더욱 심하다. 백호끼리 치고받고 하니까….

월의 甲辰인 형이 辰土인 재를 깔고 있어서 더욱 잘 산다. 또한 양쪽에 내 것을 가져가는 한신(閑神)인 기생충을 끼고 있다. (甲○甲○)

일지에 효신살이고 壬戌이 백호에 辰이 인수고(庫)이고 辰戌충이니 어머니가 자살했다. 이 사주에서는 戌에 의존해야 하는데 戌이 조토이고 조토로는 성(城)을 못 쌓으니까 "잘 살 만하면 꼭 재앙이 일어난다." 말년에 甲戌이 말하기를 "그동안 얼마나 벌어가지고 왔냐? 너를 50년 동안 여기서 기다리고 있었다. 그것 좀 놔두고 가거라." 하고 입 벌리고 있더라. 또한 비견겁이 많으니 혼자 벌어서 몇 사람이 먹어야 한다. 보증 섰다고 하면 모두 물어주어야 한다. 辰이 돈인데 子辰으로 인수로 변화되었다. 돈 주고 차용증 받았는데 사주에서 水가 나쁘게 작용하면 차용증은 휴지로 변하고 못 받는다. 고로 안심하면 안된다.

庚辰년은 천간은 편관에 충이고, 지지는 子辰삼합인데 辰戌충이 되니까 돈 날아간다. 금전 변동시키면 땡전 한 푼 못 건진다. 또한 천간 충에 일지가 삼합이니까, 이런 경우가 운 나쁘면 쫓겨다니는 운이다.

乙酉월에는 子酉로 귀문관살이니 신경써야 하고 입술이 바싹바싹 마른다. 丙戌월에는 庚辰년이 전체적으로 나쁜 가운데 조금 낫다.

사주 예(310)

己 ⑭ 乙 辛
卯 戌 未 卯

庚金의 인수 未중己土가 급각살에 未戌로 형되고 卯未木局으로 변화되어 허토요, 시상己土도 살지에 임하여 그의 모가 다리를 전다. 辛卯일주는 우산지 목이고, 신묘(神妙)한 팔자다. 바늘에 실을 꿰고 있으니 사주가 나쁘면 재봉사이다. 남자면 일지에 편재니까 시끄럽고 부부궁이 안 좋더라. 己卯일주는 기기묘묘하다. 卯酉戌 철쇄개금살이 있다. 사주가 좋으면 의학계이고, 사주가 나쁘면 도시락 싸들고 다니면서 남의 심부름 해주느라고 정신없다. 乙未백호에 하(夏)卯未가 급각살이다. 未戌형이다. 고로 모가 다리 전다.

卯未, 卯戌합으로 사주가 두 패로 나누어졌다. 따로 국밥이다. 사주의 몸은 하나인데 두 패로 갈라져서 두 집 살림한다. 두 집 살림이란 부모님 살림시켜주는 것도 해당하고 소실 살림하는 것도 해당한다.

戌과 未는 土생金 못하고 木火용신이다. 午가 들어가면 형이 없어져서 좋다. 일과 월이 형되어 있어서 부모형제와 불합하는데 午운만 오면 언제 그랬냐는 듯이 사이좋게 산다.

사주 예(311)

丁 ㊉ 甲 乙
巳 寅 申 巳

戊土의 모火가 巳중丙火, 寅중丙火로 있는데 寅巳申 역마지살 형충되어 어머니가 실종되었다. 형, 충이 너무 많아서 사주가 버렸다. 초년, 중년, 말년까지 모두 형살이고 충에 걸려서 파격이다.

寅巳申의 역마지살에 형으로서 운전하면 박치기하느라고 정신 없고 사고뭉치이며 내가 설 땅이 어디인지 모른다. 원래 식신격인데 寅巳申 삼형으로 식신인 밥그릇이 깨져버렸다. 평생 수술도 4번 받아보아야 한다. 역마지살이 형충이니까 어렸을 때도 신체적 이상을 가지고 태어난다. 2~3개월 된 아이를 수술시킨다고 생각해보라. 이 사주에서는 午가 들어가면 좋게 된다. 인수인 丙이 온데간데없고 申도 寅도 온데간데없다. 지지만 형이 아니라 천간도 역시 형작용이 생긴다.

사주 예(312)

甲 ㊉ 辛 戊
寅 丑 酉 辰

癸水의 모金이 辰酉, 酉丑으로 결국하여 金생水 일주는 가하나 태과로 병이 되어 부모를 떠나야 성공이 빠르다. 辰酉합으로 戊辰이 없어졌고, 酉丑金국으로 金생水 하고 水생木으로 빠져나간다. 시에 甲寅木이 있어서 水생木으로 빠져나가니 사주가 좋게 변했다. 癸가 지혜인데 金생水 받고 있으니 지혜가 많은 사람이고 상식이 또한 지혜인데 고로 지혜+지혜는 천재이다. IQ가 높은데 공부하고 연구하는 데의 IQ가 높고 돈 관리하고 돈 버는 데는 IQ가 80도 안된다. 항상 일면으로 발달한다.

金이 많으니까 부모님 곁을 떠나야 성공한다. 그러나 酉丑으로 일지와 합이 되니까 부모 모셔야 한다. 월에 인수니까 장남이고 착하게 되어 있어서 부모 배신하지 않는다. 土생金, 金생水, 水생木으로 청격

(淸格)이다. 물의 근원이 깊고도 깊다. 학자니까 水일주로 유전공학 하면 좋다. 보편적으로 사주에 역마지살이 많거나 필요하면 시골 떠나야 먹고 산다.

사주 예(313)

壬 ㊉ 辛 庚
寅 寅 巳 午

壬水의 모庚辛金이 寅午, 巳午火재국에 피상된 중 寅巳로 월일이 형하고 탕화가 득세하여 모처불합하다가 당일로 모두 자살하였다.

寅午, 巳午火국으로 庚, 辛金이 달달 볶아져서 견디지 못하고 寅午탕화로 약 먹어라 약 먹어라 하니까 金인 어머니가 약 먹고 자살했다. 이에 마누라도 자기 때문에 시어머니가 죽었다고 뒤따라서 죽고 마니 어머니와 마누라의 제사가 하루저녁이더라. 寅巳형이고 탕화니까 巳午火는 인마를 살상하는 불이다. 종재격인데 寅巳형으로 파격(破格)이다. 고로 모와 처가 불합이고, 모와 처가 세상 떠나는 것이 寅巳형에서 나오고 있다.

甲申대운에서 완전한 寅巳申삼형이 되고 종격사주에서 인수운이 되니까, 격 자체가 파격이 되어버린다. 고로 그 곤욕을 모두 치렀더라.

사주 예(314)

壬 ㊉ 甲 甲
戌 丑 戌 午

癸水의 재성 시모가 午중丁火, 戌중 양丁火로 재다라 시모가 두 분이다. 그리고 어머니의 한을 가지고 산다.

癸丑, 壬戌이 백호이고, 丑속에 辛이 있는데, 丑이 탕화에 丑戌형이며 丑이 인수고이니까, 어머니가 다칠 수 있는 요소를 4가지나 가지고 있어서 어머니의 한을 가지고 사는 팔자이다.

월에 재국으로 재고가 있으니 이 사주의 아버지는 돈과 연애하는 사람이다. 이 아버지의 돈을 외할아버지가 빌려갔다가 못 갚았는데 아버지는 어머니에게 친정 가서 돈 받아오라고 만날 싸우더라. 그게 한이 되어서 어머니가 세상을 떠나자 아버지가 어머니를 죽였다고 형제끼리 丑戌형으로 아버지를 왕따시켜 버렸다. 집에 아버지가 와도 문을 안 열어주니까 방방 뛰더라.

癸의 서방인 관이 土인데 모두 형이고 백호 걸렸다. 고로 이런 걸 때우려면 불구자한테 시집 가면 면한다. 서방이 재고 놓고 있어서 보험회사 다니는데 곰보란다. 土는 비육이고 살인데 형 받으니까 土가 패였으므로 곰보가 된다. 31살 甲子년에 시집 갔는데 시어머니가 곰보 아들에게 시집왔다고 흠 있는 여자일 것이라고 괴롭히더라.

사주 예(315)

己 ㉡ 己 庚
巳 巳 巳 午

己土의 인수가 태왕하고 무관성에 火土중탁하여 시집도 안 가고 친모를 모시고 살았다. 인수가 많아서 친정어머니 모시고 산다. 친정에서 산다. 화토중탁이고 종교인 팔자이다. 고로 서방도 자식도 없다. 조토가 되니 庚辛金이 있어도 土생金이 어렵다. 인수가 많아서 대순진리회 옆에서 살았다. 인수가 많으면 절, 학교, 교회, 문화시설 등의 옆에서 살거나 인연있다.

巳는 역마지살에 천라지망이니 경찰에게 시집가겠는데 결국은 혼자 사는 운명이다. 寅午戌에 巳는 망신이고 망신이 셋이니까 망신을 주렁주렁 달고 다니고, 일지 기준해서 午가 도화인데 년에 있으니 도삽도화로 거꾸로 바람피우는 것인데 종교인 팔자라서 바람둥이는 아니다.

사주 예(316)

甲 庚 丁 乙
申 寅 亥 酉

庚金의 장모 亥중 壬水와 寅木재처가 寅亥로 일지와 합하여 장인장모를 모시고 있다. 본처 해로 못하였다. 土가 인수인데 사주에 없어서 어머니가 혼자 사는데도 어머니와 같이 안 살더라. 년과 시는 겉이고, 일과 월은 속인데 속에 들어가 보니까 寅亥합木으로 처갓집 식구들만 바글거리고 장인, 장모까지 같이 살더라. 戌亥가 천문성이니 법조계에도 해당하므로 법무사 출신이고, 庚의 첫사랑은 乙인데 酉 위에 죽어있으니 해로를 못하고 乙에게서 丁인 딸을 낳고 두 번째 장가가서 寅중의 丙인 아들을 낳고, 딸 낳고서 3남매를 두고 산 사주이다.

재가 많으면 아버지 형제 중에 배다른 형제가 있는데 그 업으로 여자는 시어머니가 두 분 있는 데로 시집가게 되어 있다.

바. 형제자매관계

형제자매의 관찰은 형제의 자리인 월주와 나의 자리인 일주와 대조하여 보고, 또 견겁이 주중 어느 곳에 있으며 일주에 미치는 영향이 어떠한가를 잘 살펴 길흉을 논하되, 만약 장남으로 출생되었으면서도 형의 소임을 다 못한다 하여 비관하지 말고 동생으로 출생되어 형보다 앞선다하여 자만하지 말 것이다.

물론 형제간이 모두 잘 살고 잘 되어서 걱정이 없다면 모르나 동생이 나보다 우월하다면 시기하지 말고 더 잘 되게끔 나를 희생하여 밀어주고 견인차의 역할을 하여주는 것이 곧 내가 살 수 있는 길이 되며, 또 동생은 형님의 몫까지 내가 차지하였기 때문이라는 것을 깨달아 형을 위해서 내가 무엇을 하여야 할 것인가를 생각하고 노력한다면 형제간의 우의는 돈독하고 또 항시 화목하여 발전할 것이다. 나아가서는 제

2세들까지도 모두가 좋아질 것이니 명심하여 이행하고 좋은 미덕이 항구하도록 힘써야 하겠다.

다음 견겁은 일주와 같은 자이니, 즉 나의 분신이 될 수 있고 또 나의 일부분으로 생각할 때 차지하고 주장하고 심지어는 생각하는 면까지 같게 되어 있으니 어찌 각기 개체라고 할 수 있으며 혹 떨어져 각기 삶한다 할지라도 떨어져 있다고 할 수 있겠는가.

따라서 형제간의 아픔은 곧 나의 아픔이며 형제의 기쁨은 나의 기쁨이 될 것이니 집안에서 형제 중 하나만 출세하여도 반드시 그에 영향을 받는 것은 물론 운에 있어서도 형제간은 길과 흉이 같이 작용되고 있는 것이다. 그리고 견겁은 육친으로는 형제가 되나 사회로는 이웃, 친구가 되고 있으니 형제가 필요한 사람은 친구를 많이 사귈 것이며 의형제를 많이 맺어 놓으면 이것이 곧 귀인이요 외롭지 않으며, 또 견겁이 많아 탈재가 엿보일 때는 형제에게 미리 줄 때 다른 사람에게 빼앗기는 것보다는 몇배나 좋은 효과를 얻을 수 있을 것이다.

월주는 형제자리인데, 비견겁이 년주에 있으면 나이 많은 오빠나 형님이 있고, 월주에 있으면 바로 위에 형이 있고, 시주에 있으면 내가 동생 터를 팔았는데, 시주에 없으면 내가 막내이다.

한 집안의 부를 100으로 보았을 때, 형이 잘 살고, 동생들이 못 살면 동생들이 받아야 할 복을 형이 80% 이상을 가져간 것과 같다. 고로 형제간을 도와주고 보살펴주어야 그 집안이 화목하고 일어서게 된다.

1 비견겁이 득국하거나 장생이면 형제가 잘 되고 덕이 있다.

견겁은 형제로 장생이나 득국은 순수하게 강왕하고 있으므로 출세를 의미하며 따라서 덕망이 있다. 가령 丙甲○○／寅○○○라면 甲도 寅에 통근하고 木火통명으로 세인의 등불이고 시지의 寅木도 丙으로 꽃 피었으니

동생도 잘났다. 고로 형제가 박사다.

2 견겁이 지나치게 많으면 형제 중에 배다른 형제가 있고, 나도 못살고 형제도 못산다. 나쁘게 연결하면 친구로 인해서 패망한다.

견겁은 형제인데 많고 혼잡하면 형제 합중국을 이루고 있어 배다른 형제 있게 되며 또 견겁 형제는 탈재신(奪財神)이므로 자연 쟁재, 분재, 탈재, 파재가 되므로 재는 패망하게 된다.

가령 丁甲乙戊/卯子卯寅의 경우, 戊가 재인데 甲木의 형제인 木들이 木극土로 패대기치므로 甲의 재산을 형제들이 모두 없앴다고 본다. 戊土인 재산, 즉 할아버지가 물려준 재산을 甲, 乙이 서로 차지하려고 싸우는데 먼저 있는 乙木이 차지한다. 가까이 있는 자가 주인이다.

3 견겁이 도화, 망신 또는 암합이면 형제자매가 바람둥이다.

견겁은 형제요, 도화는 주색으로 통하고 암합은 비밀합으로 정당하게 만나지 못한 것이 되어 형제자매 간에 연애결혼 있으며 부부궁이 부실하다. 가령 丁甲乙戊/卯子卯寅이면 寅午戌에 卯가 도화로 형제가 바람둥이다. 또는 친구가 천하의 바람둥이고, 가령 ○甲乙○/○午巳○은 甲에게 乙은 누나이다. 乙巳는 고란살이고, 巳중에는 庚과 丙이 있어서 관식동림이니까 시집 안 간 누나가 아기를 임신해서 巳午합으로 나의 집으로 어그적어그적 들어온다. 내 팔자에 형제간의 운명까지도 나온다는 것이다. 또 자식의 운명도 나온다.

○戊○辛/○○○巳은 여자 사주인데 년상의 辛이 큰딸이다. 乙亥년에 신수 보러 왔는데 乙辛충, 巳亥충이 보이더라. "금년에 딸내미 이혼수 걸렸네요." 하자 깜짝 놀라더니 일본으로 속아서 시집 간 딸내미를 데리고 와야 한다고 하더라.

4 비견, 비겁이 필요하면 형제덕이 있고, 일지와 합이면 형제간끼리 화목하다.

견겁은 형제요, 필요하다는 것은 유용하므로 형제의 덕이 있으며 일지는 내 몸인데 합은 의(誼)가 좋은 것으로 형제가 화목하다.

○丁○丙 는 여자 사주인데 丁의 오빠인 丙이 丙申이니까 병신 같고 金
午酉申申
이 많아서 재다신약 팔자이다. 丁火 또한 재다신약이니까 공순이와 같은 사주이다. 丙 오빠가 丁에게 용돈도 타간다.

비견겁이 일지와 합이면 형제간에 서로 돕고 산다. 즉 비견겁이 아무리 많아도 일지와 합이 되면 서로 돕고 사는데 일지와 원진, 형충, 귀문이면 원수 같은 사이다.

가령 ○甲○○ 의 경우, 辰중乙木으로 배다른 형제가 있는데 寅辰합으
　　 寅辰寅○
로 서로 상부상조한다. ○甲○○ 은 亥중의 甲과 辰중의 乙木이 암장으
　　　　　　　○辰亥○
로 있어서 배다른 형제인데 辰亥원진이니 완전히 웬수다.

또한 ○甲乙○ 의 경우, 木일주가 亥월에 태어났으면 亥중甲木이 있어
　　 ○○亥○
서 어머니가 아기를 배서 시집왔다. 좋게 보면 나와 같은 木이니까 나라는 것도 된다. "참, 팔자도 이상하네. 어머니가 시집갈 때 당신을 배서 갔어요?" 하라는 것이다.

5 견겁이 허약하고 흉살이 임하고 있으면 형제자매 중 불구나 흉사한다.

견겁은 형제자매요, 허약은 힘이 없는데 여기에다 흉살 즉 탕화(음독, 총상, 폭발물, 화재), 급각살, 단교관살(수족이상, 풍질, 혈압, 기형아), 귀문관살(정신질환), 백호대살(흉변), 충, 형, 공망, 육해 등이 병림되어 있으면 형제에 흉사, 불구 등이 있게 된다.

丁戊庚戊 는 여자 사주인데 년의 戊가 오빠인데 寅申충이니 戊도 충
巳子申寅
받은 것과 같아서 오빠가 간암으로 세상을 떠났다. 남동생도 3개월 후에 세상을 떠났고 1년에 오빠와 동생을 한꺼번에 모두 잃었다. 巳중 戊가 있어서 배다른 형제가 있더라. 아버지가 그것도 두 군데서 낳았

더라.

6 견겁이 역마지살에 임하고, 형, 충이 되면 형제 중에 실종, 차액, 불구이다.

견겁은 형제요, 역마나 지살은 교통수단, 도로 등이며 충이나 형살은 재앙이요, 두절로서 여기에 해당하면 형제 중에 납치, 실종, 차액, 객사 또는 불구가 발생한다. 역마지살에 형충이면 소식이 끊긴다는 의미이니까 형제간에 위와 같은 일이 발생한다는 것이다.

7 월지와 일지가 불합하면 또는 견겁이 일주와 불합하면 형제 간에 불목한다.

월지는 형제의 자리요, 일지는 나의 자리인데 충, 형, 육해, 원진, 귀문관살 등이 임하면 불합을 조장하며, 또 타주의 견겁이 일주와 불화(不和)가 되어도(충, 형 등) 형제 간에 불목이 생긴다.

8 월에 도화나 망신이면 어머니가 재취로 시집왔으니까 배다른 형제가 있고, 일간합화가 변해서 견겁이 되면 배다른 형제가 있다.

월봉도화나 망신은 어머니가 재취나 소실로서 배다른 형제 있을 수 있고, 또 일간합화의 오행이 견겁이라 함은 己土일주가 봉甲으로 甲己합화土 하여 土견겁이 생기고, 庚金일주가 봉乙로서 乙庚합화金으로 金견겁이 생겨오므로 해당하며 인수다봉은 어머니가 둘이 되므로 이복형제가 있다 할 수 있다. 가령 乙庚○○이면 乙庚합화金이니까 庚일주에게는 비견겁이 하나 더 생겼다. 또한 甲己○○는 甲己합土 해서 己土일주에게 土가 하나 더 생겼다. 여기서 그 형제가 남자인가 여자인가? 음변양, 양변음으로 일주가 음이면 양으로 변화되고 일주가 양이면 음으로 변화되니 庚일주는 음으로 변하니까 여자형제이고 己일주는 양으로 변하니까 오빠이다. 사주에 비견겁이 많아도 배다른 형제가 있다. 사주에 인수가 많아도 어머니가 둘이므로 배다른 형제가 있을 수 있는 확률이 더욱 많다.

　스님들 사주에서 배다른 형제가 제일 많더라. 특히 비구니(여자스님)이다. 가령 ○戊乙未는 火土중탁으로 종교인 사주인데 비견겁이 많아서 배다른 형제가 있는 팔자이다.

⑨ 관살이 너무 많으면 자매가 재혼하고, 상식이 많으면 상부(喪夫)로써 과부가 된다.

　견겁은 자매요, 관살은 자매의 부군인데 상식이 다봉이면 자매의 부군을 피상시키므로 자매가 상부할 수밖에 없다.
　가령 ○甲乙庚○申酉申이면 甲의 누나가 乙木인데 乙木의 서방되는 金이 많다. 고로 시집가서 해로하지 못한다. 申子辰에 酉가 도화로 도화 위에 乙木누나가 있어서 누나가 기생이다. 庚辰년에는 乙庚합, 辰酉합으로 누나가 바람 피운다. 상식이 많으면 상부로 과부가 되는데, 가령 ○甲庚○未午午巳는 甲의 누이동생이 未중乙木인데 乙庚합으로 庚이 乙의 남편이 되는데 巳午未火국으로 金이 녹아버렸다. 상식인 할머니가 너무나 많은 업으로 누이동생이 시집 가서 혼자 살게 된다. 이것이 업의 작용이다.

⑩ 여자 사주에서 재가 많으면 오빠가 재혼하고 풍류이며 상처(喪妻)하고, 오빠도 재다신약이 되어서 무능력이 된다.

　여명기준 재성은 오빠의 처가 되는데 다봉인즉 오빠의 처가 많아 오빠가 재혼 또는 풍류, 무능력에 해당한다. 가령 ○丁○丙午酉酉申이면 丙이 丁의 오빠인데 오빠인 丙의 입장에서 보면 재다신약으로 장가를 여러 번 가야 한다. 재생살이니까 무능력이고 놀고 먹어야 한다.

※참고사항

① 월에 견겁이면 장남장녀이다. 또한 신왕사주도 장남장녀다. 만약 장남장녀가 아니라면 형, 언니를 꺾고 부모를 모신다.

② 운에서 견겁이 피상되면 그 운에 형제가 사고난다.
③ 운의 견겁이 작합하여도 형제 간에 의(誼)가 있다.
④ 주중견겁이 삼합권에 들면 형제에 변동 있다.
⑤ 이복형제가 있다 하여도 일지와 합하면 의가 좋다.
⑥ 견겁이 많으면 친구관계가 부실해서 술친구는 많아도 진정한 친구는 없더라.
⑦ 비견겁이 많은 사주가 운이 좋으면 친구한테 뺏기고 살고, 친구 도와주면서 살며, 비견겁이 많은 사주가 운이 나쁘면 친구에게 의지해서 사는 사람이다.
⑧ 관상학적으로 눈썹이 형제궁이다.
- 눈썹이 끊어졌거나 흠이 있으면 형제궁에 이상 있다.
- 눈썹이 적으면 형제 또는 인덕이 없다.
- 눈썹이 너무 많으면 다자무자로 독신이다.
- 눈썹은 눈의 지붕이다. 고로 눈을 지나야 좋다.
- 눈썹의 좌우가 고르지 못하거나 처진 사람은 성격이 괴이하거나 상처한다.
- 눈썹 속에 새카만 사마귀가 있으면 배다른 형제가 있다.
- 미간에 털이 나 있으면, 속이 자라 콧구멍보다도 못해서 성질이 개떡 같다.

사주 예(317)

丙 甲 丙 己
寅 辰 寅 亥

甲木의 형제 견겁 木이 寅亥로 결국한중 木生火를 잘하고 있어 형제가 모두 의학박사이다.
寅亥합木으로 丙은 寅木에 장생이고, 水生木, 木生火가 된다. 甲木이 양쪽으로 丙등불을 밝히고 있다. 甲의 형제가 寅

亥합木국인데 甲木에게 보아도 木火통명이고, 寅亥합木국으로 보아도 木火통명이니까 형제가 박사이고 우애가 좋다. 寅辰木국으로 일지와 합이 되니까 형제 간에 우애가 좋다. 단, 亥중甲木인 배다른 형제는 辰亥원진이니까 왕따 당하고 내 형제가 아니라고 하더라.

甲木에게 년상의 己는 첫사랑인데 亥중의 甲木이 있어서 헌처녀이다. 甲木과 인연되어지는 첫사랑의 여자 己土는 寅, 寅, 亥중甲木으로 연결되니까 己에게 甲이 많아서 2~3번 시집 가는 팔자이다. 고로 멋모르고 甲己합해서 살다 보니까 辰亥원진으로 원수가 인연이 됐더라. 고로 결국은 이혼하고 辰土와 사는데 어느날 소식이 들어왔는데 뒷집에서 寅木과 결혼해서 산다고 하더라.

火가 용신으로 교육계나 의사가 좋고 목화통명으로 머리 영리하고 대쪽 같은 성격이다. 단, 인정에는 약하더라. 庚辰년은 火가 죽으니까 나쁜 해이다. 직장, 자식과 충이 걸린다. 자식이 꼴보기 싫어지니 자꾸 싸운다. 이 집에 시집 온 여자는 寅辰木국이 되니까 土가 없어지고, 고로 마누라가 건강치 못하며 위장병이다. 또는 甲辰 백호대살에 걸리니까 잘못되면 횡사에도 걸린다.

사주 예(318)

己 ㉡ 辛 庚
巳 卯 巳 戌

己土의 견겁 형제가 년지戌중戊土, 巳중戊土, 시상己土로 견겁이 다섯이나 되어 배다른 형제가 있다. 여자 사주다.

이 사주에서 배다른 형제가 있을 수 있는 인소는? ⅰ)비견겁이 많다. 암장으로 巳중戊도 있다. 견겁이 태왕하다. ⅱ)월에 망신이다. ⅲ)인수가 많다. 이러한 것이 한꺼번에 들어와야 확률이 높아서 자신있게 말할 수 있다.

구획정리는 火土로 해야 하고, 신강이니까 卯木용신도 쓸 수 있겠지만, 卯는 말라있는 흙에는 못 사니까 木용신을 쓸 수 없다. 고로 火土로 몰아야 한다. 己卯일주는 중말년에 이혼

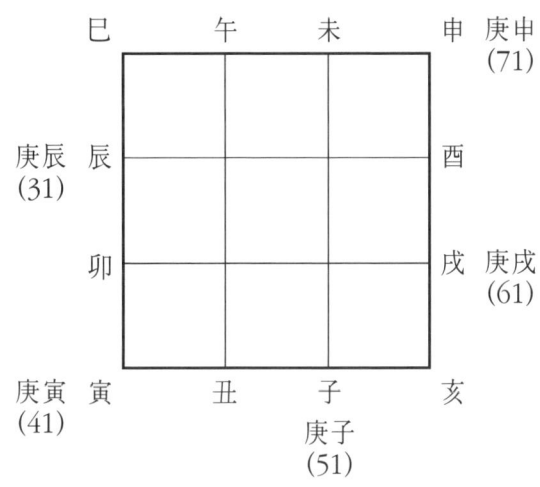

하고 寅午戌에 卯가 도화니까 중년까지는 요조숙녀 노릇을 하지만 40대 이후는 별 수 없이 卯木이라는 인연을 만나야 한다. 그러면 40대에서 몇살 되는 해에 연애하겠는가? 나이 계산해보자. 庚辰년이 31살이다. 구궁도에서 역행시키면 10년 단위로 년도가 나온다. 항시 머릿속에서 나이 계산을 하고서 상담하라. 庚辰 31살, 庚寅 41살, 甲己합 되는 해를 찾으면 辛卯 42, 壬辰 43, 癸巳 44, 甲午 45이니 甲午년이 45살이다. "45살에 연애하시겠네요." 단, 甲午년에 만난 남자는 木생火로 인정 있고 착하기는 한데 甲午가 홍염살이고, 午중己가 있어서 항상 여자 하나 달고 다닌다. 또한 己卯로 연하의 남자이다. 甲己합이니까 인연은 오래 가겠고 운이 좋으면 큰 해는 없겠다.

사주 예(319)

辛 ㉠ 壬 丁
卯 戌 子 亥

丙火의 丁火매씨가 亥중壬水와 丁壬합한 중 또 월상 壬水와 합하고 子도화되어 해로도 못하고 바람이 심하였다.

丁亥일주는 丁壬합이니 여자는 연애박사요, 亥는 교체심리로 잘 바꾼다. 丙의 누나 丁이 丁壬합에 亥중壬과 丁壬합이고 子까지 있어서 丁이 관에게 둘러싸여 있다. 고로 丙의 누나 丁이 바람둥이더라. 또한 丙辛합에 卯戌합에 寅午戌에 卯가 도화니까 丙도 바람둥이다.

丙火가 월에 壬子이니까 정관격이 아니고 壬이 대표가 되어서 편관격으로 본다. 그러나 신약하니까 칠살격이 된다. 설중매화(雪中梅花)로 木火가 적고 金水가 많다. 여기서 午와 寅 중에 어느 것이 더욱 좋을까? 寅木이다. 寅木이 들어가면 寅戌이고 寅亥합木국으로 亥를 끌어들이고, 丙이 寅에 장생으로 卯인 습목을 조목으로 변화시키고, 亥子水를 水생木, 水생火로 통관시킨다.

庚辰년은 간극지충이다. 간충극지충이면 ⅰ)이혼수 ⅱ)상복(喪服)수로 부모님 돌아가신다. ⅲ)관재수 ⅳ)충이니까 사고수인데 의외의, 뜻밖의 사건이다. 특히 하극상도 된다. 여기서 하극상이란 庚辰년은 태세로 일년 중 임금인데, 丙火가 제가 잘났다고 火극金 하러 갔다가 신약하니 도리어 얻어맞는다. 이것을 건드려놓으면 子辰水국으로 金생水 해서 水극火로 오히려 丙이 얻어맞는다. 고로 하극상 잘못하면 도리어 쫓겨난다. 편재년은 하극상이다. 그 결과는 용신이 살아나면 내가 승리하고 용신이 죽으면 내가 무릎 꿇어야 한다.

丁亥생이 54살이니까 동丑辰이 금가살이고 갱년기 나이이니 신경통이고, 편재로 庚이 음식이니까 밥맛이 없고, 잘못되면 충이니까 식중독에 걸린다. 庚은 火극金으로 큰돈인데 辰戌충이니까 네 거다, 내 거다 싸운다. 辰戌충으로 土와 土가 충을 받으면 위경련, 맹장 등의 병으로 수술하게 된다.

사주 예(320)

戊 ㉠丙 己 己
戌　申 巳 亥

丙火의 형제 월지 巳中丙火가 巳亥로 역마충이요, 또 巳申으로 형 당하고 있어 교통사고로 사망하였다. 년과 월이 巳亥충이니 할아버지와 아버지가 사이가 나빴고, 巳申은 선합후형이다. 또한 극합이고 형합으로 종견괴래(終見乖來)로 마침내는 괴팍스러운 일이 오니까 결과는 좋지 못하다. 신강사주라면 이러한 형살도 내 것으로 컨트롤할 수가 있다. 단, 신약이라면 내가 휘둘린다.

巳중의 丙과 戌중의 丁이 형제인데 巳申형에 역마지살의 巳亥충으로 戌土인 무덤 속에 들어가 있다. 亥, 申, 寅년을 조심하라. 건록격이다. 巳亥충에 巳申형이니까 파격이다. 土가 많아서 상식태왕이 된다. 선강후약이다. 고로 시작은 좋은데 결과는 나쁘다. 자연으로 비유하면 巳월의 꽃이 피었다가 흐지부지되었다. 고로 입만 가지고서 산다. 덜 떨어진 인간이다. 되다가 말았다.

"상식이 있을 때 관살은 내 편이다."는 것은 인수나 비견이 없을 때에 한해서인데 즉 통근이 안 되어 있을 때만 적용되는 이론이다.

상식이 많으니까 할머니가 두 분이고, 亥卯未생이 申 만나면 겁살인데 역마지살에 巳申형 받으니까 길거리에서 돈 잃어버리는 데는 명수이다. 건강면에서 보면, 戌土가 丙의 입묘로 이 사람은 산에만 갔다 오면 힘이 빠지더라. 土에게 자신의 정기를 모두 뺏겼다.

사주 예(321)

甲 ㉠辛 辛 庚
午　巳 巳 午

辛金의 형, 년상庚金이 午탕화에 있는 중 지지전 탕화국이 되어 화다소용(火多銷鎔)이라 대연각 화재에 돌아가셨다.

庚午생 백마(白馬)는 모두 21살에 6·25 전쟁을 만났다. 월에 망신이다. 종살격이다. 삼합이면 길격인데 巳午방합이니까 좋지 못하다. 庚이 형제인데 午가 탕화이다. 木火가 좋은데 단, 寅년은 寅巳형으로 그 대가는 지불해야 한다. 寅巳형은 직접이고(일지로 들어오니까) 寅午합은 간접이니까, 고로 간접적으로 하는 일은 그렇게 잘 되는데 직접적으로 하는 일은 그렇게 애 먹더라.

고로 이런 사주가 寅년에 신수 보러 오면 "누구든지 항상 직접 만나지 말고 비서실을 통해서 만나시오. 가령 寅木이 만나러 왔으면 寅巳로 직접 만나면 싸움밖에 더 하시겠오? 시지에 있는 午에게 寅午로 비서에게 먼저 나가서 만나도 될지 안 될지 판단하고서 오라고 하세요." 하라는 것이다.

金일주가 지지로 火국이면 기술자가 많은데 金을 불 속에 넣고서 제련한다고 굽는다고 하니 기술자가 많다.

木다(多) 하면, 죽어가는 나무도 살려 놓는다. 화초, 나무 등이 잘 자란다. 火다(多)하면, 신문지 하나만 가지고도 꺼져가는 연탄불도 살릴 수 있다. 항상 불조심 하라. 음독 조심하고 꺼져가는 불도 살릴 수 있는 것을 가지고 있다.

사주 예(322)

癸 ㉡ 丁 戊
酉 未 巳 寅

己土의 오빠 戊土가 寅지살 위에 있는데 寅巳로 형 받고 巳中戊土 또한 형이라 그의 오빠가 객사하였다. 寅巳형에 寅未귀문관살로 역마지살에 충, 형이 걸려서 객사했는데 특히 申년이면 寅巳申삼형에 寅申충이 모두 걸렸다.

지나치게 건조한 흙인데 시주의 癸水가 중요한 역할을 한다. 조토를

습토로 만들고 목 마른데 물이 들어오고, 가뭄에 소나기가 시원하게 내리고, 낮만 지속되다가 밤이 오니까 살아나고 하니 얼마나 좋은가?

남자라면, 癸마누라가 酉에서 金생水 받으니까 예쁘다. 편재지만 처덕 있다. 水에 해당하니까 항상 분주하게 움직여야만 한다. 단, 눈에 보이지 않는 벽이 생겨 있다.

庚辰년이면 상관운으로 원래 흉한 의미가 많지만 辰酉합에 金생水 해주니까 식신보다 더욱 좋다. 그러나 신수 풀이할 때는 상관의 특성은 연결하면서 풀이하라. "시작은 불안한데 결과는 좋습니다. 오죽하면 못 먹어도 고! 합니까. 그것을 잊어버리지 마세요."

일단은 土생金으로 내가 투자하고 희생을 해야만 그 값어치가 나온다. 辰이 재고니까 묵은 돈 받는다. 癸水가 재물인데 金생水로 자꾸 부풀려 놓으니까 얼마나 좋은가? 壬午년에는 壬이 정재지만 午에게 증발되어 있고 巳午火국이 되어버리니까 壬이 죽어 있는 물이다. 고로 "그림의 떡이고, 뜬구름 잡고 꿈속에서 돈 번다." 土극水로 "내가 자신하는데 결과는 지고, 계획은 좋은데 결과는 나쁘다." 火는 火생土로 나를 도와주어서 인수인데 귀인이 아니라 웬수가 되어서 인수로 나쁘게 작용하니까 "보증 서 가지고서 나쁘고, 시작해서 나쁘고." 또한 火가 火생土 해주면 인정도 메마르고 마음도 메마르고 건조하고 의지할 곳이 없더라.

위에서 "눈에 보이지 않는 벽"이란 무엇인가?

가령 癸己○○ / 酉未午午 의 경우, 조토로 土생金 못한다. 고로 金水와 火土가 눈에 보이지 않는 벽이 생기므로 마누라 따로 나 따로가 되더라.

그러나 癸己○○ / 酉丑午午 라면, 己丑이 습토이고 酉丑이 합 되어서 나와 연결되어 있어서 한 몸으로 통해버리니까 서로 사이클이 잘 맞더라.

위 사주의 경우, 己未가 큰스님으로 癸酉인 상식이 상좌인데 "이리

오너라, 내가 너에게 土생金을 해주겠으니까 너는 나를 위해서 金생水를 하려무나." 하고서 좋은 인연을 맺었으나 조토라서 土생金이 안되니까 눈에 보이지 않는 벽이 생기더라. 몇년 동안 충성을 다 해도 土생金으로 돌아오는 것은 없고 물어보아도 속 시원한 해결책이 나오지 않자 결국은 짜증만 나더라. "네가 너고 내가 나다." 하더라. 즉 눈에 보이지 않는 벽이 있다는 것이다.

사주 예(323)

辛 ⓚ 丙 丙
巳 寅 申 子

이 사주는 월지 申과 寅이 寅申으로 충하고 시상 辛金은 寅巳로 형하여 형제가 불목(不睦)하였다. 寅巳申 삼형이 모두 들어있다. 고로 午가 들어와야만 형이 없어진다. 金水가 많다. 丙丙은 죽어 있고 寅巳형으로 깨져 있어서 木火가 부족하다. 월에 비견으로 장남이고 寅申충이고 巳중의 庚인 형제와 寅巳형이니까 형제 간에 화목하지 못하다.

삼형살로 기술 배우면 좋은데 중공업 기술이다. 역마지살이 용신이니까 자동차 기술을 배우면 좋다.

모든 형이나 나쁜 것은 운이 나쁠 때에 모두 도출되고 운이 좋을 때는 나타나지 않고 잠복되어 있더라.

사주 예(324)

甲 ⓖ 己 己
戌 未 巳 巳

己土일주의 형제가 년월상의 己土, 巳중양戊土, 未중己土, 戌중戊土로 다봉된 중 甲己합화土로 견겁이 발생하여 배다른 형제가 있다. 인수가 많고 견겁이 많고 甲己합화土 하니까 배다른 형제가 있는데 己土가 음으로 甲己합화戊土가 되니까 여자면 남자형제가 있다.

甲木 하나에 己土가 셋으로 투합이니까 합이불화(合而不化)이다. 완

전한 조토이다. 土일주에 火土가 많으면 종교에 집착하고 종교와 연애한다. 甲㉡○○ / 戌未○○ 의 경우는 자식 하나가 연애자금 달라는 것을 안 주면 자살한다.

사주 예(325)

壬 ㊣ 己 庚
申 申 卯 申

甲木의 누나 卯중乙木이 부(夫)성 庚金이 3申궁에 있고 또 년상으로 庚金 있어 재가하였으나 불행하고 자손도 없다. 火가 없다. 월에 양인이다. 고로 득령은 했는데 득지, 득세 못해서 선강후약이다. 고로 신약이나 壬水가 용신은 아니다. 木火가 적고 金水가 많으니까 木火용신이다. 만약 壬을 쓴다면 金水가 더욱 많아진다.

이 사주의 특징은 火가 없어서 조후가 안 되어 있으니 음지 나무이다. 甲己합土, 卯申귀문으로 배다른 형제 있고, 卯申원진으로 사이가 안 좋다. 卯월의 나무에 金이 많아서 가지만 주렁주렁 달렸다. 나무는 있는데 꽃이 없다. 나무가 나무 구실 못하고 있다.

甲木의 누나 乙木이 관살이 많아서 여러 번 시집 갔고 자식도 없으며 불행하다. 양인격이니까 제 잘났다고 하고 운 나쁘면 관살이 많으면서 卯申귀문이니까 또라이짓만 하더라. 직업군인 되는 것이 제일 좋겠다.

사주 예(326)

戊 ㊣ 甲 乙
午 子 申 亥

戊土일주의 남동생 戊土가 시상으로 있는데 亥중 壬水, 申궁壬水, 子중癸水로, 다봉한 중 子午로 충되어 여러 번 장가갔다.

乙亥일주는 水생木이지만 습木이고 亥중의 甲木 때문에 물 위의 연꽃과 같아서 떠내려가지는 않는다. 亥卯未에 子가 도화이다. 재성도화인데 신약하니까 남의 것이다. 午火용신이다. 子午충이지만 申월의 午시라서 충 받아도 아직은 따뜻하다는 것이다. 완전한 재다신약이다. 나도 여자가 많고, 戊午인 동생에게도 여자가 많아서 장가를 여러 번 갔다.

월에 식신이 변해서 재국을 이루었다. 고로 戊가 土생金으로 따라가면 申子水인 재가 생긴다. 戊土가 土생金으로 투자만 하면 申子水국으로 돈이 몇배로 생긴다. 戊에게 申이 와서 꼬신다. "戊土야, 네가 나만 따라오면 1주일 안에 申子水국 해서 큰돈을 벌어다 주마." 해서 돈을 주었더니 신약해서 내 것이 안되고 돈 가지고 도망가버렸다. 고로 병만 생기고 결국은 위장병까지 생기더라. 土생金으로 상식이 꾀이다. 고로 "제 꾀에 제가 넘어간다." "제 무덤 제가 판다." 이 사주의 핵은 火생土, 土생金, 金생水로 이 집의 주인은 마누라이다.

편저자

이탁감(李卓鑑)
- 연세대학교 행정학 석사
- 전 공기업 사장
- 전 N토건 부회장
- 현 TG미래예측연구원장
- H·P : 010-3710-0272

이민지(李玟知)
- 연세대학교 이학석사
- 연세대학교 이학박사

四柱命理學正解 Ⅳ

육친통변론(Ⅰ)

2025年 11月 13日 초판 발행

편 저 이탁감 · 이민지

발행처 ㈜이화문화출판사

발행인 이 홍 연 · 이 선 화
등록번호 제300-2001-230
주소 서울시 종로구 인사동길 12, 310호(대일빌딩)
전화 02-732-7091~3 (도서 주문처)
　　　02-738-9880 (본사)
FAX 02-725-5153
홈페이지 www.makebook.net

값 32,000원

※ 잘못 만들어진 책은 바꾸어 드립니다.
※ 본 책의 내용을 무단으로 복사 또는 복제할 경우, 저작권법의
　 제재를 받습니다.